Harald Mieg,
Michaela Pfadenhauer (Hg.)

Professionelle Leistung – Professional Performance

Harald Mieg,
Michaela Pfadenhauer (Hg.)

Professionelle Leistung – Professional Performance

Positionen der Professionssoziologie

UVK Verlagsgesellschaft mbH

Bibliographische Information der Deutschen Bibliothek
Die Deutsche Bibliothek verzeichnet diese Publikation in der
Deutschen Nationalbibliographie; detaillierte bibliographische Daten
sind im Internet über <http://dnb.ddb.de> abrufbar.

ISBN 3-89669-797-9

© UVK Verlagsgesellschaft mbH, Konstanz 2003

Einbandgestaltung: Annette Maucher, Konstanz
Printed in Germany

UVK Verlagsgesellschaft mbH
Schützenstr. 24 · D-78462 Konstanz
Tel. 07531-9053-0 · Fax 07531-9053-98
www.uvk.de

Inhaltsverzeichnis

Vorwort   9

Harald Mieg, Zürich:
Problematik und Probleme der Professionssoziologie   11
Dieses Kapitel ist eine Einführung in die wesentlichen Theorierichtungen der Professionssoziologie sowie in die internationale Forschung. Das Kapitel gibt zudem eine Übersicht über das Buch.

THEORIEN

Julia Evetts, Nottingham:
Professionalization and Professionalism:
explaining professional performance initiatives   49
Dieses Kapitel diskutiert die Leistungsbewertung professioneller Tätigkeit im Rahmen der anglo-amerikanischen Professionssoziologie.

Michaela Pfadenhauer, St. Gallen:
Macht – Funktion – Leistung: Zur Korrespondenz von
Eliten- und Professionstheorien   71
Dieses Kapitel ist eine Einführung in die eliten- und inszenierungstheoretische Interpretation von professionellem Handeln.

Thomas Kurtz, Bielefeld:
Gesellschaft, Funktionssystem, Person: Überlegungen
zum Bedeutungswandel professioneller Leistung   89
Dieses Kapitel ist eine Einführung in die systemtheoretische Interpretation von professionellem Handeln.

DIE UNTERSUCHUNG VON PROFESSIONEN UND PROFESSIONELLEM HANDELN

Erika M. Hoerning, Berlin:
Ärztinnen und Ärzte in der DDR   111

Dieses Kapitel befasst sich mit dem paradigmatischen Fall der Professionssoziologie: der Ärzteschaft. Am Beispiel der DDR wird gezeigt, wie eine Profession trotz gesellschaftlichen Systemwechsels Kontinuität bewahrt (Methode: biografische Interviews).

Christoph Maeder & Eva Nadai, Rorschach / Olten:
Professionalität unter den Bedingungen des Sozialamts:
Sozialarbeit in der öffentlichen Sozialhilfe 147
Dieses Kapitel befasst sich mit dem klassischen Beispiel einer ‚professionalisierungs-bedürftigen' Semiprofession: der Sozialarbeit (Methode: ethnografische Fallstudie).

Hanns-Peter Ekardt, Kassel:
Das Sicherheitshandeln freiberuflicher Tragwerksplaner:
Zur arbeitsfunktionalen Bedeutung professioneller
Selbstverantwortung 167
Dieses Kapitel befasst sich mit Ingenieuren (hier: Statikern), einer Profession, die nach internationalem Verständnis als etabliert gilt, aus Sicht Oevermanns jedoch nicht ‚professionalisierungs-bedürftig' ist (Methode: arbeitslogisch fundierte Handlungsanalyse).

Kai-Olaf Maiwald, Tübingen:
Der unsichtbare Mediator: Probleme der Ausweisung
beruflicher Leistung in der Familienmediation 195
Dieses Kapitel befasst sich mit Mediation als einem Fall möglicher Professionalisierung (Methode: objektiv-hermeneutische Sequenzanalyse, Textanalyse).

Dirk Tänzler, Konstanz:
Politdesign als professionalisierte Performanz.
Zur Rolle von *spin doctors* bei der Politikinszenierung 227
Dieses Kapitel befasst sich mit Politikberatung als einem neuen Beispiel professioneller Tätigkeit (Methode: objektiv-hermeneutische Sequenzanalyse, Bildanalyse).

PROFESSIONELLE LEISTUNG ALS LEITTHEMA VON PROFESSIONSFORSCHUNG

Kai Dröge, Frankfurt am Main:
Wissen – Ethos – Markt.
Professionelles Handeln und das Leistungsprinzip   **249**
Dieses Kapitel erörtert professionelle Leistung aus Sicht der Soziologie der Leistungsgesellschaft.

Jens Borchert, Göttingen:
Die professionelle Leistung und ihr Preis: Leistungsbewertung, Preisgestaltung und die Konstituierung des Verhältnisses zwischen Klienten und Professionellen   **267**
Dieses Kapitel zeigt die grundlegende und differenzierende Bedeutung der Regelung von Leistungsbewertung und Preisgestaltung für unterschiedliche Professionen.

Lennart Svensson, Goteborg:
Market, Management and Professionalism:
Professional work and changing organisational contexts   **313**
Dieses Kapitel stellt die drei dominanten Handlungslogiken vor, unter denen Professionen international diskutiert werden: Marktmechanismen, Management (berufliche Organisation) und Professionalismus (persönliche Dienstleistung).

Literatur   **357**

Autorinnen und Autoren   **399**

Index   **401**

Vorwort

Dieses Buch beruht im Wesentlichen auf den Beiträgen zu einer internationalen, interdisziplinären Tagung des Arbeitskreises ‚Professionelles Handeln' zum Thema professioneller Leistung, die im Februar 2001 an der Eidgenössischen Technischen Hochschule in Zürich stattfand.

Professionssoziologische Debatten drehen sich immer wieder um das Spezifikum *professioneller* Leistung und dessen Abgrenzung bzw. Abgrenzbarkeit von Leistungen anderer Berufsgattungen. Die Frage der *Leistung*, so grundlegend sie ist, wurde jedoch noch nie explizit zum Ausgangspunkt professionssoziologischer Betrachtung gemacht. Dies verwundert nicht zuletzt deshalb, weil allenthalben von Leistungsorientierung die Rede ist. Bis heute besteht ein gewisser öffentlicher Konsens dahingehend, daß Professionen die Leistungsbewertung zu einer exklusiven Angelegenheit machen können: So wird ärztliche Leistung beispielsweise weitgehend von Ärzten beurteilt, wissenschaftliche von Wissenschaftlern. Nicht nur in England, dem ‚Mutterland' der Professionen, wird nun angesichts kritischer Klienten und des Wandels von beruflichen Anforderungen bereits der Ruf laut, professionelle Leistungen stärker zu standardisieren und messbar zu machen. Diese Entwicklung schafft ein Theoriedefizit, auf das die Professionssoziologie reagieren muß.

Mit Julia Evetts, der Sprecherin des ‚Research Committee on Sociology of Professional Groups' (ISA), und Lennart Svensson, dem Sprecher des ‚Research Network: Sociology of Professions' (ESA), war auf der Züricher Tagung auch die internationale Professionsforschung prominent vertreten. Ihre Beiträge verdeutlichen Übersetzungsprobleme für *Leistung* als Terminus ebenso wie als Konzept. Darin spiegeln sich internationale Unterschiede in Auftrag und gesellschaftlicher Stellung der Professionen wider. Die Einleitung unseres Buches erörtert deshalb die verschiedenen Ansätze zu Professionen und Professionssoziologien.

Auch wenn es sich um einen Sammelband handelt, haben wir Wert darauf gelegt, daß in jedem Beitrag das weitere theoretische und methodische Umfeld aufgespannt wird. Zudem haben wir den Band – über die Tagungsbeiträge hinaus – um einige grundlegende Texte ergänzt. Wir hoffen, daß auf diese Weise unser Buch den Charakter einer Einführung in Professionssoziologie gewinnt.

Harald A. Mieg, Zürich
Michaela Pfadenhauer, St. Gallen
www.professionssoziologie.de

Harald A. Mieg, Zürich

Problematik und Probleme der Professionssoziologie

Eine Einleitung[*]

1. Was sind Professionen?

1.1. Charakteristik

Professionen gelten als ein klassischer Gegenstand der Soziologie. Professionssoziologie hat sich als Teildisziplin der Soziologie etabliert. Daß dies für die anglo-amerikanische Soziologie mit mehr Deutlichkeit gilt als für die deutschsprachige Soziologie, liegt am Gegenstand wie an den Begriffen.

In der anglo-amerikanischen Berufswelt ist ‚Professions' die Bezeichnung für organisierte Berufsgruppen mit einer relativ großen Autonomie. Mit dieser Bezeichnung werden *professions* gegenüber gewöhnlichen Berufen, den *occupations*, abgegrenzt. Die Autonomie der *professions* äußert sich in der Kontrolle über Arbeitsbedingungen (‚occupational control of work', Freidson),

---

[*] Eine generelle Einführung in deutschsprachige Professionssoziologie scheint weder möglich noch überall erwünscht. Denn trotz insgesamt mangelhafter Sichtbarkeit gibt es der Professionssoziologien viele. Eine jede Einführung läuft somit Gefahr, als zu vereinfachend kritisiert zu werden – mit Recht. Umso mehr scheint mir als einem Fachfremden, einem Sozialpsychologen, der der Professionssoziologe wohlwollend zugetan ist, eine überblickshafte Darstellung nötig. Ich nehme diese Aufgabe gern auf mich, und zwar im Bewußtsein, den einen oder anderen Standpunkt vergessen zu haben und folglich nicht nur Lob zu ernten.

im speziellen

- in der Definitionsmacht für die Berufsausbildung,
- in der Kontrolle über den Marktzutritt sowie
- in der Macht über die Definition, Organisation und Bewertung bestimmter Leistungen.

Zu den klassischen Beispielen zählen Advokaten und Ärzte. In amerikanischen Lehrbüchern finden wir Definitionen wie die folgende (Hodson / Sullivan 1990, S. 258):

> Many sociologists would define a profession as a high-status, knowledge-based occupation that is characterized by
> (1) *abstract*, specialized knowledge,
> (2) *autonomy*,
> (3) *authority* over clients and subordinate occupational groups and
> (4) a certain degree of *altruism*.

Die anglo-amerikanische Professionssoziologie begann vor etwa achtzig Jahren mit dem Werk *The Professions* von Carr-Saunders und Wilson (1933)[1]. Sie erörtern den Werdegang und Stand von 26 *professions*, darunter neben Ärzten und Advokaten auch Architekten, Journalisten, Physikern und Hebammen (vgl. Tab. 1). Seit den sechziger Jahren gibt es eine durchgehende Diskussion um *professions* in der anglo-amerikanischen Soziologie. Zu nennen ist vor allem Talcott Parsons. Er sah Professionen als zentrale, noch entwicklungsfähige Struktur unserer modernen Gesellschaft an:

> It is my view that the professional complex, though still incomplete in its development, has already become the most

---

[1] Es gibt freilich noch frühere Beiträge, die sich der Frage widmen, ob ein bestimmter Beruf als Profession gelten kann: Freidson (1983) zitiert z.B. Brandeis (1914), Flexner (1915). Auch die Anfänge der Diskussion um die Funktion von Professionen und Professionellen werden früher angesiedelt: Carr-Saunders (1928) beruft sich auf Herbert Spencer; Carr-Saunders und Wilson (1933) beginnen ihre Einleitung mit Francis Bacon.

important single component in the structure of modern societies. (1968, S. 545)

Einer der wichtigsten Analytiker und zugleich der entschiedenste Verfechter der heutigen *professions* ist Eliot Freidson (1983, 1986, 1994, 2001). Freidson nennt Professionalismus ‚the third logic' beruflichen Handelns neben der Logik des Marktes und der Logik von Management, d.h. von rationalem Planen und Führen.

Tabelle 1: Professionen, die von Carr-Saunders und Wilson (1933) erörtert werden.

Legal group:	*State-related group:*
Lawyers**	The Merchant Navy
Patent Agents	Mine Managers
Medical group:	*Others:*
Doctors**	Architects*
Dentists	Surveyors, Land and Estate Agents,
Nurses	and Auctioneers *
Midwives	Accountants*
Veterinary Surgeons	Actuaries
Pharmacists	Secretaries
Opticians	Public Administration
Masseurs and	Teachers
Biophysical Assistants	Journalists
	Authors and Artists
Scientific group:	
Engineers*	*World of Business:*
Chemists*	Brokers
Physicists*	Industrial Institutes (Banking, Insurance)

Anmerkung: Nicht behandelt werden: Armee und Kirche
    ** ‚typical professions'   * anerkannte neuere Professionen

Die Professionssoziologie unterscheidet die anglo-amerikanische Situation von der *kontinentaleuropäischen* Situation, besonders in Deutschland und Frankreich. Die Unterschiede liegen im Ausmaß der *Autonomie* von Professionen, nicht zuletzt was den Zugriff auf die Ausbildung betrifft. In Deutschland und Frankreich wird die Berufsausbildung weitgehend staatlich geregelt. Privat getragene *professional schools* wie in den USA sind eher unbekannt. Die Autonomie der anglo-amerikanischen *professions* findet also wenig Parallelen im kontinentaleuropäischen System der staatlich getragenen Ausbildungsberufe. Auch die historische Rückbindung von ‚Profession' auf die Fakultäten der mittelalterlichen Universität – darunter Medizin, Recht und Theologie – trifft nur auf die kontinaleuropäische Situation, nicht jedoch in gleichem Maße auf die englischen *professions* zu. Freidson (1983) schlägt deshalb vor, zwei Professionskonzepte zu unterscheiden: Erstens ein *ausbildungsorientiertes* Professionskonzept; es umfaßt eine ganze Bandbreite von Berufsgruppen mit statushoher Ausbildung (akademische Berufe; Absolventen der *grandes écoles* etc.). Zweitens ein Konzept von Professionen im *engeren* Sinne, die sich durch besondere ‚institutionelle und ideologische' Merkmale gegenüber anderen Berufen auszeichnen.

Wie lassen sich Professionen eingrenzen? In der anglo-amerikanischen Berufswelt bedeutet der Status als *profession* ein Privileg, von daher spielt die Definitionsfrage eine *berufspolitische* Rolle. In der Professionssoziologie ist man sich inzwischen einig, daß ein rein definitorischer, d.h. merkmalsorientierter Ansatz nicht weiterführt. Und doch erhält man als Leser manchmal den Eindruck, daß die *Definitionsfrage* ganz in den Mittelpunkt rückt. Vor allem, wenn die Diskussion darum geführt wird, ob eine bestimmte Berufsgruppe (z.B. die Ingenieure) tatsächlich eine Profession darstellt.

Die Definitionsschlachten hängen zum einen eng mit der Theoriebildung zusammen. Neue Theorien – etwa Oevermanns Theorie professionalisierten Handelns (1996) – stecken den Bereich der Professionen neu ab und provozieren Definitionsfragen. Zum anderen genügt das Merkmal der *Autonomie* nicht, um Professionen international in gleicher Weise zu definieren. Vielmehr handelt es sich bei der Autonomie von Professionen um ein *Explanandum*, ein in seiner Unterschiedlichkeit zu erklärendes Phänomen. Vermutlich handelt es sich sogar um *das* zentrale, prekäre Phänomen im Zusammenhang mit professioneller Berufstätigkeit – das Ziel eines jeden Professionsprojekts. Von daher ist die Theorie von Profession eng an eine Gesellschaftstheorie geknüpft. Dies trifft nicht zuletzt auf die deutschsprachige Professionssoziologie zu.

In der Wissenschaft kommen wir um die Definitionsfrage nicht herum, selbst wenn die Definition nur über ein Festhalten der Familienähnlichkeiten (Wittgenstein) erfolgen kann; ohne Definition bleibt der Gegenstandsbezug unklar. Mag auch die direkte Definition von Professionen nicht immer gelingen, so finden sich doch einige charakteristische *Rahmenbedingungen*. Ihre Kenntnis erlaubt, den Bereich potenzieller Professionen einzugrenzen, und zeigt, in welcher Richtung die Theoriebildung laufen könnte. Diese Bedingungen sind[2]:

1. Es gibt einen gesellschaftlich relevanten *Problembereich* und einen zugehörigen Bereich an *Handlungs- und Erklärungswissen*. Bei der Medizin handelt es sich hier um die Erklärung und Behandlung körperlicher Erkrankungen des Menschen. Andrew Abbott zeigt in seinem Buch *The System of Professions* (1988), wie Berufsgruppen in Abgrenzung zueinander bestimmte Tätigkeitsfelder besetzen, und zwar indem sie ihr abstraktes Handlungs- und Erklärungswissen zur Anwendung bringen.

2. Es gibt den Bezug zu einem *gesellschaftlichen Zentralwert*. Bei manchen Professionen ist dieser Zentralwert offensichtlich, so z.B. der Bezug der medizinischen Profession auf ‚Gesundheit', ein Wert der insofern für zentral gilt, als sich damit eine Reihe von Maßnahmen, etwa zur Prophylaxe, gesellschaftlich rechtfertigen läßt. Bei anderen Professionen, so der Psychologie, fällt es

---

[2] Der Status dieser Bedingungen ist folgender: Jede Bedingung für sich genommen ist keineswegs notwendig. So ist zum Beispiel die dritte genannte Bedingung, das Vorhandensein einer akademisierten Ausbildung, historisch gesehen keine Vorbedingung für eine Profession. Die englischen *barrister* - die Rechtsvertreter vor Gericht - entstanden außerhalb der Universitäten. Alle Bedingungen zusammengenommen kennzeichnen jedoch eine Situation, die für das Entstehen einer Profession förderlich ist, zu beobachten zum Beispiel bei den Umweltdienstleistungen (vgl. Mieg, 2001a).

eher schwer, einen solchen Bezug zu einem gesellschaftlichen Zentralwert zu entdecken.

Die Frage der Gemeinwohlorientierung von Professionen gibt Anlaß für zahlreiche Diskussionen (vgl. Pfadenhauer 2000). Die Frage verschärft sich, wenn von der generellen Gemeinwohlorientierung auf das Verhalten einzelner Mitglieder der Profession geschlossen werden soll. Dies liegt dann nahe, wenn Professionen Altruismus zugeschrieben wird; so wie die oben zitierte Lehrbuch-Definition „a certain degree of *altruism*" fordert. Die Rede vom Bezug zu einem gesellschaftlichen Zentralwert soll hingegen nur andeuten, daß (i) eine Zuschreibung von altruistischer Motivation bei Professionsangehörigen möglich ist, und (ii) daß sich hohe Einkommen und Privilegien mit dem Bezug auf einen Zentralwert öffentlich rechtfertigen lassen.

3. Es gibt eine weitgehend *akademisierte* Ausbildung. Bei etablierten Professionen wie den Ärzten und Anwälten ist das Universitätsstudium verpflichtende Voraussetzung. Selbst bei neu entstehenden Professionen – etwa im Umweltbereich – ist die Berufsentwicklung bald an die Entwicklung eines Hochschul studienganges gekoppelt worden.

Akademisierte Ausbildung stellt abstraktes Wissen zur Verfügung, das für die professionelle Berufstätigkeit von Professionellen unverzichtbar scheint (vgl. Abbott 1988). Parsons spricht von der ‚intellectual component' (1968, S. 536), Freidson von ‚formal knowledge' (1986). Abstraktes Wissen veraltet nicht so schnell wie spezialisiertes Verfahrenswissen. Ein Großteil der Begriffe der modernen Medizin wurde bereits im 17. und 18. Jahrhundert geprägt, so etwa die Beschreibung des Blutkreislaufs durch William Harvey (1578-1657). Solche abstrakten Beschreibungen haben eine längere Lebensdauer als etwa spezifische Verfahren und Geräte zur Messung von Blutdruck oder Herzmotorik. Von daher ist eine akademische Wissensbasis für eine Profession unverzichtbar. Nur so kann eine Profession einen spezifischen Wissens- und Problembereich besetzen.

4. Es gibt einen *Berufsverband* beziehungsweise eine berufsständische Vertretung. Ohne Organisation können Berufsgruppen

kaum als wirtschaftsregulierende Verbände auftreten. William Goode (1957) beschrieb Profession als zunftähnliche „Community within a community". 1977 veröffentliche Scarfatti Larson ihr Buch *The rise of professionalism*, welches die Entwicklung einer Profession – im Sinne einer Verschwörung – als *Professionsprojekt* auffasst. Eine Profession ist demnach ein Verband, der das Monopol für einen Dienstleistungsbereich zu erlangen sucht. Larsons Buch hat die anglo-amerikanische Diskussion nachhaltig geprägt und das Augenmerk auf die Marktmacht der Professionen gerichtet.

1.2 Freie Berufe

Den anglo-amerikanischen *professions* entsprechen in der deutschsprachigen Arbeitswelt am ehesten die *freien Berufe*. Die Bezeichnung ‚frei' bezieht sich ursprünglich auf das Studium der sieben freien Künste: Grammatik, Rhetorik, Dialektik, Arithmetik, Geometrie, Astronomie und Musik. Dieses Studium war in der römischen Antike nur den freien und zugleich wirtschaftlich unabhängigen Bürgern möglich; im spätmittelalterlichen Hochschulwesen war es Voraussetzung für das Studium in Theologie, Medizin und Jurisprudenz (vgl. Michalski 1989). Entsprechendes gilt für die französischen *professions liberales* und die italienischen *professioni liberali*. Die freien Berufe unterliegen in Deutschland gesetzlichen Rahmenbestimmungen, insbesondere handelt es sich um Berufe, die nach § 18 EStG (Einkommensteuergesetzbuch) von der Gewerbesteuer ausgenommen sind. Gemäß einer Definition des Bundesverbandes der Freien Berufe (1995) definieren sich diese wie folgt:

> Angehörige Freier Berufe erbringen auf Grund besonderer beruflicher Qualifikation persönlich, eigenverantwortlich und fachlich unabhängig geistig-ideelle Leistungen im Interesse ihrer Auftraggeber und der Allgemeinheit. Ihre Berufsausübung unterliegt in der Regel spezifischen berufsrechtli-

chen Bindungen nach Maßgabe der staatlichen Gesetzgebung oder des von der jeweiligen Berufsvertretung autonom gesetzten Rechts, welches die Professionalität, Qualität und das zum Auftraggeber bestehende Vertrauensverhältnis gewährleistet und fortentwickelt.

Zwei Merkmale freiberuflicher Tätigkeit werden in der Literatur hervorgehoben, sie gelten sozusagen für Freiberuflichkeit *im engeren Sinn* (vgl. auch Deneke 1956):[3]

- Es handelt sich um *persönliche* Leistungen. Die freiberuflich Tätigen treten in ein besonderes, schutzwürdiges Vertrauensverhältnis zu ihren Klienten.

- Es handelt sich um *selbstständige,* weisungsungebundene Arbeit. Selbstständigkeit ist das Ideal freiberuflicher Tätigkeit, auch wenn die Selbstständigenquote in freien Berufen 1996 nur 22.5 % betrug (Bögenhold 2000).

Die Forschungsarbeiten zu freien Berufen orientieren sich stark an der anglo-amerikanischen Professionssoziologie (z.B. Sahner, 1989). Es herrscht Einigkeit, daß die Definition von freien Berufen soziologische Kategorien nutzen muß. In der deutschsprachigen *Professions*soziologie besteht wiederum ein gewisser Konsens, daß der *Begriff* ‚freier Beruf' für die Charakterisierung von Professionen nicht hinreichend ist. Von daher erklärt sich vermutlich, daß die deutschsprachige Professionssoziologie selten oder gar nicht die historischen und gesetzlichen Bestimmungen von freien Berufen aufgreift. Daher scheint das *Phänomen* der freien Berufe aus dem Blickwinkel der deutschsprachigen Professionssoziologie entrückt zu sein – und damit der soziale Gegenstand einer Professionssoziologie in Deutschland. So mag es auch zu dem Mißverständnis gekommen sein, Max Weber habe sich

---

[3] In einer rechtswissenschaftlichen Analyse von Freiberuflichkeit gelangt Michalski (1989) zu dem Schluss, daß der *Zentralwertbezug* rechtlich das entscheidende Merkmal sei. Das Kriterium des Zentralwertbezugs erlaube den Übergang von Freiberuflichkeit als einem *Typus*begriff, dem bestimmte Berufe immer nur mehr oder weniger entsprechen, zu einem *Klassen*begriff, der eine Definition eines rechterheblichen Begriffs freiberuflicher Berufsgruppen bzw. Tätigkeit gestatte.

nicht mit Professionen befasst. Weber beschäftigte sich explizit mit freien Berufen. Nach Weber gehören „mit bevorzugten Fähigkeiten oder bevorzugter Schulung ausgestattete ‚freie Berufe' (Anwälte, Aerzte, Künstler)" zu den „positiv privilegierten Erwerbsklassen" (1972, S. 178). Die Bedeutung einer positiv privilegierten Erwerbsklasse liege, so Weber, insbesondere in „der Sicherung ihrer Erwerbschancen durch BeeinFlußung der Wirtschaftspolitik der politischen und anderen Verbände" (a.a.O.).

Wie Tabelle 2 auf der folgenden Seite zeigt, werden vier Kreise von freien Berufen unterschieden: 1. Heilkundliche Berufe, 2. Technische / naturwissenschaftliche Berufe, 3. Rechts- / Wirtschaftsberatende Berufe, 4. Kulturberufe. Daß es sich bei den freien Berufen nicht einfach um eine steuerrechtliche Einteilung handelt, belegt der Fall der Seelotsen. Das Seelotsenrecht unterscheidet zwischen freiberuflichen Revierlotsen und den gewerblichen Überseelotsen. Als Wesensmerkmale der Freiberuflichkeit der Revierlotsen gelten deren strenge Standespflichten, wozu bestimmte Berufsausübungsbeschränkungen und die Verkammerung zählen (vgl. Michalski 1989, S. 143).

Sowohl Carr-Saunders und Wilson als auch die Liste der freien Berufe sparen die Theologen und das Militär aus. Unerwähnt bleiben auch die Bibliothekare, die sich schon im 19. Jahrhundert organisiert haben. Man mag es als müßig ansehen, die eine oder andere Berufsgruppe als Profession bzw. freien Beruf zu klassifizieren. Für die Berufsgruppen hängt jedoch viel davon ab, zumal wenn sich Ansehen und Rechtsprechung daran orientieren. Zudem orientiert sich daran die Theoriebildung. Einen nicht unerheblichen EinFluß auf die Professionstheorie hat die Stellung der *Hochschullehrer* eines Faches.[4] Bilden Hochschullehrer insgesamt eine Profession, die sich im Windschatten von Staat und

---

[4] Stichweh (1994) macht auf die Differenzierung zwischen Profession und wissenschaftlicher Disziplin aufmerksam. Profession und Disziplin weisen unterschiedliche Klientenorientierungen auf, insbesondere ist die Disziplin auf sich selbst bezogen, ist ihr eigenes Publikum. Andererseits stellen die Hochschule und die Hochschulforschung einen unverzichtbaren Bezugspunkt für Professionen dar. Die medizinische Profession hat hier „durch Internalisierung der Differenz" eine stabile Lösung gefunden, indem sie zwischen Forschungs- und klinischen Disziplinen unterscheidet (S. 325).

Tabelle 2: Die vier Kreise freier Berufe.

Heilkundliche Berufe	Technische / naturwissenschaftliche Berufe	Rechts- / Wirtschaftsberatende Berufe	Kulturberufe
Ärzte	Architekten	Rechtsanwälte	Psychologen
Zahnärzte	Landschaftsarchitekten	Notare	Tanztherapeuten
Tierärzte	Innenarchitekten	Patentanwälte	Künstler
Apotheker	Ingenieure	Wirtschaftsprüfer	Tanzlehrer
Physiotherapeuten	Vereidigte Sachverständige	Steuerberater	Diplompädagogen
Krankengymnasten	Weinanalytiker	Wirtschaftsberater	Dolmetscher
Logopäden	See- / Hafenlotsen	Unternehmensberater	Übersetzer
Psychotherapeuten	Chemiker	PR-Berater	Schriftsteller
Krankenpfleger	Biologen	Rentenberater	Designer
Ergotherapeuten	Geophysiker / Mineralogen	Verkaufsförderer / Verkaufstrainer	Restauratoren
Motopäden	Erfinder	Versicherungs- u. Wirtschaftsmathematiker	Tonkünstler
Mediz. Fußpfleger	Umweltgutachter		Journalisten
Betreuer	Geologen		
Ocularisten	Freiberufliche Informatiker / Softwareentwickler		
252.000	109.000	183.000	124.000

Anmerkung: Quelle: Bundesverband der Freien Berufe, 1999

Universitäten eine eigene Autonomie erarbeitet hat? So können über die Berufung und Leistungsbewertung von Professoren in der Regel nur andere Professoren urteilen. Oder gehören Hochschullehrer wesentlich zu der Profession ihres Fachgebietes? Auch diese Sicht läßt sich empirisch und theoretisch stützen. Goode, ein Vertreter des Funktionalismus, zählt die Hochschullehre zu den vier ältesten Professionen der westlichen Gesellschaften; dazu gehören zudem Medizin, Recht und der Klerus (1969, S. 285). Wenn wir die Hochschullehrer als eine eigene Profession von den Praktikern abspalten, so läßt sich das Bild einer Profession als *reproduktiver Einheit* von Wissensgenerierung (Hochschule) und Wissensanwendung (Praxis) nicht mehr aufrechterhalten.

1.3 Alternativbegriffe

Nicht zuletzt wegen der definitorischen Probleme tauchen in der Diskussion einige Ersatzbegriffe auf. Die drei wichtigsten seien hier dargestellt.

Experten: Aus Sicht der Professionssoziologie sind professionelle Arbeit und Expertenarbeit gleichzusetzen, d.h. die Professionellen sind die Experten (z.B. Hitzler 1994). Daran knüpfen sich in der Regel die Dichotomie von Experte versus Laie sowie eine starke Wissenschaftsorientierung. Es gibt jedoch relevante nicht-professionalierte, nicht-wissenschaftliche Expertenrollen, die in Beratungssituationen in Alltag und Beruf auftreten (vgl. Mieg 2001d)[5].

Professionelles Handeln: Im Alltagsgebrauch bedeutet ‚professionelles Handeln' soviel wie: jemand geht *systematisch* und

---

[5] Davon ausgehend habe ich eine Bestimmung der Leistung eines Experten (bzw. der Interaktion als ‚Experte') vorgeschlagen: ein ‚Experte' gibt aufgrund seiner spezifischen Erfahrung eine Sachauskunft, zu welcher der Fragende selbst gelangen könnte, hätte dieser die Zeit, um solcherart Erfahrungen zu sammeln wie der Experte. Psychologisch betrachtet beruht Expertenwissen auf bereichsspezifischer Erfahrungsbildung (Mieg 2001d).

effizient vor und wird in seinem Handeln nicht von *Emotionen* getrieben. Dies gilt für eine Anwältin, die gelassen auf Drohungen oder Tränen von Klienten und Parteien reagiert, ebenso wie für einen Elektriker, der sich weder durch Baulärm noch Streitereien auf der Baustelle von seiner Arbeit abbringen läßt. Professionalität können wir also auch als Merkmal professionellen Handelns interpretieren. Aus professionssoziologischer Sicht stellt sich sodann die Frage, wodurch sich Handeln als professionell qualifiziert: Gründet professionelles Handeln in einer eigenen inneren Problem- und Handlungslogik? Oder besteht professionelles Handeln (nur) in einer berufstypischen Inszenierung, etwa dem Tragen von weißen Kitteln und dem Gebrauch einer esoterischen Berufssprache?

Professionalisierung: Professionalisierung meint die Entwicklung einer Berufsgruppe in Richtung einer Profession.[6] Wilensky (1964) beschrieb ein Phasenmodell der Professionalisierung: 1. ein Job wird Vollzeittätigkeit, 2. es gibt eine Ausbildungsstätte, 3. es gibt einen Studiengang, 4. ein lokaler Berufsverband entsteht, 5. ein nationaler Berufsverband wird gegründet, 6. die staatliche Anerkennung folgt, 7. ein berufsethischer Kodex kommt auf. Die Phasen können je nach Organisationsebene – lokal versus national – unterschiedlich verlaufen (Abbott 1991). Die Prozeßsicht hat den Vorteil, daß man Entwicklungen von Berufstätigkeiten auch international vergleichen kann, ohne daß jede Entwicklung zu vollgültigen Professionen führen muß. Daher eignet sich der Begriff ‚Professionalisierung' für historische Studien (Kocka 1990; Siegrist 1988). Nach Siegrist ist Professionalisierung eine historisch aufweisbare „Strategie", „mit der eine Berufsgruppe, die spezifische Dienstleistungen anbietet, in einer kapitalistischen Markt- und Klassengesellschaft ihre ökonomische und soziale Stellung anzuheben versucht" (1985, S. 329).

---

[6] Neben diesem engen bzw. starken Begriff von Professionalisierung ist in der Diskussion um Freiwilligenarbeit ein weiter bzw. schwacher Begriff von Professionalisierung in Gebrauch: Professionalisierung bedeutet, daß eine Tätigkeit *bezahlt* wird und gewissen *Qualitätsstandards* unterliegt.

2. Professionelle Leistung – ein Gegenstand der Professionssoziologie?

Es mag verwundern, daß der Begriff der professionellen Leistung – meines Wissens – noch nicht explizit zum Gegenstand einer professionssoziologischen Studie gemacht wurde. Während der Begriff bislang keine bedeutsame Rolle spielte, steht sein Gegenstand – die professionelle Leistung – im Zentrum der professionssoziologischen wie auch der berufspolitischen Diskussion.

2.1 Der Begriff der Leistung

Max Weber nutzt den Leistungsbegriff weidlich, um die soziologischen Gundkategorien des Wirtschaftens einzuführen. So definiert er Beruf:

> Beruf soll jene Spezifizierung, Spezialisierung und Kombination von Leistungen einer Person heißen, welche für sie Grundlage einer kontinuierlichen Versorgungs- oder Erwerbschance ist. (Weber, 1972, § 24, S. 80)

Ein Problem, das bislang selten aufgefallen ist, bereitet die Übersetzung des Leistungsbegriffs ins Englische. Die geläufigsten Übersetzungen sind:

- Leistung = *performance*: Im Englischen gewinnt dies die Bedeutung als bewertetes, meßbares Leistungsergebnis. Daneben kann ‚performance' auch Durchführung bedeuten und gelangt als ‚Performanz' ins Deutsche.

- Leistung = *achievement*: Im Englischen gewinnt dies die Bedeutung einer besonderen Leistung oder Errungenschaft. Leistungsorientiert wird standardmäßig mit ‚achievementoriented' übersetzt.

- Leistung = *power*: Dies gilt für den physikalischen Begriff der Leistung.

In den gängigen Übersetzungen der Weberschen Texte ins Englische taucht keiner dieser Begriffe auf. Webers Berufsdefinition wird wie folgt übersetzt:

> The term *occupation* (Beruf) will be applied to the mode of specialization, specification, and combination of the functions of an individual so far as it constitutes for him the basis of a continual opportunity for income or profit. (Weber 1947/64, S. 250)

Aus den Leistungen bei Weber sind in der Übersetzung *functions* geworden. Hätte Weber diese Bedeutung im Sinn gehabt, so hätte er im Deutschen von Funktionen schreiben können. Betrachten wir Komposita des Wortes Leistung, die Weber in der Einführung zu seiner Berufsdefinition verwendet (§§ 15-17), so wächst die Zahl der Übersetzungsvarianten: aus *Leistungs*gliederung wird ‚division of labour', Dienst*leistungen* sind ‚services', Nutz*leistungen* ‚utilities'. Jede dieser Übersetzungen ist für sich allein betrachtet korrekt; das Gemeinsame – nämlich Aspekte von zu erbringenden Leistungen zu sein – geht jedoch verloren.

Man mag nun einwenden, daß der Begriff der Leistung zu viele Aspekte in sich vereine und deswegen unpräzise sei. Dies zeige die Übersetzungsvielfalt als ‚performance', ‚achievement', ‚function' oder ‚labour'. Wir können aber auch argumentieren, daß es eben keine treffende Übersetzung für den Kern des Begriffs Leistung gibt. Leistung meint im Kontext den wesentlichen Aspekt einer Tätigkeit, nämlich den Aspekt, der potenziellen *Tauschwert* besitzt. Um ein Beispiel zu geben: Die Leistung eines Postboten besteht nicht darin, die Post herumzutragen, sondern darin, sie zuzustellen.[7] Diese Leistung – einen Brief zuzustellen –

---

[7] Wenn wir diesen Satz in Englische übertragen, erhalten wir weitere Übersetzungsvarianten von ‚Leistung', nämlich ‚duty' und ‚competence'. Ein professioneller, englischsprachiger Übersetzer übersetzte den Satz als: „A postman's *duties* are not only concerned with the transporting of letters but moreover with delivering them to the desired addresses." Ein Deutsch-Engländer, der zweisprachig aufgewachsen ist und lange Zeit sein Geld mit Übersetzungen verdiente, übersetzte den Satz mit: „A postman's *competence* does not consist of carrying mail around but of delivering it."

muß weder professionell ausgeübt werden, noch muß sie beauftragt sein, um als Leistung zu zählen: Ein Freund oder Kollege bemerkt, daß ich einen abzugebenden Brief liegen gelassen habe, und erledigt das für mich. Wenn es mir nur darum ging, daß der Brief zugestellt würde, hat mein Freund eine Leistung erbracht, die für mich Tauschwert besitzt. Wenn es mir hingegen darum ging, die persönliche Zustellung des Briefes zu nutzen, um ein Gespräch mit dem Empfänger zu beginnen, so hat mein Freund mir diese Chance zunichte gemacht, indem er für mich handelte. Er hat damit die potenzielle Leistung verfehlt.[8]

Die Idee des potenziellen Tauschwerts einer Leistung führt auf Georg Simmels Philosophie des Geldes zurück (1907). Nicht zuletzt durch Geldwirtschaft kommt es zur Differenzierung zwischen Personen und Leistungen, wodurch die Bestimmung von tauschwerten Leistungen sehr flexibel und eng spezifizierbar wird. Die Bestimmung der Leistung, ihr Wert, muß in der Regel sozial ausgehandelt werden. Gerade bei Professionen hängt von der Bestimmung der zu erbringenden Leistung das berufliche Handeln ab. Um ein extremes Beispiel zu nennen: die ärztliche Sicht auf Sterbehilfe bestimmt sich – abgesehen von den rechtlichen Konsequenzen – von der Definition des Zentralwerts Gesundheit her. Bedeutet Gesundheit: Leben zu retten, so ist Sterbehilfe inakzeptabel. Bedeutet Gesundheit jedoch: ein Minimum an physischer und psychischer Lebensqualität zu bewahren, so kann Sterbehilfe eine Gesundheitsmaßnahme sein.

Bei professionellen Leistungen handelt es sich nicht einfach um Dienstleistungen; sie werden selten über den Zeitaufwand des Dienstes vergütet. Vielmehr wird eine spezifische Kompetenz erwartet, die sich zeiteffizient in ein Produkt oder eine Hilfeleistung umsetzt (Mieg 2001b). Kurzum: ein Arzt oder ein Steuerberater wird nicht für sein Zusammensein mit dem Kunden bezahlt, auch nicht für die Ausübung konkreter Handlungsabfolgen (Bluckdruckmessgerät bedienen; Zahlen addieren); die Leistung

---

[8] Nach Maßgabe der geleisteten Verantwortung ist gleichgültig, ob eine Tätigkeit professionell oder privat erfolgt (Mieg 1994). Die Leistung kann von der Art der Durchführung und ihren Motiven getrennt betrachtet werden.

besteht vielmehr darin, ärztliche oder steuerfachmännische Kompetenz rasch und kundengerecht anzuwenden. Bezahlt wird die Problemlösung, nicht der Weg dahin.

2.2 Leistung und Profession

Worin besteht die eigentümliche Leistung von professioneller Tätigkeit? Es gibt eine Reihe von Antworten auf diese Frage. Häufig ist von der *Gemeinwohlorientierung* von Professionen die Rede. Sigbert Feuchtwanger schrieb 1922 vom ‚Sozialamt' der freien Berufe. Der Freiberufler bezieht für seine Leistungen deswegen auch keinen Lohn oder Entgelt, sondern ein Honorar, also einen ‚Ehrensold'. Denn nach dieser Sicht läßt sich die professionelle Leistung nicht nach Geld bewerten. Mit dem Honorar verknüpft sich zudem die Idee, daß Freiberufler unentgeltlich Leistungen für wirtschaftlich schlecht gestellte Leute erbringen.

Wir können die professionelle Leistung auch im *professionellen Handeln* sehen, also in der Professionalität des Handelns. Es handelt sich dann beispielsweise darum, ob bestimmtes berufliches Handeln effizient und methodisch ist und auf wissenschaftlichem Wissen beruht. Oder auch darum, wie die Expertenrolle professionell interpretiert wird, ja wie sich professionelles Handeln inszeniert.

Wir können die professionelle Leistung zudem an institutionellen Merkmalen festmachen, die sich an die Autonomie knüpfen: So gehört es zur Leistung von Professionen, Kriterien für professionelle Leistung zu definieren. Ob bei Ärzten, Steuerberatern oder Kulturschaffenden, fast immer richtet sich die Leistungsbewertung weitgehend nach professionellen Standards. In der professionalisierten, akademischen Wissenschaft erfolgt die Leistungsbewertung ganz über Peer Reviews. So gesehen gehört es zur Leistung von Professionen, Standards für bestimmte Problemlösungen zu setzen.

Das Besondere an *professioneller* Leistung besteht nun darin, daß *Leistungsbewertung und Leistungsvergütung voneinander entkoppelt* werden, und zwar indem die Leistungsbewertung eine innere Angelegenheit der Profession ist. Wie erwähnt schaffen Professionen Standards der Leistungsbewertung und kontrollieren diese. Darin besteht ein wesentlicher Teil der Autonomie der Professionen. Industrie und Gewerbe unterliegen vielfältigen staatlichen Kontrollen, die Professionen jedoch kontrollieren sich selber. Diese Kontrolle erfolgt über Leistungsbewertungen, z.B. durch das Setzen von Standards, durch innerprofessionelle Wettbewerbe und Leistungsschauen, und nicht zuletzt durch EinFlußnahme auf die Besetzung von Arbeitsplätzen. Diese Kontrolle erlaubt es, Leistungsbewertung und Leistungsvergütung zu trennen. Beim produzierenden Gewerbe hängt der Preis eines Gutes von seiner Qualität ab und wird vom Markt bestimmt. Ähnliches gilt für Dienstleistungen, deren Leistung wir im Prinzip selber bewerten können, zum Beispiel Hausreinigung, Kochen, Umzugshilfe etc. Auch hier kann der Kunde über die Leistungsbewertung den Markt regulieren. Nicht so bei professionellen Leistungen. Ärzte, Anwälte, Ingenieure, Psychologen, die ihre Leistungen zu Dumpingpreisen anbieten, können dadurch selbst manche Kunden abschrecken, weil unklar wird, ob die professionelle Leistung – etwa eine Blinddarmoperation – noch in der Standardqualität erbracht werden kann. Die UnGewißheit in der Leistungsbewertung ist der Grund, warum Vertrauen in der Beziehung von Klienten und Professionellen eine so wichtige Rolle spielt.

2.3 Funktionale Äquivalente

Die Betrachtung von professioneller Leistung ermöglicht eine Diskussion funktionaler Äquivalente. Wegen ihrer Privilegien erfahren Professionen und freie Berufe Kritik sowohl von öffentlicher Seite wie auch seitens der Wissenschaft. Die Kritik erhält jedoch erst Gewicht, wenn wir funktionale Äquivalente zur professionellen Leistung kennen, d.h. wenn wir anzugeben wissen, auf welche Weise bestimmte Leistungen auch ohne Professionen erbracht werden können. Historisch betrachtet gibt es durchaus Alternativen. Zum Beispiel sind verschiedene Formen der persönlichen anwaltschaftlichen Vertretung denkbar.

1. Der *Professionsansatz*: Es bildet sich eine spezialisierte, organisierte Berufsgruppe, die diese Leistung exklusiv übernimmt. Das ist die Geschichte der englischen *barristers*, die die federführende Rechtsvertretung vor Gericht übernahmen (vgl. Carr-Saunders / Wilson 1933/1964).

2. Der *Laienansatz*: Einem demokratischen Prinzip folgend möchte man keiner Berufsgruppe ein Dienstprivileg bei wichtigen Entscheidungen einräumen und entwickelt Regelungen, so daß potenziell jeder sich selber helfen kann. Dieses Denken dominierte in der Schweiz im 19. Jahrhundert und spielt eine wichtige Rolle in den USA.

3. Der *Amtsansatz*: Tätigkeiten, die für Bürger und Staat von so großer Bedeutung sind wie die Rechtsvertretung, werden soweit es möglich und sinnvoll ist, von Amtsträgern ausgeführt bzw. von Ämtern qualifiziert. Dies ist das preußische Modell, das zum Beispiel für Juristen Referendariat und Staatsexamen vorsieht und das in dieser Form auch heue noch in Deutschland zur Anwendung gelangt. Ob tatsächlich immer funktionale Äquivalente möglich sind, hängt nicht zuletzt vom Problembereich ab. Für das Beispiel der Rechtsvertretung ist ein Laienansatz denkbar, für medizinische Behandlung nicht.

4. Heute würde man zusätzlich von einem *Marktansatz* sprechen. Professionelle verkörpern in gewisser Weise Problemlösungswissen und machen es dadurch marktgängig. Es gibt – wie Andrew Abbott (1991) dargestellt hat – funktionale Äquivalente, um Problemlösungswissen auf den Markt zu bringen:

- *Experten*: Dies ist das Modell professioneller, persönlicher Dienstleistung.

- *Waren*: Problemlösungswissen läßt sich auch in Form von Ratgeber-Büchern kaufen oder auch in Form von Computerprogrammen, z.B. zur Steuerberatung.

- *Organisationen*: Schließlich lassen sich Problemlösungen auch durch organisierte Arbeitsteilung erreichen. Dies funktioniert – im Prinzip – in öffentlichen Verwaltungen wie auch in großen Beratungsunternehmen.

Zahlreiche marktgängige Fertigkeiten werden in allen drei Formen angeboten. Ein anschauliches Beispiel ist das Kochen: Wir können hierzu einen Experten, den Koch, beauftragen. Wir können uns aber auch ein Kochbuch kaufen und nach Anleitung kochen. Oder wir nutzen das Angebot eines Unternehmens wie MacDonalds: Keine der Teiltätigkeiten zur Zubereitung eines MacDonalds-Hamburgers bedarf irgendwelcher Kochkünste der Angestellten, und dennoch ist das Produkt eindeutig eine Speise.

Die Frage ist: Lassen sich die professionellen Leistungen – ähnlich wie das Kochen – als Waren beziehungsweise durch Organisation erbringen? Es gibt starke Zweifel hinsichtlich der *Standardisierbarkeit* vieler professioneller Leistungen. Standardisierbarkeit setzt voraus, daß es Handlungsroutinen gibt, die eine erfolgreiche Problemlösung voraussagen lassen. Psychologische Untersuchungen haben gezeigt (vgl. Shanteau 1992a, 1992b), daß für viele Bereiche professioneller Tätigkeit diese Bedingung nicht erfüllt ist; Psychotherapie, Bewährungshilfe, juristisches Urteilen, Personalauswahl: all diese und ähnliche Bereiche lassen nur sehr eingeschränkt Erfolgsaussagen zu und sind insofern schwerlich standardisierbar. Gemeinsam ist diesen Bereichen, daß sie sich notwendig auf menschliche Interaktion stützen und somit anfällig für Störungen, Missbrauch und Fehleinschätzung sind.

3. Theorien

3.1 Die anglo-amerikanischen Theorielinien

Die anglo-amerikanische Professionssoziologie ist historisch geprägt von der Diskussion um zwei Theoriesätze, erstens den Funktionalismus, der mit den Werken von Parsons (1939, 1951, 1968) und Goode (1957) in Verbindung gebracht wird; zweitens den machttheoretischen Ansatz, der eine gewisse Reaktion auf den Funktionalismus darstellt. Dieser Ansatz geht vor allem zurück auf die Arbeiten von Johnson (1967, 1977) und, bereits oben erwähnt, das Buch *The rise of professionalism* von Larson (1977).

1. Die Grundidee des *Funktionalismus* – idealtypisch gesehen – besteht darin, daß Professionen gesellschaftlich zentrale Aufgaben übernehmen und ihnen dafür gewisse Rechte und Pflichten zuerkannt werden. Nach diesem Modell übernimmt die Medizin die Sorge um die Gesundheit von Bürgern, die Juristen übernehmen die Sorge um das Rechtssystem. Zu den Rechten gehören eine gewisse Autonomie sowie überdurchschnittliches Einkommen. Zu den Pflichten gehört eine gewisse Gemeinwohlorientierung; die Profession, so Parsons, garantiert „socially responsible uses" (Parsons 1968, S. 536). Nach Parsons organisieren sich moderne Professionen nach sozial- und naturwissenschaftlichen Fächern (*intellectual disciplines*), und zwar unter Einbindung der Universitäten. Nach Goode (1957) sind Professionen in erster Hinsicht aktive Berufs-Gemeinschaften. In der Diskussion um die Stellung freier Berufe wird dieser Ansatz als der *soziologische* Ansatz zitiert, zum Beispiel in der Form:

> Für die Gesellschaft geht es um zentrale Werte und Güter wie Gerechtigkeit, Gesundheit, Umwelt, Kultur, Sicherheit, Freiheit – Werte und Güter, die nach verbreiteter Meinung nicht durch staatliche Aktivitäten, sondern durch freiberufliche Tätigkeit am besten zu erreichen sind. So übernehmen die Ärzte z.B. die Verantwortung für die Volksgesundheit, die Rechtsanwälte sind Organe der Rechtspflege und Ingenieure und Architekten tragen Verantwortung für die Sicherheit auf vielen Gebieten. (Sahner 1989, S. 10)

Die Kritik am funktionalistischen Ansatz fragt nach den *funktionalen Alternativen*: Sind Professionen wirklich notwendig, um Leistungen im Gesundheitswesen oder Rechtswesen zu organisieren? Außerdem ist es fraglich, ob sich für jede Profession eine derartige zentrale Funktion definieren läßt: Was ist zum Beispiel die gesellschaftliche Aufgabe von Steuerberatern oder Psychologen?

2. Aus Sicht des *machttheoretischen* Ansatzes (*power approach*) sind Professionen in erster Hinsicht wirtschaftlich-gesellschaftliche Machtträger (Monopolisten, Kartelle), da sie bestimmte Berufsfelder kontrollieren. Nach Johnson (1977 S. 105) charakterisieren sich Professionen dadurch, daß sie sowohl die Kundenbedürfnisse definieren wie auch die entsprechenden Leistungen zur Bedürfniserfüllung; Professionen machen ihre Klientel von sich abhängig. Aus Sicht des machttheoretischen Ansatzes dient die Gemeinwohlorientierung dabei als Ideologie und zur Legitimation eines kollektiven Aufstiegsprojekts von Mitgliedern der Mittelschicht, das vor allem im 19. und 20. Jahrhundert Erfolg hatte. Doch der Kapitalismus entwickelt sich weiter und prägt zunehmend alle Dienstleistungsverhältnisse; professionelle Leistungen werden kommerzialisiert, womit den Professionen die Proletarisierung droht. Die professionssoziologische Kritik am machttheoretischen Ansatz macht sich am *Verschwörungs*-Charakter des Professionsprojektes fest: Die Behauptung einer Verschwörung läßt sich grundsätzlich schwer widerlegen.

Die Diskussion um Funktionalismus und machttheoretischen Ansatz läuft meist entlang des scheinbaren Gegensatzes von professionellem Dienstideal einerseits und wirtschaftlichem Handeln andererseits. Julia Evetts nennt dies den *dualen Charakter* (Kap. 2) professioneller Tätigkeit und merkt an, im Grunde sei allen Theoretikern der Professionssoziologie bewußt, daß Professionelle sowohl in einem gewissen Sinn dem Gemeinwohl dienen als auch wirtschaftlich tätig sein müssen. Gemeinsam ist dem Funktionalismus und dem machttheoretischen Ansatz, daß sie Professionen als historische Entitäten auffassen. Professionen sind Akteure, die einen gesellschaftlichen Auftrag übernommen haben und stellvertretend Wissen verwalten (Funktionalismus), beziehungsweise Macht ausüben. Daneben gibt es jedoch Ansätze, die viel stärker den Klientenbezug des Professionellen im Blick haben; ich fasse sie als interaktionistische Ansätze zusammen.

3. Nach einem *interaktionistischen* Ansatz definiert die Art des professionellen Handelns den Sinn von Profession. Dadurch rückt die Interaktion zwischen Professionellem und Klient in den Vordergrund; die professionelle Leistung besteht dann im Verändern oder Unterstützen von Personen (*people processing*). Das Augenmerk kann auf der Interaktion zwischen Professionellen und Publikum liegen, seien dies nun Klienten oder die Gesellschaft. Die Profession als Organisation ergibt sich nach interaktionistischer Sicht aus den Gestaltungsnotwendigkeiten des professionellen Handelns, beziehungsweise Profession als Organisation ist unabhängig von und zweitrangig gegenüber professionellem Handeln. So schreibt Everett C. Hughes (1965, S. 2): „Professionals *profess*". Professionelle bekennen sich als solche und – so Hughes – bekunden, daß sie über bestimmte Sachverhalte besser Bescheid wissen als andere Leute und daß sie besser als Klienten wüssten, was deren Anliegen hilft. Hierzu dient ihnen abstraktes Sonderwissen.

> A profession delivers esoteric services – advice or action or both – to individuals, organizations or government [...] Even when manual, the action – it is assumed or claimed – is determined by esoteric knowledge systematically formulated and applied to problems of a client. (1)

Dieser Ansatz ist hilfreich, um das besondere Vertrauensverhältnis zwischen Professionellem und Klient zu verstehen. Unter einem interaktionistischen Ansatz fällt es jedoch schwer, die Entstehung von Professionen und die Bedeutung von Professionen (bzw. professionellem Handeln) als historischen Prozeß zu analysieren und zu verstehen.

3.2 Die deutschsprachige Professionssoziologie

Drei Theoriekreise prägen derzeit die Diskussion: die Systemtheorie, der Oevermannsche Ansatz sowie ein Kreis interaktionistischer Ansätze.

1. Die *Systemtheorie* ist in der deutschsprachigen Soziologie eng mit dem Namen Niklas Luhmann verknüpft (z.b. Luhmann 1984). Luhmann selbst hat sich so gut wie gar nicht zu Professionen geäußert. In seiner Schrift *Die Funktion der Religion* (Luhmann 1977) findet sich ein Exkurs zu professioneller Arbeit im Kontext der funktionalen Differenzierung der Gesellschaft. Die funktionale Differenzierung in gesellschaftliche Funktionssysteme wie etwa das Recht, die Wirtschaft oder die Religion verläuft mittels *Dualen* oder *binären Codes*, an denen sich die Teilnehmer in den Systemen orientieren. Im Funktionssystem Recht erfolgt die Orientierung am Dual von Recht/Unrecht, im Funktionssystem Wirtschaft am Dual Gewinn/Verlust. Luhmann sieht in professioneller Arbeit eine Vermittlungsfunktion, die am jeweiligen Dual orientiert ist. Zum Beispiel der Medizin schreibt er: „So sondert die Medizin ihre spezifische Praxis ab, indem sie das allgemeine Dual von Leben/Tod durch das Dual Krankheit/Gesundheit spezifiziert" (S. 192). Luhmann schließt seinen Exkurs mit der Bemerkung, daß „eine Orientierung professioneller Praxis an Dualen und Überführungsregeln" die funktionale Differenzierung der Gesellschaft fördere (a.a.O.).

Eine explizite Anwendung der Systemtheorie auf Professionen erfolgte durch Rudolf Stichweh (z.B. 1996)[9] Seine Hauptthese lautet, daß „Professionen ein Phänomen des Übergangs von der ständischen Gesellschaft des alten Europa zur funktional differenzierten Gesellschaft der Moderne sind und daß sie vor allem darin ihre gesellschaftsgeschichtliche Bedeutung haben" (S. 50). In den Funktionssystemen bilden sich *Leistungsrollen* einerseits und *Komplementärrollen* andererseits heraus. Leitprofessionen wie Medizin und Juristen übernehmen Leistungsrollen im Gesundheits- beziehungsweise Rechtssystem; die Patienten beziehungs-

---

[9] Stichweh interpretiert Luhmanns Zurückhaltung in der Professionsfrage als Ausdruck einer generellen Skepsis; Stichweh nimmt hierbei Bezug auf einen Beitrag von Lange und Luhmann (1974): „Er [Luhmann] fragt 1974 in einer Studie über Karrieren von Juristen, ob Professionalität noch ein eigenständiger gesellschaftspolitischer Faktor - wie Schichtung und Organisation - sein könne. Daß diese Frage skeptisch gemeint war, erhellt auch daraus, daß Luhmann sie seither nicht wieder aufgenommen hat." (Stichweh 1996, S. 50)

weise Mandanten übernehmen Komplementärrollen. Jedoch nicht in allen Funktionssystemen findet sich eine Profession, welche die Leistungsrolle übernimmt. So fehlt eine solche Profession zum Beispiel im Wirtschaftssystem.

2. Ulrich Oevermann hat seinen Ansatz in der Abhandlung *Theoretische Skizze einer revidierten Theorie professionalisierten Handelns* stringent und umfassend dargelegt (1996). Oevermann sieht die allgemeine Funktion von professioneller Tätigkeit in der *stellvertretenden Krisenbewältigung*: Professionen sorgen für die stellvertretende Lösung von Problemen einer für sich autonomen Praxis. Es handelt sich dabei um drei Problemfelder:

- Die Aufrechterhaltung von psycho-somatisch-sozialer Integrität: In diesem Problemfeld ist vor allem die Medizin tätig. Die Ärztin sorgt sich stellvertretend für den Patienten um dessen Gesundheit.

- Die Aufrechterhaltung von Recht und Gerechtigkeit: In diesem Problemfeld sind vor allem die Rechtsanwälte tätig.

- Die Überprüfung von Geltungsfragen: In diesem Tätigkeitsfeld ist vor allem die Wissenschaft tätig. Sie befasst sich stellvertretend für die Gesellschaft mit Erkenntnisfragen.

Nach Oevermann gibt es nur diese drei Problemfelder, die eine stellvertretende Krisenbewältigung nötig machen.

Zur Kernidee des Oevermannschen Professionalisierungskonzeptes gehört die Annahme, daß die Besonderheit von Professionen gegenüber anderen, auch hochqualifizierten Berufen, darin besteht, daß die erfolgreiche Bearbeitung des der Profession übergebenen Problems nicht nur spezifisches Wissen, sondern auch die Beherrschung einer professionsspezifischen Interaktionslogik verlangt. So muß der Arzt die besondere Art des Arzt-Patienten-Verhältnisses beherrschen, Juristen die Logik des Gerichtsverfahrens als dem Ort ihrer beruflichen Praxis, der Wissenschafter den universalistischen Diskurs, in dem einzig die Logik des besseren Argumentes gilt, der Pädagoge die Lehrer-Schüler-Interaktion. Oevermanns Ansatz und insbesondere seine Methodologie, die *objektive Hermeneutik*, haben auf die deutschsprachige Soziologie nachhaltig Einfluss genommen.

3. Der *interaktionistische* Ansatz wird in der deutschsprachigen Professionssoziologie prominent von Fritz Schütze vertreten. Nach Schütze fördert die interaktionistische Analyse „das Paradoxe, das Zerbrechliche, das Fehlerhafte" des professionellen Handelns zutage:

> Zu nennen sind zum Beispiel gefährliche Vereinfachungstendenzen bei der Anwendung abstrakter Professionskategorien auf Einzelfälle, die Mystifizierungstendenz professionellen Wissens und Handelns, die Tendenzen zum Vergessen der Interaktionsbasis zwischen Professionellem und Klient / Patient und der existenzweltlichen Verstrickungen bei der Anwendung der professionellen Analyse- und Bearbeitungsverfahren sowie die Tendenz zur Aushöhlung der Interaktionsreziprozität in der sozialen Beziehung zwischen Professionellem und Klienten / Patienten durch Verführungen, die mit der Machtposition des professionellen Verfahrenswalters[...] gegeben sind. (1996, S. 187).

Zu den *Paradoxien* professionellen Handelns zählen, so Schütze: erstens, „auf unsicherer empirischer Basis Prognosen über die Fall- bzw. Projektentwicklung anstellen zu müssen"; zweitens, „die allgemeinen Typenkategorien des professionellen Wissens auf die Spezifität des konkreten Projekts bzw. Falls anwenden zu müssen"; drittens, den richtigen Zeitpunkt zum Eingreifen zu finden zwischen Zuwarten und Intervention in die Entwicklung eines Falles (1996, S. 194).

Im Kreis der interaktionistischen Sichtweise hat sich insbesondere ein *inszenierungstheoretischer Ansatz* etabliert. Er geht davon aus, daß jedes professionelle Handeln wesentlich der Inszenierung bedarf. In den Worten von Michaela Pfadenhauer:

> „Aus inszenierungstheoretischer Perspektive ist auch *professionelle* Leistung zunächst und vor allem als Leistungsdarstellung zu begreifen. D.h.: Auch die Leistung Professioneller tritt *nur* über Darstellungen in Erscheinung."

Wichtige Grundlagen des inszenierungstheoretischen Ansatzes legte Goffmans Arbeit *The presentation of self in everyday life* (1959). Maßgeblich ist seine Unterscheidung in *Bühne* (‚front region', stage) und *Hinterbühne* (‚back region', backstage): auf der Hinterbühne wird die Präsentation vorbereitet, auf der Bühne wird sie vorgeführt. So finden wir auch bei professioneller Arbeit die zeit-räumliche Trennung in Klientenkontakt (z.B. Sprechstunden) und Vorbereitung (z.B. Aktenstudium; Supervision). Inszenierung meint nicht einfach Show, sondern bezieht sich auf eine bestimmte professionelle Handlungslogik, die es zu erwerben und auszuführen gilt.

4. Dieses Buch

Die ersten drei Kapitel dieses Buches befassen sich vorwiegend mit *Theoriefragen*, im zweiten Teil des Buches werden einzelne *Berufsgruppen* behandelt, im dritten Teil geht es um den *Leistungsbegriff*.

1. Im ersten Kapitel resümiert Julia Evetts die anglo-amerikanische Professionssoziologie mit Blick auf Leistungsbewertungen professioneller Tätigkeit (*Professionalization and Professionalism: explaining professional performance initiatives*). Aktivitäten von Ämtern, Verbraucherschutzverbänden sowie private *liability*-Klagen von Klienten setzen in England den Professionellen zu. Betroffen sind vor allem die Wirtschaftsprüfer und die Rechtsberatung. Wie Julia Evetts berichtet, kommt es aus Reaktion darauf zu *performance initiatives* seitens der Berufsverbände. Sie versuchen, die Maßstäbe der professionellen Leistungsbewertung neu zu setzen und transparent zu machen. Damit soll, so Evetts, das Vertrauen der Kunden zurückgewonnen und Professionalität neu definiert werden.

2. Im zweiten Kapitel diskutiert Michaela Pfadenhauer eine Zusammenführung von macht- und inszenierungstheoretischen Ansätzen (*Macht – Funktion – Leistung: Zur Korrespondenz von*

eliten- und professionstheoretischen Ansätzen). Sie weist darauf hin, daß es auffällige Parallelen in der Professionstheorie und der Elitentheorie gibt. Dies gilt zumal für den elitentheoretischen Ansatz von Dreitzel (1962), der – nach Lesart von Pfadenhauer – *inszenierungstheoretisch* argumentiert und dabei den Leistungsbegriff ins Zentrum rückt. Das Spezifikum professioneller Leistung, so Pfadenhauer, „besteht nun allerdings darin, daß sich professionelle (wie alle Experten-)Kompetenz externer Bewertung weitgehend entzieht."

3. Im dritten Kapitel greift Thomas Kurtz die systemtheoretische Diskussion auf (*Gesellschaft, Funktionssystem, Person. Überlegungen zum Bedeutungswandel professioneller Leistung*). Er versteht Professionen als „transitorisches Phänomen, deren Höhepunkt bereits überschritten ist". Nach Kurtz stehen wir vor einem Paradox: einerseits erleben wir eine „Auflösung von Leitprofessionen", zugleich treffen wir jedoch auf einen „Bedeutungszuwachs der über professionelles Handeln erbrachten professionellen Leistung". (S. 107)

Die fünf anschließenden Kapitel berichten von Untersuchungen zum professionellen Handeln in recht verschiedenen *Berufsfeldern*. Die Untersuchungen, die in diesem Buch vorgestellt werden, erfassen Berufsgruppen aus dem ganzen Spektrum der Diskussion um professionellen Status und Professionalisierung:

4. *Ärztinnen und Ärzte.* Ärzte gelten als typische Profession bzw. als Leitprofession. Erika M. Hoerning (*Ärztinnen und Ärzte in der DDR*) zeigt, wie eine Profession trotz gesellschaftlichen Systemwechsels Kontinuität bewahrte. Trotz massiver Regulationsversuche hatte es die DDR nicht geschafft, den Stand der Ärzte zu untergraben oder alternative Formen organisierter Heilbehandlung zu etablieren.

„Am Ende der DDR zeigte sich, daß die Eingriffe des Staates in die medizinische Profession keineswegs zu einer De- oder Entprofessionalisierung geführt hatten, sondern daß die Mediziner sich trotz zahlreicher Eingriffe strukturkonservativ erwiesen. Es gab keine Parteiärzteschaft, sondern langfristig, auch in der intergenerationalen Weitergabe, hatten sich die Mediziner auf die Rolle des indifferenten ‚Humanisten' zurückgezogen." (Hoerning, S. 143)

5. *Sozialarbeit.* Sozialarbeit gilt als professionalisierungsbedürftige Semiprofession (vgl. Etzioni 1969), zumindest wird ihr Status und ihre Autonomie in der Literatur heftig diskutiert. Stichweh schreibt zum Auftrag der Sozialarbeit aus systemtheoretischer Sicht: „Die Sozialarbeit ist also der klassische Fall einer Institution, die Probleme verwaltet, die ungelöste Folgeprobleme des Prinzips ‚funktionale Differenzierung' als der Differenzierungsform der modernen Gesellschaft sind." (1996, S. 64)

Christoph Maeder und Eva Nadai (*Professionalität unter den Bedingungen des Sozialamts: Sozialarbeit in der öffentlichen Sozialhilfe*) zeigen in einer Schweizer Studie die „Mühen der sozialen Arbeit" als Aushandlungsprozeß mit der Sozialverwaltung. Das Problem für die Sozialarbeitenden, so Nadai und Maeder, „besteht darin, vor einem umstrittenen und bruchstückhaften professionstheoretischen Hintergrund und in Abhängigkeit von zu Organisationsregeln gerinnenden sozialpolitischen Vorgaben und Restriktionen funktionierende Lösungen für ihre Fälle zu generieren." (S. 166)

6. *Ingenieure.* Ingenieure gelten als etablierte Profession. Sie sind national wie international gut organisiert und üben selbst auf europäischer Ebene eine konzertierte Berufspolitik aus (Arkell, 1999). Dennoch erachtet sie Oevermann nicht als professionalisierungsbedürftig. Nach Oevermann leisten die Ingenieure keine stellvertretende Krisenbewältigung, vielmehr setzen sie technische Lösungen um. In der Diskussion um die Definition von Freiberuflichkeit werden die Ingenieure zu eine Gruppe von Sonderfällen gezählt, deren Tätigkeit nicht auf einer persönlichen, vertrauensgetragenen Klientenbeziehung beruht und für welche die Schweigepflicht nicht als wesentlich erachtet wird (Michalski, 1989).

Dieser Sicht widerspricht Ekardt mit seiner Studie zu Tragwerksplanern, vulgo Statikern, vehement (*Das Sicherheitshandeln freiberuflicher Tragwerksplaner: Zur arbeitsfunktionalen Bedeutung professioneller Selbstverantwortung).* Die Ingenieurtätigkeit bestehe zu einem wesentlichen Teil aus *Risikobewertung, -steuerung und -kommunikation* und kommt damit einer Oevermannschen stellvertretenden Krisenbewältigung gleich. Die Ingenieurtätigkeit sei kein technisches Umsetzen, sondern gründe auf dem reflexiven Gebrauch technischer Expertise. „Die Sicherheit der Bauten entspringt einem professionellen Gebrauch technischer Expertise, nicht schon der technischen Expertise selber." (Ekardt, S. 187).

7. *Mediation.* Mediation zählt zu den neuen oder entstehenden Berufen, die geeignet erscheinen, sich zu einer Profession zu entwickeln. Bei der Mediation handelt es sich um beruflich ausgeübte Schlichtung zwischen mehreren Parteien; die Haupttätigkeitsfelder liegen im Bereich öffentlicher Planungsvorhaben (vgl. Zilleßen, 1998) sowie im familiären Bereich, nämlich bei Scheidungen. Im letzteren Fall spricht man auch von Familienmediation. Mediation verlangt von ihrem Auftrag her gesehen eine unabhängige Rolle; ein abhängiger Mediator stößt auf Akzeptanzprobleme bei den Parteien. Von daher strebt die Entwicklung von Mediation in Richtung eines freien Berufes mit einem großen Anteil an Selbstständigen. Mediation zeigt alle Professionalisierbarkeitsmerkmale: Es gibt einen abgrenzbaren Auftrags- und Wissensbereich; sie hat Zentralwertbezug (innergesellschaftliche Befriedung); es gibt Ansätze zur Akademisierung sowie Verbandsaktivitäten.

Kai-Olaf Maiwald führt in die Familienmediation ein (*Der unsichtbare Mediator: Probleme der Ausweisung beruflicher Leistung in der Familienmediation*) und unterwirft das Standardlehrbuch von Haynes et al. (Haynes/Bastine/Link/Mecke, 1993) einer soziologischen Analyse. Maiwald zeigt recht deutlich das Fehlen einer „Funktionsbestimmung des Mediators", die sich aus dessen Selbstverständnis als *neutraler* Vermittler ergibt. Die Rolle des Mediators pendelt somit „von Abwesenheit zu Steuerung" (S. 220). Diese Unklarheit in der Frage angemessenen Handelns stellt, so Maiwald, „einen Hemmschuh für eine Professionalisierung" von Mediation dar.

8. *Politik, Spin doctors*. Politik zählt in der Regel schon deshalb nicht zu den Professionen, weil in demokratischen Staaten der Zugang zur Politik nicht einer bestimmten Berufsgruppe vorbehalten sein darf. Dessen ungeachtet ist Politik ein Beruf im Sinne einer Vollzeitbeschäftigung. Zu den beruflichen Anforderungen in der Politik gehört insbesondere ein mediengerechtes Auftreten.

Dirk Tänzler untersucht in seinem Beitrag die Rolle von Spin doctors bei der Darstellung von Politik (*Politdesign als professionalisierte Performanz. Zur Rolle von spin doctors bei der Politikinszenierung*). Sein Beispiel ist das Wirken von Bodo Hombach als Spin doctor für Gerhard Schröder auf dem Wahlparteitag der SPD im Jahr 1998. Die Leistung des Spin doctors besteht in der mediengerechten Inszenierung von Politik und Politikern, ihr Produkt – so Tänzler – ist *professionalisierte Performanz*: Professionalisierte Performanz ist „keine Eigenleistung des Politikers, sondern ein ihnen angedientes Produkt von Beratern, die als akademisch geschulte Experten aber, was die Politik betrifft, eigentlich Laien sind. [...] So beraten die hier in Augenschein genommen Experten auch nicht über politische Fragen im engeren Sinne, also im Hinblick auf politische Entscheidungen (Pragmatik), sondern einzig und allein im Hinblick auf die Publikumswirksamkeit der Politikdarstellung (Ästhetik). Hier tritt also auseinander, was der Sache nach zusammengehört." (Tänzler, S. 230)

Der letzte Teil unseres Buches befasst sich mit dem *Leistungsbegriff*. Dieser Teil soll die Frage klären, ob sich professionelle Leistung als ein Leitthema von Professionsforschung eignet.

9. Im neunten Kapitel diskutiert Kai Dröge Leistung vor dem Hintergrund der Idee der Leistungsgesellschaft (*Wissen – Ethos – Markt. Professionelles Handeln und das Leistungsprinzip*). Das Leistungsprinzip, so Dröge, „bildet den primären normativen Deutungsrahmen, in dem moderne Gesellschaften soziale Ungleichheit interpretieren, legitimieren und kritisieren" (S. 251).

Die Professionen stehen dazu seit je her in einem ambivalenten Verhältnis. Im Zuge der gegenwärtigen Vermarktlichungstendenzen in den professionellen Tätigkeitsbereichen gerät dieses Verhältnis zusätzlich unter Druck. Die Professionellen werden mit den widersprüchlichen Forderungen konfrontiert, einerseits ökonomisch denken und handeln zu lernen, andererseits aber die eigenen Interessen zur Profitmaximierung weiterhin zugunsten der berufsethischen Gemeinwohlverpflichtung zurückzustellen.

10. Jens Borchert befasst sich im zehnten Kapitel mit der Leistungsbewertung und Preisgestaltung (*Die professionelle Leistung und ihr Preis: Leistungsbewertung, Preisgestaltung und die Konstituierung des Verhältnisses zwischen Klienten und Professionellen*). Borchert zeigt, daß wir klar zwischen der Leistungsbewertung und der Preisgestaltung unterscheiden müssen. Professionen sind „Berufe, die es schaffen, eine mindestens partielle Kontrolle über die Festsetzung der Bezahlung für ihre Leistungen zu erlangen" (Borchert, S. 295). Die *korporative Stärke* einer Profession zeigt sich darin, wie sie Leistungsbewertung und Preisgestaltung zu trennen vermag und sich insbesondere bei der Preisgestaltung den Marktmechanismen zu entziehen vermag. Dies gelingt Ärzten und Anwälten eher als Architekten und Ingenieuren.

11. Lennart Svensson resümiert im elften Kapitel Daten aus einem Survey zu den Berufstätigen in Schweden (*Market, management and professionalism: Professional work and changing organisational contexts*). Wie sich zeigt, prägen Marktmechanismen, Managementvorgaben und Leistungskontrollen bereits stark das professionelle Handeln. Der schwedische Survey offenbart eine *Binnendifferenzierung* von Professionen: einerseits finden wir stark klientenorientierte Professionen mit einer Großzahl von Mitgliedern, die einem Dienstideal verpflichtet sind (z.B. Ärzte, Psychologen); andererseits marktorientierte Professionen, die ihren Beruf eher im Sinne eines Gewerbes betreiben (z.B. Zahnärzte, Ingenieure). Professionalität – *professionalism* im Sinne von Freidson (2001) – zeige sich heute vor allem darin, daß einige

Professionelle ihre konkreten, ethischen Verpflichtungen gegenüber ihren Klienten hervorheben.

5. Ausblick: Herausforderungen an die deutschsprachige Professionssoziologie

5.1 Die internationale Herausforderung

Die internationale Herausforderung bestimmte sich bislang durch den Kontrast zwischen dem anglo-amerikanischen Professionsmodell einerseits und dem kontinentaleuropäischen Modell freier Berufe andererseits. Der Hauptunterschied bestand vor allem in der Frage der *Autonomie* der Professionen: während wir auf englisch-amerikanischer Seite relativ autonome *professions* finden, sind die kontinentaleuropäischen Berufe weitgehend durch staatliche Ausbildung und Berufsordnungen bestimmt. Dies gilt jedoch nicht für alle kontintentaleuropäischen Staaten. So nimmt die Schweiz, was die Regelung von Berufen angeht, in Kontinentaleuropa eine gewisse Sonderstellung ein. Hier hat der Laienansatz historisch eine ähnlich große Bedeutung wie in den USA: Einem demokratischen Prinzip folgend wurde es oft nicht akzeptiert, wenn Berufe aufgrund ihrer spezifischen Ausbildung eine Sonderstellung beanspruchten. Dies zeigt sich insbesondere in der Entwicklung der Rechtsberufe (vgl. Siegrist 1985). Der genaue Blick auf Professionen offenbart jedoch auch größere Differenzen zwischen Ländern wie Deutschland, Frankreich und Italien, als ihre Zuordnung zum kontinentaleuropäischen Modell erwarten lassen würde, ganz zu schweigen von den Niederlanden (vgl. Neale 1996).

Die bisherigen Entwicklungslinien auf internationaler Ebene werden nun von der *europäischen Harmonisierung* überlagert. In diese Harmonisierung ist auch Großbritannien einbezogen. Zu erwarten ist eine langfristige Angleichung von Formen der Berufsausübung in Europa. Evetts (1994) argumentiert zudem, daß gerade die zunehmende Internationalisierung von Berufstätigkeit neue Spielräume für Professionen schafft. Während die Bedeutung nationaler Berufsverbände sinkt, steigen die EinFlußmöglichkeiten *internationaler Vereinigungen von Berufsgruppen.* Die Formierung internationaler Professionen ist recht unterschiedlich fortgeschritten, auf europäischer Ebene ist das Beispiel der gut organisierten Ingenieure dokumentiert (Arkell 1999).

5.2 Die methodische und empirische Herausforderung

Die *methodische und empirische Herausforderung* stellt sich bereits aufgrund der Vielzahl an eingesetzten Methoden in der Professionssoziologie. Es finden sich ethnomethodologische Fallstudien, historische Studien, Umfragen ebenso wie Handlungs- und Kommunikationsanalysen. Diese Vielfalt spiegelt sich auch im vorliegenden Buch wider (vgl. Kasten 1 auf folgender Seite).

Die Methodenunterschiede sind meist mit Unterschieden in der soziologischen Weltsicht verbunden. Wie in dieser Einleitung zu zeigen versucht wurde, weist das *Phänomen* der Professionen so unterschiedliche Aspekte auf, daß eine Methodenvielfalt unumgänglich scheint. Institutionalisierungsaspekte von Professionen lassen sich nicht mit denselben Methoden untersuchen wie das konkrete professionelle Handeln. Und selbst die Behauptung, daß gewisse Aspekte – z.B. die Stellung der Hochschullehrer – unwichtig seien, sollte sich empirisch überprüfen lassen.

Kasten 1

> Je nach Ansatz gelangen andere Methoden bei der Untersuchung von Professionen und professionellen Leistungen zur Anwendung. Auch in diesem Buch beruhen die Untersuchungen auf unterschiedlichen Methodologien. Die Methoden sind:
> - biografisches Interview (Hoerning, Kap. 4)
> - Survey (Svensson, Kap. 11)
> - ethnographische Fallstudie (Maeder & Nadai, Kap. 5)
> - arbeitswissenschaftliche Analyse von Texten und Verfahren (Ekardt, Kap. 6)
> - Textanalyse im Sinne der objektiven Hermeneutik (Maiwald, Kap. 7)
> - Sequenzanalyse von Bildmaterial im Sinne der objektiven Hermeneutik (Tänzler, Kap. 8)
>
> Objektive Hermeneutik ist Oevermanns Methode, die er auch zur Analyse von professionellem Handeln nutzt (vgl. Wernet, 2000a). Basis der Analyse ist ein ‚Protokoll', d.h. der in irgendeiner Weise dauerhaft gewordene Niederschlag der professionellen Praxis. Mit der Analyse einer lückenlosen protokollierten Handlungssequenz versucht die objektive Hermeneutik – unter Ausblendung von fallspezifischem Kontextwissen – die Selektivität der zu untersuchenden Praxis nachzuzeichnen. An jeder ‚Sequenzstelle' wird gemäß geltender Regeln der Raum möglicher Handlungsanschlüsse konstruiert und anschließend mit der protokollierten, faktischen Handlung kontrastiert.

5.3 Die interdisziplinäre Herausforderung

Die *interdisziplinäre Herausforderung* hängt eng mit der methodischen und empirischen Herausforderung zusammen. Professionen sind Gegenstand der Soziologie, die Analyse muß jedoch –

neben der soziologischen – verschiedene Dimensionen berücksichtigen:

1. Die *historische* Dimension: Die Geschichte einiger der heutigen Professionen reicht weit ins Mittelalter hinein. So war das Werk von Carr-Saunders und Wilson (1933), das am Ausgangspunkt der Professionssoziologie stand, im Wesentlichen eine historische Studie. Jürgen Kocka (1990) sieht Professionalisierung im Deutschland des 19. Jahrhunderts in engem, teilweise komplementärem Zusammenhang mit der bürgerlichen Entwicklung: bürgerliche Ideale orientierten sich am Bildungsbürgertum und am Staatsdienst, was für die Entwicklung von autonomen Professionen nicht förderlich war.

2. Die *rechtliche und politische* Dimension: Gerade für die kontinentaleuropäische Situation ist die rechtliche Ausgestaltung von professioneller Tätigkeit maßgebend. So gibt es eine Reihe von Studien zu Rechtsfragen der freien Berufe (z.B. Herrmann 1989). Die rechtliche Dimension ist mit der politischen verknüpft. Zum einen betreiben Berufsverbände Lobbyismus, um auf die rechtliche Gestaltung EinFluß zu nehmen. Zum anderen wirken Mitglieder von Professionen als Gutachter und Sachverständige im politischen Prozeß mit.

3. Die *ökonomische* Dimension: Professionen versuchen, einen Dienstleistungsbereich zu monopolisieren und damit auch EinFluß auf den Arbeitsmarkt zu nehmen. Dies müssen sie schon deswegen, damit für jeden Professionellen trotz verlängerter Qualifizierungsphase die individuelle Wertschöpfung gesichert ist. Gilt also für die freien Berufe weniger „die Freiheit *zum* Wettbewerb als vielmehr die Freiheit *von* Wettbewerbszwängen"? (Trautwein 1989). Zunehmend gewinnt der Humankapital-Ansatz (Becker, 1993; OECD 1996) an Bedeutung. Aufgrund ihrer hohen Qualifikation verkörpern Professionelle besondere Investitionen in Humankapital, womit die Wettbewerbsfähigkeit individuell und nationalwirtschaftlich gefördert wird.

4. Die *psychologische* Dimension: Professionelle Tätigkeit bedeutet die Anwendung von Expertenwissen. Warum manche

Fertigkeiten und Wissensbestände lange akademische Ausbildung erfordern, läßt sich mit den Mechanismen von Lernen, Entwicklung und Gedächtnis erklären. Dies betrifft vor allem die Strukturen des Expertenwissens und ist Gegenstand der psychologischen Expertiseforschung (Chi et al. 1988; Gruber/Ziegler 1996; Mieg 2001b). Es gibt sogar psychologische Gründe, die für ein Fortbestehen von Professionen sprechen: Im Zuge der Flexibilisierung der Arbeitsmärkte sinkt auch die Loyalität der Unternehmen zu ihren Mitarbeitern. Wie Untersuchungen zeigen, ist ein Minimum an Sicherheit nötig (vgl. Siegrist 1998). Wenn der Arbeitsplatz keine Sicherheit bietet, so kann kompensativ der Beruf wieder Bedeutung erlangen. Dies scheint ein Aufgabenfeld gerade für organisierte Berufsgruppen, wie es Professionen sind.

Das Phänomen Profession und professionelles Handeln wird also nicht nur soziologisch untersucht. Für einen fruchtbaren Forschungsaustausch genügt es jedoch nicht, die Forschung in anderen Gebieten lediglich zur Kenntnis zu nehmen. Es braucht Brückenhypothesen (Esser 1993) und Brückenkonzepte. Ein solches Brückenkonzept zur Geschichtswissenschaft ist *Professionalisierung*. Brückenkonzepte zur Ökonomie sind unter anderen der *Arbeitsmarkt*, der *Humankapital*-Ansatz und die *Neue Institutionentheorie*. Brückenkonzepte zur psychologischen Forschung sind zum Beispiel *Selbständigkeit* (mit all ihren individuellen Voraussetzungen und Folgen) sowie der Begriff des *Wissens*: Der Umgang mit abstraktem Wissen, wie es Professionen verwalten, sowie die Entwicklung von spezifischem professionellen Handlungswissen sind auch Gegenstand psychologischer Forschung.

Die Herausforderungen an die deutschsprachige Professionssoziologie birgt Potenzial auch für die Entwicklung der Soziologie.

THEORIEN

Julia Evetts, Nottingham

Kapitel 1: Professionalization and Professionalism : explaining professional performance initiatives

This chapter develops a general framework for the discussion of professions and professional performance by examining the concepts of profession, professionalization and professionalism. The focus is the analysis of these concepts in the sociology of professions literature, and particularly that of the Anglo-American sections of that literature. Theoretical developments and contemporary debates around these concepts are illustrated and examined. This analysis constitutes the background to an examination of the issue of professional performance and of the changes in the economic, political and social contexts for professions and professional work.

1. Professions : defining the field

The difficulties of defining the intellectual field of professions, and clarifying the differences between professions and other occupations, was a focus for debate by researchers and analysts particularly in the 1950s and 1960s. In Anglo-American research, professions are usually interpreted as being a distinct category of (privileged) occupations. There was, however, considerable disagreement about what made professions different. For a number of years, particularly in the 1950s and 1960s, some sociologists tried to list a set of attributes or ‚traits' which were said to represent the common core of professional occupations (for example, Cogan 1953; Greenwood 1957; Millerson 1964). This trait approach has been effectively dismissed subsequently by a number of different authors (for example, Johnson 1972, pp. 25-32) and is now regarded as an unhelpful diversion or even a ‚red-herring' in the development of the research field.

More pragmatically, professions have been defined as occupations which are knowledge-based and achieved following years of higher education and/or vocational training. These are primarily middle-class, service occupations. Additionally and distinctively these are occupations where, to a greater or lesser extent and in different ways, comparatively and historically, practitioners have regulated themselves in terms of licensing and work practices, and autonomy or more appropriately discretion has characterized their working decisions.

In analytical terms, professions have been variously defined as having special relationships both with clients, employers and states, based on a whole variety of different central values, relationships and functions such as: employer trust or cognitive rationality and affective neutrality with clients (Parsons 1968); performing a function of delegated regulation in complex areas of expertise on behalf of states (Dingwall 1996; Dingwall and Fenn 1987); having particular forms of occupational control (Johnson 1972); their abilities to close and control a market (Larson 1977); the occupational control of work (Freidson 1994). Although these interpretations vary, what is now generally agreed is that professions have a dual character; they present (at least) two profiles to the social scientist. In a recent analysis Krause (1996, ix) has stated:

> We have always known, from sociological and general literature as well as from everyday experience, that professionals and professions act with a dual motive: to provide service and to use their knowledge for economic gain.

The key issue which this dual character raises, both for theories of professions as well as for consideration of aspects of professional performance, is how to maintain this balance. The promotion of the distinct professional values of trust and service to clients, and the balancing of public and private interests is a contentious and a contested professional project.

It is necessary also to add two further complicating factors. Firstly, there are important differences between Anglo-American and continental European perceptions of profession. In Europe, professions do not represent such a dramatically different occupational form. For the most part in Europe it is the close association of some (privileged) occupations with states and state bureaucracies and administrations, both national and local, which mark them as different and give them additional powers as well as special authority. Secondly, it is now widely agreed that occupations and professions share most features in common, including aspects of their processes of formation, identity construction, work cultures, discretionary decision-making and regulatory aspirations. The processes – by which work becomes paid work, becomes an occupation, achieves different forms of occupational control which might be perceived as professional – apply to both occupations and professions. Also, these processes are highly complex, diverse and variable both from one sector to another, as well as within and between different societies.

In general, then, it no longer seems important to draw a hard definitional line between professions and occupations but, instead, to regard both as similar social forms which share many common characteristics. The operational definition of profession can be highly pragmatic. The intellectual field includes the study of occupations which are knowledge-based and achieved following years of higher/further education and specified years of vocational training and experience. Frequently professional practitioners are licensed. They are primarily middle-class occupations sometimes characterised as the service class.

Although some researchers continue to be absorbed by the problem of definition, some general conception such as „the occupational control of work" (Freidson) is probably sufficient to delineate the intellectual field. Instead we should move on to consider the power of the discourse of ‚profession', as well as attempting to understand the similarities and essential sectoral, historical and comparative differences between professions as a generic group or social institution. The expansion of the service sector in the developed world, the growth or re-emergence of professions in both developing and transitional societies, indicate the strength and persistence of professions as a social form.

2. Professionalization

Professionalization is perhaps best understood as a process, as the series of diverse and variable, social and historical, processes of development, of how work sometimes becomes an occupation (though other work remains voluntary or unpaid), and how some occupations achieve various forms of occupational control of work sometimes called professional (while other occupations achieve fewer forms of internal regulatory control). There is not just *one* process of professionalization, however. Rather there are probably as many processes as there are different forms of work, occupation and profession. Some aspects of the professionalization process will be shared by a number of different occupations and professions but other aspects will be unique to one particular form of work.

In the sociology of the professions, there has been considerable interest in the processes of professionalization. These processes have been studied historically (for example, the emergence, formation and development of a particular professional group within a nation or state in a particular time period) and comparatively (for example, how the same professional group has developed in different ways in different countries). Other analyses have interpreted these processes using particular conceptual schemes (for example, professional dominance – Freidson 1970a; professional project – Larson 1977; jurisdictional competition – Abbott 1988; patriarchal closure – Witz 1992).

In most Anglo-American models of professionalization, it has been the professional associations working with universities and states which have created and closed the markets for particular professional experts by means of controlling the licensing and accreditation arrangements for professional practitioners. It is also necessary to note that, although British and North American theories of professionalization are usually linked, there are some differences. In particular the relation between local, state and federal associations in the modes of production of professionalism have been more complicated in the United States compared with the local-national relations in Britain. In both Britain and North America, however, the professional associations have commonly acted as highly visible advocates for and defenders of the professional interests of their members in their negotiations both with states in respect of exclusionary licensing arrangements and with universities in respect of accreditation procedures.

There are, however, important differences between Anglo-American and continental European modes of production of professionalism. Professional associations have not existed in the same way nor performed the same functions in European nation-states. In Europe, and particularly in France, state bureaucracies have operated the licensing and accreditation procedures resulting in closer connections between states and professions in professionalization processes. Differences in the role of the state in controlling professional jurisdictions have been noted by American researchers (for example, Freidson 1986; Abbott 1988) but it has been predominantly European researchers who have focused on the important historical differences. Torstendahl (Burrage/Torstendahl 1990) summarized the main differences as lying in the professionals' control of markets. These are operationalized through professional associations in Britain and the United States, and through the state in Europe. We know now, however, that professional associations are not essential for the initiation of institutions of professionalism and that, despite the importance of the professional associations in the English speaking world, the associations are in fact often unrepresentative in respect of the concerns and interests of practitioners themselves.

Despite differences between professions, and historical and contemporary differences between one country and another, the controlling institutions in processes of professionalization have been generally perceived to be professional associations, states and universities. For a period, this resulted in the professionalization process being conceived of as a regular and orderly process. Wilensky (1964), for example, listed the following ‚events': the emergence of a full-time occupation, the founding of a training school, a university school, a local association, a national association, the passing of state-level licensing laws and the establishment of codes of professional ethics. In a variety of professions, Wilensky claimed that these events occurred in precisely that order. Caplow (1964) discussed a similar determinate historical sequence comprising the following stages: the establishment of a professional association; change in the name of the occupation; development of a code of ethics; prolonged political agitation to obtain political support; the concurrent development of training facilities. However, this ‚natural history' of professionalization was easy to criticize for its historical specificity and culture-bound association with Anglo-American professions and locations. Thus, Johnson (1972, p. 38) was able to condemn the concept of professionalization as a „strait-jacket imposing a view of occupational development which is uniform between cultures and unilineal in character".

The development of both detailed historical and systematic comparative analysis of occupational and professional formation has mostly replaced such attempts to produce a determinate series of stages. The order in which state professionalization occurs, and its realization as a multilevel, diffusion process, has been examined by Abbott (1991). Abbott preferred „occurrences" to events and wished to emphasize historical and comparative diversity as well as sectoral (professional) variations. He concluded that „the professionalization process, if it is to be seen at all in changing professions, must be recognized as the multilevel, contagious, complex social process that it actually is" (1991, p. 380).

In general, then, the processes of work/occupation/profession development are sectorally, historically and culturally diverse and variable. Some formative aspects might be shared and common to several occupational/professional groups while other external and internal aspects will be unique to particular occupations and professions. There will be variations in historical, situational and cultural influences, both internal and external to the professional and occupational group itself. The importance of social changes in the contexts or conditions for particular occupational groups, and for explaining professional performance, will be considered in the fourth section of this chapter.

3. Professionalism

Professionalism is perhaps the most difficult of the three concepts to explain briefly since it has had a chequered history of use and misuse in the research literature. It is nevertheless perhaps the most important current issue for professions. The claim is now being made (for example, Freidson 1994) that professionalism is a unique form of occupational control of work, which has distinct advantages over market, organizational and bureaucratic forms of control. If this claim is to be sustained, however, then professionals, and those who research professions and professional work, need to be clear which aspects of professionalism are of value and why, and to whom. This is particularly important when professionalism as a form of occupational control of work is under challenge particularly from managerial and market cultures and ideologies.

As a working definition, professionalism will be interpreted here as those aspects of the occupational control of work which are in the best interests of customers, clients and patients as well as in the advice-giving, lobbying and sometimes oppositional aspects of professions' relations with states, legislative bodies, and regional and local administrative agencies. In assessing the political, economic and ideological forces that are exerting enormous pressure on the professions today, Freidson (1994) has defended professionalism as a desirable way of providing complex, discretionary services to the public. He argues that market-based or organizational and bureaucratic methods impoverish the quality of service to consumers and he suggests how the virtues of professionalism can be reinforced. Thus, professions might need to close markets in order to be able to endorse and guarantee the education, training and experience of licensed practitioners, but once achieved the profession might then be able to concentrate more fully on developing the service-orientated and performance-related aspects of their work (Halliday 1987; Evetts 1998). The process of occupational closure will also result in the monopoly supply of the expertise and the service, and probably also to privileged access to salary and status as well as to definitional and control rewards for practitioners. Regarding these privileges, it is necessary to remember the dual character of professions which include both the provision of a service (and the development of an autonomous form of governance) as well as the use of knowledge and power for economic gain and monopoly control (which poses a threat to civility). The pursuit of private interests is not always in opposition to the pursuit of the public interest, however, and indeed both can be developed simultaneously (Saks 1995).

There is a long history of attempts to clarify the meaning and functions of professionalism for the stability and civility of social systems. Durkheim (see 1992) assessed professionalism as a form of moral community based on occupational membership. Tawney (1921) perceived professionalism as a force capable of subjecting rampant individualism to the needs of the community. Carr-Saunders and Wilson (1933) saw professionalism as a force for stability and freedom against the threat of encroaching industrial and governmental bureaucracies. Marshall (1950) emphasized altruism or the ‚service' orientation of professionalism and how professionalism might form a bulwark against threats to stable democratic processes.

The best-known, though perhaps the most frequently misquoted, attempt to clarify the special characteristics of professionalism and its central values is that of Parsons (1951). Indeed Dingwall has claimed (Dingwall/Lewis 1983) that research in the sociology of the professions is largely founded on the contributions of Parsons as well as the work of Hughes. Parsons tried to clarify the importance of professionalism through „a theoretical base in the sociology of knowledge, in terms of a socially-grounded normative order" (Dingwall/Lewis 1983, p. 2). Parsons recognized and was one of the first theorists to show how the capitalist economy, the rational-legal social order (of Weber), and the modern professions were all interrelated and mutually balanced in the maintenance and stability of a fragile normative social order. He demonstrated how the authority of the professions and of bureaucratic organizations both rested on the same principles (for example, of functional specificity, restriction of the power domain, application of universalistic, impersonal standards). The professions, however, by means of their collegial organization and shared identity demonstrated an alternative approach (to the hierarchy of bureaucratic organizations) towards the shared normative end.

Unlike Parsons, Hughes regarded the differences between professions and occupations as differences of degree rather than kind. For Hughes (1958a), not only do professions and occupations presume to tell the rest of their society what is good and right for it, but also they determine the ways of thinking about problems which fall in their domain (Dingwall/Lewis 1983, p. 5). Professionalism in occupations and professions implies the importance of trust in economic relations in modern societies with an advanced division of labour. In other words, lay people *must* place their trust in professional workers (electricians and plumbers as well as lawyers and doctors) and some professionals must acquire guilty knowledge. Professionalism requires professionals to be worthy of that trust, to maintain confidentiality and conceal such guilty knowledge by not exploiting it for evil purposes. In return for professionalism in client relations, professionals are rewarded with authority, privileged rewards and higher status.

The work of Parsons, in particular, on the core aspects of professionalism and the special characteristics of professional work, has subsequently been subject to heavy criticism. Sometimes, although mistakenly, Parsons' work has been interpreted as leading to the trait approach (for example, Johnson 1972, pp. 25-32). In addition, Parsons' work has been over-zealously criticized because of its links with functionalism (Dingwall/Lewis 1983). In a similar way, the critical attacks on professions in general as powerful, privileged, self-interested monopolies, that were prominent in the neo-Weberian research literature of the 1970s and 1980s, have resulted in a general scepticism about the whole idea of professionalism. Johnson, for example, has dismissed professionalism as a successful ideology which has entered the political vocabulary of a wide range of occupational groups in their claims and competition for status and income (1972, p. 32). More recently Davies (1996) has urged researchers to abandon claims to professionalism and instead to recognize the links between such claims and a specific historical and cultural construction of masculinity which fits uneasily with newer and more feminized professions.

Perhaps it is now time to reclaim the concept of professionalism. Since the mid-1980s, the flaws in the more extreme versions of the professionalism-as-conspiracy view have become apparent. It has turned out, for example, that radical governments could successfully challenge professions, undermining professional market closure projects, and that professionalism was under attack from managerialist as well as market cultures and ideologies.

In the 1990s, researchers have begun to reassess the significance of professionalism and its positive contributions both to customers and clients, as well as to social systems. The result of this re-appraisal is a more balanced interpretation. Thus, in addition to protecting their own market position through controlling the license to practice, professionalism might also represent a distinctive form of decentralized occupational control which is important in civil society (Durkheim, see 1992). It has also been argued that public interest and self-interest are not necessarily at opposite ends of a continuum and that the pursuit of self-interests may be compatible with advancing the public interest (Saks 1995). Professionalism might also work to create and represent distinct professional values or moral obligations which restrain excessive competition and encourage co-operation (Dingwall 1996).

Halliday (1987) has argued that the emphasis on market monopolies underestimated the breadth of professionalism, especially concerning professional influences on states and legislative bodies. For Halliday, the closure of markets might only be an issue during the early stages of professional development. In Halliday's analysis of the Chicago Bar Association, the preoccupation with market dominance was confined to early developmental stages and once completed its importance declined. In the later phase of ‚established professionalism' the professional projects are different and a broader range of work is undertaken. Indeed, Halliday argues that „if it can secure its occupational niche and protect its vital economic interests, then a profession's resources can be freed from market concerns for other causes" (p. 354). These „other causes", particularly as they relate to the quality of the service, professional performance and the trust relations with customers and clients, are perhaps the more important aspects of new interpretations of professionalism.

4. Explaining professional performance initiatives: new contexts for professionalism

In the 1950s and beyond, professions largely occupied the space that was left after the state restricted the freedom of the market. For example, professionals regulate our health (doctors), our education (teachers), our welfare systems (social workers), our legal systems (lawyers), our financial mechanisms (accountants) and so on. However, these spaces have once again become disputed. (p. 2)

This struggle has come about because for the first time in fifty years or more a real battle is being fought to determine who controls professions and professionals, how they are assessed, what their function is, how their services are to be delivered and paid for, and so on. (Hanlon 1999, p. 1)

This section reviews some of the macro level economic and social changes which have created new contexts for professions. It suggests that the key concept of trust which was the defining characteristic of the employment position of the service class has been replaced by the concept of accountability. The notion of professional performance is one aspect of the ethic of accountability.

The macro level of economic and social changes that have created new contexts for professions are profound and probably irreversible. Many Western states have experienced fiscal crises at least partly due to the rising costs in welfare states and social service professionalism. Remedial measures have been taken, often motivated by a New Right ideology and these have included cut backs on funding the public sector and especially large areas such as health, education, social welfare and local governments; downsizing, flexible labour market strategies such as part-time work, externalizing, outsourcing and budgetary devolution; changing certain public service provisions into private enterprises; divisions into purchasers and providers of services; quasi-markets, accountability and quality measures. As Hanlon (1999, p. 121) has explained: „In short the state is engaged in trying to redefine professionalism so that it becomes more commercially aware, budget-focused, managerial, entrepreneurial and so forth".

In addition, and closely connected, it has been suggested that we are witnessing the emergence of a „market crisis" (Fligstein 1996, Baker et al 1998) and that this is having a profound effect on particular professional service sectors. For example, Hanlon (1994, 1999) has considered the destabilization of market relationships regarding accountancy and legal professional service markets in Britain. As in the USA, professional service firms are restructuring to become more centred on corporate clients and to prioritize entrepreneurial skills. One consequence is that professions themselves are becoming divided. On the one hand, some professionals have found themselves drawn more into the market, both national and international, into the sustaining and distributing system. Hanlon (1994, pp. 147-52; 1998) has argued, for example, that these professions have been commercialized as the tools of those who can afford to pay for their services to achieve private ends and lost those elements of collectivity-orientation, or public interest (Saks 1995), which restrained the abuse of economic power. Other professions, however, have tried to retain the citizenship role described by Marshall (1939) but found themselves increasingly subject to direct challenges from governments to act in accordance with their instructions or to be displaced by other providers (Burrage 1992, pp. 20-25). The unsquared circle of marketization and government centralization and authoritarianism is an endemic issue for European states. As far as the professions are concerned, it has resulted in the splitting and fragmentation of the middle class, nationally and internationally, from which their social base is drawn (Hanlon 1994; Perkin 1988; Savage et al. 1992).

At the same time, nation-state governments have themselves come under pressure in recent years with the growing problems of governmental overstretch (Halliday 1987), of regional and ethnic pluralism, and of globalization. Yet as part of the general process of government centralization, professions have found themselves engaged in a struggle with governments for control of the regulating system for professions. It seems as though professions can no longer be relied on or trusted to perform the occupational control of professional work. This can be seen as severely compromising the autonomous ability of professions to defend the public interest, that is the interests of their customers/clients/patients, against the arbitrary decisions (and political and cost-cutting strategies) of state governments.

The commercialization of professions and the moves to centralize and externalize modes of regulatory control result in two alternatives for professions in both national and international markets. They may become defined as market actors, in which case they may help to manage markets as paid intermediaries or advocates for specific economic interests but have no wider role in managing through delegation the wider stability of the social order. The marketized professional is not a moral actor, who can defend the public interest, except insofar as morality may sometimes have a market value – as a free-lance neutral in dispute resolution processes, for example (Dezalay/Garth 1996). Alternatively, professions may become government agents, in which case they become open methods of managing populations, according to government or politically defined performance criteria, and even for political ends. They are the bearers of a moral order which is no more enduring than the legitimacy of a particular government's tenure of office, which is itself increasingly uncertain (Evetts/Dingwall 2000).

The importance of the new wave of administrative management is also constituting a challenge to professions as a special category of social institution (Enteman 1993; Randle 1996), to professional discretion and autonomy as a mode of professional work production and to trust as a characteristic of the relations between professionals and employers. The strong tradition of recruiting the managers of professional firms and organisations from the ranks of practising professionals has been broken (Freidson 1986, chapter 8). The managers of hospital trusts and medical clinics are no longer medical practitioners and the larger law firms are unlikely to be managed by practising lawyers. In schools, headteachers and principals are still likely to be promotion successful teachers but once that position is achieved then the principal becomes a manager and a budget manager primarily. The control and operation of professional production is increasingly taken over by others. The bonds between the professional group and the employment organization will be different, and the collegial relationships between different layers in the organization are replaced by formal bureaucratic relationships (Svensson 2000).

This has a profound effect on the key concept of trust which has been seen as a defining characteristic of the employment position of the service class (Goldthorpe 1982). The properties of this service class were seen to be: close and benign relations with employers, security of employment and prospects for advancement, code of service, and being trusted rather than controlled by managers. This trust was reflected in two ways: the technical competence (through licensing) to perform work and, secondly, collegial monitoring and control of work which included autonomy and discretion as well as the ability to discipline themselves within the professional associations which issued the licence (Hanlon 1999). The loss of this trust relationship between professionals and employers has been interpreted by Hanlon (ibid) as likely to fragment the service class itself as well as undermining the conservatism of this section of the middle class.

New types of control of planning professional work and monitoring and measuring achievements have been implemented and these have been considered by Svensson (2000). Beyond technical ability the commercialized professionalism emphasizes managerial as well as entrepreneurial skills, and profits are maximized while costs are cut. The management control models of audit and accounting have replaced trust and discretion in manager/professional relations. This has been interpreted as an „institutionalized distrust in the capacity of teachers, social workers and university lecturers to self-regulate the quality of their services" (Power 1997, p. 135; Jary 1999, p. 37) and new forms of medical regulation are also being demonstrated (Allsop 2000). What has been labelled hard managerialism has displaced trust with various criteria of performance and review indicators. Trust is transferred from professionals to auditors but, as Svensson (2000) asks, why should we trust the auditors or their performance indicators?

5. Explaining professional performance initiatives: reclaiming professionalism

The final section suggests how professions and professionals might reclaimi the ideology of professionalism and reinterpret the notions of performance, quality assurance and accountability which have become a prominent feature of professional work. In Anglo-American societies the role of professional associations is becoming increasingly important in these performance initiatives and these are being negotiated at both state and international (European) levels.

In the production of goods or products it is relatively easy to assess the quality of those products through sample or total output checklist testing procedures or market satisfaction and focus groups techniques. For service provision, however, quality assurance is more problematic. Professional service provision often involves the giving of advice (for example, lawyers, accountants, teachers), the making of subjective judgements (for example, musicians, artists) as well as the carrying out of treatments and procedures (for example, surgeons, dentists, physiotherapists). The monitoring of outcome or performance standards is particularly difficult where the service involves the giving of advice or a subjective judgement of quality, although the monitoring of treatments is now widely and routinely assessed.

Traditionally and at the level of the state, professions have relied on the specification and monitoring of input standards. In Britain, for example, professional associations have worked with universities to develop appropriate education and training provisions and with experienced practitioners to develop licensing requirements. The accreditation of such practices has also been monitored. For most professions and occupations these training and licensing aspects are agreed early in the process of occupational formation and are an aspect of market closure. The continuous development of basic licensing requirements, as new knowledge and technological advances emerge, is also controlled and again this is monitored and assessed usually by the occupational or professional association itself.

It has become increasingly clear, however, that the initial education and training of professionals cannot hope to provide all of the skills, knowledge and expertise which are needed in a professional career. This applies to all professionals but the rapid pace of medical, health, pharmaceutical and technological developments, as well as more general IT and work practice advances, place a high requirement on professional practitioners to undertake continuing professional development (CPD) or life-long learning. In Britain, for the most part, CPD continues to be an individual responsibility although several professional associations are experimenting with making CPD a licensing requirement. Life-long learning is the motivated and planned activity of the individual to ensure his or her own professional development. All professional associations issue supportive statements about CPD and many make information and brochures available. Some (e.g. engineering and medicine) are making CPD a requirement. A requirement of CPD for continuing professional registration by all licensing bodies is a future possibility in Britain and elsewhere.

Other quality assurance and performance schemes, encouraged by professional associations in Britain, have included peer review (for example, teachers and university teachers) and training in particular aspects of professional career requirements of either a general (for example, management training, acquisition of language skills) or specific nature (for example, new pharmaceutical or surgical advances, new legal developments).

In addition, however, there are also developments at an international (European) level. Professional licensing arrangements and education and training requirements have varied between states in Europe and have been state-specific. For a long period, these professional licensing systems, operated by national professional associations or state licensing bodies, have applied regulations which restricted foreign competition by excluding non-state qualifications. Currently, however, we are witnessing the growing phenomenon of transnational regulation of professional services. One of the major objectives of the European Union (EU), for example, since its inception as a single European market, has been the harmonization of national regulations affecting the provision of goods *and* services in order to facilitate the free movement of products and labour in the European Common Market. The professions, and the services they provide, are increasingly covered by regulations which define a common basis of competence for licensing as well as increasingly common standards of practice. Most health professions operate with sectoral directives and have achieved professional mutual recognition agreements about the minimum level of education, training and experience necessary for a professional license to practice in all the states of Europe. Other professions operate under the First General Systems Directive where it is left to state professional associations to specify minimum licensing requirements, mutual recognition arrangements and to recommend the means whereby an intending professional immigrant might obtain any additional education, training or experience requirements.

Therefore, professional ‚input' standards are mostly agreed and operational, at least at state level and there are also examples of mutual recognition arrangements between state licensing associations in order to regularize the international mobility of practitioners. The European professional federations are becoming increasingly involved in other aspects of regulation of the occupational group, however, as well as in the development of CPD and other performance criteria.

Cross-national and international action and discourse in relation to professions occurrs in a variety of settings in Europe. These include:

- the increasing formation and activity of European or other international professional federations, comprised of representatives of national professional bodies, to produce their own statements of ethics, standards, training etc. (e.g. CCBE for lawyers, FEANI for engineers, ICN for nurses, Europharm for pharmacists, SLCP for physiotherapists, FEMS for materials scientists, GCAAPCE for actuaries, EPS for physicists, EFPPA for psychologists). These federations have databases of national professional associations and their members, and lists of approved vocational and training Schools in Europe.

- the development of inter-professional influence-seeking bodies funded by the professions both nationally and internationally (e.g. UKIPG and SEPLIS).

- the disseminating and discussion-stimulating role of national groups of competent authorities charged with implementing

European and international directives (e.g. in the UK, LPD (Int) for lawyers, BNCIEA for engineers, UKCC for nurses, etc.).

Currently these federations are working as ways of access to influence on the European Commission and they have used both formal and informal methods of influence on the formation of directives (Evetts 1994). The international professional federations are increasingly the agencies for doing the detail work which fills in the frameworks and broad policy goals set in legal instruments like directives. The European professional federations are pooling and sharing their expertise regarding quality assurance and accountability procedures. They fill the gaps between law and practice and solidify the supra-national project. Indeed the continuing work of the international professional federations in some sense replicates the historic role of professions within nation states and the basis of their market-closing bargains with governments (Dingwall 1999).

Conclusion

The issue of accountability and performance initiatives have been perceived as problematic for the idea of professionalism. Historically and traditionally professionals have been accountable only to their professional colleagues both at the level of the workplace, in partnership or group practices, and to the professional council and association which issued the license and monitored competence and performance. Professional socialization and identity, acquired by means of training (academic and vocational) and licensing, as well as codes of ethics and collegial relations, represented the traditional mechanisms of assessing accountability and monitoring professional competence and performance. In the traditional professions in the nineteenth century, therefore, the idea of the service provider who was a gentleman and could be trusted to supply altruistic advice within a community of mutually dependent middle and upper class clients, has provided a powerful image for many aspiring professional and occupational groups throughout the twentieth century.

The numbers and diversity of professional groups, however, has expanded tremendously in the twentieth century. Professional work relations are now highly diverse and variable. More professionals are now employees, either of large or small companies or service organizations, than independent individual or group practitioners. Employment relations have been interpreted as a challenge to professionalism as well as a threat to professional status. The idea of either the proletarianization or bureaucratization of professionals was effectively dispelled by Murphy (1990) though, who instead suggested ‚formal rationalization' as a more appropriate explanatory concept.

In addition to changes in employment relations, most professionals now receive public funding. In Britain this has been the case for most education professionals since the end of the 19th Century and for health and welfare professionals since the formation of the National Health Service and the growth of the welfare state following the end of the second World War. Even legal professionals receive public funds from the legal aid system. The idea of accountability can therefore no longer be avoided and needs to be incorporated into the reinterpretation of professionalism.

Apart from the historical legacy and the power of the imagery of traditional professionalism, there seems to be no other reason why professionals should fight shy of being accountable. The concept of social citizenship (Marshall 1950) requires the professional to be accountable. According to Bertilsson (1990, pp. 129-130), modern society has closed the gap in status and power that the traditional professions used to have and professions „are today held accountable either by means of state control or by means of organizations of customers or clients, in particular by powerful insurance organizations in pursuit of malpractice".

In general, then, reclaiming and reinterpreting the concept of professionalism entails the professions themselves leading the way in the monitoring and assessment of professional competences and performance, and in demonstrating accountability, in the same ways in which in their different formations and histories they have monitored initial education, training and licensing. The European professional federations are assisting in the development of performance initiatives at state level by pooling the experiences of professional institutions in different countries in Europe and making recommendations concerning particular quality assurance mechanisms. Clearly internal, profession-controlled and monitored schemes such as peer review, CPD and accountability procedures will be preferred since this enables the professions' practice of self-regulatory and discretionary control to be continued. Other external tests of economic efficiency (audits), customer satisfaction (market testing) and professional performance are increasingly being applied to professional work, however, and will continue to play a part, alongside the profession's own specifically devised procedures. It seems as though a balance between internal and external forms of regulation might constitute the best compromise for professions in Europe.

Michaela Pfadenhauer, St. Gallen

Kapitel 2: Macht – Funktion – Leistung

Zur Korrespondenz von Eliten- und Professionstheorien

Innerhalb der Elitentheorie hie und der Professionstheorie da lassen sich zwei nachgerade ‚gegenläufige' Entwicklungen nachzeichnen: In der Elitensoziologie hat die Vorstellung von Gesellschaft als einem hochkomplexen, funktional ausdifferenzierten Gebilde (berechtigte) Kritik an einem machttheoretisch fundierten Elitenkonzept evoziert (1). In der Professionssoziologie, deren Gegenstand vor dem Hintergrund funktionaler Differenzierung überhaupt erst in Erscheinung tritt, sind es machttheoretische Erwägungen, die (wiederum berechtigte) Zweifel am funktionalistischen Professionsmodell entstehen lassen (2). Die Bestimmung des Gegenstands über das Prinzip ‚Leistung' stellt diesem Dualismus gegenüber eine tragfähige Alternative dar (3), deren ‚synthetisches' Potential inszenierungstheoretisch begründet wird (4).

1. Das Funktionselitenmodell als Gegenentwurf zum Machtelitenmodell

Elite *ist*, folgt man den Klassikern der soziologischen Elitentheorie, wer Macht hat. Wenngleich den sogenannten ‚Machtelitentheoretikern' die Zweiteilung der Gesellschaft in eine herrschende Minderheit und eine beherrschte Mehrheit als universelles Gesetz gilt, manifestiert sich doch in Paretos ‚Kreislauf der Eliten' ein dynamisches, auf Permeabilität angelegtes Gesellschaftsmodell.[1] Denn auf Dauer kann die ‚herrschende Klasse' nur dann bestehen, wenn sie fortwährend durch Personen – welcher Herkunft bzw. welchen Standes auch immer – ‚ergänzt' wird, die mit den für Machterlangung und Machterhaltung erforderlichen Eigenschaften ausgestattet sind.[2] Die zur Herrschaft „physisch, moralisch und intellektuell" *nicht* ‚begabten', z.B. dekadenten Mitglieder der (aristokratischen) Oberschicht werden – im Sinne eines (Selbst-)Reinigungsprozeßes, der das Überleben der Elite sichert – sozusagen im Gegenzug ‚ausgefiltert'.

Die Elitedefinition der Machttheoretiker erfaßt – im Unterschied etwa zum Positionsansatz, demzufolge jeder, der eine *formal* mit Macht ausgestattete Position innehat, auch tatsächlich über Macht verfügt[3] – nicht nur die formellen Inhaber legitimierter Herrschaftspositionen, sondern die effektiven Macht(in)haber, aus welcher ‚Quelle' auch immer ihre Macht sich speist. Wer Macht *hat*, ist (Teil der) Elite.

Weil Eliten aber nicht von Dauer sind, müssen sie diese Macht in machiavellistischer Manier, d.h. sich als ‚Füchse' Strategien der List, Täuschung, Korruption bedienend, als ‚Löwen' nicht vor Drohung mit und Anwendung von Gewalt zurückschreckend, ergreifen, verteidigen, kurz: zur Anwendung bringen.[4] Moscas ‚Rezept' der Machterhaltung liegt demgegenüber in

---

[1] Vilfredo Paretos (1955) Elitenkonzeption ist insofern weiter gefaßt, als sie im Unterschied zu Gaetano Moscas (1950) Überlegungen nicht auf die „politische Klasse" beschränkt ist.

[2] Das zum Herrschen erforderliche „Verhältnis von Residuen" entspringt nach Pareto (1955, S. 53) dem a-logischen Instinkt- bzw. Triebkern des Menschen.

[3] Auf den Positionsansatz rekurrieren sowohl die Mannheimer (vgl. Hoffmann-Lange 1992) als auch die Potsdamer Elitenstudie (Bürklin/Rebenstorf u.a. 1997).

[4] Pareto unterscheidet zwei Machttypen, aus denen sich Elite und Gegenelite rekrutieren: Er unterstellt ein Gleichgewichtsmodell, wobei die Ablösung der konservativ eingestellten und für Stabilität und Stagnation gleichermaßen verantwortlichen „Löwen" durch die progressiven, auf Fortschritt und Veränderung abzielenden „Füchse", die in ihren intellektuellen Fähigkeiten den ersteren weit überlegen sind, einer evolutionären Entwicklung entspricht, während der Umschwung in die andere Richtung nur durch einen revolutionären Akt erfolgen kann; vgl. zur „Überlebensproblematik jeder Elite" auch Tommissen 1976, S. 220ff.

der Rechtfertigung der Machtstellung nicht einfach durch deren faktischen Besitz, sondern durch die Bereitstellung einer in der jeweiligen Gesellschaft allgemein anerkannten „politischen Formel", mittels derer die Notwendigkeit zur Gefolgschaft hinreichend plausibilisiert wird.[5] Ihre Wirkungskraft entfaltet die politische Formel zwar nicht aufgrund ihres Realitätsgehalts, sondern dadurch, daß sie von der Mehrheit geglaubt, d.h. eben angenommen wird. Mosca unterstellt aber auch bei den Herrschenden ein Bedürfnis, auf der Grundlage eines moralischen Prinzips zu regieren und Gehorsam zu finden. Eine vordergründige machiavellistische Sicht auf die „power elite" vertritt demgegenüber wiederum C. Wright Mills (1962), der auf Skrupellosigkeit bei der Manipulation der ‚Massen' zum Zwecke der Machterlangung und -vermehrung abhebt.

Mills (1962, S. 299-333) charakterisiert die amerikanische Gesellschaft als beherrscht durch ein Machtkartell aller großen Männer an der Spitze der großen Institutionen in Wirtschaft, Politik und Militär, „deren Macht wahrscheinlich größer ist als die jeder anderen kleinen Gruppe von Männern in der Weltgeschichte." Diese bilden die eigentliche, in sich – durch Herkunft, Ausbildung und Auslese – außerordentlich homogene Machtelite, die Entscheidungen von nationaler und internationaler Reichweite trifft. Auf mittlerer Machtebene konkurrieren verschiedene Interessengruppen (Parteien, Gewerkschaften) um Einflußnahme auf diese Entscheidungen. Die Voraussetzung für ein Kräftegleichgewicht zwischen diesen beiden Machtgruppen, eine starke unabhängige Mittelklasse, ist in den USA nicht (mehr) gegeben. Die geschichtliche Rolle der neuen Mittelklassen wird vielmehr durch Prozeße der Rationalisierung und Bürokratisierung geschwächt, die sie in einen Machtkampf zwischen Großunternehmen und

---

[5] „In einer von christlichem Geist erfüllten Gesellschaft wird die politische Klasse im Namen eines Herrschers regieren, der als der Gesalbte des Herrn gilt. In islamischen Gesellschaften wird die politische Macht im Namen des Kalifen, des Statthalters des Propheten oder im Namen eines anderen Herrschers ausgeübt, der ausdrücklich oder unausgesprochen die Investitur des Kalifen besitzt" (Mosca 1950, S. 68).

Großgewerkschaften verwickeln.⁶ Auf der unteren Machtebene verortet Mills schließlich Farmer, kleine Geschäftsleute und Arbeiter, die der mittleren Machtebene zuarbeiten. Diese blockieren sich, insofern sie lediglich Lokalinteressen vertreten, gegenseitig, und erweisen sich in bezug auf eine relevante Einflußnahme auf die oberste Machtebene als nicht durchsetzungsfähig. In Einklang mit den Klassikern der Elitentheorie bestreitet Mills jedenfalls die reale Möglichkeit einer Herrschaft der Mehrheit.

Dieses Bild einer macht-hierarchisch gegliederten Gesellschaft, an deren Spitze ein weitgehend homogenes Eliten-Konglomerat eigenmächtig die Geschicke der (bei Mosca und Pareto mehr, bei Michels⁷ und Mills bereits weniger) amorphen Masse lenkt, beschreibt nun nach Ansicht seiner Kritiker die Realität der Machtverteilung zumindest in *modernen* Gesellschaften nicht (mehr) hinlänglich.

Die Logik des Konzepts der *Funktionseliten* basiert folglich – sozusagen konträr dazu – auf der Idee einer funktional ausdifferenzierten Gesellschaft. In den diversen Funktionsbereichen (Politik, Wirtschaft, Justiz, Kirche, Kultur usw.) bilden sich jeweils eigene, ‚relative' Führungseliten heraus, die weitgehend unabhängig voneinander – aus konflikttheoretischer Perspektive gar in Konkurrenz zueinander⁸– agieren und lediglich mit funktionsbe-

---

[6] Die neuen Mittelklassen, in sich stark geschichtet, bestehen aus reinen Einkommensempfängern, deren Alltag ebenso mechanisiert und sinnentleert ist wie der der Fließbandarbeiter. In diesem Sinne ist bei Mills (1955) vom „Stehkragenproletariat" die Rede.

[7] Robert Michels geht zwar von der Organisierbarkeit bzw. Organisiertheit der Masse aus, gerade darin aber liegt in seinen Augen das Problem, denn „wer Organisation sagt, sagt Tendenz zur Oligarchie" (Michels 1957, S. 35). Demokratie als Prinzip der Mehrheit kann aufgrund „allgemein menschlicher Bedürfnisse" nicht funktionieren: „Die Massen stehen zu ihrem Führer häufig in dem Verhältnis jenes Bildhauers im griechischen Altertum, welcher, nachdem er einen Jupiter Donnergott modelliert hatte, vor seinem eigenen Machwerk auf die Knie fällt, um es anzubeten" (Michels 1957, S. 68).

[8] Demokratie betrachtet Ralf Dahrendorf (1965) als ein Konkurrenzsystem, wobei sich diese Konkurrenz zwischen den diversen Führungsgruppen abspielt. Das Ausmaß personeller Verflechtungen zwischen der Machtelite (d.h. den Inhabern politischer Führungspositionen in Regierung und Verwaltung, Funktionären von Parteien und Interessengruppen und der Justiz), der wirtschaftlichen Oberschicht (d.h. den Angehörigen der ‚höchsten Steuerklasse') und der Prestige-Oberschicht (d.h. den Trägern

zogener Entscheidungsbefugnis ausgestattet sind. Personelle und sachliche Verflechtungen zwischen den funktionalen Eliten sind zwar nicht ausgeschlossen, die Trennung der Funktionsbereiche verhindert jedoch weitgehend eine Machtakkumulation bzw. –monopolisierung.[9]

Das Konzept der Funktionseliten zielt darauf ab, die Führungsgruppen der Gesellschaft von den Funktionen her zu bestimmen, die im komplexen Gesamtorganismus ‚Gesellschaft' erfüllt sein müssen. Zu diesem Behufe lösen sich „aus den breiten Schichten der Gesellschaft auf dem Wege der Delegation oder der Konkurrenz" soziale und politische Einflußgruppen heraus, „um in der sozialen oder politischen Organisation des Systems bestimmte Funktionen zu übernehmen" (Stammer 1951, S. 9). Die Gesellschaft „honoriert ihrerseits funktionsgerechte Führungsleistungen durch Verbesserung der Aufstiegschancen, des Sozialprestiges und durch materielle Gegenleistungen" (Stammer 1972, S. 181).

2. Der ‚power approach' als Kritik am funktionalistischen Professionsmodell

Ohne daß unseres Wissens eine direkte Verbindung zwischen den beiden Konzepten besteht[10] (bzw. bisher eine explizite Verknüpfung hergestellt worden wäre), ist unschwer zu erkennen, daß dieses Elitenverständnis hochgradig kompatibel ist mit dem klas-

---

höchsten Ansehens in Wissenschaft, Kultur und Freizeitindustrie) ist Dahrendorf (1975, S. 310) zufolge der Gradmesser für Liberalität bzw. Illiberalität einer Gesellschaft (vgl. Kurtz 1997, S. 135 sowie 2000b, S. 170 und in diesem Band).

[9] Zurückgewiesen wird also die Behauptung einer einzigen (Macht-)Elite in der Gesellschaft. Urs Jaeggi (1960 unterscheidet nach dem Ausmaß von Einfluß und Autorität „globalgesellschaftliche" von „lokalen" Eliten, jedenfalls empfiehlt er, den Elitebegriff im Plural zu gebrauchen. Im Anschluß an Jaeggi kann man von ‚relativen' Eliten sprechen – in Relation zur jeweiligen „Basisgruppe" (Jaeggi) bzw. „Muttergruppe" (Stammer 1951), aus der die jeweilige Elite hervorgeht.

[10] Zum Themenkomplex ‚innerprofessioneller Eliten' vgl. aber Stichweh 1994a, S. 285ff sowie neuerdings Meuser 2000a.

sischen Professionsmodell. Professionen werden von den Vertretern des strukturfunktionalistischen Ansatzes – analog zu Funktionseliten – als Zusammenschlüsse von Personen gedacht, die für die Gesellschaft hochrelevante Funktionen ausführen.[11]

Professionen erfüllen nach Parsons (1968) die integrative gesellschaftliche Funktion der Wertverwirklichung und Normenkontrolle. Vergleichbar mit den zur gedeihlichen Entwicklung moderner Gesellschaften als zentral erachteten Funktionseliten wird Professionen eine tragende Rolle im durch Rationalitätssteigerung gekennzeichneten Modernisierungsprozeß zugesprochen. Zentrale gesellschaftliche Problemstellungen, insbesondere die Erzeugung von Wahrheit, die Herstellung von sozialem Konsens und die Bereitstellung von Therapie lassen sich Parsons (1978) zufolge in der Moderne nur im – zwischen Markt und Staat angesiedelten, durch weitgehende Autonomie gekennzeichneten – ‚professional complex' bewältigen. Dieser Konzeption liegt die Idee einer Vertragsbeziehung zwischen Professionen und Gesellschaft zugrunde, in der „Vertrauen, Autonomie in der Berufsausübung, Freiheit von sozialer Kontrolle durch Laien, Schutz gegen unqualifizierten Wettbewerb, beträchtliche Einkommen und hohes Prestige gegen kompetente Leistung und das glaubwürdige Versprechen der Selbstkontrolle eingetauscht werden" (Rüschemeyer 1973, S. 250).[12]

---

[11] Eine Weiterentwicklung hat die strukturfunktionalistische Professionstheorie durch ihre Rückbindung an eine gesellschaftstheoretische Beobachterperspektive erfahren: Professionen bilden sich – systemtheoretisch betrachtet – im Umfeld von Funktionssystemen aus, deren Funktionserfüllung zum einen in der Änderung ihrer personalen Umwelt liegt und die zum anderen keine Kommunikations- bzw. Erfolgsmedien wie Wahrheit, Geld, Macht, Kunst und Liebe ausgebildet haben (vgl. Luhmann 1981, 1996; Stichweh 1994a). Im Erziehungs-, Rechts-, Religionssystem sowie im System der Gesundheitsversorgung stellt die ‚Arbeit an Personen' den entscheidenden Mechanismus der Funktionserfüllung dieser gesellschaftlichen Teilsysteme dar (vgl. Kurtz 1997, S. 135, sowie 2000b, S. 170).

[12] Wenngleich in dieser Formulierung zentrale Merkmale zum Ausdruck kommen, aufgrund derer sich Professionen im Anschluß an den sogenannten ‚indikatorischen' Professionsansatz (vgl. Millerson 1964; Hesse 1967) von anderen Berufen unterscheiden lassen, stellt das strukturfunktionalistische Professionsmodell in theoretischer Hinsicht eine Weiterentwicklung dar.

Dieses harmonistische Professionsmodell hat nun bekanntlich massive Kritik seitens der Vertreter des sogenannten „power approach" in der Professionssoziologie evoziert.[13] Eine Konzeption, die auf Funktionserfüllung und Kontrollversprechen, kurz: auf „Legitimation durch Verfahren" (Luhmann 1969) abhebt, ignoriert aus machttheoretischer Perspektive völlig, daß sich in einem Raum „organisierter Autonomie" (Freidson 1979, S. 304) – nicht nur beiläufig – ein Verhältnis von Dominanz und Unterordnung innerhalb des ‚Systems der Arbeitsteilung' herausbildet und Macht akkumuliert wird.

Wenngleich das „professional project" (Larson 1977) als Schließungsprozedur zu verstehen ist, ist das machttheoretische Professionsmodell wie das Konzept der Machteliten auf Durchlässigkeit angelegt. (Auch) Professionszugehörigkeit erlangt man nicht qua Geburt, der Zugang eröffnet sich hier vielmehr über eine langdauernde Fachausbildung in universitären Bildungseinrichtungen. Mittels „Lizenz und Mandat" (Hughes 1958b) gelingt es, bestimmte Tätigkeiten dauerhaft und exklusiv an bestimmte Personengruppen zu binden – an jene Personengruppen, die (in Form eines staatlich beglaubigten Zertifikats) nachweislich die von der Profession definierten Qualifikationsstandards erfüllen, und diese somit als legitimierte Experten institutionalisieren. Die moderne Gesellschaft kann man in diesem professionsbezogenen Sinne als ‚Expertengesellschaft' begreifen: „In weiten Bereichen entscheiden (relativ) klar und *formal* definierte Personengruppen *verbindlich* über mannigfaltige Probleme nicht nur des sozialen, sondern auch des persönlichen Lebens" (Hitzler 1994, S. 16).

Entsprechend der von Alvin Gouldner (1980, S. 198) so genannten „Ideologie des Professionalismus" sind Professionelle der festen Überzeugung, daß „die Welt von denen reagiert werden soll, die höhere Kompetenz, Weisheit und Wissenschaft besitzen,

---

[13] Gemeinsam ist dem machttheoretischen und dem von den Vertretern der Chicago School begründeten interaktionstheoretischen Professionsansatz die Stoßrichtung der Fragestellung: Beide fragen nicht nach dem Beitrag von Professionen *für* die Gesellschaft, sondern nach dem Agieren von Professionen *in* der Gesellschaft. Zu den Wurzeln des ‚power approach' im symbolischen Interaktionismus vgl. im Überblick MacDonald 1995, S. 4-14.

d.h. von ihnen selber" (Gouldner 1980, S. 116). Nicht erst bei Ivan Illich (1981) erscheinen Professionen folglich als eine Art neues gesamtgesellschaftliches Machtkartell, innerhalb dessen bestimmten Professionen, allen voran der Medizin, eine hegemoniale (und damit bedenkliche) Stellung zugeschrieben wird.[14] Bis hin zur Rede von der „Expertenherrschaft" (Freidson) – analog zur ‚Elitenherrschaft' – wiederholt sich im professionssoziologischen ‚power approach' die machttheoretische Argumentation, bei der die Elitensoziologie ihren Ausgang nahm. Aus diesem theoretischen Kreislauf nun weist u.E. ein (zu) wenig beachteter Ansatz innerhalb der Elitentheorie einen Ausweg, der den Gegenstand von der Leistung her zu bestimmen versucht.

3. Leistung als (Auslese-)Prinzip

In der Konzeption der Leistungselite, innerhalb derer wir hier (wiederum exemplarisch) auf den Ansatz von Hans Peter Dreitzel (1962) rekurrieren, gilt das Ausleseprinzip als konstitutiv für die Beschaffenheit von Eliten. In modernen Gesellschaften stellt hiernach Qualifikation kraft Leistung die ‚conditio sine qua non' für den Zugang zu Eliten dar. Der Begriff der Leistungselite impliziert dabei nicht, daß Leistungsqualifikation ‚per se' ein neues Moment der Elitenbildung sei: neu ist lediglich, daß Leistung als die einzig *legitime* Art der Qualifizierung zur Auslese gilt. Im Übergang von der bürgerlichen zur industriellen Gesellschaft werden demnach alle überkommenen Selektionskriterien wie

---

[14] „Die Gefahr, die von der modernen Medizin für die Gesundheit ganzer Bevölkerungen ausgeht, ist die gleiche wie die Gefährdung der menschlichen Fortbewegung durch Umfang und Dichte des Verkehrs, sie ist die gleiche wie die Bedrohung des Lernens durch Bildungswesen und Massenmedien oder wie die Beeinträchtigung der menschlichen Fähigkeit, sich ein Heim zu schaffen, durch die Urbanisierung" (Illich 1981, S. 13).

Herkunft, Besitz und Bildung[15] durch das Leistungsprinzip abgelöst. Industrieller Fortschritt setzt einerseits wissenschaftlich-technische Leistungsqualifikation voraus und steigert andererseits die Anforderungen an das Leistungswissen. Das Leistungsprinzip befördert somit die Verberuflichung von immer mehr Tätigkeitsbereichen und die Institutionalisierung von Ausbildungswegen. Der Idee nach weist die moderne Industriegesellschaft eine nach dem Leistungsprinzip organisierte Sozial- und Berufsstruktur auf, in der diejenigen Personen für Elitepositionen rekrutiert werden, die sich durch herausragende persönliche Leistungen dafür qualifiziert haben. In dem Maße, in dem dieser Auswahlmodus für immer mehr Positionen typisch wird, tendiert die Leistungs- zur Elitengesellschaft.[16]

Dreitzel stellt mit seiner Konzeption weder das Moment der Macht noch das der Funktionalität von Eliten in Abrede: zur Alternative wird es vielmehr dadurch, daß Eliten zum einen nicht schlicht aus den funktionalen Erfordernissen des sozialen oder politischen Systems abgeleitet werden, sondern daß vielmehr die persönliche Leistung zum Bestimmungsmerkmal avanciert, zum anderen erscheinen Eliten aber auch nicht einfach durch Macht qualifiziert, sondern umgekehrt mächtig durch ihre Qualifikation.

‚Leistung' will Dreitzel verstanden wissen als individuelles oder kollektives Ergebnis bestimmter, an die Berufsrolle geknüpfter Anforderungen, deren Erfüllung ‚Leistungswissen', d.h. fachliches, z.T. wissenschaftlich fundiertes Wissen und/oder überlegenes Können voraussetzt.[17] Im Zuge fortschreitender Ra-

---

[15] Gemeint ist Bildung im Sinne von Erlesenheit; vgl. dazu Plessner (1955, S. 146): „Das Erlesenheitsmoment verschwindet in das Moment der Ausgelesenheit, und die prominente Spitzengruppe bleibt übrig."

[16] Aus dieser Argumentationsfigur wird deutlich, daß Dreitzel daran gelegen ist, den Elitebegriff sowohl idealtypisch als auch historisch zu konzipieren, d.h. ihn an eine bestimmte Sozialstruktur, nämlich die der industriellen Gesellschaft zu binden. Schluchter (1963, S. 245) zufolge wird das Konzept ‚Leistungselite' damit unter der Hand zu einem Realtypus „umgebogen".

[17] Dreitzel (1962, S. 83) übernimmt den Begriff des ‚Leistungswissens' von Scheler (1926), ohne dessen kulturkritische Einschätzung einer problematischen Entwicklung

tionalisierung und Spezialisierung steigt, so Dreitzels Beobachtung, allerdings nicht nur der Bedarf an spezialisierten Fachkräften, es ist vielmehr zunehmend ein „allround-man" (Gehlen 1956, S. 1152) gefragt, der ‚mehr als Fachliches', der ‚Menschen und Situationen zu meistern' vermag, der nicht nur Spezialist, sondern (auch) ‚Persönlichkeit' ist, und der aufgrund seiner auf Wissen *und* Können basierenden Überlegenheit (Leistungs-)Autorität besitzt.[18]

Die von Dreitzel *eliten*soziologisch ausbuchstabierte Leistungsidee findet nun auf den ersten Blick ihre adäquate Entsprechung in der Professionalisierungstheorie Ulrich Oevermanns, die dezidiert einen substantiellen Gehalt professioneller Leistung postuliert. Professionen sind hiernach bestimmte Berufe, die sich darauf spezialisiert haben, „lebenspraktische Probleme mit Hilfe wissenschaftlicher Erkenntnis- und Analysemittel zu lösen" (Oevermann 1983, S. 142). Kennzeichnend für professionalisierte Tätigkeiten ist – vergleichbar mit ‚allround'-Anforderungen – die „widersprüchliche Einheit" von rollenförmigen *und* die ganze Persönlichkeit umfassenden Beziehungsformen, von universalisierter Regelanwendung *und* Fallbezogenheit, von Routine *und* Intuition (Oevermann 1997b, S. 14f). Es ist die nicht-standardisierbare, Theorie und Praxis ‚vermittelnde' *Leistung* einer stellvertretenden Krisenbewältigung, die professionalisierte von anderen Tätigkeiten unterscheidet.

Mit Nachdruck hat jedoch bereits Dreitzel (1962, S. 99f) darauf hingewiesen, daß Erfolg „nicht allein Resultat von Sachlei-

---

vom „Heilswissen" über das „Bildungswissen" hin zum „Herrschafts- und Leistungswissen" zu teilen (vgl. zur Schelerschen Typologie auch Honer 1993, S. 22ff).

[18] Ebenfalls im Verstande von ‚Über-Spezialisten' rechnet Meinhard Miegel (1992, S. 77) jene „kleine Minderheit" zur Leistungselite, die „an die Stelle des Hergebrachten Besseres" (im Sinne von ‚menschlicher') setzt. Das Manko solcher – im grunde als ‚Wertelite' verstandenen Leistungseliten liegt, wie Hermann Schwengel (1999, S. 247) in bezug auf die aus den sozialen Bewegungen der 1970er und 1980er hervorgegangenen ‚Gegeneliten' konstatiert, an ihrem mangelnden politischen Selbstbewußtsein. Diese hätten ihre historische Chance verspielt, den dominierenden Machteliten Paroli zu bieten, indem sie „sich schließlich den Ritualen der Funktionseliten ergeben" haben: „Die ökologischen Eliten gehen heute in die Industrie und nicht auf die Straße."

stungen" ist[19]. Leistung führt vielmehr nur dann zum Aufstieg in Elitepositionen, wenn sie als solche sichtbar wird, d.h. „bekannt" ist, „erkennbar" wird und als „bedeutsam" erscheint. Daß die Leistungserbringung als solche nicht hinreicht, sondern zusätzlicher Maßnahmen der Sichtbarmachung bedarf, liegt an der Abhängigkeit des Erfolgs von der sozialen Umwelt, „durch deren Urteil er erst wird, was er ist" (Dreitzel 1962, S. 106). Unabdingbare Voraussetzung für erfolgreiche Leistung ist die Fähigkeit der relevanten Bezuggruppe, die Leistungen zu werten. Insbesondere *außerhalb* des engeren Arbeitsbereiches ist Leistung zum Zwecke des Erfolgs auf Maßnahmen der Sichtbarmachung angewiesen, worunter Dreitzel z.B. Reklame und Symbolisierungen versteht.

Im Anschluß an Dreitzel weist Wolfgang Schluchter darauf hin, daß die zu erstellende Leistung „zumindest im politischen Bereich (...) von ganz anderer Art als im industriellen Sektor" ist. Dem Aufstiegswilligen in *politische* Elitepositionen muß es folglich weniger darauf ankommen, objektiven Leistungsanforderungen zu genügen, die ohnehin nicht klar definiert und deren Erfüllung nicht überprüfbar seien, als vielmehr darauf, die Wünsche der Wähler richtig zu antizipieren und sein Verhalten dementsprechend anzupassen. „Seine spezifische Leistungsfähigkeit liegt damit in der Übersetzung von diffusem Wählerwillen, das heißt der Interessenartikulation, entsprechend den Mehrheiten, die sein Handeln und damit seine Leistungsfähigkeit bewerten" (Gretz 1997, S. 42).

---

[19] Die Bedeutung, die das ‚richtige', d.h. das in ‚besseren' Kreisen gängige, Auftreten für den Aufstieg in Top-Positionen insbesondere in der Wirtschaft spielt, veranlasst Michael Hartmann (2002) dazu, vom „Mythos von den Leistungseliten" zu sprechen: Da dieses Auftreten s.E. nicht nachträglich zu ‚erlernen' sei, sondern sozusagen ‚von Kindesbeinen an' habituell erworben werde, sei für Spitzenkarrieren in Deutschland nicht die individuelle Leistung, sondern vielmehr die soziale Herkunft der ausschlaggebende Faktor.

4. Leistung als Inszenierungsproblem

Mit Dreitzel kann also festgehalten werden, daß Leistung ohne die entsprechende Darstellung keinen wie auch immer gearteten sozialen Erfolg (Ressourcen, Optionen, Privilegien, Reputation) nach sich zieht. Mit Gustav Ichheiser läßt sich die erfolgssoziologische Sicht auf Leistung, wonach ‚Leistungstüchtigkeit' und ‚Erfolgstüchtigkeit' als zwei Seiten *einer* Medaille anzusehen sind[20], nochmals zuspitzen: wahrnehmbar ist nicht *Leistung* als solche, sondern immer und prinzipiell nur die (mehr oder weniger erfolgreiche) *Darstellung* von Leistung.

Wenn wir uns in ein Flugzeug setzen, dann unterstellen wir, daß im Cockpit (unter anderen) ein Pilot seiner Arbeit nachgeht. Wenn es der Person im Cockpit gelingt, das Flugzeug (innerhalb des festgelegten engen Zeitrahmens) zu starten, in der Luft zu halten und am Zielort wohlbehalten wieder zu landen, dann hat sie die Leistung eines Piloten erfolgreich dargestellt. Selbst wenn wir die Person beim Betreten des Cockpits beobachten und ihre Uniform bewundern konnten, ja selbst wenn wir die Gelegenheit hatten, im Cockpit mitzufliegen, *wissen* wir nicht, ob es sich bei der Person, welche die Schalthebel sachgemäß betätigt, mit dem Tower kommuniziert, mit den Stewardessen gescherzt hat, usw., tatsächlich um einen Piloten handelt. Wir sind – direkt oder indirekt – mit einer Person konfrontiert, die sich glaubhaft als Pilot in Szene setzt.[21] Mit diesem ebenso einfachen wie existentiell bedeutsamen Beispiel soll verdeutlicht werden, daß (auch) Leistung *nur* mittels Darstellung in Erscheinung tritt.

---

[20] Demgegenüber beruht die neuerdings von Sighard Neckel (2000) aufgeworfene These eines aktuell sich vollziehenden Übergangs von der Leistungs- zur Erfolgsgesellschaft, der weitreichende sozialstrukturelle und sozialmoralische Konsequenzen zeitigen wird, (wieder) auf der analytischen Unterscheidung von (substantieller) Leistung und (leistungslosem) (Markt-)Erfolg. Vgl. dazu den Beitrag von Kai Dröge in diesem Band.

[21] Ebenfalls am Beispiel des Piloten verdeutlichen Berger/Berger/Kellner (1975, S. 186f), daß in ‚Selbstdarstellungen' qualifizierende bzw. disqualifizierende Bewußtseinsstrukturen symbolisiert werden.

Die inszenierungstheoretische Perspektive ist also dem Problem der Erkennbarkeit von Sachverhalten geschuldet[22]. Damit wird Leistung keineswegs, wie es vielleicht den Anschein haben könnte, ‚per se' in Abrede gestellt. Konstatiert werden soll vielmehr, daß – analytisch gesehen – die überzeugende Darstellung von Leistung faktische Leistung zwar aus vielerlei Gründen wahrscheinlich macht, aber eben nicht zwingend voraussetzt. Dreitzel thematisiert diesen Zusammenhang ebenfalls, unterstellt jedoch eine „Dialektik des Erfolgs", die ein Handeln entsprechend den gesellschaftlich gültigen Leistungs- und Erfolgsnormen nahelegt. Er setzt dabei auf einen von Robert K. Merton als „anticipatory socialization" beschriebenen Vorgang, wonach der Aufstiegswillige in einer Art ‚vorauseilendem Gehorsam' die Rolle der nächst höheren Position bereits mitspielt, d.h. seine Leistung in Qualität und Präsentation den Rollenerwartungen der angestrebten Position anpaßt.

Im Rekurs auf Machiavelli weist Ichheiser (1930, S. 24) demgegenüber darauf hin, daß sich die sozialen Erfolgschancen durchaus auch durch ein strategisches Außerachtlassen sozialer Normen erhöhen. Erfolg hat ihm zufolge wesentlich damit zu tun, daß man sich unter bestimmten Umständen (wenn überhaupt) nur den Anschein gibt, den gestellten Erwartungen zu entsprechen. „Von einer positiven Korrelation, die dort, wo Erfolgstüchtigkeit anzutreffen ist, auch das Vorhandensein der Leistungstüchtigkeit erwarten ließe, kann keine Rede sein" (Ichheiser 1930, S. 22).

In pragmatischer Hinsicht liegt es zwar, wie gesagt, aus vielerlei Gründen (überaus) nahe, davon auszugehen, daß eine dauerhaft glaubhafte Darstellung von Leistung auf faktischer Leistung beruht, nicht zum wenigsten deshalb, weil Lügen bekanntlich ‚kurze Beine' haben (vgl. Ekman 1989). D.h. vereinfacht ausgedrückt: Am überzeugendsten, stabilsten, unproblematischsten bringen wir in der Regel das ‚rüber', was wir tatsächlich tun

---

[22] Ein ‚dramatologisches' Grundverständnis impliziert, empirische Daten aller Art als das zu behandeln, was sie sind: nämlich als Daten, die einen Sachverhalt situativ darstellen und nicht als Daten über den Sachverhalt selber (vgl. dazu Honer 1993, S. 41).

und sind. Denn zumindest auf Dauer ist es ausgesprochen aufwendig, Leistung darzustellen, die wir nicht faktisch erbringen, bzw. täuschend echt ‚vorzuspielen', daß wir Leistung tatsächlich erbringen. Dies schließt jedoch die Möglichkeit des Akteurs nicht aus, seine gesamte Aufmerksamkeit auf die Darstellung von Leistung statt auf die Leistung selbst zu richten. Im Zweifelsfall ist es offenbar hinreichend, Leistung bzw. Leistungsfähigkeit glaubhaft darzustellen, d.h. bei anderen glaubhaft den Eindruck zu erzeugen, Leistung zu erbringen.

Aus inszenierungstheoretischer Perspektive ist folglich auch professionelle Leistung als Leistungsdarstellung zu begreifen. Auch die Leistung Professioneller tritt nur über Darstellungen in Erscheinung. Die Darstellung professioneller Leistung gelingt zum einen mittels Selbstinszenierungen. Die Inszenierung des Professionellen als Leistungs-*Träger* betrachte ich als Teil seiner Kompetenzdarstellung, d.h. der Darstellung von Bereitschaft, Befugnis und Befähigung, über ‚ganzheitliche' Lösungen für essentielle Probleme zu verfügen (vgl. Pfadenhauer 1998b). Erfolgreiche Kompetenzdarstellung setzt nicht nur ‚Orientierungswissen' im Sinne eines umfassenden fachlichen Sonderwissensbestands (was immer auch impliziert, zu wissen, was man nicht weiß), sondern vor allem eben ‚Erfolgswissen' voraus, d.h. Wissen um die für die Inszenierung als Professioneller unter gegebenen Umständen je dienliche Symbolik und darüber, wie sie genutzt werden kann (vgl. dazu Pfadenhauer 1999).[23]

Die Darstellung professioneller Leistung gelingt zum anderen über (zeichenhafte und anzeichenhafte) Objektivationen und Repräsentationen wie z.B. Titel, Orden, Auszeichnungen und Zertifikate, die stattgehabte Leistung glaubhaft bescheinigen. Die ärztliche Profession beispielsweise bedient sich – über die prinzipiell flüchtige interaktive Darstellungspraxis hinaus – elaborierter Repräsentationstechniken, wie z.B. Diagnosecodierungen, bildge-

---

[23] Möglicherweise stellt die programmatische Klientennähe, die im Postulat ‚nondirektiver' Gesprächsführung ihren Ausdruck findet, und den Klienten zum ‚Experten in eigener Sache' stilisiert, zumindest ‚nach außen', z.B. gegenüber der Fachkollegenschaft, ein Inszenierungsproblem humangenetischer Praktiker dar.

bende Verfahren aller Art, Beschreibungen von Eingriffsarten, Erfolgsquoten, Laborwerte usw. Diese objektivierenden Repräsentationen sind Christoph Maeder (2000, S. 686f.) zufolge gerade in arbeitsteiligen Kontexten zur Kooperation und Koordination unerläßlich, sie dienen darüber hinaus aber auch als „Legitimationsressourcen zur Durchsetzung von Interessen im innerorganisatorischen, mikropolitischen Aushandlungsspiel über die Wirklichkeit." Zahlenförmige Dokumentationspraktiken in Form von Statistiken stellen gerade in organisatorischen Kontexten eine erfolgreiche Form der Repräsentation von Leistung dar.

Auch die Humangenetiker in der ärztlichen Praxis verfügen inzwischen über derlei Techniken der Repräsentation ihrer (Beratungs-)Leistung. Seit einigen Jahren ist humangenetische Beratung als eigenständige Leistung nach dem ‚Einheitlichen Bewertungsmaßstab' (EBM) ausgewiesen, und somit – nur noch von Fachärzten für Humangenetik bzw. von Ärzten, welche die Zusatzbezeichnung ‚Medizinische Genetik' tragen dürfen – abrechnungsfähig. Eine Objektivation humangenetischer Leistung stellt darüber hinaus der sogenannte ‚Beratungsbrief' dar, der den Inhalt der Beratung in aller Ausführlichkeit dokumentiert und als Leistungsnachweis gegenüber dem Klienten einerseits, den Fachkollegen andererseits gilt (vgl. dazu Hartog 1996).

Gerade am Beispiel von medizinischen Humangenetikern in der genetischen Beratung läßt sich aber auch zeigen, daß Leistung allein *nicht* hinreicht, wenn sie in den Augen relevanter Bezugsgruppen nicht sichtbar (gemacht) wird.[24] Obwohl die Humangenetik in den letzten Jahren nahezu alle Stufen institutioneller Anerkennung (Zertifikation, Abrechnungsfähigkeit, etc.) durchlaufen hat, liegt ihr Hauptproblem nach Bekunden der Humangenetiker darin, daß ihre (genetische Beratungs-)Leistung bzw. Leistungsfähigkeit nicht nur von der Klientel, sondern vor allem von den

---

[24] Auf die Notwendigkeit der Sichtbarkeit professioneller Leistung zur Etablierung eines neuen Expertenberufs verweist Kai-Olaf Maiwald (in diesem Band) am Beispiel der Familienmediation. Ebenfalls auf die Problematik der professionellen Selbstdeutung, analysiert anhand der Definitionsversuche von professioneller Leistung in Standardwerken bzw. Lehrbüchern, hebt der Beitrag zu ‚professional beliefs' in der Sozialarbeit von Christoph Maeder und Eva Nadai in diesem Band ab.

medizinischen Fachkollegen nicht wahrgenommen wird: „Ja, der Pädiater, der sagt, aber *Sie* lassen sich sterilisieren, der hat natürlich in Wirklichkeit eine genetische Beratung gemacht, die er überhaupt nicht wahrnimmt als solche" (vgl. ausführlicher dazu Pfadenhauer 1998a).[25]

5. Fazit

(Auch) für den Professionellen reicht es folglich *nicht* hin, (nur) das zu tun, was er eben tut: nämlich Leistungen zu erbringen. Auch der Professionelle muß *ersichtlich* machen, daß er Leistung erbringt. Der Professionelle muß dabei in der Lage sein, die *unterschiedlichen* Erwartungen zu antizipieren, die von *verschiedenen* Seiten an ihn gestellt werden, d.h. seine jeweilige Leistungsinszenierung adressatenbezogen darzubieten. Er muß bei all denjenigen, die seine Leistung nachfragen, die seine Leistung in Anspruch nehmen, die (für) seine Leistung bezahlen, die ihm zum Zwecke optimaler Leistungserfüllung Freiräume zugestehen, Privilegien einräumen usw. hinlänglich den Eindruck erzeugen, daß er hält bzw. zu halten gewillt ist, was er verspricht, kurz: daß er den Erwartungen gerecht wird, die an ihn gestellt werden – zumindest dann, wenn die Voraussetzungen dafür gegeben sind. Bislang waren Professionen sehr erfolgreich darin, den exzeptionellen Charakter der Leistung und dessen, der diese erbringt, so darzustellen, daß hinreichend plausibel wurde, daß für optimale Funktionserfüllung diverse Privilegien und insbesondere Autonomie der Berufsausübung und Unabhängigkeit von externen Kontrollinstanzen unabdingbar sind.[26]

---

[25] Dieses Zitat stammt aus einem Interview mit einem humangenetischen Praktiker, der über einen Fall berichtet, in dem ein Pädiater in diesem Sinne einen Vater ‚berät', der mit seinen an einer autosomal-dominanten Krankheit leidenden Kindern zur Behandlung in eine Kinderklinik gekommen war.

[26] „Während die Mitglieder der meisten Berufe danach trachten, sich von der Kontrolle des Niveaus und der Richtung ihrer Arbeitsanstrengungen zu befreien, besteht die

Wenn es aber stimmt, daß die Anforderungen zunehmen, sich mannigfaltigen, d.h. verschiedenen *und* heterogenen Publika gegenüber in seiner Leistungsfähigkeit darzustellen, dann wird das Überleben von Professionen maßgeblich davon abhängen, ob es ihnen gelingt, sich jeweils entsprechend auf dem – nach wie vor leistungsbezogenen – ‚Erwartungsmarkt' zu bewegen. Eine der Zentralkompetenzen für Professionelle muß folglich – in Zukunft mehr denn je – sein, *mehrfach*- bzw. vielfach-adressierte Darstellungen geben zu können, die *jeweils* überzeugen und dabei nicht in Widerspruch zueinander geraten. Wie schwierig es aber selbst für solche Professionen ist, die seit jeher an Publikumskontakt gewöhnt sind, den Inszenierungserwartungen auch nur eines Adressatentypus zu entsprechen, zeigt sich immer wieder verblüffend nicht zuletzt z.B. am dramaturgischen Unvermögen von Ärzten im Umgang mit ihren Patienten, die immer mehr eine *Dienst*leistung mit entsprechender Behandlung erwarten – und das sind beileibe nicht die einzigen, auf die hin Leistungsdarstellung erforderlich ist (vgl. dazu auch Meuser/Hitzler 1999).

Eigenart des Professionalismus darin, zu versichern, daß eine solche Freiheit notwendige *Bedingung* für die Leistung guter Arbeit ist" (Freidson 1975, S. 110).

Thomas Kurtz, Bielefeld

Kapitel 3: Gesellschaft, Funktionssystem, Person: Überlegungen zum Bedeutungswandel professioneller Leistung

1. Anmerkung zum Begriff „Professionelle Leistung"

Man kann sich einleitend zuerst einmal fragen, ob das Thema ‚professionelle Leistung' ein bedeutendes Thema in der Soziologie ist, oder ob es dies überhaupt jemals war. Diese Frage mag in einem Sammelband, der sich schwerpunktmäßig genau diesem Thema widmet, überraschen, aber gleichwohl ist nicht zu übersehen, daß der Begriff der ‚professionellen Leistung' in der professionssoziologischen Literatur einen ambivalenten Stellenwert hat. Wenn man sich die Mühe macht, in den bekannten deutsch- und englischsprachigen sozialwissenschaftlichen Datenbanken nach diesem Terminus zu suchen, wird man zunächst mit mehr oder weniger leeren Händen bzw. Seiten dastehen. Weder in Titeln noch in den Abstracts findet sich professionelle Leistung in dem hier zu verhandelnden Zusammenhang. Vielleicht ist eine Ausnahme erwähnenswert: Michaela Pfadenhauer (1998b) hat sich vor einiger Zeit diesem Thema aus einer – wie sie es nennt – inszenierungstheoretischen Perspektive gewidmet.

Man könnte jetzt schlußfolgern, daß es sich hierbei um kein dominantes Thema der Professionsforschung handelt, aber genau diese Vermutung scheint sich entgegen des ersten Eindrucks nicht zu bestätigen. Bei genauerem Studium der professionssoziologischen Literatur kann man sehen, daß es zwar nur sehr wenige Studien gibt, die sich diesem Thema schwerpunktmäßig widmen, aber zugleich gibt es wohl keine einzige professionssoziologische Untersuchung, die auf dieses Thema ganz verzichten könnte. In so gut wie jedem Text – und wenn auch an einer noch so abseitigen Stelle – wird zumindest einmal von der besonderen in der professionellen Arbeit erbrachten Leistung gesprochen. Das heißt, wir haben mit dem Phänomen der professionellen Leistung nicht das Thema, auf welches die Professionsforschung ihr Bemühen vornehmlich kaprizieren würde. Zugleich aber haben wir aus dem Grund, daß anscheinend niemand auf diesen Aspekt verzichten kann, mit der professionellen Leistung ein bedeutendes Thema vor uns. Diese Ambivalenz von fehlender expliziter Thematisierung professioneller Leistung und gleichzeitig implizit mitschwingender Selbstverständlichkeit erklärt vielleicht auch den Sachverhalt, daß bis heute noch keine zureichende Bestimmung des Begriffes hergeleitet worden ist.

Als einer derjenigen Autoren, die sich immer wieder mit der professionellen Leistung theoretisch auseinandergesetzt haben, ohne diese jedoch näher zu bestimmen, sei nur Talcott Parsons erwähnt. In der professionellen Arbeit geht es um die Bereitstellung von adäquaten und kognitiv anspruchsvollen Lösungen für die zentralen Werte der Gesellschaft bzw. für die Existenz von Personen betreffende Probleme (Parsons 1939, 1968). Dies heißt aber zugleich, und das wird uns im nächsten Kapitel beschäftigen, daß Parsons die Lösung der Probleme von Personen in enger Beziehung mit der Lösung gesellschaftlicher Probleme interpretiert. Die Beziehung des professionellen Experten zu Klienten ist für ihn grundlegend charakterisiert durch den Austausch von Expertiseleistungen des Experten durch Expertisevertrauen des Klienten.

Mit Luhmann (1973) kann man dieses Vertrauen „Systemvertrauen" nennen: Man muß dem Professionellen nicht als ganzem Menschen vertrauen, sondern nur in bezug auf seine Problembearbeitungskompetenz. Wenn man sich die vermehrt zu Tage tretenden Anzeichen einer Erosion dieses Vertrauens vor

Augen führt, erscheint es allerdings fraglich, Vertrauensbildung als das konstitutive Merkmal der professionellen Arbeit zu beschreiben. Exemplarisch sei an dieser Stelle nur auf das schwindende Ansehen der Ärzte verwiesen. Dabei spielt unter anderem die Zunahme von iatrogenen Erkrankungen (also Erkrankungen, die durch die professionelle Intervention selbst ausgelöst werden) ein Rolle, aber auch die medienwirksame Aufbereitung von mafiosen Geschäften einiger praktizierender Ärzte. Generell scheint es so zu sein, daß über die (insbesondere) massenmediale Verbreitung des Wissens aus dem Handlungsbereich der Professionen zugleich auch die Kritikfähigkeit beim Publikum der Professionellen wächst und ganz spezifische Leistungen nachgefragt werden.[1]

Es sind daher noch einige Probleme ungeklärt: Etwa die Frage nach der Meßbarkeit professioneller Leistung. Oder aber auch das Phänomen, daß die Klienten selbst die Expertise als wirksam akzeptieren müssen. Desweiteren kann es bei personenbezogener Arbeit keine Problem*lösungen*, sondern nur *-deutungen* geben. Und schließlich könnte man fragen, ob es sich hierbei vielleicht lediglich darum handelt, Probleme für bestimmte Lösungen zu konstruieren bzw. (um-) zu definieren (siehe Pfadenhauer 1998b). Ohne eine genaue Abgrenzung des Begriffs ‚professionelle Leistung' zu besitzen, wird im folgenden nach der spezifischen Relevanz gesucht, die Professionen und professioneller Arbeit im Kontext unterschiedlicher Systemebenen jeweils zugeschrieben worden ist. Implizit mitgeführt wird dabei die Annahme, daß einige der Berufsgruppen, die in der Professionsforschung verhandelt werden bzw. die, die in diesem Sammelband thematisiert werden, eigentlich gar keine Professionen sind. Dennoch kann hier anscheinend professionell gehandelt und können professionelle Leistungen erbracht werden. Und das auch dann, wenn der handelnde Ingenieur, den nur noch Parsons als Verwalter der

---

[1] Stichweh (1997) macht hier im Anschluß an Coleman darauf aufmerksam, daß man zwar heute den Massenmedien mehr und mehr Vertrauen entgegenbringt, daß aber auf der anderen Seite „trust in all other societal institutions is progressively weakened because their defects are publicized by the mass media every day" (S. 99).

modernen Technik als Mitglied einer Profession beschreiben konnte – Oevermann bestreitet dieses aus anderen Gründen als man das mit systemtheoretischen Kategorien tun würde (Kurtz 2000b) –, wenn also auch der handelnde Ingenieur in keinster Weise mit seinem zu bearbeitenden Problem einen Funktionskreis von Expertisevertrauen und Kooperation aufbauen muß, wie wir das bei people-processing Tätigkeiten[2] finden.

1. Gesellschaft

1896 hat Herbert Spencer im dritten Band seiner „Principles of Sociology" festgehalten, daß die Entwicklung der Professionen das wesentliche Merkmal zivilisierter Gesellschaften sei (Spencer 1897/1966, S. 179ff.). Im zwanzigsten Jahrhundert haben Autoren von Talcott Parsons bis Andrew Abbott die herausgehobene Bedeutung der Professionen für die Gesamtgesellschaft beschrieben. Dieser in der Soziologie relativ prominenten Aussage wird in den folgenden Ausführungen widersprochen. Die Vorstellung, daß in unserer heutigen Zeit Professionen und professionelle Arbeit einen direkten Einfluß auf die Gesellschaft ausüben sollten, ist nicht mehr nachzuvollziehen. Das mit diesen Formulierungen angesprochene kausale Beziehungsverhältnis von Profession und Gesellschaft ist – wenn überhaupt – ausschließlich auf einen historisch relativ frühen Zeitraum beschränkt. Schon im Übergang zur modernen Gesellschaft trifft dies nicht mehr zu, hier operieren Professionen im Kontext einzelner gesellschaftlicher Funktionssysteme, und zwar denen, die Inklusionsprobleme bearbeiten.[3] Im

---

[2] Dieser sich in der Professionsforschung eingebürgerte Begriff bedeutet nicht allgemein die Personenbezogenheit, sondern er bezeichnet in sinngemäßer Übersetzung personen*verändernde* Tätigkeiten. Veränderung meint hier die professionelle Hilfe und Unterstützung der Person, also die Personenförderung.

[3] Inklusion bezeichnet die Teilhabe von Personen an sozialer Kommunikation. Zwar kann in der modernen Gesellschaft nicht jeder in der Form von Leistungsrollen (Lehrer, Politiker, Unternehmer, Künstler, Wissenschaftler etc.) an den Operationen eines Funktionssystems partizipieren, wohl aber in der Form von Publikumsrollen wie etwa

Schlußteil wird dann gezeigt, daß heute auch die herausgehobene Stellung der Professionen im Kommunikations- und Handlungsgefüge einzelner Funktionssysteme sich aufzulösen scheint, mit der Folge, daß die professionelle Leistung in zunehmendem Maße auf ihre Kernstruktur reduziert wird: auf eine Leistung für interaktiv wahrnehmbare Klienten.

Mit der Erwartung, daß in der Form professioneller Arbeit besondere Leistungen erbracht werden können, haben sich von Anfang an in der professionssoziologischen Diskussion insbesondere bei Marshall und bei Parsons gesellschaftspolitische Hoffnungen verbunden. Marshall (1939) schreibt den professionellen Korporationen in der Nachfolge von Durkheim einen Dienst für die Gesellschaft zu. Er sieht in den Professionen ein Gegengewicht zum Gewinnstreben der kapitalistischen Wirtschaft. Parsons (1939) auf der anderen Seite hebt als erster hervor, daß sich Moral (Dienstgesinnung) und Ökonomie nicht widersprechen müssen und reformuliert damit das von Durkheim (1930) und Weber (1984) mit Bedeutungsverschiebungen besetzte Kopplungsproblem moderner Gesellschaften. Richard Münch (1994) hat vor einigen Jahren diese Interpenetration von Zahlung und Achtung als das „Bauprinzip der Moderne" herausgestellt. Er konnte dies nur tun, weil er, wie es Bernhard Giesen im Klappentext zur „Theorie des Handelns" formuliert hat, eine geradezu „kopernikanische Wende der parsonianischen Theoriebildung" vollzogen hat. Die funktionale Differenzierung der Gesellschaft, bisher als „Zauberschlüssel der Modernisierungstheorie" interpretiert, wird von ihm als Bauprinzip der Moderne dekonstruiert. An deren Stelle setzt Münch (1982) den Mechanismus der Interpenetration, also nicht mehr das Abgrenzen autopoietischer Systemformen voneinander, sondern das wechselseitige Durchdringen der Systeme. Die Stoßrichtung der Kritik ist offensichtlich, es würde aber zu weit führen, genauer nachzuzeichnen, daß Luhmann den

---

Wähler oder Konsument. Für die uns interessierenden Funktionssysteme ist nun entscheidend, daß deren Funktionserfüllung im wesentlichen in einer Änderung ihrer personalen Umwelt (den Personen, ihren Körpern und Bewußtseinsstrukturen) zu sehen ist.

Interpenetrationsmechanismus in der Form struktureller Kopplung und der Ausformulierung von Programmstrukturen der Funktionssysteme in seiner Theoriearchitektur mit berücksichtigt (siehe dazu Kurtz 2001b). Wir werden uns jetzt ausschließlich auf das Konzept funktionaler Differenzierung – verstanden als die primäre Form gesellschaftlicher Differenzierung in der Moderne – beziehen.

Der Systembezug des Parsonsschen Professionskonzeptes ist die Gesellschaft als Ganze unter dem Blickwinkel besonderer Problemlagen. Parsons (1968, 1978) hat mehrfach festgehalten, daß die Professionen in unserer Gesellschaft eine geradezu einzigartige Position erklommen haben. Professionen verwalten treuhänderisch für die Gesellschaft jeweils gesellschaftlich zentrale Wertgesichtspunkte. In diesem Sinne haben Parsons und Platt (1990, S. 338) in ihrer Studie über die amerikanische Universität zwei Gruppen von professionellen Berufen unterschieden: Universitätslehrer, Ingenieure, Ärzte und Juristen operieren auf der Ebene des allgemeinen Handlungssystems und sind „Hüter der zentralen kognitiven Ressourcen der Gesellschaft." Die Berufe im Bereich von Bildung, Fürsorge, Verwaltung und Buchführung sowie Bankwesen dagegen übernehmen Funktionen innerhalb des Sozialsystems. Die Autoren folgern daraus, „daß die erste Gruppe es mehr mit der Rolle der kognitiven Ressourcen bei der Bestimmung der Voraussetzungen und Rahmenbedingungen gesellschaftlichen Lebens zu tun hat, die zweite Gruppe dagegen mit operativen Problemen *innerhalb* dieses Rahmens". Zusammen bilden sie den sogenannten „professionellen Komplex", den Parsons als die wichtigste einzelne Komponente in der Struktur moderner Gesellschaften interpretiert hat. Er ging soweit zu behaupten, daß in der Zukunft der professionelle Komplex die zeitgenössische Szene dominieren und die Formen politischer Autorität und kapitalistischer Ausbeutung ablösen werde. Man kann das professionssoziologische Hauptwerk von Andrew Abbott – in bewußt einseitig gewählter Auslegung seiner Überlegungen – als Fortschreibung der Parsonsschen Überlegungen interpretieren. Abbott geht von einem System der Professionen aus und beginnt seine Analyse mit dem Satz: „The professions dominate our world" (Abbott 1988, S. 1).

Bei Parsons und bei Abbott werden zwar die professionellen Rollen als Bestandteil der unterschiedlichen gesellschaftlichen Teilbereiche herausgestellt, mit der Zusammenfassung dieser zu einem die Systemgrenzen überschreitenden eigenen Komplex bzw. System betonen sie jedoch deren herausgehobene Stellung für die Gesamtgesellschaft. Wenn man allerdings von autonom operierenden gesellschaftlichen Teilbereichen ausgeht, ist das Vorhandensein eines die Einheit dieser Systeme symbolisierenden Brückenprinzips Profession nur noch schwer vorstellbar. Hier wird demgegenüber die These vertreten, daß dies nur für die frühmoderne Gesellschaft zutrifft: In bezug auf das jeweilige gesellschaftliche System haben alle frühmodernen Professionen an dem gearbeitet, was wir heute als Bearbeitung von Inklusionsproblemen der Funktionssysteme beschreiben. Bis in die Frühmoderne hinein repräsentierten die Professionen alle wesentlichen gesellschaftlichen Problembezüge der Menschen und konnten sich so in der ständisch definierten Umwelt auf die gesamte Gesellschaft beziehen. Die professionellen Berufsgruppen der Ärzte, kirchlichen Seelsorger und Anwälte/Richter operieren vom Referenzkontext Person aus gesehen, wie Rudolf Stichweh (1992b) gezeigt hat, an den wesentlichsten personalen Außenbeziehungen, nämlich an den Beziehungen des Menschen zu sich selbst, zu Gott sowie zu anderen, zumeist streitenden Personen.

Die Formulierung ‚Mensch' darf an dieser Stelle nicht mißverstanden werden: Weder in der Welt der Stände noch in der modernen Gesellschaft darf das Publikum der Professionellen mit dem ganzen Menschen verwechselt werden, es geht hier – und das ist die Spezifikation der professionellen Arbeit – immer nur um von den Systemdynamiken des jeweiligen Einzelmenschen abstrahierende Personen. In professionellen Kontexten interessiert weniger der ganze Mensch, sondern sein spezifisches Problem. Am Beispiel der ärztlichen Tätigkeit lassen sich dabei im Übergang zum 20. Jahrhundert interessante Veränderungen im Verhältnis zwischen Arzt und Patient markieren. Bis ins 19. Jahrhundert hinein wurden ärztliche Diagnosen und Prognosen fast ausschließlich auf der Basis von Erzählungen der Patienten gestellt (vgl. Stollberg 1997). Polysemische Krankheitsdefinitionen waren demgemäß an der Tagesordnung. Erst mit der Einführung von messenden Verfahren wie Fiebermessung und Blutdruckmessung setzte ein fundamentaler Wandel ein: Statt wie ehedem der Kranke, redet nun das medizinische Instrument zum Arzt über die Krankheit. Der Arzt ist nun in der Lage unabhängig vom subjektiven Empfinden des Patienten eine Diagnose über dessen Gesundheitszustand zu stellen (siehe Hess 1997). Nicht mehr der Patient, sondern der Arzt konstruiert nun das Problem.

3. Funktionssystem

Im Zuge des gesellschaftlichen Umbaus von Stratifikation auf funktionale Differenzierung beginnt sich das enge Beziehungsgeflecht von Profession und Gesellschaft aufzulösen. Eine insbesondere quantitative Zunahme erlebten die professionellen Berufsgruppen im Kontext Recht und Medizin vor allem seit der Jahrhundertwende im Zuge gewaltiger Verrechtlichungs- und Medikalisierungsschübe der Gesellschaft. Hannes Siegrist (1988b, S. 42) hat das 19. Jahrhundert als das Jahrhundert der Professionen bezeichnet und Rudolf Stichweh formuliert die These, „daß Professionen ein Phänomen des Übergangs von der ständischen Gesellschaft des alten Europa zur funktional differenzierten Gesellschaft der Moderne sind und daß sie vor allem darin ihre gesellschaftsgeschichtliche Bedeutung haben" (1996, S. 50; im Original kursiv).

Damit sei jetzt keiner generellen Übereinstimmung der Professionalisierungsprozeße in den unterschiedlichsten Gegenden der Welt das Wort geredet. In sicherlich einiges an Tiefenschärfe einbüßender Zuspitzung läßt sich eine Grenzlinie zwischen der anglo-amerikanischen (England, USA) und der kontinentaleuropäischen (Deutschland, Frankreich) Entwicklung ziehen. Den Ausgangspunkt für die Entstehung der selbstverwalteten Professionen im anglo-amerikanischen Raum markieren die englischen Inns of Courts und die Königlichen Kollegien der Ärzte im 15. und 16. Jahrhundert (siehe Burrage 1988, S. 53ff.). Insbesondere die korporativen Vereinigungen der Advokaten, deren Name sich aus dem Umstand ableitet, daß praktizierende Juristen und Rechtspraktikanten gemeinsam in Gasthöfen (Inns) in der Nähe der königlichen Gerichtshöfe (Courts) lebten, fungieren dabei als Leitbild für andere Berufsgruppen. In den Vereinigungen wurden sowohl die eher praktisch ausgerichtete Ausbildung und Prüfung des Nachwuchses verwaltet wie auch auf die Einhaltung der Ordnung innerhalb der Profession geachtet. In der Art einer Kontrastfolie dazu zeigt sich die Situation der professionellen Berufe in Deutschland und Frankreich. Diese waren zu Beginn eher durch den Umgang mit staatlichen Bevormundungsversuchen und in bezug auf deren Wissensbasierung mehr durch Abgrenzungsprozeße des akademisch-wissenschaftlichen gegenüber dem praktischen Prozeßwissen gekennzeichnet. Die heutige Situation ist generell dadurch gekennzeichnet, daß die Professionen überall durch eine Kombination von Teilautonomie und staatlichem Einfluß (Wehler 1995, S. 736) sowie eine akademisch-wissenschaftliche Ausbildung (Lundgreen 1988) charakterisiert sind. Dies gilt jedenfalls in den Gegenden der Welt, in denen sich das Primat funktionaler Differenzierung der Gesellschaft durchgesetzt hat. Systemtheoretisch gesprochen resultieren diese Unterschiede daher, daß die Professionen im Kontext unterschiedlicher nationalstaatlicher Segmente der Funktionssysteme Erziehung, Krankenbehandlung, Recht und Religion operieren (siehe ausführlicher Kurtz 2000b).

Der besondere Wissenskorpus dieser Funktionssysteme wird auf der Handlungsebene jeweils durch eine Leitprofession verwaltet, die gegenüber den anderen im Kontext des Systems arbeitenden Berufen eine Kontroll- und Delegationsfunktion einnimmt. Claudia Huerkamp (1980) hat am Beispiel der Professionalisierung der deutschen Ärzteschaft im 19. Jahrhundert anschaulich beschrieben, wie diese in der Frage, wer in der Gesellschaft als *gesund* und wer als *krank* zu gelten habe, das Definitionsmonopol erlangt hat. Mit Stichweh (1997) kann man hier auch von „monoberuflichen Funktionssystemen" sprechen, in denen die Einheit des Systems durch lediglich eine Berufsgruppe symbolisiert wird. Professionen übernehmen so die „Binnenperspektive" der jeweiligen Funktionssysteme und thematisieren auf der Handlungsebene deren Inklusionsproblematiken.

Wie kann man sich das vorstellen? Niklas Luhmann hat in seinen frühen rechts- und religionssoziologischen Studien hervorgehoben, daß sich im Laufe der funktionalen Ausdifferenzierung der Gesellschaft „Duale" oder „binäre Schematismen" ausgebildet haben – später werden sie „binäre Codes" genannt. Durch die Duale werden zwei Welten oder Zustände erzeugt, die als Gegensatzpaar figurieren wie z.B. haben/nichthaben, wahr/unwahr, und die „in hohem Maße technisierbar" (Luhmann 1977, S. 204) sind. Für einige Funktionsbereiche wie Religion, Erziehung und Krankenbehandlung ist diese Technisierbarkeit allerdings nicht gewährleistet, so daß in diesen Fällen Professionen eine Vermittlungsfunktion zufällt: Professionelle Praktiker müssen hier in Interaktionskontexten und in Zusammenarbeit mit den Klienten zwischen den beiden Seiten der Unterscheidung vermitteln, genauer: vom negativen zum positiven Wert hinarbeiten – von schlechteren zu besseren Leistungen, von krank zu gesund etc. Der Professionelle bietet in diesem Sinne für das Differenzproblem Lösungswege an, kann aber „das Erreichen des anderen Zustandes oder der anderen Welt" nicht mit Sicherheit garantieren (Luhmann 1977, S. 192). Denn die professionelle Praxis, in der es ja immer um Personen geht, in die man nicht hineinschauen kann und die immer auch anders reagieren können, als sich das der professionelle Praktiker vorstellt, ist weitgehend durch ein Technologiedefizit und damit mit Ungewißheitshorizonten belastet.

Wenn man nach den systeminternen Unterscheidungen wie wahr/unwahr, Recht/Unrecht, zahlen/nichtzahlen fragt, die sich in allen gesellschaftlichen Teilbereichen herausgebildet haben, sieht man, daß diese zunächst zur Fortsetzung der teilsystemischen Autopoiesis beitragen, oder anders ausgedrückt: dafür sorgen, daß es im System in jedem Fall immer weitergeht. Die präferierte

Seite der Unterscheidung des Codes wird in den Teilsystemen für Politik, Wirtschaft und Wissenschaft zu einem Erfolgsmedium (Macht, Geld und Wahrheit). Diese Medien sind Zusatzeinrichtungen zur Sprache und wirken als „Motivationsverstärker" (Fuchs 1992, S. 126) der Kommunikation. Sie erleichtern die Kommunikationsannahme auch dort, wo diese eher unwahrscheinlich ist wie z.b. in Situationen der Kommunikation, die keine Anwesenheit voraussetzen (vgl. zusammenfassend Luhmann 1997, S. 316ff.). Nun kann man allerdings sehen, daß in Funktionssystemen, deren Funktionserfüllung in einer Änderung ihrer personalen Umwelt liegt, keine eindeutigen Kommunikationsmedien ausdifferenziert worden sind. Was an dieser Stelle auffällt, ist, daß sich gerade im Umfeld der medienlosen, ihre personale Umwelt zu verändern anstrebenden Funktionsbereiche Professionen ausgebildet haben, die die Funktion des Systems auf der Handlungsebene auszufüllen versuchen. In den Funktionssystemen ohne Kommunikationsmedium muß die positive Seite der Unterscheidung professionell erarbeitet werden, indem Personen in bezug auf diesen Wert hin verändert werden sollen.

Das spezifische Problem dieser professionell betreuten Funktionssysteme besteht nun darin, daß hier die Interaktion zwischen Professionellem und Klienten eine besonders wichtige Rolle für die Annahme der positiven Seite des Codes spielt und damit ein Faktor von Unsicherheit zum konstitutiven Bestandteil des Funktionssystemgeschehens wird. Die professionell organisierte Arbeit in Interaktionssituationen ist geradezu darauf angewiesen, die Türen gegenüber anderen Werten geschlossen zu halten. Aufgrund der Interaktionsabhängigkeit der professionellen Arbeit wird diese besonders komplex und kann nicht einfach in der Art von Technologien gelöst werden. Bei professionellen Dienstleistungen werden fallspezifische Konkretionen von Strukturproblemen der Privatsphäre in der Form der „Stellvertretung" (Weiß 1998) bearbeitet. Diese in face-to-face Situationen zwischen Leistungs- und Komplementärrollen eines gesellschaftlichen Funktionssystems ablaufende kurativierende, wiederherstellende und vermittelnde professionelle Arbeit kann in der Regel nicht technokratisch gelöst werden. Professionelles Handeln kann die Klientenprobleme nicht primär kausaladäquat im Sinne von Ableitungen, Rezeptologien etc. bearbeiten und dann versuchen, quasi ‚einzig richtige' Problem*lösungen* bereitzustellen. In der professionellen Arbeit werden Probleme eher sinnadäquat in der Form von Sinnauslegung, Therapie etc. bearbeitet und Problem*deutungen* angeboten. Die professionelle Arbeit ist auf die Mitarbeit der Klienten angewiesen. So können Lehrer ihren Schülern zwar das Lernen durch günstige Lernarrangements so angenehm wie möglich gestalten. Sie können ihnen aber das Lernen nicht abnehmen, lernen müssen die Schüler selbst. Und schließlich bleibt es den Schülern selbst überlassen, ob sie lernen oder nicht und ob sie sich gegebenenfalls aktiv – sie stören den Unterricht – oder passiv – sie träumen und denken bereits an die Pausenzigarette – wehren.[4]

Die Kommunikation unter Anwesenden ist generell eine unsichere Form der Kommunikation. Für das Verhältnis von Wissen und Handeln der Professionellen bedeutet dies, daß die Arbeitssituation sehr viel komplexer ist als das dem professionell Handelnden zur Verfügung stehende Wissen. Das vorhandene Wissen kann nicht problemlos angewendet und davon ausgegangen werden, daß der Ausgang der professionellen Intervention vorhersagbar und damit steuerbar ist. Professionelle Arbeit hat die Komplexität der Arbeitssituationen zu berücksichtigen, welche fallweise variieren können, unter Zeitdruck stehen und auf Kooperation mit den Klienten angewiesen sind. Die professionelle Arbeitssituation ist im wesentlichen durch Ungewißheit zu beschreiben, worunter sowohl die Dynamik der Interaktionssituation, die gewählte Handlungsstrategie wie auch der prognostizierte Ausgang der professionellen Intervention fallen. Der Wirklichkeitsbereich des Professionellen erfordert in der Regel ein Handeln *in der Zeit*, wobei auch ohne ausreichende Wissensgrundlagen kontextsensi-

---

[4] In der ärztlichen Praxis beobachtet man z.B. das sogenannte Phänomen der mangelnden Compliance, also die Tatsache, daß Patienten die ärztlichen Anweisungen unterlaufen.

bel richtige Entscheidungen zu treffen sind (siehe Kurtz 1997; 2000a).

Wenn man das professionelle Handeln aus dem Blickwinkel des Kontextes eines Funktionssystems analysiert, zeigt sich, daß sich die organisierte Interaktion ständig im Hinblick auf die binäre Unterscheidung des Funktionsprimats ausrichten muß, denn in Interaktionen läuft immer mehr Kommunikation ab als das autopoietische Minimum entlang der binären Leitunterscheidung. Diese muß in der professionell betreuten Kommunikation unter Anwesenden ständig gegen andere Möglichkeiten der Interaktion verteidigt werden. Das Problem in Interaktionen ist die immer mögliche De-Thematisierung der systembestimmenden Unterscheidung. So können z.B. Rechts-Interaktionen in die Thematisierung von außergerichtlichen Schlichtungsmöglichkeiten abgleiten. Auf der anderen Seite können auch andere Interaktionen abgleiten, man denke nur an Interaktionen im Sozialsystem Familie, die vor Gericht enden und dann zum Fall von professioneller Intervention werden.

Zusammengefaßt sind Professionen in der Moderne solche Berufsgruppen, welche lebenspraktische Probleme von Klienten im Kontext einzelner Funktionssysteme wie dem System der Krankenbehandlung, dem Rechts-, dem Religions- und dem Erziehungssystem in Interaktionssituationen mit Klienten stellvertretend deuten, verwalten und bearbeiten. Die Professionellen wie Ärzte, Rechtsanwälte, Seelsorger und Lehrer fungieren dabei als verberuflichte Leistungsrollen dieser Sozialsysteme. Hier finden wir monopolisierte Leistungsrollen, welchen sowohl bei der Ausdifferenzierung der Systeme wie auch bei deren Erfüllung der systemspezifischen Leistung für andere Funktionssysteme der Gesellschaft eine besondere Bedeutung beigemessen werden konnte.

4. Person

In der aktuellen Situation scheint sich dieses enge Beziehungsgeflecht von Funktionssystem und Profession mehr und mehr aufzulösen. Ein offensichtlicher Grund für diesen Umstand ist zunächst in der steigenden Komplexität der Problemlagen zu sehen, die in vielen Fällen eine Aufteilung der Leistung der professionellen Fallbearbeitung zur Folge hat. Exemplarisch läßt sich das am weiten Feld des Systems der Sozialen Hilfe bzw. seines Berufsfeldes der Sozialen Arbeit ablesen. Obwohl die Soziale Hilfe in der Moderne als ein Inklusionsprobleme bearbeitendes autopoietisch operierendes Funktionssystem der Gesellschaft ausdifferenziert worden ist (Baecker 1994), hat sich im Gleichklang dazu keine Leitprofession herausgebildet, welche in monopolistischer bzw. dominanter Stellung die Funktion des Systems auf all seinen Ebenen repräsentieren könnte (siehe ausführlicher Kurtz 2001a). Dies liegt insbesondere an der Heterogenität und Pluralität von Berufen in diesem gesellschaftlichen Teilbereich, aber auch an der nachgeordneten Stellung zu Berufen aus anderen Funktionssystemen (so z.B. zu denen der Justiz).

Gleichwohl sind diese Kennzeichen in der Moderne keine Besonderheit des Funktionssystems Soziale Hilfe, sondern verweisen auf eine gesamtgesellschaftliche Tendenz. Einerseits erscheint es fraglich, ob es zukünftig weitere Funktionssysteme geben wird, deren Wissensbasierung durch eine in monopolistischer bzw. dominanter Position operierende Leitprofession verwaltet und kontrolliert werden kann. Andererseits läßt sich heute zudem beobachten, daß sich diese besondere Form auch in den Systemen Erziehung, Krankenbehandlung, Recht und Religion aufzulösen beginnt.

Die Form Profession ist ein – und wir sind uns des damit hervorgerufenen Widerspruchs durchaus bewußt – transitorisches Phänomen, deren Höhepunkt bereits überschritten ist. Zum einen liegt das daran, daß heute das Handeln der Professionellen in zunehmendem Maße einer Fremdbeobachtung und -bewertung unterzogen wird. Zusätzlich zu diesen von außen an die Systeme herangetragenen Irritationen lassen sich aber auch gewichtige *interne Veränderungen* feststellen:

1. In den Systemen Erziehung, Krankenbehandlung, Recht und Religion wird die professionelle Arbeit heute immer mehr durch Verbreitungsmedien wie Fernseher und Computer beeinflußt, mit der Folge, daß die Professionen langsam ihre ehemals herausgehobene Bedeutung für das Kommunikationsgeschehen dieser Funktionssysteme verlieren. Man kann dann nach dem Bildungswert des Internet oder aber nach dem Sinn einer Beichte mit Beichtprogrammen und einer Selbstmedikamentation mit medizinischen Ratgebern fragen. Im Kontext des Rechtssystems ist z.b. seit einiger Zeit Rechtsberatung rund um die Uhr per Telefon von Teleanwälten erhältlich. In den USA lernen schon eine Million Kinder zu Hause vor dem Bildschirm und verzichten ganz auf die professionalisierte Leistungsrolle und die Organisation Schule. Computer-Lernprogramme in Verbindung mit der Betreuung der Kinder durch einen Elternteil sind eine Alternative zu den teuren Privatschulen. Der steigende Zulauf zum Homeschooling wie auch zu den Privatschulen ist eine Reaktion auf die großen Probleme der öffentlichen Schulen in den USA (z.B. das Gewaltproblem). Das deutsche Segment des Erziehungssystems zeigt sich im Augenblick noch resistent gegenüber diesen Tendenzen, denn hier gibt es nicht nur eine *Unterrichts*pflicht wie in anderen europäischen Staaten, sondern die *Schul*pflicht.

Allgemein läßt sich im Bildungsbereich feststellen, daß mit dem Aufkommen der neuen Medien das selbstorganisierte Lernen immer mehr an Einfluß gewinnt. Im System der Krankenbehandlung zeigt sich zudem in Zusammenhang mit der Entwicklung der bildgebenden Diagnostik von der Erfindung der Röntgenstrahlung 1895 bis zur computergestützten Visualisierungstechnik des „Magnetic resonance imaging" ein Wandel dahingehend, daß das ärztliche Körperverständnis sich immer weiter von der realen Physis zu entfernen scheint (vgl. Gugerli 1999). Tendenziell läßt sich an diesen Beispielen ablesen, daß in den in diesem Beitrag thematisierten Funktionsbereichen die Interaktionsabhängigkeit in bezug auf die Problembearbeitung von Personen teilweise aufgeweicht wird. Gleichwohl beschreiben wechselseitige Wahrnehmung zwischen Experten und Klienten bisher noch weitgehend die Situation der professionellen Arbeit.

2. Andere interne Veränderungen betreffen die besondere asymmetrische Beziehung zwischen der professionellen Leistungsrolle und der komplementären Klientenrolle: Exemplarisch lassen sich etwa die folgenden Veränderungen fixieren: Noch bis zu Beginn des 19. Jahrhunderts dominierten aufgrund von Herkunft die Patienten die Beziehung zum Arzt (vgl. Waddington 1978). Auch heute kann man Beispiele finden, wo sich das asymmetrische Verhältnis zwischen Arzt und Patient teilweise aufgrund der Variable Wissen wieder zugunsten des Publikums umkehrt. In den USA werden Patientenorganisationen in Form von medizinischen Selbsthilfegruppen schon als neue Macht im Gesundheitswesen angesehen, die bei außergewöhnlichen und wenig erforschten Krankheiten Patienten mit den neuesten wissenschaftlichen Forschungsergebnissen versorgen und Mediziner vermitteln, die sich auf diese Krankheiten spezialisiert haben, bzw. als Berater anderer Ärzte auftreten. Sie übernehmen quasi eine neue Leistungsrolle im System. Aber auch in den anderen Funktionsbereichen lassen sich gravierende Veränderungen markieren: Im Religionssystem existieren neue religiöse Bewegungen, die ohne eine professionalisierte Leistungsrolle auskommen, bzw. wo sich wie etwa in der Christian Science die Leistungsrolle auf Zeit aus dem Publikum rekrutiert. In der wissenschaftlichen Weiterbildung wie auch in anderen Formen der Weiterbildung stehen den Experten erfahrene Praktiker gegenüber. Und Schüler sind im Umgang mit Computern oftmals sehr viel kompetenter als die Lehrer, die sie unterrichten. Man sehe sich dazu nur den als Reform apostrophierten bundesweiten Reformverbund „Schulen ans Netz" an.

3. Schließlich läßt sich in einigen Fällen eine veränderte Rangordnung der professionellen Berufsgruppen im jeweiligen System beobachten: Im Erziehungssystem wird gewöhnlich der Beruf des Lehrers als Leitprofession des Systems thematisiert.

Wenn man sich die aktuelle Situation im Bildungswesen anschaut, zeigt sich aber, daß heute gegenüber Schule (sowie Erstausbildung und Hochschule) zunehmend auch die unterschiedlichen und darauf aufbauenden Formen der (zumeist beruflichen und betrieblichen) Weiterbildung die soziale Positionierungsfunktion von Personen in der Gesellschaft beeinflussen und Weiterbilder dabei sind, neben der Lehrerschaft zu einer zweiten besonderen Leistungsrolle im Erziehungssystem aufzusteigen.

Zusammenfassend ist es zunächst unbestritten, daß Professionen aufgrund der Interaktionsabhängigkeit einiger gesellschaftlicher Funktionsbereiche bei deren Ausdifferenzierung eine unterstützende Rolle eingenommen haben. Genauso unbestritten muß aber heute mit der Ausdifferenzierung weiterer, sich nicht den Leitprofessionen unterordnenden Berufsgruppen im Kontext dieser Systeme, der Veränderungen der Beziehungen von Experten und Klienten sowie auch der Ausdifferenzierung von die Kommunikation leitenden Medien ein Schwinden der ehemals herausgehobenen Stellung der Professionen in diesen Funktionssystemen verzeichnet werden. Auch wenn ihnen von außen das Budget gekürzt wird, haben Ärzte immer noch das Definitionsmonopol für die Frage, wer gesund und wer krank ist, und Recht wird immer noch von Richtern gesprochen. Gleichwohl fällt aber auf, daß die Form der multiprofessionellen und multidimensionalen Problembearbeitung von und für Personen, wie wir sie im System der Sozialen Hilfe vorfinden, eine Tendenz andeutet, auf die sich auch die Funktionssysteme Erziehung, Krankenbehandlung, Recht und Religion hinzu bewegen. Wie die Berufsgruppen im Kontext der Sozialen Arbeit operieren auch Juristen, Mediziner, Pädagogen und Theologen zunehmend in Organisationen, die nicht dem Funktionsprimat des eigenen Systems folgen und handeln damit im Kontext unterschiedlicher gesellschaftlicher Leitunterscheidungen. Die unterschiedlichen Berufsgruppen in den Systemen Erziehung, Krankenbehandlung, Recht, Religion und Soziale Hilfe arbeiten alle am Medium der Person bzw. seinem Lebenslauf. Aber für jedes dieser Systeme und Berufe erscheint die Person mit einem anderen Ausschnitt, so daß das Medium eine andere Formung erfordert.

Dieter Lenzen (1991) hat entlang des menschlichen Lebenslaufs anschaulich beschrieben, daß im System der Krankenbehandlung von der Perinatalmedizin über die In-vitro-Fertilisation bis hin zur Sterbehilfe seit einigen Jahren vermehrt Tätigkeitsbereiche erfunden werden, die in ihrer Arbeit nur noch sehr wenig mit realer Krankheit zu tun haben, sondern auch das mit dem Wert ‚krank' bezeichnen, was ehedem Normalität war: z.B. den Vorgang der Geburt. Und wenn sich mit der kosmetischen Chirurgie ein Tätigkeitsbereich herauskristallisiert, der nicht mehr unbedingt am Code krank/gesund operiert, ist hiermit keine Entdifferenzierung der Systemcodes eingeleitet, sondern, indem sich die professionelle Arbeit mehr und mehr von der Zweiwertigkeit der Funktionssysteme entfernt, die Auflösung der Form Profession.

5. Schlußbemerkung

Mit den vorhergehenden Ausführungen wird nicht die immer noch hohe Relevanz von Professionalität für die Problembearbeitung von und mit Klienten bestritten, sondern lediglich die Bestimmung dieser Funktionssysteme durch eine Leitprofession. Leitprofessionen wird es nicht mehr geben, und man muß sich dann fragen, ob man den Professionsbegriff so weit ausweiten will, daß sich auch Politiker, Werbefachleute, Steuerberater, Kulturschaffende, Ingenieure, Sozialarbeiter und Unternehmensberater darunter subsumieren lassen. Sollte man daher nicht eher mit Nico Stehr (1994; siehe auch Stehr/Grundmann 2001) von Experten- oder Wissensberufen ausgehen, die gleichwohl professionell handeln und professionelle Leistungen erbringen können? Auch die Handlungslogik dieser immer mehr an Einfluß gewinnenden Berufsgruppe ist nicht die einer technisch-instrumentellen Anwendung von wissenschaftlichem Regelwissen, welches wie die aus naturwissenschaftlichen Gesetzen abgeleiteten Technologien verstanden wird. Wie das Wissen der Professionen ist auch das Expertenwissen „interpretationsbedürftiges, kontingentes, fortwährend zu reproduzierendes Wissen (...), das keineswegs unbeirrbar effiziente Lösungen produziert" (Stehr 1994, S. 371). So gesehen sollte deutlich unterschieden werden zwischen der gesellschaftlichen Form Profession, die die Struktur einiger Funktionssysteme in der Gesellschaft markiert (hat), und Professionalität bzw. professionellem Handeln (vgl. Kurtz 1998).

Auf die Leistungsebene bezogen bedeutet das, daß weiterhin unterschieden werden muß zwischen der Leistung von Professionen und der in der professionellen Arbeit über professionelles Handeln erbrachten Leistung. Die Form Profession hatte über ihre klientenbezogenen Leistungen zugleich auch Bedeutung für das Leistungsgefüge mancher gesellschaftlicher Funktionssysteme. Wenn sich heute diese Form Profession und ihr gesellschaftlicher Leistungsbezug aufzulösen beginnt, handeln die klassischen Professionellen wie Ärzte und Anwälte natürlich weiterhin professionell und erbringen professionelle Leistungen für ihre Klienten. Auf der anderen Seite handeln aber immer mehr Berufsgruppen professionell und erbringen professionelle Leistungen. Wichtig ist, und dafür soll der Verweis auf die Soziale Arbeit genügen, daß sie nie zu einer (Leit-)Profession werden, welche die Kommunikations- und Handlungsstruktur eines Funktionssystems dominieren. Die aktuelle Situation läßt sich also durch zwei gegenläufige Tendenzen beschreiben, die sich nur auf den ersten Blick zu widersprechen scheinen: Auf der einen Seite beobachten wir die Auflösung von Leitprofessionen und auf der anderen Seite zugleich einen Bedeutungszuwachs der über professionelles Handeln erbrachten professionellen Leistung.

DIE UNTERSUCHUNG VON PROFESSIONEN UND PROFESSIONELLEM HANDELN

Erika M. Hoerning, Berlin

Kapitel 4: Ärztinnen und Ärzte in der DDR

Vorbemerkung

Ärzte genießen in Ost und West 1991 die höchste Wertschätzung. „Für den angesehensten Beruf in Ost und West treffen drei Kriterien zu: Die Menschen brauchen ihn, das Studium ist schwierig und langwierig, und die Kasse stimmt am Ende auch." (Globus 1991)

Im ersten Teil dieses Beitrages werde ich mich mit der Positionierung der medizinischen Profession in der DDR beschäftigen. Oder anders ausgedrückt: mit der medizinischen Profession zwischen Bildungsbürgertum und neuer Intelligenz auf dem Hintergrund der sozialistischen Umgestaltung des Gesundheitswesens (1 & 2). Im zweiten Teil wird die Frage diskutiert, ob mit biographischen Materialien aus Interviews mit Ärztinnen und Ärzten der DDR das professionelle Feld erschlossen werden kann (3). Im dritten und letzten Teil werde ich die Praxis, Struktureigenschaften der Arbeitsorganisation und des professionellen Habitus von Ärzten und Ärztinnen zeigen (4 & 5).

1. Die DDR, das Bildungsbürgertum, die Intelligenz und die (medizinische) Profession

Das Bildungsbürgertum ist eine soziale Gruppe, die nach ständischen Mustern auf der Basis von Leistungs- und Herrschaftswissen – und davon unterschieden das ‚Heils- und Bildungswissen' –

vergesellschaftet ist. Aufgrund eigener Werte und Verhaltensorientierungen grenzt sie sich ab, jedoch haben diese Werte und Verhaltensorientierungen gesamtgesellschaftliche Bedeutung (vgl. Ernst 1997, S. 12 ff; Lepsius 1992; Kocka 1989). „So entschied auch bei Berufen mit größerer Nähe zum Leistungswissen, gerade etwa beim Arzt ..., nicht die medizinische Berufskompetenz über seine Zugehörigkeit zum Bildungsbürgertum, sondern ‚seine Diskursfähigkeit im Rahmen des jeweils geltenden Bildungswissens'" (Lepsius 1992, S. 10 ff, in Ernst 1997, S. 13). Obwohl die Bedeutung des Bildungsbürgertums Ende des 19. Jahrhunderts abnahm, hielt sich die „ständische Vergesellschaftung als ‚spezifische Art der Lebensführung', als ‚Lebensstil', Bildungsbürgerlichkeit wurde zur ‚Subkultur'." (ibid., S. 14) Ein solches Bildungswissen jedoch kollidierte mit der durch Staat und Partei monopolisierten „Wertsetzungskompetenz" (ibid., S. 15), und so mußte im ‚realen Sozialismus' die alte Bildungselite als Funktionselite neutralisiert und integriert werden.

Wenn es, wie Stojanov (1991) annimmt, bei der Transformation der bürgerlichen in eine sozialistische Gesellschaft darum ging, „aus einer Kritik der bürgerlichen Ideologie eine sozialistische Gesellschaft zu errichten" (S. 39), dann brauchte die neue Gesellschaft auch ihre eigene neue, ‚sozialistische' Intelligenz, denn „(e)inmal konstituiert, (wählt) jede gesellschaftliche Struktur für sich die Personen aus, die sie braucht, um funktionieren zu können, und eliminiert in irgendeiner Form die, die in sie nicht hineinpassen." (Berger 1979, S. 122 in Stojanov 1991, S. 38). Weder für die selbständigen ‚Professionals' noch für die ‚freischwebenden' Intellektuellen der alten bürgerlichen Gesellschaft blieb hier Raum. So wurde auch den ‚Professionen' – als einem ‚bürgerlichen Erbe' – bald nach der Gründung der DDR der Kampf angesagt, denn verwandt mit bildungsbürgerlichen Subkulturen wurden die „Profession(en) als ein Aggregat von Menschen angesehen, welche ihre Identität im Besitz gemeinsamer Wertorientierungen und Fähigkeiten finden..." (Freidson 1975, S. 59). Dadurch entstand ein permanentes Spannungsverhältnis zwi-

schen Partei und ‚professioneller' Intelligenz, das immer wieder an einzelnen
Personen exemplarisch deutlich gemacht wurde (vgl. Müller 1994; Stein 1992).

Die ‚neue sozialistische Intelligenz' sollte ihr Expertenwissen der Arbeiterklasse zur Verfügung stellen und, unter der Anleitung der Partei der Arbeiterklasse, am Aufbau des Sozialismus mitarbeiten. Die der Intelligenz zugewiesene gesellschaftliche Rolle ging jedoch weit über diesen Aspekt der Experten oder – im westlichen Verständnis – des hochqualifizierten ‚Professional' hinaus. Als transitorische Zwischenschicht hatte die Intelligenz bei der Realisierung des Traums von einer wissenschaftlich gesteuerten, das heißt nach den Prinzipien des wissenschaftlichen Sozialismus gestalteten Gesellschaft eine Schlüsselrolle inne. Der Zugang zu Berufspositionen, die Berufsfelder und Laufbahnen und die Arbeitsprodukte der ‚sozialistischen' Intelligenz wurden von Staat und Partei durch Kontrollsysteme im Namen und als Vertreter der sogenannten Arbeiterklasse entworfen, evaluiert, hervorgehoben, ausgezeichnet, kritisiert, umorganisiert, aussortiert (Bierwisch 1990). Die neue sozialistische Intelligenz „... spielte weder in der Phase des ‚Klassenkampfes' noch im Sozialismus eine selbständige Rolle, sondern immer nur die eines – wenn auch wichtigen – Bündnispartners" (Ernst 1997, S. 17; vgl. Kleßmann 1994). Und zu diesem Programm gehörte die Arbeit der entsprechenden Experten aus den akademischen Berufen. Deren Herkunft und deren professionellen Traditionen waren keineswegs Garanten für die Durchsetzung dieses Anspruchs (Bourdieu 1991, S. 37). Die Strukturen der Professionen und der gesellschaftliche Habitus der Professionellen waren in einem Parteistaat, der die ‚ewigen Wahrheiten' produzierte, fehl am Platze.

Betrachtet man die Entwicklungsgeschichte der Professionen, dann sind Professionen Berufe, die einen eigenen theoretischen und methodischen Wissenschaftsbereich haben, der als akademische Disziplin an den Universitäten institutionalisiert bzw. etabliert ist. Die Profession verfügt über ein eigenes Ausbildungssystem und vergibt spezielle Zertifikate oder auch Lizensierungen für den

Beruf. Der Zugang des Nachwuchses wird durch die Professionen geregelt und auch kontrolliert. Sie bearbeiten die speziellen externen Risiken, jedoch dulden sie keine externe Kontrolle durch die Klienten/Laien oder den Staat, sondern sie unterwerfen sich einzig und allein der Qualitätskontrolle durch die Professionskollegen, gemeinsam verpflichtet auf die Professionsethik. Ihre Arbeitsweisen und vor allem ihre Arbeitsteilung entwickeln und institutionalisieren sie selbst. Am Markt verfügen sie über ein Monopol für ihre Dienstleistungen, sie haben einen anerkannten Status als Experten und können darüber auch ihre Ansprüche auf Bezahlung/Honorierung/Vergütung durchsetzen, und nicht zuletzt verfügen sie über Interessenverbände zur Durchsetzung ihrer Ansprüche gegenüber dem Staat, dem Klientel oder anderen gesellschaftlichen Institutionen (vgl. Ernst 1997, S. 21, Fußnote 80: Jarausch 1988, S. 130 ff und 1990, S. 11 ff u.a.).

„Obwohl der Aufstieg der (medizinischen) Profession (...) historisch untrennbar mit der bürgerlichen Gesellschaft verknüpft ist, hatte deren Ende in der frühen DDR keineswegs eine geradlinige ‚Entprofessionalisierung' zur Folge – schon gar nicht im Sinn von Dequalifizierung, wie der Begriff in der Absicht, die ‚Abwicklungen' zu rechtfertigen, ... in Gebrauch kam ... Anders als zu erwarten gewesen wäre, blieb die Ärzteschaft trotz dieser erheblichen Beeinträchtigungen (keine eigenständige ökonomische Interessenvertretung, gelenkte Publikationsmöglichkeiten, Versuche der Abschaffung des Monopols ärztlicher Dienstleistungen und Hierarchisierung der Arbeitsteilung und anderes, E.M.H.) weitgehend stabil. Sie wurde weder deklassiert noch ihre auch im Westen durchaus prekäre Einheit gesprengt." (Ernst 1996, S. 42) Die Transformation der Medizinerprofession von einer bürgerlichen zu einer sozialistischen Berufsgruppe scheiterte an politischen Zugeständnissen, die deshalb gemacht werden mußten, um beispielsweise unmittelbare Kriegsfolgen wie Seuchen, Tuberkulose und Unterernährung zu behandeln, und um die Abwanderungen von Ärzten in die Bundesrepublik in den 1950er Jahren zu verhindern[1].

---

[1] „Der akute Mangel an Ärzten, Zahnärzten und Apothekern beeinträchtigte die volle Ausprägung der Vorzüge des nach 1945 neu geschaffenen Gesundheitswesens. ...

Sie scheiterte aber auch daran, daß Rekrutierung, Ausbildung und Berufsausübung weitgehend in den Händen der Mediziner verblieb. Die politische Strukturierung und Kontrolle der beruflichen Interessenverbände und die forcierte Zunahme von Arbeiter- und Bauernkindern unter den Medizinstudenten war zwar ein ‚Bruch in der Sozialgeschichte der Profession', politisch gerechnet hat es sich nicht. „Die naturwissenschaftlichen, technischen und medizinischen Fächer zeigten einen hohen Grad personeller und ... kognitiver Kontinuität. Nach den Säuberungswellen der Entnazifizierung folgten Ende der vierziger Jahre schnell eine moderate Integrations- und Privilegierungspolitik, die sich weder für die politische Vorgeschichte noch für das gegenwärtige politische Engagement dieser Wissenschaftler interessierte, wenn sich diese nur äußerlich neutral verhielten." (Jessen 1996, S. 92)

Das Prestige des Medizinerberufs hielt sich über die gesamte Zeit der DDR. Der Arztberuf (nicht die Zahnärzte) nahm kontinuierlich die Nummer eins auf der Prestigeskala ein (Belwe 1990). Die medizinische Profession der DDR verlor trotz mehrfacher Eingriffe der DDR-Obrigkeit nie ihren traditionellen Charakter (vgl. Ernst 1996). Die Austrocknung und Aushebelung der niedergelassenen Ärzte in den 1950er Jahren, die Umwandlung der Berufsorganisationen, der Versuch der Einführung von ‚Arzthelfern als Ärzte zweiter Klasse' in den 1950er Jahren, die Gründung medizinischer Akademien 1954, die innerhalb kurzer Zeit ebenso traditionell verfaßt waren wie die medizinischen Fakultäten – alle diese Interventionen berührten die professionellen Strukturen kaum.

Ein Mediziner, der nicht an einem bestimmten Arbeitsplatz oder in exponierter Stellung arbeiten wollte, konnte durchaus auf Parteimitgliedschaft verzichten, ohne daß dies seine Arbeit beeinträchtigt hätte. Die Bestätigung durch Parteigremien wurde erst dann relevant, wenn ‚bestimmte' Dienstpositionen besetzt wur-

---

Verschärft wurde das Problem dadurch, daß sich der BRD-Imperialismus vor allem seit Mitte der 50er Jahre auf die gezielte Abwerbung von Wissenschaftlern, Ärzten, Ingenieuren und Facharbeitern aus der DDR konzentrierte." (Prokop [DDR] 1984, S. 161) So die Interpretation aus der Sicht eines DDR-Historikers.

den. „Der innere Aspekt der Subordination erfolgte durch die sog. Kaderpolitik, der zufolge alle personalpolitischen Entscheidungen bezüglich bestimmter Dienstpositionen durch entsprechende Parteigremien bestätigt werden müssen. ... Die ideologisch-politische Loyalität wird zu einem Gegensatz zu den professionellen Handlungskriterien und zur ausschlaggebenden Voraussetzung für den beruflichen Aufstieg." (Stojanov 1991, S. 38/39)

Der Kontakt zu den westdeutschen Standesorganisationen[2] blieb auch nach der deutschen Teilung und über 1961 hinaus erhalten, zumindest war der ‚Geist' der westdeutschen ärztlichen Standesorganisation bei den Ärzten der DDR nicht unbekannt (vgl. Ernst 1996).

Die berufständischen Vertretungen für die wirtschaftlichen Berufsinteressen der Ärzteschaft wurden in der DDR nicht übernommen. Von der sowjetischen Militärverwaltung (SMAD) wurde als einziger berufsmäßiger Zusammenschluß der Freie Deutsche Gewerkschaftsbund (FDGB) akzeptiert, der auch die Aufgaben der ehemaligen kassenärztlichen Vereinigungen übernehmen sollte. 1948 wurden die Heilberufe in der Gewerkschaft Gesundheitswesen dem FDGB eingegliedert. 1953 wurden dann die Heilberufe nach Beschäftigungsverhältnissen organisiert: die Niedergelassenen und Angestellten in kommunalen Einrichtungen in der Gewerkschaft Gesundheitswesen, Amtsärzte und Mediziner in staatlichen Einrichtungen in der Gewerkschaft Staatliche Ver-

---

[2] Eine Organisation, die die Verbindung Ost und West auf ihre Fahnen geschrieben hatte, war die Stiftung *Ärzte helfen Ärzten*, die 1955 vom *Hartmannbund* mit Unterstützung der *Bundesärztekammer* gegründet wurde. Sie beschäftigte sich nicht mit Niederlassungen oder anderen Arbeitsmarktproblemen ostdeutscher Ärzte, sondern kümmerte sich um abgelehnte Studienbewerber aus Arztfamilien. Sie sammelten Spenden und warben um westdeutsche Arztfamilien, die Arztkinder aus der DDR aufnehmen sollten. Mitte der 1950er Jahre gab es rund 1000 Arztkinder aus der DDR in westdeutschen Arztfamilien, davon waren zwei Drittel Studierende. Bis 1961 wurden 1,3 Mio. Spendengelder verteilt. „Die Ärzte, seit 1959 auch die Zahnärzte, waren ‚der einzige Berufsstand ... der auf diese Weise seine Verbundenheit mit seinen Standesgenossen in Mitteldeutschland beweist'." (Ernst 1997, S. 61 ff, zitiert nach *Ärzte helfen Ärzten* 1959, S. 870).
Einigen (prominenten) geflüchteten Medizinern wurden die Approbation oder Titel von staatlicher Seite aberkannt. Die westdeutschen Standesorganisationen nahmen das nicht zur Kenntnis (Ernst 1997).

waltung, Banken, Versicherungen und die Hochschulmediziner in der Gewerkschaft Wissenschaft, alle unter dem Dach des FDGB. Auch die Sozialversicherung der DDR als Abrechnungsstelle, die in der ersten Hälfte der 1950er Jahre mit dem Vorwurf, sie sei die Fortsetzung der alten Ärztekammern unter Beschuß geriet, wurde schließlich 1956 unter das Dach des FDGB gestellt. Jedoch „(w)irkliche Anerkennung als ‚ihre' Berufsvertretung fand der FDGB bei der Mehrheit der Ärzte nicht. ... Daß 1960 drei Viertel aller Ärzte im FDGB waren, war keineswegs Ausdruck des fortgeschrittenen Standes der Bündnisbeziehungen zwischen Arbeiterklasse und Intelligenz" (Ernst 1997, S. 85), wie es gern von DDR-Historikern interpretiert wurde (Prokop 1984, S. 160). Aus der hohen Mitgliedschaft entstand keine ‚Parteiärzteschaft', und Ämter in Partei und Massenorganisationen wurden von Medizinern kaum übernommen. Die Mitgliedschaft im FDGB war instrumentell, denn der FDGB war Verteiler für Sozialleistungen (Kindergarten-, Krippen- und Ferienplätze usw.).

Das mangelhafte politische Engagement der DDR-Mediziner wurde von den politischen Organen immer wieder kritisiert, aber gleichzeitig von den politischen Organen und auch von der Bevölkerung akzeptiert (Ernst 1996). An erster Stelle stand für die Medizinerinnen und Mediziner, berufliche Qualifikation und Professionsinteressen im Realsozialismus zu wahren oder auch durchzusetzen (Hoerning 1998). Studierende der Medizin galten durchgehend als ‚politische Analphabeten', als ‚Konjunkturritter' oder auch ‚Karrieristen', die sich in der Regel nicht engagierten und politisch auch nicht als zuverlässig galten (zu den Ausnahmen: Müller 1994).

Der Anpassungsdruck an das professionelle Regelwerk, insbesondere beim Eintritt in das klinische Studium und die gezielte Bevorzugung von Akademikerkindern durch die bürgerliche Professorenschaft wurden auch dann nicht geringer, als in die ‚hermetisch geschlossenen Reihen der Hochschullehrer' die Kinder aus anderen Schichten nachrückten, denn zum gleichen Zeitpunkt – in den 1960er Jahren – waren bereits die Studenten aus der Arbeiterklasse im Rückzug begriffen (Lenhardt/Stock 2000).

Darüber hinaus konterkarierten die professionellen Sozialisationsprozeße den erwünschten Erfolg.

„Also die Hoffnung, daß man sozusagen proletarisches oder kernbäuerliches Bewußtsein in die Intelligenz miteinbringen würde, wenn man diese Kinder studieren läßt, hat in den meisten Fällen getrogen. Vor allem im Bereich der Medizin. Also in dem Augenblick, wo ein Arbeiter- oder Bauernkind den Doktor der Medizin gemacht hatte, hat es sich im Prinzip durch nichts mehr unterschieden von einem Kind, das aus der sogenannten bürgerlichen Schicht kam." (1991, Jg. 1930-1998, Leitender Journalist beim Rundfunk, Fernsehen und Dokumentarfilm der DDR, Mitglied der Akademie der Künste der DDR)

Von einer historischen Generationsablösung innerhalb der medizinischen Profession kann aus diesen und anderen Gründen nicht gesprochen werden.

2. Die sozialistische Umgestaltung des Gesundheitswesens

„Tragende Prinzipien der ‚sozialistischen Umgestaltung' der Gesundheitsversorgung waren: ihr staatlicher Charakter, Unentgeltlichkeit und allgemeine Zugänglichkeit, das Primat der Prophylaxe, die Einheit von Vorbeugung, Behandlung und Nachsorge sowie die Steuerung durch eine zentrale Gesundheitsverwaltung." (Ernst 1997, S. 25) Mit der Umgestaltung des Gesundheitswesens der DDR wurde das Krankheits- respektive Gesundheitsverhalten den bürgerlichen Subkulturen entzogen. Allgemeine Hygieneregeln auf der Basis medizinischen Wissens bei der gesamten Bevölkerung durchzusetzen, gehörte ebenso zum Programm, wie die Kontrolle den dafür zuständigen Experten zu übertragen, deren Anweisungen verbindlich waren. Dieser Prozeß der Medikalisierung „ist ein Pendant zur Professionalisierung" (ibid., S. 23). Nicht nur in der DDR verschob sich die ursprüngliche Zentrierung zwischen Arzt und Patient zugunsten einer interaktiven Triangle zwischen Professionals, Klienten und Staat, aber in der DDR kam die Rolle des Staates bei der Ausformung von professionellen Dienstleistungen weit mehr als in westlichen Staaten zur Geltung. Dabei müssen wir in Rechnung stellen, daß hüben wie drüben die Re-Organisation der Professionen nach 1945 unter dem Primat der Besatzungsmächte stand. In der SBZ wurden erstmalig nach sowjetischem Vorbild zur Bekämpfung von Seuchen Ambulatorien als Dienststellen der Gesundheitsämter eingerichtet. Die auftretenden Seuchen wurden zentral erfaßt, die Erkrankten behandelt, die Infektionsquellen weiträumig gesucht; die Betriebe kontrollierten in Absprache mit den Ambulatorien die Nachsorge, und gleichzeitig begann der Neu-Aufbau des Betriebsgesundheitswesens[3]. Durch diese Maßnahmen wurden die Persönlichkeitsrechte der Patienten (freie Arztwahl) unterbunden, und die Autonomie der niedergelassenen Ärzte wurde durch Kontrolle, Zwangsrekrutierung oder Behandlungsverbot eingeschränkt. 1947 kam es dann zur Reorganisation des Gesundheitswesens, nämlich zur Einrichtung eines einheitlichen Systems der Vorsorge, Heilung und Nachsorge, eines Gesundheitssystems, „was nur durch ‚Verstaatlichung' zu verwirklichen sei" (Ibd., S. 28). Öffentliche Gesundheitseinrichtungen, die die Ausbildung eines ‚demokratischen' Nachwuchses in den heilenden Berufen betreiben sollten, kamen auf die Tagesordnung. Außerordentliches und Außeralltägliches mußte aufgebaut werden, und das bedeutete, die Kooperationsbereitschaft der traditionellen Professionen zu mobilisieren. „Im Sommer 1950 kamen zwei neue Varianten der (Intelligenz)Förderung – neben besonderen Lebensmittelkarten und besonderen Forschungsmitteln insbesondere für die Berliner Akademie der Wissenschaften – hinzu: die sogenannten Einzelverträge und die zusätzliche Altersversorgung." (Ibd., S. 46 f) Zunächst nur für Ingenieure, wurden diese Fördermaßnahmen später auch auf die anderen Intelligenzberufe ausgeweitet. Einzelverträge bedeuteten Aushandlung von Spit-

---

[3] Das Betriebsgesundheitswesen war bereits in der Endphase des Nationalsozialismus ausgebaut worden. Der Betriebsarzt war der Facharzt für die betriebliche Prävention, er behandelte keine Patienten, und er bestätigte keine Arbeitsunfähigkeit.

zengehältern, Zugang der Kinder zur höheren Bildung[4], Ferienplätze und vor allen Dingen Zugang zu westlicher Forschungsliteratur und schließlich Rentenaufbesserung. Von den Medizinern wurden diese Verträge „despektierlich als ‚Mastvertrag'" (Ibd., S. 116[5]) bezeichnet. Die umworbenen Vertreter aus verschiedenen bürgerlichen Berufen nutzten die Chancen, die ihnen durch die strukturellen Mängel geboten wurden.

Die zu diesem Zeitpunkt niedergelassenen Ärzte (als freie Berufe) wurden weder enteignet noch verstaatlicht, sondern ihnen wurde das Monopol auf ambulante medizinische Versorgung entzogen; denn Polikliniken[6] und Ambulatorien/Ambulanzen, lokal und auf der betrieblichen Ebene, traten mit den Niedergelassenen in Konkurrenz. Praktisch seit 1949 wurden in der DDR keine Niederlassungsgenehmigungen und auch keine Überschreibungen an Familienangehörige mehr zugelassen, die noch bestehenden Niederlassungen wurden durch mangelhafte Versorgung klein gehalten. Staatlich zugelassene Praxen hatten erst dann wieder eine Existenzberechtigung, wenn ein Gebiet nicht ausreichend mit ärztlicher Dienstleistung versorgt war. In der Regel mußten die

---

[4] 1957 wurden die Bewerbungen von Arztkindern von Einzelvertragsinhabern zu 87 Prozent positiv entschieden. Ablehnungsgründe waren ungenügende Leistungen, mangelnde politische Arbeit oder Studium der Geschwister im Westen. 1958/59 wurden nur noch 10 Prozent der Medizinerkinder abgewiesen. In den 1960er Jahren wurde dann ausschließlich nach schulischen Leistungen entschieden, und das hatte dann wiederum ‚Statusvererbung' und soziale Ungleichheit zur Folge (vgl. Ernst 1997, S. 107 ff).

[5] 20 Prozent aller Mediziner außerhalb der Hochschule verfügten Mitte der 1950er Jahre über einen Einzelvertrag, in anderen Intelligenzberufen waren es nur 10 Prozent. Bei den medizinischen Hochschulprofessoren hatten 86 Prozent einen Einzelvertrag, gefolgt von 64 Prozent bei den technischen und naturwissenschaftlichen Disziplinen (vgl. ibid., S. 116/117).

[6] Polikliniken waren den Universitäten angegliederte Institutionen, die Behandlungs- und Ausbildungsfunktionen übernahmen. Erst als nach dem Ersten Weltkrieg die mit Fachärzten ausgestatteten, von den Krankenkassen begründeten Polikliniken ihre Arbeit aufnahmen, wurde das Behandlungsmonopol der niedergelassenen Ärzte – der freien Berufe – gefährdet. Polikliniken und Ambulatorien wurden in Westdeutschland nach dem Zweiten Weltkrieg nicht mehr in Erwägung gezogen. Anders in der DDR, die nach dem KPD-Konzept von 1933 alle Einrichtungen des Gesundheitswesens verstaatlichte.

Bewerber um eine Niederlassung nebenberuflich in öffentlichen Einrichtungen arbeiten.

Tabelle 1 : Staatliche Einrichtungen der DDR zur ambulanten Gesundheitsversorgung, 1950 - 1989

Jahr	Poli kliniken	Ambu- latorien	Ambu- lanzen	Staatliche Praxen: Ärzte	Staatliche Praxen: Zahnärzte
1950	184	575	-	-	-
1955	369	720	487	-	-
1960	399	766	1388	298	156
1965	412	855	868	787	485
1975	522	929	1075	1606	946
1989	626	1020	-	1635	917

Quelle: Statistisches Jahrbuch der DDR 1990, S. 373 in: Ernst 1997, S. 31. Nicht berücksichtigt sind in dieser Aufstellung 1300 Schwesternsanitätsstellen und 5500 Gemeindeschwesterstationen (vgl. Arnold/Schirmer 1990, S. 93)

Das Niederlassungsverbot wurde im Dezember 1960 aufgehoben, um weitere Fluchtwellen, wie die von 1953 und 1956/57, zu unterbinden[7]. Neben der herausragenden Versorgung der Intelligenz wurden die Mediziner von den „allgemeinen und gesinnungsmä-

---

[7] Bis 1961 verließen annähernd 7500 Ärzte und 1500 Zahnärzte die DDR, was zu einer erheblichen medizinischen Unterversorgung, insbesondere in ländlichen Gebieten, führte. Auch waren es nicht die Älteren, sondern die 30- bis 40-Jährigen, die die DDR verließen. „Ausgerechnet als sich die forcierten Bildungsanstrengungen in der zweiten Hälfte der 50er Jahre in wachsenden Absolventenzahlen niederzuschlagen begannen, setzte die große Fluchtwelle ein. Nach dem ‚Erfolgsjahr' 1957, in dem rechnerisch nur ein gutes Viertel der Jungärzte zur Besetzung von durch ‚Republikflucht' verwaister Stellen eingesetzt werden mußte, verließen 1958 schon wieder mehr approbierte Ärzte die DDR als examinierte Studenten die Hochschulen." (Ernst 1997, S. 57)

ßigen Zumutungen ausgenommen" (Ernst 1997, S. 50). 1960 billigte man den Ärzten zu, daß die gesundheitliche Versorgung der Bevölkerung ihre wichtigste Aufgabe sei und sie deshalb von politischen und gesellschaftlichen Verpflichtungen weitgehend freigestellt wurden.

Der überwiegende Teil der Ärztinnen und Ärzte war in staatlichen Gesundheitseinrichtungen angestellt. Ca. 80 Prozent der Ärzte arbeitete im örtlichen Gesundheitswesen und 12 Prozent an Universitäten und Hochschulen. Daneben gab es Ärzte in konfessionellen Krankenhäusern, in Sport- oder verkehrsmedizinischen Diensten, bei den bewaffneten Organen und die WISMUT[8]-Ärzte. Nach den Ergebnissen der Volkszählung der DDR 1981 waren von 9.080.246 Beschäftigten 338.040 (3,7 Prozent) im Gesundheitswesen der DDR beschäftigt.

Elf Milliarden Mark wurden 1988 für Betreuungskosten im Gesundheitswesen aufgewandt, und im Schnitt wurden 92.000 Mark für einen ärztlichen Arbeitsplatz in den Polikliniken ausgegeben. 1989 kam auf 800 Einwohner ein Arzt (Arnold/Schirmer 1990, S. 87).

Nach der Vereinigung 1990 eröffnete die verfaßte westdeutsche Medizinerschaft keine Diskussion über die ‚Anerkennung der Ausbildungsabschlüsse', auch wurde im Einigungsvertrag die poli-

---

[8] Die WISMUT (SDAG/SAG) war ein sowjetisch-deutsches Unternehmen zur Gewinnung von Uranerzen in der DDR und bestand von 1954 bis 1990. 1946 wurde der Uranbergbau von der sowjetischen Besatzungsmacht begonnen und bis 1954 unter Besatzungsrecht gestellt. „Die mit Reparationsforderungen begründete Ausbeutung von Bodenschätzen und die dazu vorgenommenen Enteignungen geschahen auf der Grundlage von Befehlen, die die SMA-Land Sachsen im Mai 1947 erließ. Daraufhin wurde im selben Jahr eine ‚sowjetische Aktiengesellschaft Wismut' gegründet, die unter den SAG eine Sonderstellung einnahm, weil sie nicht der Verwaltung sowjetischer Vermögen in Deutschland unterstand." (Herbst/Ranke/Winkler 1994, S. 1167 ff) Von 1946 bis 1990 wurden rd. 220.000 Tonnen Uran an die Sowjetunion geliefert. Bis 1987 wurde die WISMUT von sowjetischen Generaldirektoren geleitet. Die WISMUT war keinem Ministerium der DDR unterstellt. Bis zu 80.000 Bergleute arbeiteten in den 1950er Jahren dort, die einem besonderen Gesundheitsrisiko ausgesetzt waren (vgl. ibid., S. 1167-1170).

Tabelle 2 : Beschäftigte im Gesundheitswesen der DDR – Ergebnisse der Volkszählung 1981

	absolut	in Prozent
Von 338.040 Beschäftigten im Gesundheitswesen waren:		
Pflege- und medizinisches Fachpersonal ohne Hochschulabschluß[9]	288.986	85,5
MedizinerInnen mit Hochschulabschluß	49.054	14,5
von 49.054 Medizinern waren:		
Ärzte	19.629	50,1
Ärztinnen	19.519	49,9
Zahnärzte	4.273	43,1
Zahnärztinnen	5.633	56,9

Quelle: Köhler / Rochow / Schulze (2001): Bildungsstatistische Ergebnisse der Volkszählungen der DDR 1950 bis 1981. Dokumentation der Auswertungstabellen und Analysen zur Bildungsentwicklung. (Studien und Berichte. 69). Berlin: Max-Planck-Institut für Bildungsforschung.

tische Entscheidung, die Polikliniken zu schließen, nicht festgeschrieben, obwohl das Datum Dezember 1995 als Schließungsdatum im professionellen Alltag der Mediziner verbreitet war. „Insbesondere ist das Datum ‚1995' vielfach als definitives Enddatum (für die ambulante medizinische Versorgung der ehemaligen DDR, E.M.H.) verstanden worden – eine Bewertung, die auch

---

[9] „Seit einigen Jahren besteht die Möglichkeit, einen Hochschulabschluß und ein Diplom auf dem Gebiet der Krankenpflege zu erwerben. Diplom-Krankenschwestern sollen vor allem als Oberin in den großen Krankenhäusern und anderen Gesundheitseinrichtungen tätig sein. Sie können grundsätzlich auch zum Dr. med. promovieren, was bei vielen Ärzten auf Unverständnis und Widerstand stößt." (Arnold/Schirmer 1990, S. 87).

durch die westdeutschen Standespolitiker und Teile der westdeutschen Politik genährt worden ist. Diese haben gleichzeitig auch – unter Verweis auf die Gleichung ‚Poliklinik = Sozialismus' – zu verstehen gegeben, daß ein Verbleib in der Poliklinik letztlich illegitim sei." (Wasem 1992, S. 35[10]) Die noch 1990 vorhandenen Ideen der „Integration von Elementen des ost- und westdeutschen Gesundheitssystems, insbesondere der Erhalt der Polikliniken" galten schon bald als nicht realisierbar. „Da sie (die Reformgruppen, E.M.H.) ihre Verbandsarbeit nicht aus eigener Kraft schnell genug professionalisieren und den neuen Umständen anpassen konnten, die westdeutschen Ärzteorganisationen aber strikt die Kooperation mit jenen verweigerten, die Alternativen zum westdeutschen Modell auch nur in Erwägung zogen, blieb als Möglichkeit einer effektiven berufsständischen Interessenvertretung letztlich nur der Beitritt zu einem der westdeutschen Verbände, die in Ostdeutschland frühzeitig (mit Unterstützung der pharmazeutischen und medizintechnischen Industrie, E.M.H.) ihre Dependancen eröffnet hatten und mit zahlreichen Dienstleistungen, vor allem in Form von Beratung und Information lockten. ... Ende 1991 arbeitete keine einzige der ostdeutschen Gründungen aus der ‚Wendezeit' mehr." (Ernst 1997, S. 89)

33,1 Prozent der niedergelassenen Allgemeinmediziner und 22,4 Prozent der Fachärzte waren 1990 in der alten Bundesrepublik weiblich. 1998 war der Anteil der weiblichen Allgemeinmediziner auf 48,5 Prozent und der Fachärztinnen auf 43,1 Prozent gestiegen (vgl. Statistisches Bundesamt 2001). Die medizinische Profession ist durch die Vereinigung ‚weiblicher' geworden.

---

[10] Vgl. dazu Pforringer (1990): Polikliniken sind sozialistische Mißgeburten. In: Neue Ärztliche, 13. Dezember und auch Thomas (1990): Nein zum Fortbestand der Polikliniken nach 1995. Ärzte-Zeitung, 13. Dezember, in Wasem 1992, S. 35.

3. Biographische Materialien und das professionelle Feld

Sind biographische Interviews dazu geeignet, ein Professionsfeld zu erschließen, oder müssen nicht qualitative und quantitative Verfahren, zum Beispiel der ‚Prosopographie', kombiniert werden, um ‚kollektive Biographien' rekonstruieren zu können, schon um damit mehr oder minder zufällige und systematische Verzerrungen auszugleichen und um die „Norm im Sozialprofil und in den Karrieremustern von Gruppen zu bestimmen, von der aus die tatsächliche Repräsentativität beobachteter Einzelbiographien zu beurteilen ist" (Ernst 1999, S. 50). Der qualitativen Forschung, hier der Biographieforschung, geht es nicht um statistische Repräsentativität (eingeschlossen aller Schwierigkeiten von Zufallsstichproben als Struktur der Gesamtheit), sondern um das ‚Typische'. Das bedeutet eine Entscheidung gegen den Zufall zu Gunsten einer theoretisch-systematischen Auswahl. „Generalisierung soll durch typische Fälle und nicht durch viele zufällige Fälle ermöglicht werden; (es handelt sich um) Typenbildung im Sinne der Repräsentanz (nicht Repräsentativität im statistischen Sinne)." (Lamnek 1988, S. 176)

Untersucht werden sollen die biographischen Ressourcen als kulturelles Kapital, denn sie sind die dem Habitus innewohnenden ‚gleichermaßen gültigen Dispositionen' einer strukturierenden und einer strukturierten (geschichteten) Struktur, jedoch ist „(d)er Habitus ... nicht nur das Produkt der Geschichte, er ist auch in einem sehr wortwörtlichen Sinne ‚inkorporierte', verinnerlichte Geschichte. Es gibt zwei Formen, sagt Bourdieu, in denen sich Geschichte objektiviert, die Objektivierung in den Institutionen und die Objektivierung im menschlichen Organismus, eben: als Habitus." (Bourdieu 1980, S. 95; Krais 1987, S. 51) Die Rekonstruktion der Struktur biographischer Ressourcen objektiviert Lebensgeschichte als Geschichte und zeichnet das Bild des individuellen Habitus als Produkt der Struktur.

Den Professionalisierungsverlauf mit biographischen Materialien zu analysieren bedeutet, die hinter dem ‚Fall' liegenden sozialen Strukturen herauszufiltern, und dabei immer vor Augen zu haben, was der Psychoanalytiker George Vaillant (2000) folgendermaßen ausdrückt: „Bedingungen formen Menschen, und Menschen formen Bedingungen." (Ibd., S. 92) Professionssoziologische theoretische und methodische Vorbilder für ein solches Vorgehen sind die 1961 von Howard Becker u.a. veröffentlichte Studie „Boys in White" (teilnehmende Beobachtung und unstrukturierte Gespräche), aber auch die Studie von Mirra Komarowsky (1940/1973) über das arbeitslose Familienoberhaupt (Triangulation der Perspektiven), die von Bourdieu (1985) vorgelegte Studie über die Richter, aber auch neuere Arbeiten wie die von Ulrike Nagel (1997) von der Verberuflichung der Sozialarbeit zum Professionalisierungsprojekt der „engagierten Rollendistanz", ebenso wie die Studie von Ursula Streckeisen (2001), die mit Hilfe einer analytischen Exploration (teilnehmende Beobachtung und Gespräche mit Schwestern und Ärzten) die klinische Sterbebetreuung zwischen Tradition und Verwissenschaftlichung untersuchte. Zwischen journalistischer Profession und geschichtlichen Strukturen bewegen sich die Oral History Studie von Nori Möding und Alexander von Plato (1989; Möding 1995) und die histiographischen Arbeiten von Peter Hoff (1990, 1995). Die deutsch-amerikanische Juraprofessorin Inga Markovits (1993) berichtet mit Hilfe von Zeitzeugengesprächen mit Richtern, Staatsanwälten, Rechtswissenschaftlern und anderen über die Normalität und das Alltägliche, aber auch das Ende der DDR-Justiz.

Wie die professionellen Strukturen durch die biographische Erzählung zum Leben erweckt werden, zeigen die von Sabine Ernst (1997) im Anhang ihrer Studie über Ärzte und medizinische Hochschullehrer der DDR 1949-1961 veröffentlichten medizinisch-politischen Profile von Medizinordinarien der DDR, die am Aufbau der medizinischen Fakultäten der DDR beteiligt waren. Verwendet wurden dafür Autobiographien, Interviews, Festtagsreden, Sitzungsprotokolle, aber auch kritische Würdigungen (Ibd., S. 345-390). Publizierte Gespräche mit Ärzten „Zwischen Hippokrates und Lenin" (Müller 1994), mit einem Vorwort des Präsidenten der Bundesärztekammer, oder auch der von Rosemarie

Stein (1992) publizierte Gesprächsband über Ärzte in der Charité in den Jahren 1945-1992 wollen zeigen, daß die Professionsethik immer den Vorrang vor politischen Interventionen hatte. Zwischen Profession und (humanistischer) Persönlichkeit bewegt sich die in der DDR veröffentliche Protokolliteratur, die in der Akademiereihe *Spectrum* über ‚berühmte' Wissenschaftler erschien (Buhr/Kröber 1985; Klare 1986).

In diesem Beitrag werde ich mich auf die Ärztinnen und Ärzte konzentrieren, die außerhalb der Hochschulen und medizinischen Akademien in Versorgungskrankenhäusern, Polikliniken, Ambulatorien, in (betrieblichen) Ambulanzen oder in staatlichen Praxen gearbeitet haben, denn an diesen Arbeitsplätzen wird ein professionspolitisches Strukturproblem der Praktiker deutlich, das Budde (1997, S. 195) „Feminisierung und Deprofessionalisierung" nennt. Auf dieses werde ich weiter unten eingehen. Daß in den weiblichen Karrieren die Familie mehr als in männlichen Karrieren eine Rolle spielte, ist kein Geheimnis. Familienfreundliche Arbeitsorte erleichterten den Frauen die volle Berufstätigkeit, nicht jedoch eine berufliche Karriere.

Mit einer eher ‚schlichten' Forschungsfrage: „Wie hat die Intelligenz der DDR (zum Beispiel Mediziner, Kulturschaffende, Gesellschaftswissenschaftler und andere) in der DDR gelebt, und wie werden biographische Umbrüche im Zeitablauf bewältigt?" wurde 1991 eine qualitative Studie mit Personen aus der Intelligenz der Jahrgänge 1919 bis 1960 begonnen, und bis 1994 wurden weitere narrative Interviews/Expertengespräche mit diesem Personenkreis durchgeführt. In diesen Gesprächen wurde über den beruflichen Werdegang, über die Arbeitssituation, aber auch über die Familie und Freunde gesprochen. Angehörige unterschiedlicher akademischer Berufe, 12 Frauen und 19 Männer, nahmen an dieser Studie teil. Davon hatten sieben Personen eine bürgerliche Herkunft, 24 waren Aufsteiger aus dem Kleinbürgertum oder der Arbeiterklasse in die ‚neue Intelligenz'.

Für diese Studie wurden ein Hochschullehrer der Medizin, zwei Medizinerinnen, zwei Mediziner und ein Apotheker zwischen 1991 und 1994 mehrfach interviewt. Der Allgemeinmediziner (Jg. 1944), die Allgemeinmedizinerin (Jg. 1955) und der Apotheker (Jg. 1944) stammen aus bürgerlichen, zum Teil konfessionellen Elternhäusern, die Eltern der Krebsspezialistin (Jg. 1950) gehören zur ‚neuen Intelligenz', die Eltern des 1957 geborenen Neurologen sind der ‚neuen Intelligenz' und dem kirchlichen Milieu zuzurechnen. Der 1935 geborene medizinische Hochschullehrer und Klinikdirektor kommt aus der Arbeiterklasse und ist ein international anerkannter Forscher. Er wurde 1994 aus allen Ämtern entlassen. Die Krebsspezialistin arbeitete als Oberärztin im Versorgungskrankenhaus eines Forschungszentrums / Universitätsklinikums. Der Allgemeinmediziner (Jg. 1944) und die 1955 geborene Allgemeinmedizinerin haben sich niedergelassen. Der Apotheker aus bürgerlichem Elternhaus hat eine eigene Apotheke in einem Vorort von Berlin. Der 1957 geborene angestellte Neurologe hat sich 1996 als ‚Landarzt' außerhalb von Berlin niedergelassen.

Ärztinnen und Ärzte, die nach der Wende weiter in Krankenhäusern und Kliniken arbeiteten, hatten häufig ihr Fachgebiet geringfügig verändert und/oder ausgebaut und neue Arbeitsverträge abgeschlossen. Sie konnten ihre erreichte berufliche Position halten, beispielsweise gab es keine Degradierung vom Oberarzt zum Stationsarzt. Auffällig ist auch, daß es in den Interviews keine Hinweise und Erzählungen über negative, arrogante, eingebildete West-KollegInnen gibt, mit denen sie nach der Wende zusammenarbeiten. Der heutige Arbeitsablauf findet wie eh und je in den professionellen Hierarchien auf der Basis des kollegialen Prinzips statt Diese Hierarchien gereichen häufiger Frauen zum Nachtei, was jedoch in der Vergangenheit nicht thematisiert wurde und auch für die heutige Arbeitssituation akzeptiert beziehungsweise nicht thematisiert wird.

4. Ärztinnen und Ärzte in der DDR

Der Generationswechsel von der alten zur neuen medizinischen Intelligenz, die beabsichtigte Entbürgerlichung des Medizinerstandes, hatte bis zum Ende der 1950er Jahre und auch später nicht stattgefunden. Verhindert wurde der Generationswechsel durch Zugeständnisse an diese Berufsgruppe (siehe weiter oben). Die Ausbildung von Fachkräften durch kurzfristige Bildungsmaßnahmen in den 1950er Jahren stieß an praktische Grenzen, denn „(a)nders als der Neulehrer (oder auch Jurist, E.M.H.) war ein im Schnellgang ausgebildeter ‚Neuchirurg' kaum denkbar" (Ernst 1997, S. 27). Die seit 1959 einsetzende allgemeine ‚Selbstrekrutierung' der Intelligenz, der allgemeine Rückgang von Arbeiter- und Bauernkindern an den Hochschulen der DDR, begann bei den Medizinern schon früher. Hinzu kamen Fluchtbewegungen und nicht ausreichende Absolventenzahlen, um diese Lücken zu schließen[11]. Die Altersstruktur der beschäftigten Mediziner hatte ebenfalls Auswirkungen. Im Jahre 1957 hatte rund ein Drittel der berufstätigen Mediziner ihr Studium noch während der Weimarer Republik abgeschlossen, rund ein Viertel hatte seine Ausbildung im NS erhalten. Erst seit Mitte der 60er Jahre überwogen dann jene, die nach 1945 studiert hatten. Bei den Zahnärzten war indes auch 1964 noch kein Generationswechsel absehbar." (Ernst 1997, S. 99) 1957 waren zehn Prozent der berufstätigen Ärzte über 65 Jahre alt, bei den Niedergelassenen betrug der Anteil 25 Prozent (vgl. Ibd., S. 99). Die Altersstruktur und davon abgeleitet, zu welchem Zeitpunkt die Mediziner ihre Ausbildung erhalten hatten, hatte für die Ausbildung und die Organisation der professionellen Berufsausübung unter anderem die professionelle Selbstregelung (Autonomie), die professionelle Verantwortung und nicht zuletzt die gesellschaftliche Verantwortung Konsequenzen (Freidson 1979, professionelle Sozialisation).

---

[11] Mitte der 1950er Jahre wurde die DDR in den ‚Rat für gegenseitige Wirtschaftshilfe' (RGW) aufgenommen. Abgeschlossene Gesundheitsabkommen ließen es zu, aus sozialistischen Ländern Ärzte für die DDR zu gewinnen. Zwischen 1955 und 1961 wurden rund 300 osteuropäische Ärzte in die DDR delegiert. Die Aufenthaltsdauer war ein Jahr, Verlängerungen waren nur schwer durchsetzbar, denn im Vergleich zu ihren Heimatländern lebten die Ärzte in der DDR unter ausgezeichneten Bedingungen, an die sie sich gar nicht erst gewöhnen sollten. Auch konnte die latente Drohung, die DDR-Ärzte nach dem Muster der ‚Volksdemokratien' zu degradieren, fluchtauslösend wirken (vgl. Ernst 1997, S. 69 ff).

Wie sich das in den Berufsbiographien der Mediziner niedergeschlagen hat, soll am Beispiel des Allgemeinmediziners (Jg. 1944), der bis 1989 Chef einer Poliklinik war und sich heute niedergelassen hat und an der Karriere der Fachärztin für Onkologie und Hämathologie (Jg. 1950), die vor 1989 an einer Universitätsklinik, dann an einem Krankenhaus als leitende Ärztin tätig war und heute als Oberärztin in einem Versorgungskrankenhaus einer universitären Forschungseinrichtung arbeitet, gezeigt werden.

4.1 Der Arzt

Der ostdeutsche Allgemeinmediziner, *Justus Lohmann,* wurde 1942 als Sohn eines Allgemeinmediziners geboren.

Den Übergang in die erweiterte Oberschule (EOS), 1958, schildert der Allgemeinmediziner *Justus Lohmann* als außerordentlich beschwerlich. Er referiert das verbreitete Muster, daß Angehörigen und Kindern der ‚bürgerlichen Intelligenz' der Zugang zu weiterführenden Schulen erschwert wurde. Gleichzeitig hebt er hervor, daß sein Vater in dieser Frage die ‚höchsten' staatlichen Autoritäten bemühte. Als 1961 die Mauer gebaut und der allgemeine Wehrdienst eingeführt wurde, verweigert *Justus Lohmann* den Ehrendienst, sein Studienantrag wird von der Schulleitung nicht ‚rechtzeitig' bearbeitet, und er kann nicht, wie erwartet, 1962 mit dem Medizinstudium beginnen. Mit Hilfe der ‚Verbindungen' seines Vaters erhält er an einem nahegelegenen Klinikum einen Ausbildungsplatz als Krankenpfleger und wird nach Abschluß der Ausbildung 1964 zum Studium der Medizin delegiert (Gespräch 1991).

Justus Lohmann schildert seinen Vater als jemand, der praktisch in seinem Beruf aufgegangen ist, und im gleichen Atemzug verweist er auf eine bildungsbürgerliche Dimension, nämlich das Hobby seines Vaters, der leidenschaftlich gerne Klavier spielte. *Justus Lohmann* spielt während der gesamten DDR-Zeit in einer Jazzband. Wie sein Vater widerstand auch er der Übersiedlung, nicht weil er damit seine politische Loyalität ausdrücken wollte, sondern weil es vom professionellen Standpunkt der Anstand erfordert, Patienten nicht zu verlassen und weil er durch die Familie ‚ortsgebunden' war.

Die professionelle Berufsausübung und die professionelle Verantwortung sind dominant in den Ausführungen von *Justus Lohmann*. Die Poliklinik, in der er arbeitetet, funktioniert wie eine ‚Landarztpraxis',

> „das ist so eine Art Urwaldmedizin. Es war sehr aufreibend, unwahrscheinlich sehr die Kräfte aufreibend. Was ein sehr großer Vorteil ist, daß wir also doch sehr im klinischen Blick und in unserer Fünf-Sinne-Diagnostik geschult wurden. Das Empfinden, kein Labor im Hintergrund zu haben, ist für manch einen Kollegen ein Alptraum. Man muß sich natürlich ganz auf seine klinischen Fähigkeiten verlassen können. Das wurde in dieser Zeit doch sehr geschult. Für eine gewisse Zeit ist es sehr nützlich, man sollte es aber doch nicht ständig tun. Es gehört eben zu einer modernen Medizin, daß man auch ein paar Laborwerte haben muß, um etwas tiefer schürfen zu können. Also die Fünf-Sinne-Diagnostik ist nicht ständig durchführbar, aber ich meine, daß es zur Ausbildung des Mediziners mit gehört, so eigenständig arbeiten zu können, daß man die Verantwortung dann auf sich nehmen kann. Man muß lernen, frei zu entscheiden, auch wenn man eine Risikoentscheidung treffen muß." (Gespräch 1991)

Seine Tätigkeit läßt ihm nur wenig Zeit für ärztliche Fortbildungsveranstaltungen, die er in den Jahren 1976 bis 1990 selten besuchen kann, denn er

> „... war weite Strecken in diesem Ort ganz allein tätig. ... Manchmal ein dreiviertel Jahr, dann mal ein halbes Jahr. Ich konnte also wenig Weiterbildungen ... besuchen, die über zwei bis drei Tage liefen und an einem anderen Ort waren. ... Man mußte da sein, und wenn hier über zwei oder drei Tage ein Arzt nicht in einer 10.000-Seelen-Gemeinde ist, da bricht schon so einiges zusammen. Das ist dann schon ganz schön kriminell, wenn keiner da ist." (Gespräch 1991)

Er nennt vier Strukturprobleme, die dem professionellen Selbstverständnis und dem medizinischen Alltag sehr zu schaffen gemacht haben. Das war erstens der hohe Anteil von jungen Frauen im Medizinerberuf:

> „In den Jahren, als ich studiert habe (1964 bis 1970), hat man ein Verhältnis gehabt von Männern zu Frauen von eins zu zwei. Ich will nicht gerade sagen, es ist ein Fehler gewesen, aber es war doch vielleicht etwas unklug. ... Die Frauen heirateten und dann hatten sie das Babyjahr und fielen erst einmal in dieser Zeit ein Jahr aus. Das war ein ganz wesentlicher Grund, daß wir einerseits eine große Zahl von Ärzten hatten, aber ein nicht geringer Teil aus den genannten Gründen nicht verfügbar war. Ich habe das hier in der Umgebung oft genug miterlebt, die Kollegin, die stand zwar auf dem Papier, aber sie war nicht da, ob das nun eine Ärztin oder eine Zahnärztin war, das spielt keine Rolle." (Gespräch 1991)

Zweitens: die Ärzteballung in den großen Städten:

> „Das zweite Problem war, wir hatten eine Ärzteballung in Großstädten, in großen Krankenhäusern, wenn ich so an die Charité denke, wo auf einer Station mit 20 oder 30 Betten sich vier oder fünf Ärzte herumtrieben, die also hauptamtlich tätig waren." (Gespräch 1991)

Drittens: die Abwanderung von Ärzten in die Verwaltung:

> „Außerdem ist ein großer Teil Ärzte in die Verwaltung gegangen. In unserem Kreis hatten wir vier oder fünf Kreisärzte in der Verwaltung, die alle möglichen Funktionen hatten: Kreishygienearzt, Kreisdiabetologe, Kreisneurologe .... Die hatten also nur einen Halbtagsjob als Fachmediziner, und der andere halbe Tag wurde dann mit irgendwelchen Verwaltungsarbeiten ausgefüllt." (Gespräch 1991)

Und viertens: die Abwanderung der Ärzte nach der Unterzeichnung der KSZE-Schlußakte 1975 aus der DDR.

Die Fluktuation der Ärzte in den Polikliniken, sei es durch krankheitsbedingte, sozialgesetzliche Gründe oder durch Abwanderungen, hatten seiner Meinung nach auch Auswirkungen auf das Arzt-Patienten-Verhältnis. Die mangelnde Motivation und innere Verpflichtung von Kollegen und Kolleginnen hätten weitgehend die individuelle Betreuung der Patienten beeinträchtigt.

„Wir müssen folgendes sehen: Wenn es sich um große Einrichtungen handelt, mit zehn bis 15 Ärzten der verschiedenen Fachrichtungen, dann waren diese oftmals überbesetzt. In Oranienburg (war) eine große Poliklinik, in der es acht Zahnärzte gab. Diese acht Zahnärzte hatten aber nur sechs oder sieben Stühle, was zur Folge hatte, daß nicht ein bis zwei Ärzte herumstanden, sondern immer jemand fehlte. Was weiter zur Folge hatte, daß wenn jemand bei einem Zahnarzt in Behandlung war und das nächste Mal kam, dann irgendein anderer Zahnarzt dort angetroffen wurde. Und beim dritten Mal hatte die Kollegin dann gerade Haushaltstag. Die individuelle Betreuung ... war in der medizinischen Versorgung nicht so hundertprozentig. ... Es passierte in unseren kleinen Praxen nie, entweder war man da oder man war nicht da. Wenn man nicht da war, dann war kein Vertreter da. Das führte auch zur inneren Verpflichtung, präsent zu sein. Je größer eine Poliklinik war, je mehr Ärzte da waren, desto weniger ist die Motivation zur inneren Verpflichtung vom Arzt her gegeben, denn er weiß, es ist bei jedem Termin ein anderer Arzt da." (Gespräch 1991)

Ich möchte jetzt noch einmal auf die eingangs genannte Dimension des bildungsbürgerlichen Habitus des Vaters – das Klavierspiel – zurückkommen. Zunächst wird das Klavierspiel des Vaters scheinbar nebenbei erwähnt, jedoch für die kulturelle Lebensgestaltung des Sohnes spielt Musik eine ebenso große Rolle. Während es dem Vater quasi als kompensatorische Beschäftigung zum Arztberuf zugeschrieben wird, begreift der Sohn die Beschäftigung als alternative Lebenswelt.

„Es ist fast eigenartig, meine politische Beteiligung 1989 war eigentlich nicht im Anfang auf meinem medizinischen Sektor, sondern in der Musik. Ich fahre eine zweite Schiene, denn ich habe jahrelang Musik gemacht und bin dann in einer Musikgruppe gewesen, die durch die ganze DDR gereist ist. Es ist immer schwierig, das mit dem Beruf in Einklang zu bringen, aber wir haben es dann irgendwie doch geschafft. Wir haben Jazzmusik gemacht. Das war eine Blues-Band, sie gibt es eigentlich immer noch. In der Eigenschaft als Musiker haben wir in den letzten Jahren sehr viel mit Profis zu tun gehabt und haben uns dort der Resolution im Herbst 1989 angeschlossen, die die Musiker damals verfaßt haben. Toni Krahl[12] und andere haben diese Resolution entworfen. Die haben also einen Brief verfaßt, einen offenen Brief, in dem sich die Künstler der DDR besorgt über die Entwicklung unseres Landes geäußert haben und forderten, daß die Partei abtritt." (1991)

Als sich die Protestbewegung der Musiker im Herbst 1989 über das ganze Land verbreitet und er die Erfahrung macht, daß man die staatlichen Aufsichtspersonen auch in die Knie zwingen kann, greifen diese Erfolgserlebnisse auch auf seinen ärztlichen Beruf über, und im Oktober 1989 verfassen die Ärzte in seiner Poliklinik und Ärzte anderer Polikliniken einen Brief an den Vorsitzenden des Staatsrats mit den Forderungen: Einrichtung eines unabhängigen Ärzteverbandes, einer Interessenvertretung und Zugriff zu allen Medikamenten, so wie sie in Regierungskrankenhäusern zur Verfügung standen.

Justus Lohmann übt Kritik an Verletzungen professionskultureller Selbstverständlichkeiten (zum Beispiel der Dienstgesinnung als Bestandteil der professionellen Ideologie, nicht aber als Charakteristika des individuellen und/oder kollektiven profes-

---

[12] Toni Krahl, Jg. 1949, Rockmusiker, Sänger, Komponist (auch Filmmusik), ab Ende 1988 Vorsitzender der Sektion Rockmusik beim Komitee für Unterhaltungskunst; „1989 Mitinitiator der Resolution der Rockmusiker und Liedermacher vom 18. 9. (1989), ‚Konzert gegen Gewalt' am 15. 10. (1989) in der Berliner Erlöserkirche (gegen Übergriffe der Sicherheitskräfte bei den Demonstrationen am 7. und 8. Oktober [1989]), Konzert ‚Hierbleiber für Hierbleiber' am 25. 10. (1989) im Haus der Jungen Talente Berlin; 1990 Vorsitzender des Verbands Musik-Szene e.V., Mai 1990 mit F. Puppe Gründung der ersten unabhängigen DDR-Schallplattenfirma KPM-Records." (Cerny et al. 1992, S. 252/253)

sionellen Verhaltens; Freidson 1994), nämlich dann, wenn die ‚Sozialform des ganzen Hauses' (Bollinger/Hohl 1981, S. 447 f) durch kollegiale Abwesenheit, Vernachlässigung des Arzt-Patienten-Verhältnisses, das Verlassen von Patienten durch Flucht beeinträchtigt oder wenn professionelle Karrieren mit dem Rückenwind der Partei durchgesetzt wurden, insbesondere, wenn fehlendes wissenschaftliches Kapital durch politisches Kapital ersetzt wurde. Er hebt dadurch hervor, daß die „... Person des Professionellen ... enger mit seiner Profession verbunden (ist) als die des Berufstätigen mit seinem Beruf". Die Sozialform des ganzen Hauses und die nahezu zünftige Handwerksorganisation (Ibd., S. 444) bestimmen sein handlungsanleitendes Regelwerk.

4.2 Die Ärztinnen

47,9 Prozent der Studierenden der Medizin in der SBZ/DDR waren 1946 weiblich, 1961 war der Anteil auf 51,2 angestiegen. 1972 waren 68,6 Prozent der Hochschulabsolventen in der Medizin weiblich und 1977 waren es 77,4 Prozent. Danach wurde der Anteil der medizinischen Hochschulabsolventinnen zurückgenommen und hatte 1988 55,8 Prozent erreicht. Der Anteil der berufstätigen Ärztinnen in der DDR betrug 1975 bereits 47,9 Prozent (in der BRD 20,2 Prozent). Ähnliche Feminisierungen finden wir in Lehrer- und Juristenberufen der DDR. Jedoch glich „Mitte der sechziger Jahre ... der Hochschullehrkörper unter geschlechtergeschichtlicher Perspektive einer ziemlich regelmäßig konstruierten, vierstufigen Pyramide (Professoren, Dozenten, Oberassistenten und Assistenten, wissenschaftliche Mitarbeiter, E.M.H.), bei der sich der Frauenanteil von einer Stufe zur anderen halbierte ..."; 1951 gab es in der DDR 1,7 Prozent Professorinnen in der Medizin, 1969 waren es dann 3,3 Prozent (Jessen 1999, S. 390). Wie die Tabelle 3 zeigt, waren weder bis 1965 und auch nicht 1989 die Bastionen der prestigeträchtigen medizinischen Positionen von den DDR-Frauen eingenommen worden. Frauen hielten sich auch in der DDR umfangreich in den unteren Etagen der medizinischen Profession auf (Mixa 1995). 64,0 Prozent der

Allgemeinmediziner waren 1989/1990 in der DDR weiblich (Schagen 1996, S. 331).

Tabelle 3 : Frauenanteil in der Hochschullehrerschaft der DDR

	1954	1962	1965	1969
Statusgruppen				
Professoren	2,8	3,2	3,6	3,3
Dozenten	9,1	5,5	4,9	-
Oberassistenten	11,3	10,4	11,6	-
Assistenten	17,4	22,1	22,1	-
Wissenschaftliche Mitarbeiter	-	15,3	14,7	-
Fächer (nur Professorinnen)				
Medizin	2,4	2,5	4,5	-

Quelle: Jessen 1999, S. 390 (Auszug)

Sind Frauen an den leitenden Positionen vorbei gelenkt worden oder aber haben Frauen sich selbst in diese Richtung bewegt? Der Berufsverlauf von *Diana Kroll* zumindest scheint von ihr selbst von den „leitenden Position" weggelenkt worden zu sein.

Die Fachärztin für Onkologie und Hämathologie, *Diana Kroll*, Jg. 1950, hebt in unserem ersten Gespräch 1992 hervor:

„Ich will nicht Chef sein, ich will irgendwo ordentlich arbeiten."

Diana Kroll ist mit einem gleichaltrigen habilitierten Mathematiker verheiratet. Ihre Mutter, Jg. 1921, besuchte die Handelsschule, arbeitete als Sekretärin, schied aber nach der Geburt der Kinder 1946 und 1950 für längere Zeit aus dem Arbeitsproceß aus. Der Vater, Jg. 1920, ist gelernter Verkäufer und Dekorateur und absolvierte in den 1950er Jahren ein Fernstudium mit dem Abschluß

Ingenieur-Ökonom. Durch den nachgeholten akademischen Abschluß des Vaters wird die Familie der ‚neuen Intelligenz' zugerechnet. 1964 wechselt *Diana Kroll* in die Oberschule (EOS), angeregt wird dieser Übergang durch ihren älteren Bruder. Probleme beim Übergang wie bei *Justus Lohmann* gibt es nicht.

„Er ging zur Oberschule, und ich wollte das auch. Der (Bruder) erzählte immer, wie schön das ist und daß es ihm gefällt. Damals (1964 beim Übergang in die EOS, E.M.H.) ging es eigentlich, wenn ich mich recht erinnere, nach Leistungen, es wurde nach irgendwelchen Leistungskriterien ausgesucht." (Gespräch 1992)

1968 macht *Diana Kroll* das Abitur, arbeitet nach der Vorimmatrikulation zum Medizinstudium ein Jahr als Hilfsschwester und beginnt 1969 mit dem Medizinstudium in Jena, das sie 1974 abschließt. Nach akademischen LehrerInnen gefragt, bemerkt sie, daß

„... dieses Medizinerumfeld, das ich kannte, die kamen fast alle aus Medizinerdynastien (gemeint sind damit die Hochschullehrer an der Universität Jena, E.M.H.). Zumindest die, die noch bei mir Vorlesungen gehalten haben und auch mein späterer Chef war ... ein ganz klassischer bürgerlicher Mediziner." (Gespräch 1992)

1974 heiratet *Diana Kroll* und im selben Jahr erhält ihr Mann eine Stelle an einer Technischen Hochschule. Ihre Söhne werden 1975 und 1981 während der Facharztausbildung geboren. 1975 bis 1976 erkrankt der Ehemann lebensbedrohlich.

Sie möchte nach Abschluß des Studiums 1974 zur Facharztausbildung an die Universitätsklinik Halle, jedoch ist dieser Ort bei der Absolventenlenkung für sie nicht vorgesehen. So beschafft sie sich selbst eine Assistentinnenstelle an der Universitätsklinik in Halle, und nachträglich stimmt der Absolventenlenkungsausschuß diesem Arbeitsvertrag zu. Befragt zum Arbeitsklima führt sie aus:

> „Ich glaube schon, daß ich von meinem Chef (in Halle) ... wie er seine Klinik geführt hat und wie er auf Dinge Wert legte, ich glaube, daß ich von ihm eine Menge gelernt habe. ... Aber das hat sicher zum Teil auch mit seiner eigenen Einstellung und Erziehung zu tun, daß er eben Wert darauf gelegt hat, ... daß man arbeitet und fleißig ist, das ist ja klar, aber auch ... eine bestimmte Eigenverantwortung und Ethik (wurden von ihm gefordert)." (Gespräch 1992)

In ihrer Abteilung an der Universitätsklinik Halle arbeiten zwischen 25 und 30 Ärzte, davon waren nie mehr als drei Frauen, was sie besonders hervorhebt.

> „Ich war dann die erste, die an der Klinik Kinder kriegte. Die anderen, die vor mir an der Klinik eingestellt waren, die also älter waren als ich, die kriegten dann erst nach mir die Kinder. ... Er war nun als Klinikchef zum ersten Mal mit einer Frau konfrontiert, die auch noch ein Kind zu Hause hatte. ... Das war dann manchmal nicht so einfach, wie das vielleicht in anderen Bereichen war, wo Frauen halt zu Hause geblieben sind und alle Vergünstigungen ... genommen haben, wenn die Kinder krank waren. Das war bei uns nicht so. Da mußte ich ... schon sehen, da mußten wir (sie und ihr Ehemann) uns immer was einfallen lassen, wie man das machen und schaffen kann, weil ich einfach nicht sagen konnte, ich bleibe jetzt zu Hause. ... Das war nicht immer so ganz einfach. ... Röntgenvisiten oder bestimmte Dienstbesprechungen, die waren nachmittags um vier Uhr. Also zu meiner Assistenzzeit war das nicht (früher), da ging das manchmal erst nachmittags los. Ich dachte dann, eigentlich müßtest du jetzt gehen und das Kind (aus der Kinderkrippe, -garten) abholen. Was machst du denn jetzt? Von der Problematik her habe ich eigentlich immer in dem Zwiespalt gelebt, damit zurechtzukommen. ... Ich habe ständig mit Kindergärtnerinnen und Krippentanten im Krieg gelegen, die sagten: Sie sind immer die letzte, und ihr Kind ist immer das letzte. Bei dem Kleinen war es dann so, da nahm dann manchmal die Kindergärtnerin

vor lauter Verzweiflung das Kind mit nach Hause. Sie wohnte um die Ecke. Da hing dann ein Zettel: Ich habe euer Kind mit nach Hause genommen. Das war manchmal schwierig." (Gespräch 1992)

„(U)nbegrenzte Hingabe an diese abhängige Tätigkeit sind gegenüber vielen Chefs die Grundvoraussetzung. Angesichts der Überlastung und Prioritätensetzung der Chefs fällt ein karrierewilliger Mensch sonst überhaupt nicht auf." (Färber 1995, S. 15) Eine politische Diskussion des Themas ‚Medizinerinnen mit kleinen Kindern' gibt es am Arbeitsplatz nicht. Partei- und Gewerkschaftsgruppe, die diese Benachteiligung aufgreifen könnten, werden von ihr dazu nicht konsultiert.

1988 ist ihr Mann mit seiner beruflichen Position als Dozent an der Technischen Hochschule unzufrieden. Er sieht für sich keine Möglichkeiten eines beruflichen Aufstiegs, fühlt sich durch zunehmende Lehrverpflichtungen ‚ausgebrannt', und vor allen Dingen vermißt er Forschungsmöglichkeiten. Durch Kollegenkontakte erhält er eine seinen Forschungsinteressen gemäße Anstellung an der Akademie der Wissenschaften in Berlin.

Sie erinnert sich an eine ehemalige Kollegin, die von Halle nach Berlin in ein Akademie-Krankenkaus gewechselt hat, ruft dort an, erhält eine Einladung zur Vorstellung und danach eine Anstellung als Chefärztin in der hämathologischen Fachambulanz. Dem Medizinerticket ist es zu verdanken, daß die Familie eine Wohnung in Berlin erhält. Über ihren Beruf hebt sie 1992 hervor, daß sie viel in ihn investiert hat, daß die hierarchische Arbeitsorganisation in diesem Berufsfeld unstrittig ist und, wenn man selbst keine Leitungsposition übernehmen will, sich demoder derjenigen, der oder die die Arbeit übernimmt, leidenschaftslos unterordnen muß.

„Ich habe (sehr) viel (Kraft) in den Beruf investiert. ... Mir hat das auch immer Spaß gemacht und macht mir eigentlich auch noch Spaß. Aber vielleicht hat das irgendwie mit meiner Einstellung (etwas) zu tun, ... Irgendwie habe ich (den Beruf) als selbstverständlich gefunden, das kann ich gar nicht anders ausdrücken. ... Ich habe da keinem (auch nicht meinem Chef) Respekt entgegengebracht, weder vorher noch nachher. Ich habe ihn als meinen Chef akzeptiert, und einer muß in der Klinik den Hut aufhaben, und einer muß in der Klinik alle Fäden zusammenhalten, daß ... eine ganz banale Routine ... läuft, daß in der Klinik kein Chaos ist, daß jeder das macht, was er zu machen hat. Irgendwer muß das machen, irgendwer muß der Chef sein, den Hut aufhaben, ... egal ob man nun die Person mag oder nicht. Ich bin der Meinung, wenn man es nicht selber machen will, dann hat man das erst einmal zu akzeptieren. Die Person meines Chefs in der Klinik hat mich also nicht an irgendeiner Stelle berührt. Ich habe darauf nicht sonderlich geachtet, ihn weder vorher noch nachher hoch eingeschätzt." (Gespräch 1992)

1990 wird ihr Arbeitsbereich als Akademieeinrichtung evaluiert, sie erhält danach einen unbefristeten Arbeitsvertrag, gebunden an ihre Fachabteilung, als Oberärztin. Wenn diese Abteilung geschlossen würde, so der Vertrag, hat sie Anspruch, als Fach-, nicht als Oberärztin, weiter beschäftigt zu werden.

Zwei Jahre später – 1992 – wird aufgrund der Evaluation durch den Deutschen Bildungsrat die Akademieeinrichtung mit einem bundesrepublikanischen Krebsforschungszentrum/Universitätsklinikum verbunden, und dadurch verändert sich auch ihre Vertragssituation. Sie besteht nicht auf Einhaltung ihres Vertrages, sondern erhält 1993 einen auf fünf Jahre befristeten Oberärztinnen-Vertrag in diesem Klinikum.

Ich frage sie 1992, wohin sie die Zeit zurückdrehen würde, wenn sie das könnte. Sie hebt die Zeit an der Universitätsklinik Halle nach der Facharztausbildung 1986/87 hervor, in der eingeschliffene Routinen der familialen Arbeit funktionierten und sie sich kompetent zwischen Forschung und Patientenbetreuung bewegte.

„Das war so ein Mittelding zwischen Forschungseinrichtung an der Universität, eine hervorragende fachliche Betreuung, eine hervorragende Patientenversorgung auf Universitätsebe-

ne mit einem Stamm solider guter Fachärzte. Also wenn das ginge, da würde ich (die Zeit) hindrehen." (Gespräch 1992)
1994 hat sich ihre berufliche Laufbahn geändert. Begeistert erzählt sie über ihre neue Berufstätigkeit.

> „Eigentlich muß ich sagen, daß ich ... großes Glück hatte, weil ich ja in meinem alten Bereich einfach vom Prinzip her nicht so weiter arbeiten konnte wie bisher. Dem ist nicht so, aber von der Sache her, (ich konnte) mir meine Patienten nehmen und (ins Universitätsklinikum) gehen und dort sach- und fachgerecht weiter arbeiten. ... Ich kann da eine Menge lernen, was ich noch nicht kann, eine Menge sehen, und natürlich (bin ich in eine) unheimlich interessante Truppe und Struktur hineingeraten. ... Der Patiententypus hat sich auch schon ein bißchen geändert, aber eigentlich da, wo es mich interessiert, da kommt noch zur reinen Hämatologie ... noch mehr Onkologie hinzu. Das habe ich früher nicht in dem Sinne soviel gemacht. Ich habe, einfach dadurch, daß es jetzt (eine) Universitätsklinik ist, daß da wieder Studentenausbildung drin ist, daß da natürlich jeder der Chefs, jeder der C4-Professoren hat also sozusagen eine Abteilung in der Klinik und hat gleichzeitig im anhängenden (Krebsforschungs)-Zentrum ein Forschungslabor mit einer großen Truppe von Kollegen, die vorwiegend Forschung machen. Und das ist natürlich etwas, ... was mich persönlich unheimlich interessiert und was so von der ganzen Zusammensetzung der Arbeitsgruppe ... doch sehr interessant ist, daß da wirklich eine Truppe reiner Kliniker sind und reine Theoretiker und dann noch ein paar junge Kollegen, die von der Sache her zeitlich versetzt beides machen möchten, aber in einer Arbeitsgruppe alles recht eng beisammen ist und wirklich die Chance besteht, da auch unterschiedliche Ansichten, unterschiedliche Leute, unterschiedliche Erfahrungswerte wirklich konkret zusammenzubringen. ... Man schmort also nicht mehr so sehr in seinem eigenen Saft, und man ist nicht nur Versorgungskrankenhaus, sondern es eröffnen sich da

schon eine Menge Perspektiven, und es kommen da eine Menge (Perspektiven) hinzu." (Gespräch 1994)

Der überwiegende Inhalt des zweiten Interviews 1994 sind Erzählungen über die Tagesabläufe ihrer Arbeit, welche Konferenzen sie besucht, welche Fachzeitschriften sie liest, wie sie die Ausbildung der Assistenzärzte für ihren Bereich organisiert, wie wichtig die wöchentlichen Kolloquien mit den ForscherInnen sind, und als etwas Besonderes hebt sie die Ost-West-Durchmischung der Arbeitsgruppe als fruchtbare Anregung hervor. Einige Dinge verblüffen sie, zum Beispiel, daß so wenig über persönliche Dinge am Arbeitsplatz gesprochen wird, daß die neuen Kollegen aus Westdeutschland nahezu immer unter Leistungsdruck stehen und,

> „ich erlebe zum ersten Mal in meinem Leben, ... daß ein Großteil der Männer Frauen hat, die nicht berufstätig sind, die ... zu Hause sind. ... So, die Frauen sind zu Hause, und die Männer gehen arbeiten und schaffen das Geld heran. Aber was ist, wenn dieser Mann seine Karriere nicht verwirklichen kann? Was wird dann aus der Frau und den Kindern? ... Der muß es schaffen, das habe ich zum ersten Mal in meinem Leben begriffen ..., für mich und für uns alle (die Frauen aus dem Osten, E.M.H.) ist das einfach eine neue Erfahrung." (Gespräch 1994)

Von einer Habilitation ist nicht die Rede, nicht von einem eigenen Forschungsprojekt oder gar davon, selbst eine Professorenkarriere anzustreben. *Diana Kroll* will eben nicht Chef sein, sondern „irgendwo ordentlich arbeiten". Und damit entsprechen die Interessen von *Diana Kroll* denen, „die ‚die Stellung halten' müssen, sprich die, (die) gemeinsam mit anderen Berufsgruppen den Krankenhausbetrieb aufrechterhalten. Charakteristika dieser Tätigkeiten ist das Vor- und Zuarbeiten, Routinearbeiten, die gemacht werden müssen ..., gute kommunikative Fähigkeiten, psychosoziale/therapeutische Kompetenzen, Ausdauer und ein gewisses Maß an ‚Bescheidenheit', wie beispielsweise Verzicht auf öffentliche Anerkennung" oder auch auf eine wissenschaftliche Karriere (Mixa 1995, S. 39).

Die generelle Ausgrenzung der Frauen vom Medizinstudium ist – wenn man sich die Absolventenzahlen ansieht – überwunden, jedoch gibt es innerhalb der medizinischen Profession Aus- oder auch Eingrenzungen von Tätigkeiten, Positionen, Bereichen und nicht zuletzt von der „medizinischen Wissens- und Wissenschaftsproduktion" (Mixa 1995, S.35). Diese Aus- oder Eingrenzungen nimmt *Diana Kroll* in ihren Karriereplanungen schon vorweg. Eine Chefposition lehnt sie ab, weil sie auf einer von ihr definierten Ebene der Patientenversorgung und -behandlung, im Rang einer Oberärztin, „ordentlich arbeiten" will.

5. Zusammenfassung und Ausblick

Die Gründung der DDR steht für die Transformation der bürgerlichen in eine sozialistische Gesellschaft. Im Rahmen dieses Programms wurde auch den Professionen als einem bürgerlichen Erbe der Kampf angesagt. Jedoch waren die Herkunft der Mediziner und die professionellen Traditionen keine Garanten für die Durchsetzung dieses Anspruchs. Am Ende der DDR zeigte sich, daß die Eingriffe des Staates in die medizinische Profession keineswegs zu einer De- oder Entprofessionalisierung geführt hatten, sondern daß die Mediziner sich trotz zahlreicher Eingriffe strukturkonservativ erwiesen. Es gab keine Parteiärzteschaft, sondern langfristig, auch in der intergenerationalen Weitergabe, hatten sich die Mediziner auf die Rolle des indifferenten ‚Humanisten' zurückgezogen. Die Transformation der Medizinerprofession von einer bürgerlichen zu einer sozialistischen Berufsgruppe scheiterte an politischen Zugeständnissen, die durch Notsituationen (Seuchenbekämpfung, Verluste durch Abwanderung) entstanden, sie scheiterte auch daran, daß die Mediziner ihre Nachwuchsrekrutierung in einer „völlig auf die Spitze gerichteten professionellen Führungsstruktur" (Ernst 1997, S. 342) weitgehend selbst regulierten und dadurch die bekannten Abhängigkeiten zwischen Ordinarius und Nachwuchs fortgeschrieben wurden. Die sozialistische Umgestaltung des Gesundheitswesens mit den tragenden Prinzipien der Unentgeltlichkeit und der allgemeinen Zugänglichkeit und das Primat der Prophylaxe als einer Einheit von Vorbeugung, Behandlung und Nachsorge, das heißt, allgemeine Hygieneregeln auf der Basis medizinischen Wissens bei der gesamten Bevölkerung durchzusetzen, bedeutete auch, die Kontrolle auf die medizinischen Experten zu übertragen, deren Anweisungen verbindlich waren. „Damit ist ein ... Aspekt des Modernisierungsprozesses berührt, der, neben der Verwissenschaftlichung und Spezialisierung des Wissens, die Entwicklung der medizinischen Profession entscheidend prägt: die Medikalisierung" (Ernst 1997, S. 23) als Pendant zur Professionalisierung. Der Patient geriet dadurch in die Abhängigkeit des ärztlichen Beistandes. Die Übertragung von Prävention und Prophylaxe als einer Säule des sozialistischen Gesundheitswesens an die medizinischen Experten bedeutete auch, daß professionelle Standards aufrechterhalten wurden. Oder pragmatisch ausgedrückt:

> „Ich glaube, daß es Honecker auch egal war, ob der Arzt Genosse ist, der ihn operiert. Hauptsache er war ein guter Chirurg." (Gespräch 1991, Jg. 1930, Leitende Soziologin in der Forschung, kleinbürgerliche Herkunft)

Von der Diskussion um den Bestand und/oder die Transformation der medizinischen Profession in einen Beruf „wie jeder andere" (Gouldner 1979/1980, S. 40 f; Bollinger/Hohl 1981, S. 443 f) war die medizinische Profession der DDR bis zur Wende kaum betroffen. Abgesehen von den Versuchen der staatlichen Regulierung von Forschung, die aber wenig Erfolg zeigten, gingen die Prozesse der Verrechtlichung und Standardisierung (Kunstfehler, Zuteilung medizinischer Therapien) an ihnen vorbei. Eingriffe in die professionelle Autonomie durch das Auftreten „neuer Kontrollorgane" (mündige Patienten oder die Verselbständigung der medizinischen Hilfsberufe) waren ebenfalls weitgehend unbekannt. Der medizinische Ethos der ganzheitlichen Aufgabenorientierung (die gesundheitliche Versorgung der Bevölkerung) und die „Nähe von Person und Tätigkeit" erzeugte innerhalb der Profession und bei der Bevölkerung „Vertrautheit mit Autorität, Charisma und Verantwortlichkeit" (Bollinger/Hohl 1981, S. 455), und dazu gehörte es auch, daß die Bevölkerung erwartete, daß DDR-Ärzte nicht flüchteten oder die Ausreise beantragten. Sowohl innerhalb der Ärzteschaft als auch in der Bevölkerung wurden Abgänge in besonderer Weise zur Kenntnis genommen und diskutiert.

„Wenn Ärzte flüchteten oder das Land verließen, war das mehr Anlaß zu Diskussionen, als wenn andere das Land verließen. Wenn ein Arzt verschwand, löste das große Unsicherheit bei den Patienten aus. Wenn Dir Dein Arzt weggeht, wurde darüber gesprochen." (Gespräch 1991, Jg. 1930, Leitende Soziologin in der Forschung, kleinbürgerliche Herkunft)

Was jedoch auch der medizinischen Profession der DDR zusetzte, war der stetig steigende Frauenanteil. Im Einverständnis mit der politischen männlichen Elite wurden die Medizinerinnen in Karrierepfade der Versorgung und ausdauernden Therapien (siehe oben) abgedrängt, eine notwendige Arbeit, jedoch keine Karrierestufe auf dem Weg an die Spitze.

Von diesen ‚Selbstverständnissen' mußten zahlreiche DDR-Mediziner nach 1989 Abschied nehmen, die professionelle und politische Praxis in der westlichen Welt war und ist kein monolitischer Block. Für die theoretische und empirische Professionsforschung bedeutet das: „What is needed to ground theorizing about professions is the development of a genuine sociology of work that deals in systematic fashion with such topics as the nature and varieties of the specialized knowledge and skill in the differentiation of work into occupations, and the varied ways by which that differentiation becomes organized. ... Professionalism is reborn in a hierarchical form in which everyday practitioners become subject to the control of professional elites who continue to exercise the considerable technical, administrative, and cultural authority that professions have had in the past." (Freidson 1994, S. 8-9)

Christoph Maeder & Eva Nadai, Rorschach / Olten

Kapitel 5: Professionalität unter den Bedingungen des Sozialamts: Sozialarbeit in der öffentlichen Sozialhilfe

1. Einleitung

Die Soziale Arbeit hat seit ihren Anfängen ein chronisches Problem mit der Durchsetzung ihrer eigenen, berufsethisch verankerten Standards und der Anerkennung ihrer Leistung. Auch ihr Status als Profession ist in der einschlägigen theoretischen Debatte nach wie vor nicht eindeutig geklärt. Seit Etzioni's Verdikt von der „Semi-Profession" (Etzioni 1969, vgl. auch Toren 1972) steht die Sozialarbeit im Verdacht keine, oder im besten Fall eine unvollständige Profession zu sein. Im Kern dieser Klassifikationsschwierigkeiten liegen zwei Sachverhalte: Die mangelnde „jurisdictional control" (Abbott 1988), d.h. das Fehlen eines eindeutig abgegrenzten Zuständigkeitsbereichs, basierend auf einem eigenständigen Wissensbestand und die enge Einbindung der Sozialen Arbeit in die „Verfahrensweisen und Zugzwänge des hoheitsstaatlichen Verwaltungs- und Herrschaftsapparates" (Schütze 1996, S. 245).

Auf der Ebene des Arbeitsgegenstandes beansprucht die Sozialarbeit selber mit dem Konzept der „diffusen Allzuständigkeit" ein tendenziell grenzenloses Terrain: „Alles was das (Alltags-)-Leben an Problemen hergibt, *kann* Gegenstand sozialpädagogischer Intervention werden" (Galuske 1998, S. 32). In der Kann-Formulierung dieser Definition sind die Fallstricke eines solchen Allzuständigkeits-Anspruchs enthalten: Alltagsprobleme können zwar, *müssen* aber keineswegs der Sozialen Arbeit zur Bearbeitung zugewiesen werden. Und folglich sieht sich diese gezwungen, faktisch das Feld mit einer Vielzahl anderer Professionen und Berufe zu teilen. Parallele Abgrenzungsprobleme manifestieren sich auch auf der Ebene der eigenen Wissensbasis, wo die Sozialarbeit ohne theoretische Anleihen bei einem breiten Spektrum von Sozialwissenschaften nicht auskommen kann. Dies kann positiv als Ausdruck von beispielhafter Interdisziplinarität gewertet (z.b. Schütze 1992) oder aber negativ als ‚Kolonialisierung' (z.B. Lüssi 1995) beklagt werden.[1]

Als Sammelpunkt aller Professionalisierungshindernisse gilt aber gemeinhin die Einbettung der Sozialen Arbeit in bürokratische Organisationen und ihre Abhängigkeit von staatlicher Steuerung. Sozialarbeit ist damit an rechtliche Vorgaben gebunden, oft in das meist enge finanzielle Korsett der öffentlichen Hand eingezwängt und insgesamt von den Kräfteverhältnißen in sozialpolitischen Auseinandersetzungen betroffen. Sie gerät strukturell in das Dilemma von Hilfe und Kontrolle, handelt fast nie ausschließlich und allein im Klientenauftrag und kann demnach kaum kompromißlos die Interessen und Bedürfnisse der Klientinnen zur Richtschnur beruflichen Handelns machen. Die Einbindung in einen administrativ-organisatorischen Kontext resultiert, so das Argument, in einem Konflikt zwischen professionellem Handeln als Ausrichtung am Einzelfall und der bürokratischen Verwaltungslogik, in dem die professionellen Standards fast zwangsläufig unterliegen. Soziale Arbeit ist zwar professionalisierungs*bedürftig,* aber nicht unbedingt professionalisiert (Oevermann 1996, 2000b; Schütze 1992, 1996). Für Oevermann kann Soziale Arbeit in einer Sozialverwaltung nicht professionalisiert sein, weil das zentrale Merkmal professionellen Handelns – das auf einem autonomen Entscheid des Klienten beruhende „Arbeitsbündnis" zwischen Klient und Sozialarbeiterin – im bürokratischen Kontext nicht realisierbar ist. Demgegenüber betrachtet Schütze den Konflikt zwischen professionellem Handeln und bürokratischen

---

[1] Professionsintern ist die Debatte über die Notwendigkeit der Etablierung von Sozialer Arbeit als eigenständiger wissenschaftlicher Disziplin nach wie vor im Gange (u.a. Merten/Sommerfeld/Kortendiek 1996).

Zwängen zwar als unaufhebbare Handlungsparadoxie, nicht jedoch als unumstößliches Professionalisierungshindernis – es geht vielmehr um die gekonnte Handhabung entsprechender Bearbeitungs- und Selbstreflexionsverfahren im Umgang mit diesen Paradoxien. Eine solche theoretische Perspektive, welche die Formen und Bedingungen professionellen Handelns und des Erwerbs professioneller Handlungskompetenzen in den Vordergrund stellt, läuft allerdings Gefahr, die Professionalisierungsprolematik gleichsam ans Individuum zu delegieren, das im Berufsalltag die Widersprüche zwischen Organisation und Profession bewältigen muß. Professionelle Leistung zeigt sich primär in der Gestaltung der Beziehung zur Klientel und in der persönlichen Haltung (vgl. Ackermann/Seeck 1999, Nagel 1997, Thole/Küster-Schapfl 1997). Die Organisation gerät in dieser Sichtweise tendenziell aus dem Blick und wird a priori als ein Professionalisierungshindernis gesetzt.

Den in diesem Kräftefeld zwischen Bürokratie und Profession stehenden ‚Mühen der Sozialen Arbeit' mit der Praxis professionellen Handelns in einer Sozialverwaltung gehen wir im Folgenden anhand von empirischem Material aus einem laufenden Forschungsprojekt zur öffentlichen Sozialhilfe nach. [2] Wir interessieren uns dafür, mit welchen Kontextbedingungen sich die Sozialarbeitenden dabei auseinandersetzen müssen (Organisationsebene), wie die Sozialarbeitenden im Berufsalltag die professionelle Leistung Sozialhilfe erbringen (Handlungsebene) und mit

---

[2] Das Projekt wird vom Schweizerischen Nationalfonds im Rahmen des Nationalen Forschungsprogramms 45 ‚Probleme des Sozialstaats' gefördert und untersucht die Wirksamkeit von Sozialhilfe als Koproduktion des Handelns von Sozialarbeiterinnen und Klienten im Kontext unterschiedlich gestalteter Sozialhilfeorganisationen. Wir fragen danach, was eigentlich ‚Erfolg' (und damit die Leistung der Sozialen Arbeit) in der öffentlichen Sozialhilfe heißen könnte; wie Sozialarbeitende versuchen, ‚Erfolg' zu erzielen; wie die Klientinnen mit ihrem Handeln zur Produktion von Erfolg beitragen oder diesen durchkreuzen, und welche Rolle die institutionelle und organisatorische Ausgestaltung der Sozialhilfe spielt. Die Untersuchung umfaßt fünf mit ethnographischen Methoden durchgeführte Fallstudien in verschiedenen Sozialdiensten mit je zweiwöchiger teilnehmender Beobachtung, Interviews mit Personal und Klientel, Analyse von Dossiers und anderen schriftlichen Dokumenten. In diesem Aufsatz beziehen wir uns auf die erste dieser Fallstudien, die wir im Sozialamt der Stadt St. Gallen im Februar und März 2001 durchgeführt haben.

Bezug auf welche Wissensbestände sie ihr Handeln begründen, beschreiben und interpretieren (Deutungsebene). In unserer Studie betrachten wir demnach die Erbringung professioneller Leistung als das Ergebnis von Aushandlungsprozeßen in einer sozialen Arena (Strauss et al. 1975; Strauss et al. 1997), welche die Profession Soziale Arbeit und die Sozialverwaltung in ihrem je besonderen sozial- und gesellschaftspolitischen Kontext, sowie das Personal und die Klientel umfaßt.

2. Die Kontextbedingungen der Sozialhilfe

2.1 Das gesellschaftliche Mandat: „Wir sind die letzte der letzten Stationen".

Die Sozialarbeit hat zwar, wie Schütze (1992, S. 143) hervorhebt, ein gesellschaftliches Mandat, sich um Menschen in sozialen Problemlagen zu kümmern. Dieses Mandat ist allerdings gerade im Bereich der Sozialhilfe durchaus umstritten, wie die immer wieder aufflammenden sozialpolitischen Debatten um das richtige Mass an Hilfe zeigen. In codifizierter Gestalt ist das gesellschaftliche Mandat an die Sozialhilfe in der einschlägigen Gesetzgebung festgehalten. In der Schweiz ist die öffentliche Sozialhilfe eine Aufgabe der Kantone; der Bund regelt lediglich die Zuständigkeiten. Folglich haben wir es mit 26 verschiedenen Ausformulierungen des Auftrags der Sozialhilfe in den 26 kantonalen Sozialhilfegesetzen zu tun. Inhaltlich sind deren Ziele in allen Kantonen ähnlich umschrieben und umfassen in der Regel die materielle Existenzsicherung, die soziale Reintegration der Bedürftigen sowie die Ursachenbekämpfung von Sozialhilfebedürftigkeit.[3] Leitprinzipien der Sozialhilfe sind (1) *Finalisierung* – Hilfe wird

---

[3] Das Sozialhilfegesetz in unserem Untersuchungskanton St. Gallen hält im Artikel 2 fest: „Persönliche Sozialhilfe bezweckt, der Hilfebedürftigkeit vorzubeugen, deren Folgen nach Möglichkeit zu beseitigen oder zu mildern und die Selbsthilfe der Hilfebedürftigen zu fördern."

unabhängig von den Ursachen gewährt –, (2) *Subsidiarität* – die staatliche Hilfe wird erst dann geleistet, wenn alle anderen Möglichkeiten ausgeschöpft sind –, (3) *Individualisierung* und (4) *Bedarfsorientierung* – die Hilfe muß die besonderen Umstände des Einzelfalls berücksichtigen und richtet sich nach dem konkret nachzuweisenden Bedarf. Weil der Vollzug der Sozialhilfe in den meisten Kantonen den einzelnen Gemeinden obliegt, die hier über einen beträchtlichen Handlungsspielraum verfügen, erfährt das Mandat noch eine zusätzliche lokale Modifizierung (Fluder/Stremlow 1999, Höpflinger/Wyss 1994).

Trotz dieser föderalistischen Vielfalt läßt sich generell dreierlei konstatieren: der Auftrag an die Sozialhilfe ist *erstens* sehr *eng gefaßt* oder, wie es im untersuchten Sozialamt ein Sozialarbeiter gegenüber einem Klienten formulierte: „Wir sind hier die letzte der letzten Stationen". Die Sozialhilfe darf sich der Bedürftigen erst dann annehmen, wenn alle anderen Stricke gerissen sind – was in sich schon einen Widerspruch zum Präventionsauftrag birgt. Das *Mandat* ist *zweitens diffus*, insbesondere was das Ziel der sozialen Integration betrifft. Während sich die materielle Existenzsicherung noch einigermaßen präzise festlegen, vereinheitlichen und relativ einfach erreichen läßt, kann Integration nicht anders als normativ definiert und praktisch kaum gemessen werden.[4] Unter diesen Umständen erhält das einfacher zu verfolgende, technisch machbare Ziel in der Vollzugsorganisation Vorrang: im untersuchten Sozialamt dominiert die Bearbeitung der materiellen Hilfsbedürftigkeit eindeutig gegenüber dem Versuch der Wiederherstellung der lebenspraktisch beschädigten Autonomie der Klienten.[5] *Drittens* ist das *Mandat politisch chronisch um-*

---

[4] In der Schweiz wird die Vereinheitlichung der Unterstützungsansätze vor allem durch die Richtlinien der SKOS (Schweizerische Konferenz für öffentliche Sozialhilfe) vorangetrieben. Diese Richtlinien werden allerdings keineswegs von allen Kantonen und Gemeinden eingehalten. Die Ansätze des untersuchten Sozialamts liegen gemäß entsprechender kommunaler Politik generell unter den SKOS-Richtlinien.

[5] Daß dies als Problem und Bedrohung von Professionalität gewertet wird, zeigt sich in den wiederholten Beteuerungen des Personals, *„Wir machen hier mehr als nur Geld auszahlen".* Obwohl dies aus einer Sicht dessen, was Sozialarbeiterinnen und -arbeiter alles zur Unterstützung der Klienten tun könnten kaum zutrifft, so ist doch bemerkens-

stritten und muß immer wieder von neuem gesellschaftlich ausgehandelt und bestätigt werden. Die überall stark gestiegenen Fallzahlen in den neunziger Jahren und die damit verbundene Ausgabenexpansion haben die Sozialhilfe unter verstärkten politischen Legitimationszwang gesetzt. Die Sozialverwaltungen und ihr Personal befinden sich dabei permanent in der Defensive und nutzen ihrerseits den Druck der Öffentlichkeit als Disziplinierungsmittel gegenüber der Klientel. Insgesamt bedeuten die Rahmenbedingungen eine erhebliche Einschränkung der von der Profession reklamierten „Allzuständigkeit" der Sozialarbeit und eine Verunsicherung bezüglich der Ziele des professionellen Handelns.[6]

2.2 Nicht-Professionelle in der Sozialhilfe

Das gesellschaftliche Mandat der materiellen und sozialen Unterstützung von Bedürftigen wird im Bereich der Existenzsicherung primär an Organisationen, nicht an eine Profession delegiert. So sehen nicht alle kantonalen Sozialhilfegesetze ausdrücklich vor, daß fachlich qualifiziertes Personal eingesetzt werden muß.[7] In 41 Prozent der Deutschschweizer Gemeinden werden Sozialhilfefälle nicht von einer spezialisierten Institution mit sozialarbeiterischem Personal bearbeitet. Da es sich dabei eher um kleinere Gemeinden mit wenig Unterstützungsfällen handelt, wird die Mehrheit der Fälle aber von professionalisierten Stellen betreut (Flu-

---

wert, wie diese ‚accounts' – in einem ethnomethodologischen Sinn – dazu benützt werden, Beschädigungen der eigenen beruflichen Identität abzuwenden.

[6] Insofern die Existenz von Armen für eine Gesellschaft funktional positive Effekte haben kann, z.B. durch die Schaffung von Arbeitsplätzen für Sozialarbeiter, Psychologen, Polizisten und für Sozialwissenschafter, die über sie forschen (Gans 1992, S. 52), könnte man gar argumentieren, daß das Mandat an die Sozialarbeit gar nicht so weit gehen darf, Armut tatsächlich zu beseitigen. In dieser Perspektive wäre eine Linderung der Armut, wie sie ja auch in dem terminus technicus der ‚Existenzsicherung' zum Ausdruck kommt, ein präziserer Auftrag.

[7] Im Untersuchungskanton wird im Gesetz „fachlich geeignetes Personal" vorgeschrieben. Diese Formulierung ist auslegungsoffen, und so gibt es im Kanton Gemeinden, die administratives Personal als genügend geeignet betrachten und dezidiert keine Sozialarbeitende in der Sozialhilfe beschäftigen.

der/Stremlow 1999, S. 117f.). Aber auch hier sind nicht ausschließlich ausgebildete Sozialarbeiterinnen und Sozialarbeiter beschäftigt, sondern zum Teil reine Verwaltungsangestellte. Das schweizerische Sozialhilfesystem kennt zudem eine weitere nichtprofessionelle Akteurkategorie, welche die Praxis wesentlich prägt, nämlich die ehrenamtlichen kommunalen Sozialbehörden. Es handelt sich dabei um ein nebenamtliches Aufsichts- und Kontrollgremium, das über die Bemessung der Unterstützungsansätze entscheidet und vor allem in kleineren Gemeinden noch weitgehender in die Autonomie der Sozialen Arbeit eingreifen kann (z.T. sogar noch selbst operativ tätig wird).[8] Nur selten können die Mitglieder eine entsprechende professionelle Ausbildung vorweisen.[9] In der öffentlichen Sozialhilfe der Schweiz ist damit die Auffassung gleichsam institutionalisiert, daß Laienwissen dem professionellen Wissen der Sozialen Arbeit in gewissen Belangen ebenbürtig sei, beziehungsweise ein notwendiges Korrektiv zu einer implizit unterstellten Parteilichkeit von Sozialarbeitenden für ihre Klienten darstellen kann und soll.

Im untersuchten Sozialamt sind etwa die Hälfte der Sozialberater/innen mit direktem Klientenkontakt diplomierte Sozialarbeiter/innen. Die übrigen stammen aus den verschiedensten Berufen und haben in der Regel eine verwaltungsorientierte Weiterbildung mit Schwerpunkt Sozialhilfe, Vormundschaftswesen und Sozialversicherungen absolviert.[10] Im übrigen sind die Grenzziehungen zwischen sozialarbeiterischen und administrativen Funktionen unscharf. So wird der Erstkontakt der Klienten mit dem Amt (die sogenannte „Neuaufnahme") durch eine Verwaltungs-

---

[8] Die Behörden werden in den einen Gemeinden vom Volk gewählt, in anderen von der Gemeindeexekutive eingesetzt oder die Funktion wird direkt von der Gemeindeexekutive wahrgenommen (Fluder/Stremlow 1999, S. 77ff.).

[9] Gemäß Fluder/Stremlow (1999, S. 82) haben nur 5 Prozent der Mitglieder von Sozialbehörden eine höhere Fachausbildung im Sozialwesen.

[10] Bei diesen nicht einschlägig ausgebildeten Arbeitskräften mit sozialarbeiterischer Funktion handelt es sich um Personen, die noch zu Zeiten rekrutiert wurden, als die Professionalisierung der Sozialarbeit in der Schweiz weniger weit fortgeschritten war. Seit einigen Jahren werden in aller Regel nur noch diplomierte Sozialarbeiter/innen neu eingestellt.

angestellte mit kaufmännischer Ausbildung abgewickelt. Obwohl ihre Hauptaufgabe darin besteht, den Klientinnen Informationen über den Ablauf und einen Termin für ein Erstgespräch bei einer Sozialberaterin zu vermitteln, übernimmt sie damit informell durchaus sozialarbeiterische Funktionen. Sie nimmt eine erste Einschätzung der Dringlichkeit eines Falles vor, kann in Notfällen schon erste finanzielle Maßnahmen ergreifen und leitet mit der Zuweisung der Klienten an bestimmte Sozialberater, die wiederum informell als Spezialisten für spezifische Probleme gelten, bereits eine Kliententypisierung und -sortierung ein. Mit ihr als Anlaufstelle und gate-keeper zum Sozialamt beginnt der Prozeß der sozialen Konstruktion des Klienten (Lipsky 1980, S. 59ff.), in dessen Verlauf den Hilfesuchenden vermittelt wird, was sie zu erwarten und wie sie sich zu verhalten haben.

2.3 Knappe Ressourcen

Das Sozialamt teilt mit anderen „street-level bureaucracies" (Lipsky 1980) das Problem der systemimmanent inadäquaten Ressourcen.[11] Dies, weil die Nachfrage nach ihren Dienstleistungen immer größer ist als das Angebot – und zwar in quantitativer wie qualitativer Hinsicht. So verlangt die sozialarbeiterische Professionsethik z.B. ein Eingehen auf die Bedürfnisse und Besonderheiten des individuellen Klienten, das nicht kompatibel ist mit dem Zeit- und Kostenrahmen einer Organisation, die für eine potenziell unbegrenzte Anzahl Hilfsbedürftiger zuständig ist. Als Folge begrenzter Ressourcen entwickeln street-level-bureaucracies Rationierungsmaßnahmen beim Zugang zu ihren Dienstleistungen und bei der Bearbeitung der Fälle.[12]

---

[11] Als „street-level bureaucracy" bezeichnet Lipsky (1980) diejenigen Teile der öffentlichen Verwaltung, deren Angestellte in substantiellem Ausmaß direkten Klientenkontakt haben und bei ihrer Arbeit über große Entscheidungsspielräume verfügen, z.B. Schulen, Sozialdienste, Polizei, Gerichte, Krankenhäuser etc. Bekannte Studien, welche diese Handlungsspielräume untersucht haben, sind z.B. Bittner 1972 und Irwin 1985.

[12] Wie Armutsstudien zeigen, erfaßt die Sozialhilfe immer nur einen Bruchteil der Anspruchsberechtigten. Die hohen Dunkelziffern können als Ergebnis einer eigentlichen Dissuasionspolitik gesehen werden, bei der die Inanspruchnahme von Hilfe durch

Das untersuchte Sozialamt hatte in den Neunziger Jahren einen konstanten Anstieg der Fallzahlen zu bewältigen. Das Personal wurde zwar ebenfalls aufgestockt, aber mit der charakteristischen Verspätung einer Verwaltung: die Statistik der Fallzahlen lieferte jeweils Ende Jahr eine Legitimationsbasis für die Beantragung von neuen Stellen. Bis diese jeweils bewilligt wurden und besetzt werden konnten, waren die Fallzahlen bereits wieder gestiegen. Zur Zeit kommen auf eine Vollzeitstelle ungefähr 100 bis 120 zu betreuende Dossiers oder Fälle. Knapp ist somit primär die Ressource Zeit, mit der die Sozialarbeiterinnen haushälterisch umgehen müssen. Eine Form der Rationierung ist die selektive Zuteilung von Aufmerksamkeit nach der Erfolgswahrscheinlichkeit der Interventionen. *„Man muss"*, erklärt eine Sozialarbeiterin, *„Prioritäten setzen mit der Beratung, da wo es sich lohnt."* Zeitknappheit hat weiter zur Folge, daß sehr schnell aus der Situation heraus Entscheidungen gefällt werden müssen, die unter Umständen lange und folgenreiche Handlungsketten für Klient und Sozialarbeiter nach sich ziehen. Wenn sich gegen Monatsende zum Auszahlungstermin die Klientinnen und Klienten im Viertelstundentakt die Klinke in die Hand drücken, bleibt jedenfalls kaum mehr Raum für differenzierte Abwägungen. Eine Taktik, dem Zwang zur ad-hoc-Entscheidung zu entgehen, besteht im Aufschieben bis zum nächsten Termin, oft verbunden mit einer ‚Hausaufgabe' für die Klientin: Wenn z.B. nicht klar ist, ob eine Brille in der vom Klienten gewünschten Version zu bezahlen ist, dann ist die Wahrscheinlichkeit hoch, daß die Sozialberaterin den Klienten mit dem Auftrag einer zweiten Offerte entläßt und sagt, sie könne das nicht ohne Vergleichsangebot bezahlen. Mit diesem Aufschub gewinnt sie Zeit in doppelter Hinsicht: Es werden lange Diskussionen mit dem Klienten verhindert und der eigene Entscheid kann durch Rücksprache mit den Kollegen abgesichert werden (vgl. unten). Diese Art Entscheidungen zu vertagen, Umwege zu machen und Klientinnen und Klienten mit kleinen Aufgaben zu versehen, erzeugt eine Verlangsamung der

---

institutionelle Regeln so erschwert wird, daß die ‚Kosten' für viele der Berechtigten zu hoch werden (Lipsky 1980; OECD 1999).

Fallbearbeitung und eine Beschleunigung durch die konkrete Verkürzung uno actu. Diese Handlungsstrategie ist ein generelles Muster der Problembearbeitung, das sich auch dazu eignet, Unangenehmes zu vertagen und hochgradig konfliktive und emotional aufgeladene Diskussionen mit der Klientel zu entschärfen.

3. Professionelles Wissen und Handeln im Sozialamt

3.1. ‚Professional beliefs' als Wissensbasis

Professionelles Handeln der Sozialarbeitenden wird – wie im letzten Abschnitt dargelegt wurde – wesentlich durch die Parameter bestimmt, die der gesetzliche Auftrag der Sozialhilfe und dessen Umsetzung in lokale Formen und Regeln der Sozialverwaltung vorgibt. Innerhalb dieser Rahmung differenziert sich nun ein professionelles Selbstverständnis der Angestellten in mehrere Wissensschichten aus. *Praktisches Alltagswissen* kombiniert und integriert die formalen und informellen *Regeln der Organisation* mit den festgestellten Problemlagen der Klientinnen und Klienten vor dem Hintergrund *allgemeiner gesellschaftlicher Normen* und amalgamiert sich insgesamt zu einem spezifischen *Berufswissen*. Diese Wissenssorte wiederum ist angereichert mit einem Gemenge aus spezifisch sozialarbeiterischen Ein-, An- und Aussichten, die sich auf Sozialarbeitstheorien und soziologische Grundkategorien beziehen lassen. Wir bezeichnen die Gesamtheit dieser den Berufshabitus stiftenden Wissensbestände als ‚professional beliefs'. Solches Wissen braucht nicht notwendigerweise in einem strengen Sinn theoretisch konsistent zu sein. Vielmehr entscheidet die erfolgreiche Pragmatik darüber, wie was erklärt, begründet und durchgeführt wird. Wir beziehen uns damit auf ein Konzept der amerikanischen Berufs- und Professionssoziologie in der Traditionslinie des symbolischen Interaktionismus (Strauss et al. 1963). Unter ‚professional beliefs' werden die von in einem Beruf erfolgreich sozialisierten Personen geteilten und benützten Wissensbestände verstanden, die das Berufshandeln, wenn auch nicht exklusiv, so doch prägend, wirksam und typisch ausgestalten. Es wird in aller Regel in den Ausbildungsstätten fragmentarisch erlernt und in der Praxis nach pragmatischen Handlungserfordernissen kontextgerecht transformiert. Idealerweise lassen sich die ‚professional beliefs' bündeln und als ‚professional ideology' verdichten. Die von einer ganzen Professions- oder Berufsgruppe geteilten Annahmen- und Deutungssysteme zum beruflichprofessionellen Handlungsfeld konturieren sich in verschiedene Strömungen und alimentieren einen wesentlichen Teil der professionellen Identität.[13]

3.2 Theorien der Sozialen Arbeit

Seitens der Profession werden die ‚professional beliefs' von der Professionselite in Form von hochabstrakten Theorien zu Gegenstand, Zielen und Methoden der Sozialarbeit geprägt. Bereits auf dieser Ebene hat die Sozialarbeit, wie eingangs angedeutet, ein ernsthaftes Problem. Sie produziert, so behaupten wir, weit weniger professionelle Gewißheit als vielmehr Verwirrung, die z.B. in der Feststellung gipfeln kann: „Sozialarbeit ist eine Profession und eine Disziplin ohne (klare, eindeutige, dauerhafte, widerspruchslose) Identität, ihre Identität ist vielmehr Identitätslosigkeit." (Kleve, 2000, S. 13). Auffällig ist in diesem dysfunktionalen Definitionsversuch, daß über die Auflösung der Identität der Sozialen Arbeit gleich auch noch ihr Gegenstandsbereich zu verschwinden droht. Diese Unmöglichkeit, ein eigenes professionelles Territorium abzustecken, wird auch von den sozialarbeiterischen Methodenlehren mit dem schon erwähnten Konzept der diffusen Allzuständigkeit bestätigt. Weiter gehört das Theorie-

---

[13] Daß sich in der Sozialen Arbeit diese ‚professional beliefs' durchaus verschieben und an weitere gesellschaftliche Wandlungsphänomene gekoppelt sind, zeigt Nagel (1997) am Beispiel der Identität von Sozialarbeitenden. Das Stereotyp vom Sozialarbeitenden als einer Person mit dem Helfersyndrom hat sich in den Neunziger Jahren innerhalb des Berufsfeldes fast aufgelöst. Mittlerweile entspreche das Selbstbild eher demjenigen von Berufsleuten mit einer engagierten Rollendistanz.

Praxis-Vermittlungsproblem, zum Grundbestand des professionellen Diskurses. Methoden sollen sich stärker aus der Praxis ableiten als aus der Theorie, und sie müssen sich am „Kriterium der Alltagsnähe" (Galuske 1998) bewähren. Besonders pointiert formuliert dies Lüssi (1995, S. 43): „Die wesentliche Substanz der Sozialarbeitslehre erwächst aus der sozialarbeiterischen Berufspraxis. Die Sozialarbeit basiert nicht auf einer Wissenschaft, stellt nicht die praktische Anwendung einer Theorie dar, sondern ist eine unabhängig von allem Theoretischen existierende konkrete (soziale) Gegebenheit". Worauf sich eine derart begründete und abgegrenzte Praxeologie denn – außer auf Alltagswissen und ihr schlichtes Dasein – noch stützten könnte, das wäre sicher bedenkenswert.

Konfrontiert mit diesem widersprüchlichen Angebot eines professionellen Selbstbildes stehen die Sozialarbeitenden in der Praxis dem Nutzen theoretischen Wissens verständlicherweise eher skeptisch gegenüber. Mit unsentimentaler Nüchternheit konstatieren sie, „Ansonsten kann diesen Job auch ein Maurer machen, der nen bißchen sensibel ist ..." (Thole/Küster-Schapfl 1997, S. 53) und rangieren ‚Lebenserfahrung', ‚gesunden Menschenverstand' und ‚Intuition' als Grundlage beruflichen Handelns gleich hinter dem in der Ausbildung erworbenen Fachwissen und noch vor Literaturstudium und Weiterbildung (Klüsche 1990, S. 64). Sie gehen also selbst nicht davon aus, als Berufsgruppe über exklusives professionelles Wissen zu verfügen.

3.3 Die Aushandlung von professionellem Praxiswissen: „Wie macht ihr das?"

Im beruflichen Alltag eines Sozialamts müssen die Sozialarbeitenden meist unter Zeitdruck und auf der Basis beschränkter und nur teilweise verlässlicher Informationen handeln. Sie müssen dabei nach Massgabe von Professionswissen *und* Organisationsregeln gleichzeitig entscheiden, wobei sie in beiden Gefilden auf schwankendem Boden stehen. Sowohl die professionelle Logik wie die erklärte Politik des Sozialamts verlangen ein Eingehen auf den Einzelfall; ihre jeweiligen Handlungsanleitungen und Regeln sind folglich immer auslegungsbedürftig. „Situativ gegebene Ungewißheitszonen" (Hansbauer 1996, S. 69) sind auch in einer bürokratischen Verwaltung unvermeidlich.

Vor diesem Hintergrund erhalten Aushandlungsprozeße vor Ort eine große Bedeutung, um abstraktes theoretisches und organisationelles Wissen auf situativ auftauchende konkrete Handlungsprobleme kleinzuarbeiten. Die Diskussion ist in unserem Untersuchungsfeld zum einen institutionalisiert in den wöchentlichen „Fallbesprechungen" zwischen einzelnen Sozialarbeitern und ihrer Vorgesetzen, in der ebenfalls wöchentlich stattfindenden „Intervision" im ganzen Team oder in monatlichen Erfahrungsaustauschtreffen mit dem Sozialhilfepersonal anderer Gemeinden. Neben diesen kollektiven Formen des Austauschs von Erfahrungswissen finden zudem konstant bilaterale Rücksprachen zwischen einzelnen Sozialarbeitenden statt. Eine solche Verhandlung ist in den folgenden Auszügen aus den Feldnotizen enthalten.

In der Intervision wirft eine Sozialarbeiterin – nennen wir sie hier Ursula – die Frage auf, wie Vorschüsse an die Klienten zu handhaben sind: *„Wie macht ihr das?"* Regula nennt als Regel, *„Es gibt keinen Vorschuß, konsequent keinen Vorschuß!"* Diese Antwort löst allgemeines Erstaunen aus, *„Das habe ich nicht gewußt"*, *„Das muß man doch individuell sehen"*, *„Es gibt doch Fälle, wo man Vorschuß geben muß"*. Es entsteht eine Irritation unter den Anwesenden. *„Was gilt jetzt wirklich?"* Regula insistiert, daß es keine Gründe für eine derartige Einschränkung gebe. Albert erläutert seine eigene Politik: es komme vielleicht zwei-, dreimal im Jahr vor, daß er Vorschuß gebe. In 90 Prozent der Fälle lehne er das ab, weil das ja die *„Chronischen"* seien, die nicht mit Geld umgehen könnten. In diesen Fällen gebe er *„EPA-Gutscheine"* und ziehe den Betrag im nächsten Monat ab. Regula gibt daraufhin zu, daß sie bei Klienten, die vielleicht drei Tage vor dem Auszahlungstermin vorsprechen, Vorschuß gewähre, die Betreffenden aber darauf hinweise, daß sie im nächsten Monat drei Tage länger mit diesem Geld auskommen müßten. Sie sei allerdings auch schon „*reingefallen*": eine sonst zuverlässige Klientin kam mit einer plausiblen Begründung und erhielt 100 Franken Vorschuß. „*Da hat sie sich abgesetzt!*" Das Bekenntnis wird mit allgemeinem Gelächter quittiert. Auf die Nachfrage des Forschers nach den „*EPA-Gutscheinen*" entspannt sich eine Diskussion über deren stigmatisierenden Charakter und ob bzw. in welchen Fällen man sie abgeben solle.[14] Es wird offensichtlich, daß auch hier die Praktiken zwischen den einzelnen Amtsangehörigen weit auseinander gehen.

Die hier verhandelten Probleme sind gleichzeitig professioneller wie organisationeller Natur. Aus professioneller Perspektive geht es bei der Vorschußfrage um das Dilemma zwischen Gewährung eines Vertrauensvorschußes und der Skepsis gegenüber der Selbstdarstellung der Klientin. Der Klientin ihre Unterstützung dann auszuzahlen, wenn diese sie gemäß eigenem Bekunden dringend braucht, bedeutet obendrein ihre Autonomie anzuerkennen, während das Beharren auf dem regulären Auszahlungstermin sie in ihrem Handeln einschränkt und bevormundet. Die Frage „Wie macht ihr das?" fordert dazu auf, Erfahrungswissen bezüglich des Umgangs mit diesen Handlungsparadoxien zu teilen. In der Verwaltungslogik liegt das Problem hingegen darin, daß keine eindeutige Regel zur Handhabung von außerterminlichen Geldforderungen der Klienten existiert, beziehungsweise daß diese unter Umständen nicht allen Anwesenden bekannt ist. Die Frage „Was gilt jetzt wirklich?" zielt auf das entsprechende Regelwissen. Daß die entsprechende Diskussion überhaupt geführt werden muß, weist daraufhin, daß eine eindeutige Antwort nicht verfügbar ist. Die von Regula zitierte Regel (kein Vorschuß) scheint keine formale Geltung beanspruchen zu können, sondern eher eine individuelle Richtlinie zu sein, die sie für sich selbst formuliert oder von jemandem übernommen hat. Die Regel stellt

---

[14] Bei den Gutscheinen handelt es sich um Kostengutsprachen, die nur in einem Kaufhaus der Stadt (der EPA) einlösbar und mit Namen und Personalien des Klienten gekennzeichnet sind. Der Klient ist beim Kauf somit als solcher identifizierbar und das Sozialamt erhält vom Kaufhaus die Quittung mit den Detailangaben zu den getätigten Käufen. Für Alkohol und Zigaretten sind die Gutscheine nicht verwendbar.

auf der persönlichen Erfahrung des ‚Reinfallens' bei einer mißglückten Intervention ab, die zu einer Handlungsanleitung für alle generalisiert wird. Im vorliegenden Fall bezieht sich die persönliche Erfahrung als Handlungsbasis auf berufliche Erfahrungen. In anderen Fällen wurden auch außerberufliche Erfahrungen als Wissensbasis angeführt, so zum Beispiel wenn eine Sozialarbeiterin in der Einschätzung der Erziehungsprobleme einer Klientin darauf rekurriert, selbst Mutter zu sein.

Da die von Regula offerierte Handlungsanweisung das Problem nicht abschließend lösen kann – es werden weiterhin Klienten um Vorschuß bitten –, bietet Albert einen Ausweg in Gestalt einer flexiblen Ausnahmeregel an. Mit den Gutscheinen kann der Sozialarbeiter dem Klienten entgegenkommen, ihn aber gleichzeitig einschränken und kontrollieren. Diese vom Standpunkt einer möglichst konfliktfreien Praxis her elegante Lösung generiert jedoch unweigerlich ein professionelles Dilemma: nach professionsethischen Standards beeinträchtigt sie die Würde des Klienten und ist deshalb abzulehnen. Hier kommt also normatives Wissen ins Spiel, das sich in diesem Fall aus den sozialarbeiterischen Theorien herleiten läßt. Daß es sich um normatives Rezeptwissen und nicht um empirisch begründete Einsichten handelt, zeigt das Beispiel einer weiteren umstrittenen Maßnahme. In der Stadt gibt es einen Laden der Caritas, in dem Bedürftige mit einem entsprechenden Ausweis des Sozialamts günstig Lebensmittel kaufen können, die in normalen Geschäften nicht verkäuflich sind, weil z.B. die Verpackung beschädigt ist. Weil sie auch hier ein Stigmatisierungsproblem sieht, weist eine Sozialarbeiterin ihre Klientin nicht auf diese Möglichkeit hin und bietet ihr keinen Ausweis an. Die Klientin hat nun aber von einer Kollegin von diesem Laden erfahren und beklagt sich im Interview mit der Forscherin darüber, daß die Sozialarbeiterin sie nicht informiert hat. Was für die Sozialarbeiterin Vermeidung von Stigmatisierung ist, wird von der Klientin als Sabotage ihrer Bemühungen, mit wenig Geld durchzukommen, wahrgenommen.

Auch generelle soziale Normen, die weder zwingend mit Berufs- noch mit Amtswissen verknüpft sind, bilden eine weitere wichtige Ressource für sozialarbeiterisches Handeln im Amt. Dies ist an sich wenig überraschend. Doch in der routinehaften und gleichförmigen Anwendung spezifischer Ausschnitte solchen Wissens im Amt tauchen Muster auf, welche dieser Kultur dennoch eine besondere Prägung verleihen. Es konnte mehrfach beobachtet werden, wie z.b. Mütter mit ihren Kindern in Kontakten mit Amtspersonen durchwegs auf eine Art Rücksicht und Verständnis gestoßen sind, die anderen Personengruppen ebenso systematisch nicht zuteil wird. Wir finden hier eine Doppelung der von Goffman konstatierten Idealisierung der Frau in unserer Gesellschaft als etwas Besonderes und Schützenswertes (Goffman 1994) durch die Anwesenheit eines Kindes. Im Verbund dieser Mutter-Kind-Sozialarbeiterkonstellation ließen sich auch jeweils gegengeschlechtliche Interaktionsverläufe registrieren, in denen z.B. der Sozialarbeiter schnell in eine Art väterliche, manchmal auch paternalistische Rolle hineingeraten ist. In der gleichgeschlechtlichen Zusammensetzung der erwachsenen Verhandlungspartnerinnen ermöglichen diese Normen die Herstellung eines situativen und ausschnitthaften Grundkonsensus zwischen den Anwesenden z.B. als Mütter. Diese Übereinstimmung, die infolge ihres Alltäglichkeitscharakters außerhalb der konkret zu bearbeitenden Probleme wie Geldknappheit usw. liegt, hilft mit, eine gemeinsame Ausgangsbasis herbeizuführen, von der aus dann wiederum in die weniger angenehmen Verhandlungsbereiche vorgestoßen werden kann. In diesem Bereich – das untersuchte Sozialamt ist in der Haupthalle und teilweise auch in den einzelnen Büros mit Spielsachen ausgerüstet – kann das geleistet werden, was wir hier noch ungenau als Normalisierungsarbeit bezeichnen. Solche Wissensbestände und Handlungsmuster bilden einen Teil dessen, was die Sozialarbeiterinnen und -arbeiter meinen, wenn sie den Forschenden gegenüber darauf bestehen, daß sie mehr tun, als Auszahlungen zu transferieren und Akten zu führen. Gerade solch allgemeines und hochgradig plastisches common sense-Wissen zeichnet in der Konkretion des zu bearbeitenden Falles das aus, was in der sozialarbeiterischen Fachsprache als Sozialkompetenz bezeichnet wird. Der Übergang solcher Sozialkompetenzbestände hin zu dem, was klar professionelles Interaktionswissen auszeichnet, ist im Sozialamt fließend. Während längerer Zeit blieb uns dadurch eine zentrale und durchaus durch Professionswissen aus dem Bereich der Gesprächsführungsmethoden gedeckte Handlungsstrategie unverständlich. Bei den Beobachtungen von sogenannten Aufnahmegesprächen und in hochgradig aufgeladenen Situationen z.b. bei Kürzungen der Unterstützung wegen Nichtbefolgung von Anweisungen der Sozialarbeiter durch Klienten verhalten sich die Sozialarbeitenden oftmals auffällig passiv und hochgradig selektiv. Sie lassen sich „überfahren" von den Klientinnen und Klienten, d.h. sie hören nur noch zu, und wenn sie überhaupt noch etwas zum weiteren Verlauf der Interaktionsfolge beitragen, dann höchstens in der Form präziser, gewissermaßen technischer Sachverhaltsfragen. Im Interview mit der Beschreibung dieses Musters konfrontiert, führte eine erfahrene und gut ausgebildete Sozialarbeiterin an, daß dies ganz klar eine professionelle Gesprächsführungsstrategie sei. Man lasse damit dem gegenüber Raum, um „Dampf abzulassen", überfordere die von ihren Problemen oft überwältigte Person nicht und konzentriere sich gleichzeitig auf das Notwendige und den nächsten Schritt. Diese Art des Umgangs ermöglicht es, professionsethische Erwägungen (ich gebe dem Gegenüber Raum für seine Geschichte und zeige damit Respekt) mit sehr praktischen Absichten (ich mache hier nur mal den nächsten richtigen Schritt, denn die Gesamtheit der Probleme läßt sich ohnehin nicht in einem Schlag lösen) zu verbinden und ist in der Tat eine elaborierte Form professioneller Intervention. Wichtig ist an dieser Stelle festzuhalten, daß aber gerade diese Form der Professionalität in der Gesprächs- und Klientenführung vom Betroffenen her betrachtet gleichzeitig auch den Eindruck einer Passivität, eines Desinteresses und gar Inkompetenz aufgefaßt werden kann. Diese doppelte Interpretationsstruktur macht es für Außenstehende jedenfalls schwierig, die Professionalität zu ‚sehen'.

3.4 „Ich möchte Ihnen ja gern helfen" – der Klient als Koproduzent der Hilfe

Die Sozialarbeit in der Sozialhilfe hat es mit unfreiwilligen Klienten zu tun: Bedürftige können nicht wählen, wo und bei wem sie Unterstützung beziehen wollen. Gleichzeitig können aber personenbezogene interaktive Dienstleistungen nur im Medium der Kooperation vollzogen werden. Eingriffe gegen die expliziten Interessen und Wünsche der Klienten sind tendenziell wirkungslos, sie erzeugen lange Verhandlungen und manchmal auch Konflikte mit den Klienten. Ein grundlegendes Problem der Sozialarbeiter ist es demnach, die Klienten unter den gegebenen Regelstrukturen zur Mitwirkung zu bewegen.[15] Sofern nun der Klient sich auf eine produktive Kooperation einläßt, gerät der Sozialarbeiter jedoch in eine insofern undankbare Lage, als sich der Erfolg seiner Bemühungen problemlos auch dem Klienten zuschreiben läßt. Mit anderen Worten ist der Klient Koproduzent eines erfolgreichen Handlungsverlaufs und wem was zuzurechnen ist, kann verhandelt werden.

Ein illustratives Beispiel dazu liefert ein Mann, der sich im Erstgespräch mit dem Sozialarbeiter als momentan finanziell überfordert bezeichnet, dies aber als einmaliges Ereignis darstellt. Im weiteren Gespräch findet der Sozialarbeiter aber Hinweise, die ihn hellhörig machen und er vermutet – wie er in der späteren Befragung angibt – ein drohendes Verlaufskurvenpotential (Schütze 1996) in Richtung persistierender und schwerwiegende-

---

[15] Dies ist ein Grundproblem einer jeder rationalen Organisation. Es spitzt sich umso härter zu, je weniger alltägliche Freiheitsgrade für die Betroffenen vorgesehen sind. Exemplarisch dargestellt für das Gefängnis sei verwiesen auf Maeder (1997), eine machttheoretische Fundierung dazu liefern Crozier und Friedberg (1993). In diesem Sinn ist das Sozialamt ein Ort härtester Machtausübung, da für die Klientinnen und Klienten ein umfassendes bürokratisches Programm ohne jede Wahlmöglichkeit im Anschlag steht. Richtig bewußt ist uns dieser Sachverhalt geworden, als wir für den Feldforscher und seine Familie das Existenzminimum berechnen ließen. Der ausführende Sozialarbeiter stellte kühl und trocken die nötigen Fragen zur Familiengröße, den Wohnverhältnissen usw. und stellte gemäß dem Berechnungsschema und den Amtsusanzen das Ergebnis zusammen und bemerkte dazu, daß hier praktisch kein Verhandlungsspielraum mehr drin sei.

rer Schwierigkeiten. Der alleinerziehende und noch unter Scheidungsschock stehende Mann ist aus seiner Sicht verwundbar und kein Fall, der nur an einem finanziellen Engpaß leidet. Jedenfalls kommt für ihn eine einfache, einmalige Übernahme von angeblich außerordentlichen Rechnungen nicht in Frage und entspricht auch nicht der Praxis im Amt. Dem Mann wird empfohlen, sich an eine Beratungsstelle zu wenden. Der Mann hat in der Folge sein Unterstützungsgesuch zurückgezogen. Aus Sicht der Amtslogik liegt hier insofern ein Erfolg vor, als Sozialhilfekosten unmittelbar nicht entstanden sind. Doch diese sind selbstverständlich nur deshalb nicht entstanden, weil der Mann sich dazu entschlossen hat, sein Gesuch nicht aufrechtzuerhalten. Insofern ist dies ein fraglicher und möglicherweise auch nur vorübergehender Erfolg des Sozialarbeiters und der Erfolg läßt sich nicht exklusiv zurechnen, sondern muß geteilt werden. Die engen Grenzen der bürokratisch möglichen Hilfe und das Bestehen des Sozialarbeiters auf seiner engen Auslegung des gesellschaftlichen Mandats wurden hier zuungunsten des Klienten benützt. Aus der Sicht der Profession ist der Vorfall kein Erfolg, weil der Mann sich nicht auf die Problemdeutung des Sozialarbeiters einläßt und nicht zum Klienten einer Beratung werden will. Die notwendige Koproduktion des Klienten, um Ergebnisse welcher Art auch immer zu erzielen, ist für die Sozialarbeit insofern undankbar, als ihr in der Regel wenig Anteil am Resultat zugeschrieben wird und der Erfolg (siehe obiges Beispiel) gar einfach unsichtbar bleibt, weil keine Leistung mehr vorzuweisen bleibt. Im Mißerfolgsfall bietet dieser Sachverhalt allerdings auch Exkulpation für die Sozialarbeitenden: Mißerfolge können immer auf Klienten abgewälzt werden (vgl. dazu auch: Lipsky 1980, S. 56).

4. Schlussfolgerungen

Wir sind von der Darstellung des Kräftefeldes ausgegangen, in dem Sozialarbeit in der Sozialverwaltung steht. Dabei wurde sichtbar, wie die Organisations-, die Handlungs- und Deutungsebenen eng aufeinander bezogen und ineinander verzahnt sind. Das Problem für die Sozialarbeitenden besteht darin, vor einem umstrittenen und bruchstückhaften professionstheoretischen Hintergrund und in Abhängigkeit von zu Organisationsregeln gerinnenden sozialpolitischen Vorgaben und Restriktionen funktionierende Lösungen für ihre Fälle zu generieren. Dazu sind sie auf weiten Strecken auf Wissensbestände einer alltäglichen Aushandlungspragmatik angewiesen, die weder exklusiv ihrer Deutungsmacht unterstehen, noch ausschließlich sozialarbeiterische sind. Der allfällige Erfolg solcher Bemühung muß zudem auch mit den Klientinnen und Klienten geteilt werden und er ist nur bei genauester Beobachtung als ein Ergebnis professioneller Kompetenz überhaupt erkennbar. Professionelle Handlungsstrategien bleiben zudem mehrdeutig und sind nur schwach mit allgemeinen Regeln der Profession verbunden. Die große Herausforderung dieser Arbeit, die ‚Mühen der Sozialarbeit' im Amt liegen darin, diese verschiedenen Wissensbestände in einer Art ‚bricolage' situativ kompetent unter Zeitdruck zusammenzubringen, in entsprechende Handlungsrepertoires zu überführen und gegen Dritte zu vertreten. Undankbar an dieser durchaus anspruchsvollen Arbeit bleibt, daß sie weder auf unzweifelhaft eigene und wirksame Wissensbestände der Profession gestützt werden kann, noch sich allein Erfolge jenseits der Erfüllung bürokratischer Vorgaben zuschreiben darf.

Hanns-Peter Ekardt, Kassel

Kapitel 6: Das Sicherheitshandeln freiberuflicher Tragwerksplaner:

Zur arbeitsfunktionalen Bedeutung professioneller Selbstverantwortung

1. Einleitung – Professionalität in arbeitssoziologischer Perspektive

Ingenieurpraxis, zumindest im hier behandelten Bereich bautechnischer Infrastruktur, ist professionelle Praxis. Sie ist deshalb, mit ihren Besonderheiten, eine mögliche Kandidatin professionssoziologischer Analyse. Dies gilt auch im Lichte eines modernen „struktur-theoretischen" Ansatzes der Professionssoziologie, wie ihn Oevermann vertritt. Diese Behauptung mag besonderen Reiz für diejenigen Leser haben, die aus der Lektüre der Oevermannschen Arbeiten wissen, daß er Ingenieurpraxis definitiv aus dem Kreis professionalisierbarer Tätigkeiten ausschließt (Oevermann 1997b, S. 10). Entgegen Oevermanns Perspektive auf die Ingenieurpraxis wird im vorliegenden Beitrag die Auffassung vertreten, daß gerade in Termen des Oevermannschen Professionalitätskonzepts die Rationalität der Ingenieurpraxis sachangemessen erfaßt werden kann. Sie ist deshalb nicht nur eine mögliche, sondern auch eine notwendige Kandidatin professionssoziologischer Analyse.

1.1 Praxis im Kontext von Krise, Risiko und Sicherheit

Zentrale Kriterien der Professionalisierbarkeit und/oder der Professionalisierungsbedürftigkeit arbeitet Oevermann auf der Grundlage seines „strukturtheoretischen" Ansatzes heraus. Den klassischen Professionstheorien mangelt es nach seiner Auffassung an solchen „schlüssigen Ableitungen" aus „inneren Sachgesetzlichkeiten der zu bewältigenden Handlungsproblematik" (a.a.O., S. 9). Im Lichte solcher struktureller Sachgesetzlichkeiten als Ableitungsbasis erscheint ihm sogar eine bis dahin als stark empfundene Begründung für Professionalität wie die des Klientenbezugs des Praktikers als oberflächlich, so daß es ihm nicht zulässig erscheint, im Wege einer Analogiebildung mit den freiberuflichen Ärzten, solchen Berufen wie den Anwälten nur wegen des auch für sie wichtigen Klientenbezugs Professionabilität zuzuschreiben (a.a.O., S.12).

Zentrale, auf Professionalität einer Praxis hinweisende Aspekte des Oevermannschen Ansatzes sind: Professionelle Praxis setzt, im Unterschied zum ‚normalen' Alltag, mit dem krisenhaften Versagen eingespielter Routinen ein. Invers zum Alltag der Normalbevölkerung ist die Krise der Normalfall des Professionellen. Drei Komplexe des gesellschaftlichen Lebens kommen nach Oevermann für solche Krisen in Frage, der rechtspflegerische und der therapeutische Komplex, sowie die Wissenschaft als Komplex systematischer Prüfung von Geltungsfragen (Oevermann 1997a, S. 88). Die Krise bildet die unfreiwillige (oder auch methodisch herbeigeführte) Öffnung des Tors zur Zukunft, zur Findung des Neuen. Mit dem gefundenen Neuen, mit der Krisenlösung, mit der neuen Routine oder den neuen Gewißheiten wäre das Tor bis auf weiteres wieder geschlossen. Sich auf die neue Lösung, auf die neue Routine stützen, setzt *in der professionellen Praxis* die durch wissenschaftliche Kompetenz geprägte *Prüfung von Geltungsfragen* voraus. Diese Prüfungsprozedur bildet die professionelle Sphäre im engeren Sinn (Oevermann 1997a, S. 85). Professionelle Praxis im Ganzen ist damit strukturell durch ein Zwei-Phasen-Modell beschreibbar (a.a.O. S. 82): (1) „die primäre

Phase der aktiv-praktischen Entscheidung zu einer Aktion, die immer auch eine spontane, reflexartige, intuitiv von der Richtigkeit überzeugte Entschließung ist". Und (2) die sekundäre Phase, die analytische Rekonstruktion der Handlungsvorgabe, die problematisierende Bearbeitung von Geltungsfragen.

Dieses Spannungsfeld von tatkräftiger, gestaltender Entschließung, die dank zeitlicher und sachlicher Einschränkungen auch nicht von dezisionistischen Momenten frei sein mag, und wissenschaftlicher Prüfung von Geltungsfragen machen professionelle Praxis (ausnahmslos in den genannten drei gesellschaftlichen Problemfoci) zur privilegierten Zone der Vermittlung von Theorie und Praxis (a.a.O., S. 79f). Diesem Spannungsfeld von Entscheidungszwang und Begründungsverpflichtung verdankt sich die Autonomie professioneller Lebenspraxis, der die spannungsvolle Vermittlung von lokaler Fallstrukturbearbeitung und gleichzeitiger Orientierung an universell geltenden Handlungsprinzipien obliegt. Professionelle Praxis bildet den „Strukturort der systematischen, nicht zufälligen Erzeugung des Neuen durch Krisenbewältigung" (a.a.O., S.81).

Kritisch sei vermerkt, daß (1) die generelle und ausdrückliche Ausschließung von Ingenieurpraxis aus diesem Praxisfeld nicht nachvollziehbar erscheint und (2) die besondere professionelle Zuständigkeit für Phase zwei (Prüfung von Geltungsfragen) und komplementär hierzu die deskriptive Unterbelichtung dessen, was in Phase eins, also im Prozeß der Erschaffung des Neuen, geschieht, nicht einleuchtet. Diese Kritikpunkte werden hoffentlich im Zuge der Darstellung der Sicherheitsgewährleistung in der Tragwerksplanung plausibel. Ungeachtet dieser Kritik ist aber auf die großen Affinitäten zwischen Oevermanns Ansatz und den nachfolgenden Überlegungen hinzuweisen.

Die strukturtheoretische Affinität der hier vorgestellten Überlegungen zum Oevermannschen Ansatz hat ihre Wurzeln im *arbeitslogisch-arbeitsstofflichen Konzept der Handlungsanalyse* von Ingenieurarbeit, das der Verfasser in mehreren Arbeiten, insbesondere in solchen zum Thema der Ingenieurverantwortung, vorgelegt hat (Ekardt 1978, 1993, 1995, 2000a; Ekardt/Manger u.a. 2000). Die arbeitslogisch fundierte Handlungsanalyse grenzt sich gegen zwei der Ingenieurpraxis gewidmete Theoriekomplexe ab, die in unterschiedlicher, aber komplementärer Weise die Verschränkung technischer Expertise mit normativen Aspekten der Praxis unzureichend bearbeiten oder gänzlich verfehlen. Dies sind zum einen die Konstruktionswissenschaft und die Entwurfstheorie samt benachbarter Ansätze (Pahl/Beitz 1977; Hansen 1974; Banse/Friedrich 2000) sowie die Ingenieurethik und die an ethischen Fragen interessierten Beiträge zur Ingenieurausbildung (Detzer 1995; Ropohl 1996; Duddeck 2001; Lenk 1991; VDI-Hauptgruppe 1991).

Das vom Verfasser vorgelegte arbeitslogische Konzept weist folgende Merkmale auf: Die von Ingenieuren, zum Beispiel von Tragwerksplanern (s.u.), zu erbringenden Leistungen ruhen sachlogisch unhintergehbaren Strukturen auf, auf deren Hintergrund diese Leistungen überhaupt erst identifiziert werden können. Im einzelnen können diese Strukturen hier nicht vorgestellt werden. Zu ihnen gehören die Gliederung der Arbeitsprozesse in Phasen und deren zirkuläre Verknüpfung, insbesondere die Wechselbeziehung zwischen konstitutiven/generativen und analytischen/evaluativen Phasen; die interaktive Problemkonstitution unter Beteiligung von Experten und Laien und damit das Handeln an der Schnittstelle zwischen Technik und Politik, der Zwang zur Inkaufnahme von Wissensvorbehalten bei den zu treffenden Entscheidungen und zum verantworteten Aufwandsstopp bei prinzipiell sachlich nicht begrenzbarem Aufwand, damit der Zwang zur Abwägung zwischen Qualitätssteigerung und Aufwandssteigerung; der Zwang zur Abwägung zwischen der Rücksichtnahme auf unterschiedliche, gleichermaßen involvierte Wertdimensionen; die Unvermeidlichkeit des Handelns ins Offene unter Inkaufnahme evolutionärer Risiken (Krohn/Krücken 1993) und damit der Zwang zur Vergegenwärtigung der Interessen zukünftig Betroffener (Ekardt 2000b).

1.2 Krisenkonstitution und Sicherheitsstrategie

In bezug auf das Prinzip der technischen Sicherheit der bautechnischen Infrastruktur ist jedes Planen, Entwerfen und Konstruieren ein Handeln ins Offene, ein Prozeß der Konstruktion von Risiken, die erst im Gegenschritt durch Sicherheitsstrategien unter Vorbehalten eingefangen werden. Planen und Entwerfen technischer Infrastruktur ist insofern ein Prozeß vorsätzlich herbeigeführter Krisen angesichts des bei allen Baubeteiligten und Drittbetroffenen herrschenden Sicherheitsinteresses. In der routineförmig herbeigeführten Krise werden nicht stellvertretend Geltungsfragen geprüft, sondern Verantwortung übernommen für die Einsatzvoraussetzungen von wissenschaftlichem Wissen, für unvermeidliche Wissensvorbehalte, Kontextunvertrautheiten, Risikokonstrukte und vorbehaltliche Sicherheitsaussagen, Verantwortung auch für den Geltungsanspruch der handlungsorientierenden Normen. Das Maß der Verantwortung variiert mit dem Gefahrenpotential der abzuwehrenden oder abzusichernden Störfälle, es ist bei Staudämmen, Industrieanlagen, Großbrücken größer als bei Kaufhäusern und Schulen, und bei diesen größer als bei Ein- oder Mehrfamilienhäusern.

Diese kursorische Auflistung sachlogischer Strukturen gibt Anlaß zur Formel von der *objektiven Normativität* des Arbeitsprozesses, auf die die Praktiker mit subjektiven Leistungen (zum Beispiel Urteilen bestimmten kognitiv-moralischen Niveaus) antworten, unter anderem unter Orientierung an institutionalisierten normativen Medien, wie zum Beispiel dem Technikrecht, den technischen Normen und insbesondere professionellen Normen. Aus den skizzierten Umständen kann die Rationalität der Ingenieurpraxis nicht eingeschränkt als technische Rationalität konzipiert werden. Sachangemessener ist ihre Beschreibung als *praktische* Rationalität unter einem umfassenden Vernunftanspruch. Für den Praktiker heißt dies, unter den beiden nicht notwendig konvergenten Anforderungen der ökonomischen Selbsterhaltung und der Wahrung der moralischen Selbstachtung zu handeln (Ekardt 2000b).

1.3 Staatliche und professionelle Risikosteuerung

Die strukturtheoretische Ableitung von Professionalität einer Berufsgruppe (sensu Oevermann) ist in ihrem Gewicht von der funktionalen gesellschaftlichen Bedeutung dieser Gruppe abhängig. Die technische Sicherheit infrastruktureller Anlagen, speziell die Standsicherheit von Ingenieurbauwerken, liegt im öffentlichen Interesse. Die Gewährleistung dieser Sicherheit erscheint daher zunächst als Aufgabe rechtlicher, mithin *staatlicher Risikosteuerung*. Als Instrumente stehen hierfür die Gesetzgebung und die vollziehende Verwaltung mit ihrer Genehmigungs- und Überwachungspraxis zur Verfügung. Sind diese Verwaltungen gut organisiert und mit qualifiziertem Personal quantitativ ausreichend besetzt, erscheint dem öffentlichen Sicherheitsinteresse Genüge getan. Auch die Mechanismen des Bau- und Planungsmarktes und die von diesem regulierten ökonomischen Interessen der Baubeteiligten können (müssen allerdings nicht) als Faktoren eines institutionellen Sicherheitskonzepts fungieren. Das Interesse an zukünftigen Aufträgen und die Transparenz von Planungs- und Ausführungsleistungen in bezug auf ihre Qualität bilden hierfür eine Voraussetzung. Jede Handlung eines Baubeteiligten ist nicht nur auf das jeweils aktuelle Projekt bezogen, sondern hat eine potentiell akquisitorische Funktion in Bezug auf die nächsten Phasen des Baumarktes. Sicherheit folgt also hiernach aus der Bändigung technischer Rationalität durch Orientierung am Recht und dessen Sanktionen, sowie aus der Selbstkontrolle qua ökonomischem Interesse. Diese Überlegungen vorausgesetzt, stellt sich die Frage, welche funktionale Bedeutung *professioneller Selbststeuerung* für die Sicherheit der Bauten und damit für das Gemeinwohl überhaupt zukommen kann. Haben arbeitsmoralische Urteilsfähigkeit und professionelle Selbstbeschränkung sowohl strukturtheoretisch als auch funktional einen Platz in einem wirklichkeitsnahen Konzept der Rationalität der Ingenieurpraxis? Oder in der Perspektive des vorliegenden Bandes gefragt: Inwiefern ist Ingenieurpraxis professionelle Praxis im Unterschied zur

Praxis bloßer technischer Experten, und inwiefern läßt sich diese Frage professionssoziologisch entscheiden?

Im vorliegenden Beitrag wird nur die arbeitsfunktionale Bedeutung professioneller Qualitäten des Handelns einer Gruppe von Bauingenieuren behandelt. Dies geschieht anhand des Konzepts der *Logik des Arbeitsprozeßes*. Es werden nicht der professionsorganisatorische Status dieser Gruppe und das professionelle Bewußtsein ihrer Angehörigen untersucht. Es wird nicht die Frage untersucht, ob die betroffene Ingenieurgruppe faktisch eine Profession bildet. Folgt man Offes Überlegungen zu den Existenzvoraussetzungen zivilgesellschaftlicher Strukturen sozialer Lebenswelten (Offe 1989, S. 740), dann kommt es unter anderem darauf an, daß ihre Existenz überhaupt einen Bedarf erfüllt. Im vorliegenden Fall heißt dies, ob professionellen, zivilgesellschaftlichen Leistungen freiberuflicher Ingenieure eine gesamtgesellschaftlich existenzerhaltende Funktion zukommt, die Staat und Markt nicht erfüllen können, also die Gewährleistung von Sicherheit und Verfügbarkeit der öffentlichen Infrastruktur. Sofern die Antwort positiv ausfällt, kann sich die organisatorische Konsequenz hieraus durchaus auf Aspekte der Arbeitsorganisation beschränken, etwa in der Form von auch durch Vertrauen gestützten Netzwerken und Projektorganisationen (Weyer 1997, Abel 1997), bei Verzicht auf verbandliche, professionellen Status verteidigende Organisationsformen. Für Ingenieure trifft dies im Vergleich zu Ärzten, Anwälten, Architekten weitgehend zu.

1.4 Praktische Rationalität

Die Rationalität und Professionalität der Praxis der Tragwerksplaner (in der Umgangssprache ‚Statiker') hat einen ausgeprägt technisch-wissenschaftlichen Kern. Baumechanik, Mathematik, Konstruktionstechnik und Materialwissenschaft bilden seine unverzichtbaren Elemente. Es kommt deshalb nicht von ungefähr, daß die Rationalität dieser Praxis und dieser Ingenieurgruppe als *technische Rationalität* konzipiert wird. Auch das Technikrecht setzt zunächst einmal bei seinen Adressaten auf Expertise in Termen der Ingenieur- und Technikwissenschaft. Die rechtliche Zumutung besteht darin, vom jeweils geforderten Stand der Technik (oder der Wissenschaft und Technik oder der allgemein anerkannten Regeln der Technik) auch wirklich Gebrauch zu machen. Ingenieurrationalität und technische Rationalität bilden hiernach Synonyme, sowohl in der Fremdwahrnehmung, etwa durch die Sozialwissenschaften und das Recht, als häufig auch in der Selbstwahrnehmung der Ingenieure.

Das gleichwohl vorhandene Wissen um die ökonomische und politische Einbettung dieser Praxis führt dann zu *nachträglichen Korrekturen* des ‚eigentlichen' Rationalitätskonzepts der Ingenieurpraxis, meist im präskriptiven Modus. Dieses enge Rationalitätskonzept zeichnet sich inhaltlich durch Beschränkung auf die technische Dimension der Effektivität aus, im Handlungsmodus durch Beschränkung auf Zweckrationalität (instrumentell und strategisch), im politisch-moralischen Sinn durch Rückzug auf Ausführungsverantwortung. Ingenieuren wird nun aber von Unternehmerseite Kostendenken abverlangt, von anderen Akteuren ökologische und ästhetische Rücksicht, das Denken in den rechtlichen Rahmenbedingungen des Bauwesens, die Rücksicht auf die Interessen kommender Generationen. Die Einsicht in die Rolle der Tragwerksplaner als Experten in ihrer wesentlich kommunikativ und nicht nur strategisch vermittelten Beziehung zu Auftraggebern, politischen Entscheidungsträgern, Ordnungsverwaltungen und zu einer organisierten Öffentlichkeit (Beratungspraxis als Experten-Klienten-Beziehung und zugleich als Experten-Laien-Beziehung) führt schließlich zu weiteren Korrekturen und ‚Anbauten' dieses immer barockere Formen annehmenden Gebildes der Rationalität der Ingenieurpraxis. Entgegen dem zunächst restriktiven Konzept technischer Rationalität wird „soziale Handlungskompetenz" zum Ausbildungsziel und Technikethik zum schmerzlich vermissten Bestandteil der Ingenieurausbildung (Lenk 1991). Die Konjunkturen der Technikbewertung und der Technikethik können als Kompensationen der Defizite eines Modells von Ingenieurrationalität aufgefaßt werden, das in erster Näherung als bloße technische Rationalität konzipiert worden ist.

Die Reparaturfunktion der gegenwärtigen Technikethik bezieht sich daher auch nicht nur auf die reale Technikentwicklung, sondern auch auf die defizitäre Modellierung der entsprechenden Entwicklungspraxis (Ropohl 1996).

Im vorliegenden Beitrag wird als Ausweg aus dieser unbefriedigenden Lage ein von Anbeginn umfassenderes, wirklichkeitsnäheres und sachhaltigeres Konzept von Ingenieurpraxis und damit von Ingenieurrationalität vorgeschlagen. Dies bedeutet im ersten, wichtigsten Schritt, zwischen technischer Rationalität und Ingenieurrationalität zu unterscheiden. Bloße technische Rationalität hat nach der hier vertretenen Auffassung keinen sozialen Ort. *Kein praktisches Ingenieurproblem kann in ausschließlich technischen Termen formuliert und gelöst werden, kein bautechnisches Planungsproblem kann in isolierter Sacharbeit, an den Perspektiven und Interessen der vielen Baubeteiligten vorbei, konstituiert und bearbeitet werden.* Deshalb ist Ingenieurrationalität als praktische Rationalität von vornherein dimensional umfassender, in den Handlungsmodi facettenreicher und unter Bezug auch auf die handelnde Person selber zu konzipieren. Das Gelingen der Ingenieurarbeit ist nicht nur von Belang für die ökonomische Selbsterhaltung der handelnden Person, sondern auch für die Wahrung ihrer moralischen Selbstachtung. Dies soll am Beispiel der Sicherheitspraxis der Tragwerksplaner und an der Modellierung dieser Praxis illustriert werden. Dabei geht es inhaltlich um folgende Fragen: Welchen Leistungen der Tragwerksplaner über die technisch-wissenschaftlichen Analysen und Urteile hinaus verdankt sich die Sicherheit der Bauten und was folgt hieraus für die Frage nach der Professionalität dieser Ingenieure? Mit welchen normativen Anforderungen sieht sich der Praktiker qua Logik des Arbeitsprozeßes konfrontiert? Wie kommen normative Medien, zum Beispiel das Recht oder professionelle Normen, arbeitslogisch überhaupt ins Spiel?

Im vorliegenden Beitrag wird also das Problem der *Professionalität* der Ingenieurpraxis *aus einer arbeitssoziologischen und arbeitsstofflichen Perspektive* aufgeworfen und nicht aus einer sozialstrukturellen oder berufssoziologischen Perspektive.

2. Die Praxis der Tragwerksplaner – ein Handlungsmodell

Tragwerksplaner entwerfen und berechnen sogenannte Tragwerke. Als Tragwerk wird diejenige Substruktur eines Bauwerks bezeichnet, die die Lasten des Bauwerks und die aus den äußeren Einwirkungen wie zum Beispiel Verkehrslasten, Wind folgenden Kräfte in den Baugrund ableitet. Bei Ingenieurbauwerken entwerfen die Ingenieure das ganze Objekt und nicht nur das Tragwerk. Brücken bilden markante Beispiele solcher Ingenieurbauwerke, zu denen im übrigen die ganze bautechnische Infrastruktur (Wasser, Abwasser, Abfall, Verkehr) gehört. Die Funktion der Tragwerksplanung wird in verschiedenen sozialen Rollen ausgeübt, deren professionell relevanteste die des Freiberuflers ist. Die Tragwerksplanung erstreckt sich über viele sachlich unterscheidbare Phasen, von ersten tastenden Problemformulierungen bis zu der Ausführungsplanung. Adressat, Auftraggeber, Interaktionspartner des Tragwerksplaners in den frühen Phasen sind der Bauherr, die Genehmigungsbehörden und die interessierte Öffentlicheit, an deren Stelle in den späten Phasen die ausführenden Unternehmungen und Überwachungsbehörden treten. Freiberufler, Beratende Ingenieure übernehmen in der Regel die frühen Phasen und schalten hierbei auch ihre Mitarbeiter ein, während die Ausführungsplanung oft von den technischen Abteilungen der ausführenden Firmen erledigt wird, wenn sie diese nicht an Freiberufler untervergeben. In den frühen Phasen ist es Aufgabe des Beratenden Ingenieurs, seinem Auftraggeber dabei zu helfen, seinen Bauherrenwillen überhaupt zu formulieren, ihm in einem zirkulären Prozeß zu zeigen, was er überhaupt wollen kann.

2.1 Entwerfen und Berechnen

Entwerfen und *Berechnen* bilden die beiden Grundelemente der Tragwerksplanung. Sie sind kreisförmig verbunden, ganz ähnlich der Verknüpfung der primären und sekundären Phasen in Oevermanns Professionsmodell (Oevermann 1997a, S. 82). Ein Standsicherheitsnachweis (und auch sonstige Eigenschaftsaussagen) kann erst in bezug auf ein zuvor entworfenes Tragwerk oder Tragwerksteil geführt werden. Erforderlichenfalls folgen dem nicht zufriedenstellenden oder sogar Grenzwerte verletzenden Nachweis Modifikationen am Entwurf. So bilden sich in der Praxis mehr oder weniger zirkuläre Abläufe zwischen Entwurf und Nachweis heraus, wobei dieser funktionale Kreisprozeß verschränkt ist mit fortgesetzten Interaktionen zwischen dem Tragwerksplaner und Bauherrn, Architekt, parallelen Planern, Liefer- und Ausführungsfirmen. Es hängt vom Grad der Vertrautheit und der Komplexität der Aufgabenstellung ab, wie stark die Zirkularität zwischen Entwerfen und Berechnen ausgeprägt ist. Die geschilderte Phasenstruktur (Schwarz 1983; Mühlschwein 1979; Ekardt 1978) ist in Abbildung 1 schematisch dargestellt. Die Unterscheidung von Entwerfen und Berechnen (auch Bemessen, Nachweisen) und deren zirkulärer Verknüpfung hat weitreichende Bedeutung für den Rationalitätsbegriff der Ingenieurpraxis und für die Bestimmung des Stellenwerts technisch-wissenschaftlicher Expertise im Kontext eines professionellen Praxiskonzepts. Dies wird sich bei der nachfolgenden Darstellung der Sicherheitspraxis der Ingenieure und ihres Sicherheitsbegriffs zeigen.

Abbildung 1: Phasenmodell

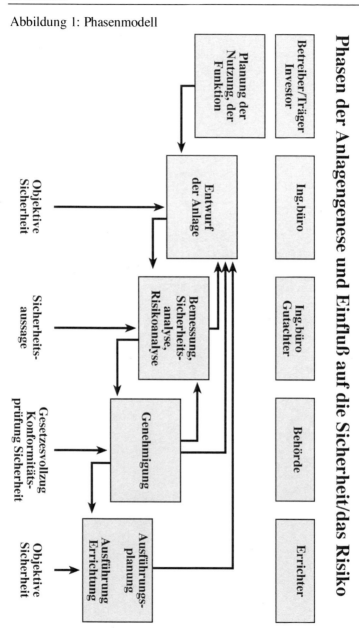

Abbildung 2: Zwei-Ebenen-Modell

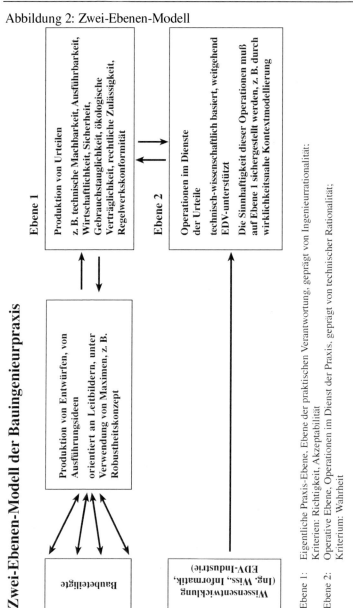

Ebene 1: Eigentliche Praxis-Ebene, Ebene der praktischen Verantwortung, geprägt von Ingenieurrationalität;
Kriterien: Richtigkeit, Akzeptabilität
Ebene 2: Operative Ebene, Operationen im Dienst der Praxis, geprägt von technischer Rationalität;
Kriterium: Wahrheit

Ausgehend von der Unterscheidung zwischen technischer Rationalität und umfassenderer Ingenieurrationalität und bei Anerkennung der Zentralität technisch-wissenschaftlicher Expertise für die Tragwerksplanung stellt sich die Frage, wie diese ins Spiel der Praxis kommt oder in welcher Weise der Praktiker von dieser Expertise Gebrauch macht, denn Professionalität zeigt sich gerade darin, wie sie von technischer Expertise Gebrauch macht. Hierauf soll das Zwei-Ebenen-Modell der Ingenieurpraxis (Abbildung 2) eine Antwort geben. Ebene 1 in diesem Modell repräsentiert das bereits skizzierte Wechselspiel zwischen Entwerfen und Bemessen, das mit sozialen Interaktionen zwischen den Baubeteiligten verschränkt ist. *Entwerfen* umschreibt einen sehr voraussetzungsreichen generativen Prozeß der Produktion von Handlungsoptionen, in den individuelle und institutionelle Erfahrungen, Leitbilder, Routinen einfließen. Phantasie, Kreativität, „inneres Auge" (Ferguson 1993) haben hier ihren systematischen Ort, auch wenn das faktische Entwerfen in zahlreichen Fällen von Routine, Musterlösungen, unreflektiert sich durchsetzenden Leitbildern beherrscht ist. Die wie immer erarbeiteten Optionen werden zum Gegenstand von Analysen, von bewertenden *Aussagen*, zum Beispiel von Aussagen über die Ausführbarkeit, die Standsicherheit, die rechtliche Zulässigkeit, die Wirtschaftlichkeit in Herstellung und Betrieb.

2.2 Geltungsansprüche von Aussagen

Im Dienste der Produktion dieser Aussagen und Urteile werden in großem Umfang formale Operationen auf technisch-wissenschaftlicher Basis durchgeführt, heute fast vollständig EDV-gestützt (Ebene 2 des Modells). Die Ergebnisse dieser Operationen unterliegen dem Geltungsanspruch der Wahrheit, im Bereich der Baustatik zum Beispiel der Wahrheit der Behauptung der Einhaltung der Gleichgewichts- und Kontinuitätsbedingungen im untersuchten statischen System. Dieser physikalisch-mathematische Wahrheitsanspruch ist ein interner Geltungsanspruch in den durch praktisches Handeln konstituierten Grenzen. Er ist ein formaler Anspruch, insofern die Sinnhaftigkeit der durchgeführten Operationen nur auf der Ebene 1 des Modells, der eigentlichen Praxisebene sichergestellt werden kann, zum Beispiel durch die Modellierung des Kontextes, durch die Systemmodellierung, durch die Festlegung problemangemessener Forderungen an die Wirklichkeitsnähe der Aussagen. Auch sind auf dieser Ebene Wissensvorbehalte zu verantworten. Auf dieser Praxisebene gelten Geltungsansprüche der Richtigkeit, der Vertretbarkeit (etwa der getroffenen Stoppentscheidungen zur Begrenzung des Bearbeitungsaufwands), der rechtlichen Zulässigkeit, der politischen Durchsetzbarkeit, der sozialen und ökologischen Verträglichkeit.

Nach diesem vorgeschlagenen Zwei-Ebenen-Modell der Ingenieurpraxis bilden technische Rationalität und ihre ingenieurwissenschaftlichen Grundlagen (d.h. Ebene 2) zwar elementare Kerne der umfassenderen Ingenieurrationalität, sie sind aber in dieser ‚aufgehoben' und durch ihren Vernunftanspruch gebunden. Technische Rationalität bildet nur einen unter vielen zugleich wirksamen Rationalitätsaspekten, und technisch-wissenschaftliche Operationen bilden nur ‚Unterprogramme' der umfassenderen praktischen Zweckprogramme. Ingenieurrationaltät erweist sich in der Integration der verschiedenen Rationalitätsaspekte und in der Schaffung von Voraussetzungen sinnvollen Theorieeinsatzes. Das soll – nach einem Exkurs zum Begriff der Ingenieurrationalität – am Sicherheitsbegriff und an der Sicherheitspraxis der Tragwerksplanung gezeigt werden.

3. Exkurs – Rationalität der Ingenieurpraxis und Rationalität der Praxisbeschreibung.

Was heißt es, nach der Rationalität der Ingenieurpraxis zu fragen? Zu einer umfassenden Skizze würden Antworten auf drei verschiedenen Beschreibungsebenen gehören (Acham 1984, S. 32): (1) Subjektive oder Handlungsrationalität; hierzu gehören die Handlungsmodi (teleologisch, normenorientiert, dramaturgisch, kommunikativ) und die handlungsrelevanten Ziele, Werte, Motive, Geltungsansprüche. (2) Objektive oder Systemrationalität;

hierzu rechnen wir einmal systemische und institutionell-organisatorische äußere Zwänge, Zielvorgaben, Partikularrationalitäten wie Technik, Ökonomie, Recht, Politik und zum anderen die arbeitsstofflich-arbeitslogischen Unhintergehbarkeiten. (3) Rekonstruktionslogische Rationalität: während die Analyseebenen (1) und (2) Gegenstand oder Objekt der Analyse betreffen, also die untersuchten Akteure, Handlungen, sozialen Strukturen, bezieht sich die rekonstruktionslogische Rationalität auf das Gelingen oder Mißlingen des Beschreibungsversuchs durch den Sozialwissenschaftler. Im hier vorgelegten Beitrag nehmen wir auf alle drei Ebenen Bezug, wobei der Schwerpunkt auf der Analyse der objektiv-arbeitslogisch bestimmten subjektiven Rationalitätsperspektive liegt. Die Aufgabe der Rekonstruktion besteht also darin, die oben unterschiedenen Beschreibungsebenen 1 und 2 systematisch zu verknüpfen. Dies ist es, was auch Oevermann gewollt haben müßte.

Professionalität ist ein Modus von Handlungsrationalität. Dieser Rationalitätstypus überschreitet die engen Kategorien von Effektivität, technischer Rationalität, Instrumentalität oder auch Zweckrationalität. Er gehört in den Umkreis einer Theorie der Praxis (Beck, 1997) im Unterschied zu einer bloßen Handlungstheorie. Ingenieurrationalität als praktische Rationalität qualifiziert ganze und komplexe Praxiszusammenhänge bis hin zu einer die Berufsausübung prägenden Lebensform. Professionelle Praxis fügt sich nicht in das begriffliche Korsett der „Funktionskreise zweckrationalen Handelns" (Habermas 1968). In Praxiszusammenhängen verfließen die Grenzen zwischen Problemstellung und Problemlösung, zwischen Zielsetzung und Zielverfolgung, zwischen Normsetzung oder Norminterpretation und Normbefolgung, zwischen Politik und Technik, zwischen politischer Verantwortung und Ausführungsverantwortung, zwischen einem soziologischen Verantwortungsbegriff (Rollenverantwortung) und einem arbeitsmoralischen Veranwortungsbegriff (Niveau kognitiv-moralischer Urteile). Einschlägige soziologisch-handlungstheoretische Erörterungen bleiben hoffnungslos unterkomplex gegenüber den Erfordernissen sachhaltig realitätsnaher Praxisbeschreibungen (Honneth 1980, S. 185ff). Diese thetischen Sätze sind nicht normativ gemeint, sondern haben deskriptiven oder konstativen Charakter, sie erschließen sich über eine sachangemessene strukturtheoretische oder arbeitslogische Praxisanalyse. Was begrifflich nicht vorgesehen ist, kann auch nicht wahrgenommen werden. Aus der Perspektive einer die Welt sowohl technisch als auch sozial ständig transformierenden Planungs- und Baupraxis überzeugen die Kritiken von Beck (1997, S. 307) und Joas (1996, S. 15) am Charakter des Weberschen Konzepts und vieler Weberrezeptionen, daß sie von einer kontemplativen Beziehung eines erkennenden Subjekts zu einer Welt von Tatsachen ausgehen. Sie setzten voraus, daß im Erkennen der Welt Orientierungen gefunden, dann Zwecke gebildet und diese dann mit adäquaten Mitteln verfolgt würden. Demgegenüber sei es erforderlich, der Reziprozität von Mitteln und Zwecken, dem *konstitutiven und nicht nur kontingenten Situationsbezug* von Praxis Rechnung zu tragen.

3.1 Generative und evaluative Rationalität

Rationalität von Praxis erschöpft sich nicht darin, daß die in diese Praxis inkorporierten Sprachhandlungen vor ausdifferenzierten und unhintergehbaren Geltungsansprüchen (Wahrheit, Richtigkeit, Wahrhaftigkeit) Bestand haben, sondern eine wesentliche Bedingung der Möglichkeit von Rationalität der ganzen Praxis ist eine ausreichende *generative und kreative Produktivität* im Zuge der Konstitution von Situationen und Problemen. Handlungsmodelle müssen hierfür begriffliche Vorsorge treffen. Ein nicht geäußerter Satz, eine nicht vorgelegte Handlungsoption unterliegt auch keinem Geltungs- oder Begründungsanspruch. Zwar sind auch Unterlassungen begründungspflichtig, jedoch bleibt diese Feststellung weitgehend abstrakt, weil eine diagnostische Asymmetrie zwischen Handlungen und Nichthandlungen besteht. Jeder Schadensfall im Bauwesen gibt erneut Anlaß zur Reflexion auf diesen Sachverhalt (Ekardt 1998). Man kann zum Beispiel nur

Sicherheitsaussagen gegenüber Schadensmechanismen treffen, die man auch antizipiert hat. Also wird Antizipationsanstrengung zum Aspekt von Handlungsrationalität. Wesentliche Voraussetzung für die Effektivität evaluativer und analytischer Rationalität sind die besonders für Architekten und Ingenieure relevanten Strukturierungs- und Ordnungsleistungen in bezug auf eine chaotische Welt (Schmutzer 1994, S. 254). Für diese generativen und konstitutiven Praxisaspekte sind Erfahrung, Routinen, Muster, Leitbilder (unabhängig vom Reflexionsgrad ihrer Träger in bezug auf diese generativen Prothesen) bedeutsam. Hinsichtlich dieser Fülle möglicher Rationalitätsaspekte haben es klassische Handlungstheorien nur mit einer halbierten Rationalität zu tun.

Für unseren Begriff von Ingenieurrationalität gilt, daß er den Rationalitätsanspruch der Akteure ebenso ernst nimmt, wie die ihr Handeln bestimmenden (nicht determinierenden) Strukturen. Für ihn gilt weiter, daß er die generativen Handlungsaspekte (und damit auch das tacit knowledge), im Unterschied zu kognitiv bestimmten analytisch-evaluativen Handlungen der Akteure, zur Geltung kommen läßt und den Stellenwert (ingenieur-) wissenschaftlicher Rationalitätsanteile angemessen im Gesamtanspruch auf Rationalität bestimmt. Das wird in aller Regel heißen, diesen Anteil im Vergleich zu manchen anderen Modellen zu relativieren. *Professionalität zeigt sich darin, wie sie von wissenschaftlicher und technischer Rationalität Gebrauch macht*, wie sie die Notwendigkeit ökonomischer Selbsterhaltung und den Anspruch auf Wahrung moralischer Selbstachtung austariert. Professionalität ist als zusammenfassender Ausdruck für den gemeinten Rationalitätstypus, aber zugleich auch als graduierbarer Maßstab für vergleichende Untersuchungen unterschiedlicher Felder von Ingenieurpraxis zu verstehen.

4. Risiko, Sicherheit und die Sicherheitspraxis in der Tragwerksplanung

Die beiden Komponenten der Tragwerksplanung, das Entwerfen und das Bemessen (Nachweisen), haben unterschiedliche Bedeutung in der Sicherheitspraxis der Tragwerksplaner und sie haben unterschiedliche Affinitäten zur ingenieurwissenschaftlichen Fundierung der Ingenieurpraxis. Mit dem Entwurf werden unvermeidlich Risiken gesetzt und zugleich Sicherheitspotentiale eröffnet. Die Qualität des Entwurfs bestimmt das Maß der Risiken ebenso wie das der verfügbaren Sicherheitspotentiale. Mit dem Standsicherheitsnachweis und mit den Anforderungen an das einzuhaltende Sicherheitsmaß werden die selbst geschaffenen Risiken wieder eingefangen. *Risikosetzen* (Eröffnen von Sicherheitsoptionen) und *Sicherheitsaussagen* bilden, wie Entwerfen und Bemessen, ein kreisförmig verbundenes Paar von Operationen (GRUSI Bau 1981). Baustatik, Dynamik, Sicherheitstheorie, Risikoanalysen bilden das ingenieurwissenschaftliche Instrumentarium der Bemessung und des Standsicherheitsnachweises. Dessen ungeachtet hat der Entwurf, obwohl eher eine Kunst als die Objektivation wissenschaftlichen Wissens, eine sicherheitstechnisch mindestens ebenso große Bedeutung wie die Bemessung. Im Wege des Entwerfens bringt der Praktiker ein Tragwerk spezifischer *‚objektiver Sicherheit'* hervor. Dies betrifft das Tragwerk in seiner Gesamtheit, also seine Systemeigenschaften, wie auch die konstruktiven Details wie Anschlüsse, Knoten, Lager. Orientiert sich heute ein Praktiker beim Entwerfen am Leitbild der Robustheit (vgl. hierzu Pötzl 1996; Ekardt 1998), dann entwirft er zum Beispiel solche Tragsysteme, die bei lokalem Versagen nicht sogleich insgesamt versagen. Je robuster ein Tragwerk, um so größer sein objektives Sicherheitspotential. Mit dem Entwurf bestimmt der Tragwerksplaner, welche Versagensmechanismen für das Tragwerk überhaupt nur in Betracht kommen. Eine solche Handlung geht also etwaigen Sicherheitsanalysen und Festlegungen über einzuhaltende Sicherheitsabstände voraus.

Mit der *Sicherheitsaussage* legt der Tragwerksplaner sich selbst und Dritten gegenüber Rechenschaft über das objektivierbare Sicherheitsmaß ab. Die auf den vorliegenden Entwurf bezogene Sicherheitsaussage kann jedoch auch dann zu einer sicherheitstechnisch und rechtlich zulässigen Aussage führen, wenn der Entwurf in bezug auf die objektive Sicherheit suboptimal ist. Der entsprechende Sachverhalt gilt auch hinsichtlich der Folgen der Beachtung von technischen Normen, speziell auch der DIN-Normen und der entsprechenden Eurocodes. Die Normengerechtheit eines Entwurfs und der auf diesen bezogenen Sicherheitsaussagen ist nur eine notwendige, aber nicht eine auch schon hinreichende Bedingung für die sicherheitstechnische Qualität des Entwurfs (Pötzl 1996). Die ingenieurwissenschaftlich fundierte Sicherheitsaussage ist also nicht gegenüber allen sicherheitstechnisch relevanten Eigenschaften des entworfenen Tragwerks gleichermaßen aussagekräftig. Praktiker bringen dies kritisch mit der Formel zum Ausdruck, daß „man einen schlechten Entwurf nicht gesund rechnen" kann.

Diese Formel bezieht sich auf zwei Aspekte professioneller Praxis zugleich, erstens auf die Beziehungen zwischen Entwurfsqualität und Analysequalität (interne Beziehung in Ebene 1, Abb. 1), zugleich und zweitens auf die Indienstnahme technischwissenschaftlicher Instrumente und Potenzen durch professionelles praktisches Handeln (Verhältnis zwischen Ebene 1 und Ebene 2 in Abb. 1). Ingenieurwissenschaft ist eine in Dienst zu nehmende Wissenschaft, sie wendet sich nicht selbst an. Für die sicherheitstechnische Praxis des Tragwerksplaners bedeutet dies, daß dieser im Interesse der Tragwerkssicherheit systematisch die Potentiale auf den beiden ihm zur Verfügung stehenden Pfaden ausschöpfen muß, die auf dem *Entwurfspfad* und die auf dem *Bemessungspfad.*

Komplementär zur unterschiedlichen Affinität beider Pfade zur ingenieurwissenschaftlichen Theorie spielt auch die Professionalität des Praktikers eine unterschiedliche Rolle für beide Handlungspfade, für den Entwurfspfad eine größere als für den Bemessungspfad. Für den Stellenwert professioneller Selbststeuerung ist es von Belang, daß das Recht und partiell auch die vom Recht in Bezug genommenen technischen Normen stärker auf die wissenschaftlich basierten Sicherheitsaussagen orientiert sind und weniger auf die sicherheitstechnisch objektiven Entwurfsqualitäten. Die Kategorien, mit deren Hilfe in Genehmigungsverfahren die rechtliche Zulässigkeit von Bauvorlagen hinsichtlich ihrer Störfallsicherheit geprüft wird, insbesondere die Graduierung des Anforderungsniveaus an Bauten (allgemein anerkannte Regeln, Stand der Wissenschaft), haben eine starke Affinität zur Ingenieurwissenschaft und sie unterbelichten Qualitäten, die wissenschaftlich nicht zureichend objektiviert werden können.

5. Professionalität der Sicherheitsgewährleistung

Das zentrale Argument dieses Beitrags lautet: Die Sicherheit der Bauten entspringt einem professionellen Gebrauch technischer Expertise, nicht schon der technischen Expertise selber. Die Sicherheit entspringt nicht etwa einem Zusammenspiel zwischen bloßer technischer Rationalität der Ingenieure auf der einen Seite und öffentlich unterstützter, staatlicher (rechtlicher) Fremdsteuerung der Ingenieurpraxis, durch die vermeintlich erst die Interessen der Allgemeinheit und die der kommenden Generationen Eingang in die gebaute Umwelt finden, auf der anderen Seite. Vielmehr ist ein solches Zusammenspiel aus sachlicher Notwendigkeit interner Bestandteil der praktischen Rationalität der Ingenieure selber. Dieses innere Zusammenspiel hat viele Facetten, zum Beispiel:

- *Nichttheoretische Voraussetzungen des Theorieeinsatzes*: Der Einsatz ingenieurwissenschaftlicher Theorie (technische Rationalität) erfordert zuvor die Schaffung der Voraussetzungen sinnvollen Theorieeinsatzes (*praktische Rationalität*). Letztere kann weder noch einmal durch Theorie angeleitet (allenfalls reflexiv begleitet), noch durch Fremdsteuerung erzwungen werden. Sie entspringt subjektiven Leistungen, generativen Leistungen, Leistungen des Ordnens einer chaotischen Wirklichkeit, in die hinein technische Objekte entworfen werden. Sie entspringt der Gründlichkeit bei der Erkundung von Einwirkungen und Objektumwelt, sie entspringt der Insistenz bei der Aufklärung von Unklarheiten und Fehlern, sie entspringt der Phantasie bei der gedanklichen Vorwegnahme von Einwirkungsszenarien und Versagensmechanismen, ohne deren Vorhersicht ein Sicherheitsnachweis gar nicht geführt werden würde.

- Die Mobilisierung *generativen Potentials* (Phantasie, Kreativität, inneres Auge), wodurch erst objektive Sicherheitspotentiale der Entwürfe erschlossen werden, kann durch Fremdsteuerung nicht erzwungen und der Verzicht auf sie nicht rechtlich sanktioniert werden. Erst der Vergleich zwischen verschiedenen Entwürfen öffnet häufig die Augen für Vor- und Nachteile der einzelnen Entwürfe. Die Erzeugung einer solchen Optionenvielfalt aber kostet Aufwand, der gegen den Wettbewerbsdruck auf dem Planungsmarkt geleistet werden muß (Ekardt 2000b).

- Die *Anwendung sicherheitstechnisch produktiver Entwurfsmaximen*, zum Beispiel des Robustheitskonzepts, darf nicht mechanisch erfolgen, sondern erfordert auf die konkrete Situation und auf den Kontext der Aufgabe bezogene *Abwägungen*. Entwurfsregeln für mehrfeldrige Brücken zum Beispiel, die bei ‚normalen' Baugrundverhältnissen sinnvoll anzuwenden sind, verkehren sich bei ungünstigem Baugrund ins Unsinnige. Es gibt keinen kontextunabhängig geltenden Katalog mechanisch anwendbarer Entwurfsregeln. *Professionelle Urteilskraft und Kreativität* bilden die Vermittlungsmechanismen der Anwendung von Entwurfsregeln.

- Das Sicherheitsziel als solches steht zwar nicht zur Disposition und die Orientierung an diesem ist nicht abwägungsfähig, denn die Rationalität eines Tragwerksplaners (eines ‚Statikers') könnte gar nicht idealtypisch modelliert werden bei Relativierung des *Sicherheitsprinzips* und der aus diesem folgenden Handlungsmaximen (Ekardt 2000a). Wohl aber ist die *operative Sicherheitspraxis* in ihren vielen Einzeloperationen sogar *abwägungsbedürftig.* Als Beispiel diene die Sicherheitsaussage: Sie wird in einer Sicherheitsungleichung zusammengefaßt, in der Einwirkungen auf das Tragwerk und dessen Widerstand gegenübergestellt werden. Die Aufstellung einer solchen Bilanz ist mit Aufwand verbunden, der sachlich nicht automatisch, sondern erst durch verantwortete Stoppentscheidungen begrenzt ist. Man kann im Sicherheitsinteresse immer noch mehr tun an Informationsbeschaffungsarbeit, an Alternativuntersuchungen, an Steigerung der Wirklichkeitsnähe von System- und Kontextmodellierung. Praktische Rationalität zeigt sich an dieser Stelle gerade darin, daß verantwortlich zwischen Aufwandssteigerung und Steigerung der Qualität der Sicherheitsaussage abgewogen wird. Hieran zeigt sich, daß die ökonomische Dimension in zweifacher Weise für Ingenieurrationalität konstitutiv ist. Neben ihrer leicht sichtbaren äußeren Rolle als Wertgesichtspunkt zum Vergleich zwischen Lösungsoptionen fungiert sie als innerer handlungsregulierender Mechanismus, insofern jede Handlung Aufwand erzeugt. *Prinzipien der Abwägungspraxis* bilden die ökonomische Selbsterhaltung des Ingenieurbüros und die Wahrung der professionellen Selbstachtung des beratenden Ingenieurs. Von außen ist dieser Prozeß nicht steuerbar.

- Die Kontextgebundenheit und die damit verbundene partielle Unvertrautheit des vorliegenden Projekts für den Planer verleihen der bautechnischen Entwicklungspaxis den Charakter der „*experimentellen Praxis*" (Krohn/Krücken 1993 S. 21f), verbunden mit „evolutionären Risiken", die sich den Methoden der modernen probabilistischen Sicherheitstheorie entziehen. Man lernt diese Risiken kennen, indem man sie eingeht. Diese Konstellation erfordert ein besonderes Maß an Vorsicht, Umsicht und Fähigkeit und Bereitschaft zu Selbstkritik gegenüber erarbeiteten Überzeugungen und Gewißheiten.

- Bautechnische Entwicklungspraxis ist in großem Umfang durch *technische Normen* reguliert. Gleichwohl können und dürfen diese Normen nicht einfach „vollzogen", sondern sie müssen „umgesetzt" werden (Pötzl 1996). Dies erfordert *kritische Distanz* bei gleichzeitiger Anerkennung des prinzipiellen Geltungsanspruchs, also eine prinzipienorientierte, postkonventionelle Urteilsfähigkeit. Wir nennen dies normative *Verantwortung zweiter Ordnung* (Ekardt 1998).
- Jede Lösung eines Ingenieurproblems muß einer Vielzahl inhaltlicher *Wertgesichtspunkte* gerecht werden. Der Vergleich der Lösungsvarianten impliziert die Abwägung zwischen Erfüllungsgraden in bezug auf die verschiedenen Werte, zum Beispiel bei Hochwasserschutzeinrichtungen die Abwägung zwischen Sicherheit und Ökologie, was nicht selten dilemmatische kognitiv-moralische Urteilssituationen bedeutet.

Die Praxis der bautechnischen Infrastrukturentwicklung berührt öffentliche Interessen und aus den dargestellten sachlichen Gründen sind der staatlichen, rechtlich und administrativ vermittelten Wahrung dieser Interessen enge Grenzen gesetzt. Die gleichen sachlichen Gründe, die objektive Normativität der Logik der Sicherheitsgewährleistung, äußern sich aber auch für die Praktiker als *unhintergehbare Zumutung, sich Wertfragen und normativen Entscheidungen zu stellen*. Allein in der Perspektive technischer Rationalität, bei normativer Indifferenz, kann die Arbeit nicht getan werden. Und so, wie die Arbeit überhaupt nur getan werden kann, berührt sie auch die professionelle Identität des Praktikers. Damit wird das öffentliche Interesse Inhalt der Praxis der Ingenieure in diesem Bereich. Staatliche (rechtliche) Risikosteuerung und zivilgesellschaftliche Praxis der civil engineers (so der Terminus im angelsächsischen Sprachbereich) haben sich in die Aufgabe der Wahrung öffentlicher Interessen zu teilen. Tun sie es wirklich?

An dieser Stelle ist an die zu Beginn dieses Beitrags geäußerten Vorbehalte zu erinnern. Hier wurde zunächst nur das Argument vorgetragen, daß bautechnische Sicherheitspraxis nicht in der ausschließlichen Perspektive technisch-wissenschaftlicher Rationalität erledigt werden kann, daß es hierzu aus sachlichen, arbeitsstofflichen Gründen vielmehr eines professionellen Handlungstypus bedarf und daß – unbeschadet zuvor gelaufener Prozeße professioneller Sozialisation – die Rationalität dieser Praxis eine ihr eigene Dynamik in Richtung Professionalität des Praktikers einschließt. Zur Wirklichkeit professioneller Organisation der betroffenen Ingenieurgruppen kann hier nicht argumentiert werden. Im Vorfeld einer solchen Argumentation wäre, wenn nicht Platzgründe daran hinderten, die Frage zu stellen, welcher *Rahmenbedingungen des Planungsmarktes*, insbesondere welcher rechtlichen Voraussetzungen es bedarf, um die planungslogisch nahegelegte professionelle Einstellung in der Sicherheitspraxis zu stützen. Ähnlich dem gesamtgesellschaftlichen Zusammenhang zwischen Rechtsstaat und Civil Society (Cohen/Arato 1992, Kapitel 5, S. 440) besteht ein solcher Zusammenhang auch zwischen der Dynamik professioneller Leistungen und rechtlicher Regulierungen des Planungsmarktes und der hoheitlichen Sicherheitsgewährleistung (Ekardt, 1995 und 2000b).

6. Zukunftsbezug der Ingenieurarbeit – advokatorische Rolle von Planern der Infrastruktur

Vergewissert man sich des besonderen Merkmals von Infrastrukturtechnik, langfristig nutzbar zu sein und ihre Funktionen, beziehungsweise insbesondere ihre Dysfunktionen oft erst im Verlauf langer Standzeiten zu offenbaren, dann ist das jeweils aktuelle projektbezogene Beziehungsgeflecht zwischen Bauträgern, Planern, Nutzern, Steuerzahlern, Baufirmen und Behörden um eine weitere Partei zu erweitern, nämlich um die Betroffenen der nächsten Generation, die naturgemäß ihre Stimme im Diskurs um die Planungsqualität nicht erheben können. Die künftige Dysfunktion der technischen Anlage ist die Krise ihrer Nutzer und Betroffenen, seien es Schadensfälle oder Verfügungsausfälle. Beispiele für zeitabhängige Beeinträchtigungen von Sicherheit und/oder Verfügbarkeit bautechnischer Infrastrukturanlagen betreffen dynamisch beanspruchte Bauteile (Beanspruchungen aus Verkehrslasten und aus Wind), sie betreffen stochastische Einwirkungen und ensprechende „Jährlichkeitsmaße' (zum Beispiel 50- oder 100-Jahresereignisse) und schließlich (und am einschlägigsten) all jene physikalisch-chemischen Schäden aus unsachgemäßer Planung, Entwurf und Konstruktion, die sich erst zeitabhängig entwickeln, zum Beispiel die auf viele Milliarden DM bezifferten Schäden an Massivbrücken in Stahlbeton- und Spannbetonbauweise aus den 60er und 70er Jahren (BMV 1994).

Wer könnte der Anwalt der künftig Betroffenen sein? Wie kann verhindert werden, daß die heute Beteiligten Verträge auf Kosten Dritter, also der kommenden Generation, schließen? Der Steuerzahler heute ist verschieden vom Steuerzahler der nächsten Generation. Ein heute schlechte Planungsqualität lieferndes Ingenieurbüro ist in dreißig Jahren nicht mehr zu belangen, weder durch rechtliche noch durch ökonomische Sanktionen. Vielleicht existiert es auch gar nicht mehr. Und sofern die Entwurfsqualität die Ursache des Mangels bildet, ist sie – so unser Argument – ohnehin nicht ausreichend objektivierbar.

Diesem intergenerationellen Zusammenhang können das Recht und der Markt nicht zufriedenstellend gerecht werden. Diesen Zusammenhang können der Möglichkeit nach nur professionelle Verantwortung und Selbstkontrolle herstellen. Hier wird nicht die empirische Behauptung aufgestellt, daß sie es tun. Behauptet wird allerdings, daß die arbeitslogische Strukturdynamik die Zumutung solchen Verhaltens hervorbringt. Die Triftigkeit dieser Behauptung unterstellt, hätten hieran rechtspolitische und professionspolitische Argumentationen anzuschließen, die die Erhaltung solcher institutioneller Rahmenbedingungen zum Thema haben, auf die die Dynamik der Entfaltung professioneller Potenzen angewiesen ist.

7. Schlußbemerkung

Der Beitrag sollte zeigen, daß Ingenieurpraxis (zumindest in Bereichen wie dem des Infrastrukturbaus) aus strukturtheoretischen Gründen professionellen Charakter hat. Die vorgestellte Argumentation bezog sich strikt auf die arbeitsstoffliche Logik der Praxis und auf die strukturell unabdingbar zu leistende Subjektivität der Praktiker, auf den Typus ihrer Rationalität und insbesondere auf die Einbettung ihrer technisch-wissenschaftlichen Kompetenzen in einen unvermeidlich zu erhebenden umfassenderen Vernunftanspruch. Nicht behandelt wurden das empirische Bewußtsein der freiberuflichen Tragwerksplaner und die professionsorganisatorische Wirklichkeit dieser Berufsgruppe. Dies nicht nur aus Gründen des hier begrenzten Umfangs. Vielmehr bildet der Beitrag ein Plädoyer für eine professionssoziologische Akzentverschiebung, weg von der Fragestellung, welche Berufsgruppen Professionen *sind*, hin zu der auf viele (auch auf gewerbliche) Bereiche organisierter Erwerbsarbeit anwendungsbedürftigen Fragestellung, *in welchem Maße und inwiefern sie professionellen Charakter haben*. Antworten auf diese Frage haben Bedeutung für die Abschätzung der Vitalität von Arbeitswelten als Lebenswelt und für ihre Resistenz gegen systemische Kolonisierungsprozesse. In diesem Sinn sollte hier am Beispiel der Sicherheitspraxis gezeigt werden, daß Ingenieurrationalität notwendigerweise umfassender angelegt ist als bloße technische und ökonomische Rationalität.

Kai-Olaf Maiwald, Tübingen

Kapitel 7: Der unsichtbare Mediator: Probleme der Ausweisung beruflicher Leistung in der Familienmediation

1. Die Familienmediation als Gegenstand der professionssoziologischen Analyse

Es gibt eine Reihe neuer oder in Entstehung begriffener Berufe, die geeignet erscheinen, sich zu einer Profession oder zumindest zu einem Beruf mit professionsähnlichen Struktureigenschaften zu entwickeln. Dazu gehört der Beruf des ‚Familienmediators'. Bei der Mediation handelt es sich um eine neue Form der Konfliktbearbeitung, die in verschiedenen Bereichen praktiziert wird: im Kontext von Strittigkeiten bei der Ansiedlung technologischer Großprojekte, bei Nachbarschaftsstreitigkeiten, bei Konflikten in der Schule, bei Vertragsstreitigkeiten, bei Konflikten am Arbeitsplatz – und bei Trennungs- und Scheidungskonflikten. Dem letzteren Bereich widmet sich die sogenannte Familienmediation. Ihrem Selbstverständnis nach ist die mediatorische Form der Konfliktbearbeitung dadurch gekennzeichnet, daß die Parteien einen unparteiischen Dritten – den Mediator – konsultieren, der sie dabei unterstützt, für ihre spezifischen Probleme eine Lösung zu finden. Dabei wird als besonders wichtig angesehen, daß die Parteien den Mediator von sich aus einschalten, daß der Mediator keine Entscheidungsgewalt besitzt und daß er keine Lösungsvorschläge gibt. Die Lösung soll vielmehr von den Parteien selbst gefunden werden. Den Hauptgegenstand der Familienmediation bilden Konflikte im Rahmen der Regelung von Scheidungsfolgen.

Dabei wird angestrebt, vor dem Scheidungsverfahren eine tragfähige Vereinbarung konsensuell herzustellen, eine Vereinbarung, die in einem notariell abgesicherten Vetrag mündet und vom Familiengericht gewissermaßen nur noch ‚abgesegnet' wird.

Die Mediation hat ihren Ursprung in den USA, wo sie sich theoretisch und praktisch in den 70er Jahren zu etablieren begann.[1] Dabei spielten anfänglich zwei unterschiedliche Strömungen die Hauptrolle. Auf der einen Seite stand eine wesentlich von Rechtspraktikern geübte Kritik an spezifischen Problemen v.a. des straf- und familienrechtlichen Verfahrens, die zur Suche nach alternativen Verfahren führte. Auf der anderen Seite war eine von Intellektuellen im weiteren Sinne geübte allgemeine Expertenkritik von Bedeutung, die sich insbesondere auf das als obrigkeitsstaatlich verstandene Rechtsverfahren erstreckte, dessen negative Auswirkungen im Namen eines ‚empowerment' durch lokale, von Laien ausgeübte Konfliktlösungsverfahren, begrenzt werden sollten. Im Verlauf der Entwicklung, bei der die Mediations-‚Bewegung' zunächst durch eine akademische Rechtskritik (die sich unter dem Stichwort ‚alternative dispute resolution' zusammenfassen läßt), dann durch nationale bzw. einzelstaatliche Programme unterstützt wurde, trat die Laienorientierung der ‚community mediation' immer mehr zugunsten einer Verberuflichung der mediatorischen Tätigkeit zurück. Diese Entwicklung vollzog sich insbesondere im Bereich der Familienmediation. Gegenwärtig ist sie in vielen Bundesstaaten der USA als fakultative oder obligatorische Vor- oder Zwischenstufe im Scheidungsverfahren gesetzlich verankert (Breidenbach 1995, S. 270f.).

In Deutschland begann die Rezeption der Mediation Ende der 80er Jahre, und zwar vor allem über die Diskussion von Problemen in den Bereichen Scheidung und Umweltstreitigkeiten. Eine Entwicklung, die man als Verberuflichung und Professionalisierung kennzeichnen könnte, fand jedoch vor allem im Bereich der Familienmediation statt. Hier war die Rezeption auch von vornherein primär eine Angelegenheit von Experten: vor allem von

---

[1] Vgl. zur Entwicklung der Mediation Breidenbach 1995; Duffy 1991; Folberg/Taylor 1984; Glenewinkel 1999; McGillis 1983; Shailor 1994; Wahrhaftig 1986.

Familienrechtlern, aber auch von Psychologen und Sozialarbeitern.[2] Bei der weiteren Entwicklung der Familienmediation kann man zunächst im Hinblick auf die Ausbildung spezifischer organisationeller Merkmale von Ansätzen einer Professionalisierung sprechen. Der mainstream der Professionssoziologie von Carr-Saunders/Wilson (1964) über Goode (1957), Barber (1963) und Rüschemeyer (1964) bis zu Larson (1977), Freidson (1986, 2001) und auch Abbott (1988) sieht verschiedene solcher Merkmale als kennzeichnend für das Spezifikum von Professionen im Unterschied zu anderen Berufen an. Im Zentrum steht dabei die eigentümliche Autonomie dieser Berufe, ihre relative Unabhängigkeit von marktförmigen und hierarchischen Kontrollmechanismen. In diesem Sinne spricht Freidson (2001) von einer „third logic". Die wesentlichen Merkmale, durch die diese Autonomie zum Ausdruck kommt, bzw. die mit ihr ursächlich in Verbindung gebracht werden, sind: eine primär freiberufliche Tätigkeit, eine akademische Wissensbasis, eine entsprechend lange Ausbildung, der Bezug zu zentralen gesellschaftlichen Werten, die Selbstkontrolle des Zugangs zur Profession (über den Erwerb von Ausbildungszertifikaten) und die Selbstkontrolle der beruflichen Praxis, die Ausbildung einer Professionsethik, schließlich die Ausbildung einer berufsständischen Assoziation, die dies alles organisationell repräsentiert.

Betrachtet man die Entwicklung der Familienmediation in Deutschland in dieser Hinsicht, so gewinnt man in der Tat den Eindruck, daß hier ein Professionalisierungsprozeß stattfindet: Mediation wird im wesentlichen als freiberufliche Tätigkeit begriffen.[3] Es gibt seit 1992 mit der ‚Bundesarbeitsgemeinschaft für Familienmediation' (BAFM) eine Assoziation, die von ihrer Ausrichtung her über einen bloßen Interessenverband hinausgeht: sie hat Standards der Ausbildung formuliert und entsprechend einige

---

[2] Der Rezeption der Familienmediation ging eine langjährige Diskussion der Schwierigkeiten rechtlicher Bearbeitung von Familienproblemen voraus, die u.a. in verschiedenen Tagungen zu diesem Thema zum Ausdruck kam. Vgl. dazu Proksch 1998b.

[3] Es ist allerdings darauf hinzuweisen, daß über gesetzliche Regelungen auch die Jugendämter mit mediativen Funktionen betraut sind. Vgl. Proksch 1998a.

der entstehenden Ausbildungsinstitute als qualifizierend sanktioniert; sie hat im Ansatz einen berufsethischen Kodex und allgemeine Standards und Prinzipien der beruflichen Praxis aufgestellt und Kriterien der Mitgliedschaft entwickelt, die an diese Regelungen anschließen. Auf dieser Grundlage wird durchaus restriktiv festgelegt, wer dazugehört und wer nicht – entsprechend gilt der Ausweis einer Ausbildung gemäß den BAFM-Standards als ein wichtiges Qualifikationsmerkmal für Mediatoren. Was die Ausbildung betrifft, so geht die Entwicklung in Richtung einer zunehmenden ‚Akademisierung'. Das betrifft nicht nur den Umstand, daß die Ausbildung zum Familienmediator von vornherein als Zusatzausbildung für Personen konzipiert war, die einen akademischen Abschluß aufweisen können: eine juristische Ausbildung (2. Staatsexamen) oder ein abgeschlossenes psychologisches oder sozialwissenschaftliches Hochschulstudium. Auch die mediationsspezifische Wissensbasis wird zunehmend akademischer. In den letzten Jahren wurden neben den schon angesprochenen Ausbildungsinstituten, die vorwiegend eine praktische Ausbildung vermitteln, Aufbaustudiengänge für Mediation in Hagen bzw. ein ‚Kontaktstudium' in Oldenburg eingerichtet, sowie ein Aufbaustudiengang ‚European Master in Mediation' in Sion. Darüberhinaus gibt es verschiedene rechtswissenschaftliche Lehrstühle, die für Mediation zuständig sind, sowie mehrere universitätsnahe Ausbildungsinstitute. Der Ausbildung steht in wachsendem Umfang Fachliteratur für Mediation zur Verfügung[4], für die Praktiker gibt es seit einigen Jahren eine Fachzeitschrift (,Zeitschrift für Konfliktmanagement'), die so etwas wie einen professionellen Diskurs verwaltet. Es gibt mehr oder weniger explizit sogar einen Bezug auf einen zentralen gesellschfatlichen Wert: die Sicherung und Wahrung der gesellschaftlichen ‚Konfliktkultur'.

Auch wenn sich hier eine Professionalisierung im genannten Sinne andeutet, muß man gleichzeitig konstatieren, daß sich die

---

[4] Um nur einige Monografien zu nennen: Breidenbach 1995; Breidenbach/Henssler 1997; Duss-von Werdt/Mähler/Mähler 1995; Haynes/Bastine/Link/Mecke 1993; Henssler/Koch 2000.

Dinge noch durchaus im Fluß befinden. Die genannten Merkmale sind bisher nur im Ansatz ausgebildet, die Entwicklung ist durch verschiedene Ungleichzeitigkeiten gekennzeichnet, kurz: es ist noch weitgehend offen, in welcher Weise und Gestalt sich die Familienmediation etablieren wird. In diesem Zusammenhang zeigt sich eine zentrale Schwäche der professionssoziologischen Ansätze, die auf organisationelle Merkmale beschränkt sind: Sie sind auf eine ex-post-Analyse festgelegt. Prozeße der Verberuflichung kommen erst im Nachhinein in den Blick einer Analyse, nämlich dann, wenn die als entscheidend verstandenen Merkmale institutionalisiert sind, wenn also der Beruf entsprechend dieser Kriterien als Profession verstanden werden kann. Demgegenüber wird der Blick auf gegenwärtige Prozeße der Professionalisierung möglich, wenn man den Aspekt professionellen *Handelns* stärker berücksichtigt. Entsprechende theoretische Ansätze finden sich insbesondere in der deutschen Soziologie, zu nennen sind hier vor allem F. Schütze (1992, 1996, 2000), R. Stichweh (1992a, 1994a) und U. Oevermann (1996, 1999, 2001). Ihnen zufolge sind es nicht primär die organisationellen Merkmale, die eine Profession auszeichnen, sondern Struktureigenschaften der beruflichen Handlungsanforderungen. Die Handlungsanforderungen von Professionen sind durch immanente Widersprüche (Spannungen, Paradoxien) gekennzeichnet, die im Kern damit zu tun haben, daß es notwendig ist, im Rückgriff auf eine abstrakte, generalisierte Wissensbasis gleichwohl fallverstehend und stellvertretend lebenspraktische Probleme zu bearbeiten, die die Akteure selbst nicht zu lösen vermögen. Diese Widersprüche durchziehen die Handlungsanforderungen konkreter Professionen auf vielerlei Ebenen. Sie können nicht formalisiert und generalisiert aufgehoben werden, sondern nur handlungspraktisch zur Einheit gebracht werden. Dafür ist es erforderlich, daß die Professionsangehörigen im Rahmen ihrer beruflichen Sozialisation in einer professionellen Kunstlehre geschult werden und so einen entsprechenden Professionshabitus erwerben. Die Merkmale professioneller Organisationsformen müssen im Zusammenhang mit den strukturellen Erfordernissen professionellen Handelns gesehen werden. Die professionelle Autonomie – insbesondere die Selbstkontrolle, -rekrutierung und -ausbildung – auf der organisationellen Ebene steht von hier aus in einem Passungsverhältnis zu diesen Erfordernissen.[5]

Mit dieser Konzentration auf die beruflichen Handlungsanforderungen wird es möglich, auch gegenwärtig noch andauernde Prozeße der Verberuflichung professionssoziologisch gehaltvoll zu untersuchen. Die leitenden Fragen beziehen sich mit Oevermann dann darauf, ob ein neu entstehender Beruf auf der Ebene des faktischen beruflichen Handelns professionalisiert ist und/oder ob dieser Beruf von seinen strukturellen Handlungsanforderungen professionalisierungsbedürftig ist. Auf den ersten Blick erscheint die Familienmediation auch in dieser Hinsicht als geeigneter ‚Kandidat' für eine Professionalisierung, schließlich kann man zum einen davon ausgehen, daß Konflikte im Kontext der Regelung von Trennungs- und Scheidungsfolgen herausgehobene lebenspraktische Konflikte darstellen, und daß zum anderen die Ex-Partner die anstehenden Probleme nicht selbst bewältigen können, da sie von sich aus einen Mediator konsultieren. Sowohl das Kriterium einer lebenspraktischen Krise wie das Kriterium stellvertretender Krisenbearbeitung scheinen daher gegeben. Um die Frage der faktischen Professionalisiertheit und strukturellen Professionalisierungsbedürftigkeit zu klären, bedarf es jedoch einer genaueren Analyse. Im folgenden soll am Beispiel der Familienmediation exemplarisch ein spezifischer Aspekt einer solchen Analyse vorgestellt werden. Thema ist die Frage nach dem Selbstverständnis dieses neuen Berufs. Welche forschungs- und theoriestrategische Bedeutung diese Frage hat, soll im folgenden Abschnitt kurz erläutert werden.

---

[5] Diese Anforderung muß natürlich im Einzelfall nicht immer erfüllt sein. Die je konkrete Organisationsbildung eines neuen Berufs im Stil der etablierten Professionen kann auch ein eher äußerliches Phänomen sein, eine „Scheinprofessionalisierung" im Sinne von Wilensky (1964). Sei es, daß sie zur reinen korporativen Interessenmaximierung angestrebt wird, wie Larson und Freidson für die Professionen generalisiert unterstellen, sei es – im Fall der Familienmediation durchaus vorstellbar –, daß die Vertreter des neuen Berufs diese Organisationsform schlicht von ihrer ‚Herkunftsprofession' her gewohnt sind.

2. Berufliches Selbstverständnis, berufliche Praxis und interprofessionelle Konkurrenz

Bietet die Fokussierung beruflicher Handlungsanforderungen die Möglichkeit einer gehaltvollen professionssoziologischen Analyse aktueller Professionalisierungsprozeße, so muß im Hinblick darauf der Begriff der ‚Handlungsanforderung' weiter differenziert werden. Handlungsanforderungen setzen sich zusammen aus der Art des jeweiligen Ausgangsproblems und dem spezifischen ‚Zugriff' des Berufs darauf. Beispielsweise haben das ärztliche und das pflegerische Handeln einen unterschiedlichen Zugriff auf das gemeinsame Ausgangsproblem ‚Krankheit'. Der Zugriff auf das Ausgangsproblem wiederum wird durch verschiedene institutionelle (rechtliche, organisationelle) Arrangements geprägt, aber ganz wesentlich auch vom beruflichen Selbstverständnis, wie es beispielsweise in der fachspezifischen Literatur zum Ausdruck kommt.[6] Vor allem in der Frühphase der Etablierung eines Berufs kommt seinem Selbstverständnis eine besondere Bedeutung zu. Berufe entstehen nicht im luftleeren Raum, sie beziehen sich auch nicht ‚unmittelbar' auf gegebene Ausgangsprobleme. Vielmehr entstehen Berufe - hier kann man auf Abbott (1988) zurückgreifen - im Kontext eines je gegebenen Systems von Berufen, die in aller Regel das anvisierte Ausgangsproblem in irgendeiner Weise mitbearbeitet haben. In diesem System muß sich der neue Beruf zu etablieren versuchen. Damit ist eine strukturelle ‚interprofessionelle Konkurrenz' verbunden. Er muß die eigene Expertise – verstanden als eine Verbindung einer neuartigen Problemdefinition mit einer neuartigen Problembearbeitung – in Bezug auf und in Abgrenzung von den schon existierenden Expertisen entwerfen und darauf einen ‚jurisdictional claim' (übersetzt etwa: Anspruch auf Zuständigkeit) erheben. Daraus folgt, daß das jeweilige Selbstverständnis eines Berufes wesentlich abhängig ist von der je konkreten Situation interprofessioneller Konkurrenz bzw. dem

---

[6] Je autonomer sich die historische Entwicklung eines Berufs gestaltet, desto mehr können auch die institutionellen Arrangements als Ausdruck des beruflichen Selbstverständnisses gesehen werden, wie das im Recht weitgehend der Fall ist.

jeweiligen Umgang damit. Diesen Umstand gilt es bei einer empirischen Analyse mitzuberücksichtigen.

Für die Familienmediation heißt das: Sie muß unter anderem darlegen, worin das Neuartige ihrer Konfliktbearbeitung besteht, worin die spezifische Leistung des Mediators besteht, wie das Ausgangsproblem (Trennung und Scheidung und das Leben danach) verstanden wird und warum und unter welchen Bedingungen eine Mediation sinnvoller ist als andere Formen der Konfliktbearbeitung (z.B. alltagspraktische, rechtliche oder psychologische). Empirisch gesehen geschieht das vor allem in verschiedenen Schriften (Monographien, Tagungsbänden, Aufsätzen etc.), die sich teils mehr an das allgemeine Publikum, teils mehr an die Interessenten an der Mediation richten.[7] Ich gehe davon aus, daß die darin enthaltenen Aspekte des beruflichen Selbstverständnisses nicht bloß als ideologische Girlanden fungieren, die nur dazu dienen, die eigene Marktposition zu festigen, sondern daß sie in der skizzierten Weise auch Auswirkungen auf das je konkrete berufliche Handeln haben. Einen zentralen Aspekt des beruflichen Selbstverständnisses der Familienmediation möchte ich in der folgenden Analyse eines kurzen Textausschnittes, der einer zentralen Schrift der Mediationsliteratur entnommen ist, herausarbeiten. Vorab jedoch einige kurze Bemerkungen zum dabei in Anschlag kommenden methodischen Vorgehen.

3. Methodisches Vorgehen: objektiv-hermeneutische Sequenzanalyse

Die Frage nach den – oft latenten, d.h. nicht reflexiv verfügbaren – Strukturen des beruflichen Handelns und den in einem Beruf gängigen Vorstellungen davon verlangt nach einem fallrekonstruktiven, hermeneutischen Vorgehen. Es geht darum, unter-

---

[7] Es ist anzunehmen, daß in der Frühphase der Etablierung eines Berufes beide Adressierungen noch nicht so klar geschieden sind. Die klare Trennung von Binnen- und Außenbezug wird vielmehr ein Indikator der Institutionalisiertheit eines Berufs sein.

schiedliche Objektivationen des beruflichen Handelns – seien es Gesetzestexte, Akten, Organigramme, Interviews, Interaktionsprotokolle oder, wie hier, Auszüge aus dem beruflichen Schrifttum – detailliert im Hinblick auf die darin zum Ausdruck kommenden Strukturen zu analysieren. Das hier zu diesem Zweck in Anwendung gebrachte Verfahren ist die Sequenzanalyse der Objektiven Hermeneutik.[8] Diese Methode ist besonders im Bereich der Berufssoziologie erprobt. Zwar gibt es noch keine dementsprechenden Untersuchungen zur Familienmediation – es gibt überhaupt so gut wie keine soziologischen Untersuchungen im deutschsprachigen Raum, die sich mit ihr befassen, darauf wird in der Diskussion noch eingegangen –, es gibt jedoch eine Reihe von Arbeiten, die sich teils mehr, teils weniger professionssoziologisch ausgerichtet mit anderen Berufsfeldern beschäftigen. Für den thematisch nahe liegenden Bereich der Rechtsberufe können die Arbeiten von Caesar-Wolf (1986, 1987), Asmus (1988), Breunung und Roethe (1989), Eidmann (1994), Roethe (1994), Wernet (1997) und Maiwald (1997) genannt werden. Aber – um nur einige Beispiele anzufügen – auch das polizeiliche Handeln (Oevermann/Schuster/Simm 1985; Dern 1996; Tykwer/Oevermann 1996), das schulpädagogische Handeln (Aufenanger/Garz/Kraimer 1994; Wernet 2000b) oder das Handeln in der Sozialverwaltung (Harrach/Loer/Schmidtke 2000) wurden schon mit der Methode der Objektiven Hermeneutik untersucht.

An dieser Stelle kann keine ausführliche Darstellung des methodischen Vorgehens erfolgen, geschweige denn eine methodologische Begründung. Es mag ausreichen, die Rezeption der

---

[8] Die Sequenzanalyse ist ein in der qualitativen Sozialforschung eingeführtes Verfahren der Textanalyse. Ursprünglich im Kontext der Konversationsanalyse und der objektiven Hermeneutik entwickelt (Bergmann 1985) hat es sich mittlerweile in verschiedenen Ausformungen sowohl im Kontext anderer methodologischer Richtungen (z.B. Narrationsanalyse und wissenssoziologischer Hermeneutik) wie im Kontext verschiedenster materialer Forschungsbereiche (u.a. Biographieforschung, Deutungsmusteranalyse, Berufssoziologie, Familiensoziologie) etabliert. Ich folge der Version der Objektiven Hermeneutik, weil sie a) im Unterschied zur Konversationsanalyse primär auf die Herausarbeitung von *Fall*strukturen zielt und b) sie meines Erachtens das methodisch stringenteste und methodologisch am besten begründete Verfahren darstellt.

nachfolgenden Analyse durch die Angabe einiger Prinzipien der Sequenzanalyse vorzubereiten.[9] Eines dieser Prinzipien ist die ‚Kontextfreiheit' der Analyse: Annahmen über den Fall – sei es der Einzelfall oder das mediatorische Handeln allgemein – werden erst nach einer gründlichen immanenten Textanalyse einbezogen. Die Interpretation der einzelnen Textstellen folgt desweiteren dem Prinzip der ‚Extensivität' oder Lückenlosigkeit der Interpretation, das besagt, daß kein Datum vorab als vermutlich irrelevant ausgeschlossen werden soll. Dieses Prinzip stützt sich auf die schon von H. Sacks eingeführte methodologische Grundannahme der Geordnetheit der Daten (‚order at all points'), d.h. es wird davon ausgegangen, daß nichts an den Daten zufällig bzw. unmotiviert ist. Das zentrale Prinzip der Methode der objektiven Hermeneutik ist das Prinzip der ‚Sequenzialität'. Sequenzialität meint hier nicht einfach einen bloß seriellen Durchgang durch das Textmaterial, sondern es geht darum, die prozeßhafte Entfaltung der Fallstrukturen in der Abfolge der Sprechhandlungen – bzw. schriftsprachlicher Äußerungen im Falle ‚gemachter' Texte – nachzuzeichnen. Das impliziert auch, daß die jeweilige Textbedeutung nicht über den Rekurs auf spätere oder frühere Textstellen erschlossen wird. Für diese kumulative Erschließung der Fallstruktur ist die Differenzierung zwischen zwei grundsätzlich zu unterscheidenden Arten des Sinns einer Äußerung von zentraler Bedeutung: es gibt zum einen a) den Sinn, den eine Äußerung unabhängig vom faktischen Kontext, in dem sie fiel, hat und es gibt zum anderen b) den Sinn, den eine Äußerung in ebendiesem faktischen Kontext hat.[10] Entscheidend für die Inter-

---

[9] Die Literatur zur Objektiven Hermeneutik ist mittlerweile sehr umfangreich. Als weiterführende Literatur seien hier nur die einschlägigen neueren Arbeiten genannt: Oevermann 1993, 2000a und Wernet 2000a.

[10] Bei Oevermann werden diese Sinnebenen mit den Begriffen „objektive Bedeutungsstruktur" einerseits, „latente Sinnstruktur" andererseits bezeichnet. Diese Begriffswahl ist nicht so ganz glücklich, da sie die von der Sache her klar markierte Differenz der beiden Sinnebenen nicht klar zum Ausdruck bringt (‚Sinn' und ‚Bedeutung' sind äquivalente Begriffe und beide Sinnebenen sind insoweit ‚objektiv', als sie allgemein geltende Regeln der Bedeutungsgenerierung implizieren). Man kann noch eine weitere Sinnebene unterscheiden: den Sinn, den eine Äußerung für den Sprecher hat. Diese Sinnebene ist insbesondere dort von Bedeutung, wo das Selbstverständnis der Akteure

pretation ist natürlich die zweite Sinnebene, denn dieser Sinn ist Teil der Fallstruktur, die es zu rekonstruieren gilt. Jedoch läßt sich dieser Sinn gehaltvoll erst durch eine vorgängige Ausdeutung der ersten Sinnebene erschließen.

Das übliche sequenzanalytische Vorgehen ist dabei das folgende: Die kontextunabhängige Bedeutung einer Äußerung weist ihr nach allgemein geltenden Regeln ‚passende' Äußerungskontexte zu, die sich typologisch zu geltenden ‚Lesarten' der Äußerung verdichten lassen. Dabei kommt übrigens ein weiteres Interpretationsprinzip in Anschlag: das der ‚Wörtlichkeit'. Es besagt, daß man eine Äußerung bis auf weiteres nicht als ‚ironisch' oder ‚metaphorisch' etc. zu verstehen hat, sondern als wörtlich so gemeint. Auch der direkte Zugriff auf die möglicherweise intendierte Äußerungsbedeutung ist damit ausgeschlossen. Nachdem man unter Rekurs auf allgemein geltende Regeln die möglichen Lesarten einer Äußerung expliziert hat, beginnt die Rekonstruktion der zweiten Sinnebene und damit sukzessive die Rekonstruktion der Fallstruktur unter Inanspruchnahme verschiedener Kontrastoperationen, von denen die wichtigsten der Kontrast mit dem faktischen Kontext der Äußerung sowie der Kontrast mit den Anschlußäußerungen darstellen. Beide Kontrastoperationen zielen darauf, die spezifische Selektivität, die die Fallstruktur ausmacht, vor dem Horizont des allgemeinen Möglichkeitsraumes herauszuarbeiten.

Die hier notgedrungen sehr knapp skizzierte Standardvorgehensweise der objektiven Hermeneutik muß für die vorliegenden Zwecke etwas modifiziert werden, denn die hier gewählte übliche Darstellung orientiert sich primär an Interaktionstranskripten, also Protokollen von z.B. familialen Interaktionen oder Interaktionen in Organsiationen. Dabei liegt eine Abfolge von Interakten vor und die Fallstrukturen, die sequentiell rekonstruiert werden, sind dementsprechend Interaktionsstrukturen. Der Texttyp der vorlieg-

---

konstitutiver Bestandteil des Gegenstandes ist, also z.B. in der Biographieforschung. Dieser subjektive Sinn einer Äußerung läßt sich jedoch nur im Durchgang durch die Rekonstruktion der ersten beiden Sinnebenen eruieren. Vgl. zur Unterscheidung dieser drei Sinnebenen in der Objektiven Hermeneutik Maiwald (1999).

enden Analyse ist jedoch ein anderer, und deshalb sind die relevanten Kontrastoperationen auch anders akzentuiert. So gibt es bei Texten aus dem mediatorischen Schrifttum weder einen faktischen Äußerungskontext, noch Anschlußhandlungen im üblichen Sinne. Zwar ist die Grundform der Analyse dieselbe und es werden auch die genannten Prinzipien befolgt, es geht jedoch methodisch stärker um die ‚kategoriale Form' der Äußerungen, um die Art und Weise, wie ein Gegenstand, wie ein Problem sprachlich gefaßt wird. Zudem erfolgt als Kontrastoperation nach der Explikation der Bedeutungsstruktur einer Äußerung häufig der Vergleich mit – sehr einfachen – Annahmen über die faktische Struktur der Familienmediation.

4. Exemplarische Fallanalyse

Die zu interpretierenden Textausschnitte sind einem Buch entnommen, das von der Bedeutung der Autoren her und der regelmäßigen Nennung in Literaturlisten zur Mediation als ein Standardwerk angesehen werden kann. Es heißt „Scheidung ohne Verlierer. Ein neues Verfahren, sich einvernehmlich zu trennen. Mediation in der Praxis" von John M. Haynes, für die deutsche Ausgabe bearbeitet von Reiner Bastine, Gabriele Link und Axel Mecke, erschienen 1993.[11] Der Titel soll aus Darstellungsgründen nicht interpretiert werden, ebensowenig der Titel des ersten Kapitels des Buches („1 Einführung in die Scheidungsmediation"), das die Abschnitte enthält, die interpretiert werden sollen. der erste Abschnitt ist überschrieben „Zur Geschichte der Mediation", der zweite „Was ist Mediation?". In diesen Überschriften und in ihrer Reihenfolge kommt gleichzeitig sowohl das Problem

---

[11] Daß das Buch von einem amerikanischen Autor und ursprünglich in Englisch geschrieben wurde, schränkt seine forschungsstrategische Bedeutung nicht ein und stellt auch für die Interpretation kein Problem dar, denn entscheidend ist, daß das Buch im Kontext der Mediation in Deutschland als Standardwerk *gilt*. Darüberhinaus ist es offenbar von den genannten deutschen Autoren so sehr überarbeitet worden, daß sie als Ko-Autoren auf dem Titel erscheinen.

von Innovation und Bewährung, das sich für die Mediation stellt, zum Ausdruck, wie eine spezifische Art des Umgangs mit diesem Problem: Verweist die Frage „Was ist Mediation?" darauf, daß es sich um etwas Neues handelt, das erst erklärt werden muß – eine vergleichbare Abhandlung über das Familienrecht würde sicher nicht mit der Frage „Was ist Recht?" beginnen, es wäre vielmehr eine Bekanntheit mit diesem Gegenstand unterstellt –, so impliziert „Zur Geschichte der Mediation" gerade das Gegenteil. Mediation ist nichts Neues, hat vielmehr schon eine Geschichte und ist damit schon bewährt. Im Kontrast zu einer denkbaren Anordnung, in der zuerst geklärt würde, was Mediation ist, um dann „historische Vorläuferformen" darzustellen, kann man vermuten, daß hier eine Art Entschärfung des Bewährungsproblems erfolgt. Aber in der folgenden Interpretation soll nicht die Frage des Umgangs der Mediation mit dem Problem von Innovation und Bewährung im Mittelpunkt stehen. Vielmehr geht es darum, zwei latente Struktureigenschaften des Selbstverständnisses von Mediation herauszuarbeiten, die jeweils in den Abschnitten von besonderer Bedeutung sind.

Der erste Abschnitt beginnt mit: „Mediation [Fußnotenzeichen] als Konfliktlösungsmodell zwischen strittigen Parteien hat eine lange, interkulturelle Tradition."

Was mit dieser Formulierung der Sache nach wohl gemeint ist, wird in etwa dies sein: ‚Das, was man unter Mediation versteht, gibt es schon sehr lange und in verschiedenen Kulturen'. In dieser inhaltlichen Hinsicht fällt auf, daß sich der Tenor der Darstellung der Mediation als etwas ausgesprochen Bewährtes reproduziert. Für die vorliegenden Zusammenhänge ist jedoch die Ausdrucksgestalt der gewählten Formulierung interessanter, die ausgesprochen interpretationsbedürftig ist. Dabei soll es auch nicht um die semantischen Anomalien „interkulturelle Tradition" und „strittige Parteien" gehen[12], sondern vielmehr um eine im-

---

[12] Die Rede von einer „interkulturellen Tradition" macht deshalb keinen Sinn, weil sie unterstellt, daß es einen diesbezüglichen Austausch zwischen den Kulturen gegeben habe, und „strittige Parteien" kann es nicht geben, sondern nur strittige Aussagen (Behauptungen, Ansprüche).

plizite Konzeption, die in der Formulierung „Mediation als Konfliktlösungsmodell zwischen strittigen Parteien" enthalten ist. Die Formulierung ist nicht allein wegen der Verwendung von „strittige Parteien" auffällig. Rein wörtlich genommen ist hier die Rede von einem Konfliktlösungsmodell, das sich – räumlich verstanden – irgendwie zwischen den Parteien befindet. Vermutlich handelt es sich um eine Ellipse aus *„Modell der Lösung von Konflikten* zwischen Parteien". Wenn dem so ist, hat sich dabei aber mit der elliptischen Zusammenziehung die Satzbedeutung entscheidend verändert. Ist in der ‚Langschrift' die Relation zwischen Modell und seinem Gegenstand klar, so ist in der gewählten Formulierung (aufgrund der Substantivbildung über die Grenzen der Relation bei Beibehaltung der Phrase „zwischen den Parteien") ebendiese Relation nicht mehr gegeben. Stattdessen hat man die explizierte Bedeutung: ein „Konfliktlösungsmodell" wird in irgendeiner Weise zwischen den Parteien verortet. Wörtlich verstanden gibt es also eine Partei A und eine Partei B und dazwischen steht ein Modell für die Lösung des Konfliktes, den sie haben. Da es bei der Mediation um irgendeine Form der Vermittlung geht, müßte – im räumlichen Bild – zwischen den Parteien eigentlich der Vermittler oder Mediator stehen. Stattdessen steht hier aber ein Modell. Im Sinn einer ersten, zugegeben sehr riskanten und ‚unwahrscheinlichen' Hypothese hinsichtlich der Fallstruktur der Selbstdeutung würde das heißen, daß hier eine Konzeption vorliegt, in der die Position des Mediators als jemand, der durch sein Handeln vermittelt, durch ein „Modell" der Mediation gefüllt wird. Das praktische Problem der Vermittlungsleistung würde mit einer tendenziell technokratischen Fassung umgangen.[13]

---

[13] Es muß noch auf weiteres Moment am Begriff des „Konfliktlösungsmodells" hingewiesen werden: Es wird nicht von einem Modell für die „Bearbeitung" oder „Regulierung" oder dergleichen gesprochen, vielmehr wird mit dem Begriff „Lösung" der Erfolg des Verfahrens schon vorweg genommen. Es handelt sich nicht um eine distanzierte, sondern um eine wertende Kennzeichnung (vgl. dazu auch Breidenbach 1995, S. 5f.) Man kann annehmen, daß bei ihrer Wahl Außendarstellung und Selbstagitierung zusammengingen.

Betrachtet man nun die beiden Satzteile im Zusammenhang, nimmt man also die Kennzeichnung hinzu, daß die Mediation eine „lange Tradition" habe, so zeigt sich eine zweite sprachliche Anomalie. Auch dann, wenn man die vermutliche Ellipse auflöst zu „Modell der Lösung von Konflikten zwischen Parteien", ist die Formulierung in semantischer Hinsicht problematisch, denn man kann genau genommen nicht sagen, daß ein Modell eine lange Tradition hat. Ein Modell ist als solches etwas zeitloses. Nur eine Praxis, d.h. ein Handlungszusammenhang oder eine Handlungsweise kann eine Tradition haben. So kann man wie selbstverständlich davon sprechen, daß der Rottweiler Narrensprung, die kritische Theorie oder – zu einer bestimmten Zeit – die gotische Bauweise eine lange Tradition hat. Man kann aber nicht sagen, daß das Modell, dem die Gotik implizit oder explizit gefolgt ist, eine lange Tradition hatte. Im vorliegenden Fall hätte man bestenfalls einer *Orientierung* an einem Konfliktlösungsmodell oder einer *Form* der Konfliktlösung eine Tradition zuschreiben können. Davon ist aber nicht die Rede. Vielmehr reproduziert sich hier innerhalb desselben Satzes eine Figur, in der das Modell der Mediation für die Praxis der Mediation genommen wird.

Fassen wir die bisherige Interpretation zusammen. Schon anhand der Analyse des ersten Satzes läßt sich eine recht gehaltvolle Strukturhypothese hinsichtlich des in diesem Werk vorgetragenen Selbstverständnisses des beruflichen Handelns formulieren: In dieser Konzeption wird das Problem der Vermittlungsleistung des Mediators in einer tendenziell technokratischen Weise umgangen. Die Hypothese ist an dieser Stelle natürlich noch sehr riskant und noch wenig differenziert. Gleichwohl ist sie insofern schon relativ ‚dicht', als sich ihre Elemente innerhalb eines und desselben Satzes mehrfach reproduzieren. Wichtig ist, daß diese Struktur auf der Ebene der *Textstruktur* rekonstruiert wurde. Es handelt sich nicht um etwas, das der *inhaltlich vertretenen, theoretisch durchgearbeiteten Konzeption* entnommen wurde. Vielmehr geht es um eine latente Konzeption.

Man könnte gegen diese Interpretation einwenden, daß sie übertrieben sei, es werde sich vielmehr um sprachliche Ungenauigkeiten handeln, die dem Problem der Übersetzung des Textes aus dem Englischen geschuldet sind. Dagegen läßt sich zweierlei sagen: Zum einen können sprachliche Ungenauigkeiten sehr unterschiedlicher Art sein – hier deutet sich jedoch eine gewisse Systematik an. Zum anderen bleibt die Interpretation ja nicht bei dieser Textstelle stehen. Die Hypothese kann leicht falsifiziert oder modifiziert werden, wenn sich im folgenden herausstellt, daß die Vermittlungsleistung des Mediators zum Thema gemacht wird.

„Sie wurde unter anderem bei den alten Hebräern, in Afrika, Japan und China zur Lösung vielfältiger Konflikte herangezogen (vgl. u.a. [Buchangabe])."

In den unbestimmten Angaben setzt sich der Tenor des ‚das gab es eigentlich schon immer und überall' fort. Auffällig an der vorliegenden Formulierung ist die Verwendung von „heranziehen". Die wörtliche Bedeutung im Sinne der räumlichen Annäherung – ‚sich nähern', ‚etwas zu sich ziehen' – kann hier nicht in Frage kommen, weil die Mediation kein physikalischer Gegenstand ist, ebensowenig die Bedeutung im Sinne von ‚zu einem bestimmten Zweck ausbilden', denn die Mediation kann kein ‚Zögling' in diesem Sinne sein. Bleibt nur die übliche übertragene Bedeutung, wie sie sich etwa in ‚Die Bauern wurden zum Militärdienst herangezogen' oder ‚Herr Meier wurde zum Arbeitsdienst herangezogen' findet. Sie impliziert – Im Unterschied zu ‚*hinzu*gezogen' – tendenziell das Vorliegen einer Macht- oder Autoritätsinstanz, die eine bestimmte Verfügungsgewalt über die spezifizierten Personen besitzt, sie – entsprechend dem wörtlichen Sinn –‚heran ziehen' kann. Man *bedient* sich bestimmter Personen zu einem bestimmten Zweck. Dabei ist wichtig, daß es sich um Personen handelt. Es würde merkwürdig wirken, in diesem Zusammenhang von Tieren oder Sachen zu sprechen. Man kann eben schwerlich sagen ‚Die Elefanten wurden zu Aufräumarbeiten herangezogen' oder ‚Die Schraubenzieher wurden auch zum Meißeln herangezogen'. Gegen diese Lesart spricht, daß man durchaus Quellen oder Gesetze zum Zwecke der Klärung einer Frage ‚heranziehen' kann, ebenso Ratgebertexte zur Lösung eines Problems. Die Bedeutung ist hier sehr ähnlich der von ‚konsultieren'. Allerdings haben solche Texte einen Stellenwert, der dem von Personen durchaus ähnlich ist: Sie stellen gewissermaßen historische Individuen dar, derer man sich bedienen kann, um Auskunft über einen Sachverhalt zu bekommen. Das gemeinsame ist, daß diese Texte wie Personen die Fähigkeit zu einer ‚Selbsttätigkeit' haben, man kann sagen ‚die machen/klären das für mich'. Deshalb kann man den Ausdruck nicht im Zusammenhang von beispielsweise Werkzeugen verwenden, die man ja bedienen muß, die nur Hilfsmittel sind, und auch nicht im Kontext von Tieren, die angeleitet werden müssen.

Auf der Basis dieser Bedeutungsexplikation ist jetzt klar, was das Problem der Verwendung von ‚heranziehen' im vorliegenden Kontext der Mediation als ‚Modell' für Konfliktlösungen im Sinne einer expliziten Methode, eines Programms, ist. Man kann sich zwar einer Methode oder eines Handlungsmodells bei der Realisierung von etwas wie eines Werkzeugs bedienen, man kann sie aber nicht in dem Sinne ‚heranziehen', weil sie nicht wie eine Person etwas ‚selbsttätig' tun kann. Umgekehrt wird ihr diese Fähigkeit aber gerade mit der Verwendung des Ausdrucks ‚heranziehen' zugeschrieben: Mediation ist in dieser Konzeption nicht nur etwas Formales, etwas, das eine Praxis anleiten kann, die selbst gefüllt oder zumindest durchgeführt werden muß, sondern sie erscheint als sozusagen selbsttätige Praxis, die etwas zu realisieren vermag. Mit dieser ‚Personalisierung' von Mediation als Modell wird das implizite Deutungsmuster, das sich im vorhergehenden Satz finden ließ, weiter gefüllt. Nahm vorher das Modell der Mediation die Stelle des Mediators zwischen den Parteien ein, so wird hier gewissermaßen die Begründung dafür geliefert, indem sie kategorial als personale, prinzipiell mit der Fähigkeit zur Selbsttätigkeit begabte Instanz gefaßt wird. Die erste, riskante Strukturhypothese wird also nicht falsifiziert, sondern erfährt vielmehr eine Verdichtigung und Präzisierung.

„In den USA wird Mediation seit vielen Jahren in den unterschiedlichsten Gebieten eingesetzt: bei Nachbarschaftskonflikten ([Buchangabe]), bei Umweltkonflikten ([Buchangabe]), bei Arbeitskonflikten ([Buchangabe]) und nicht zuletzt bei familiären Streitigkeiten und Konflikten aufgrund einer Trennung oder Scheidung ([Buchangaben])."

Die Ausführungen nähern sich mit der Nennung der USA dem adressierten Kulturkreis und der Gegenwart. Der Tenor der Darstellung von Bewährtheit wird dabei mit dem „seit vielen Jahren" fortgeführt, wie auch der Anspruch auf einen weiten Gegenstandsbereich: Wenn sich die Mediation in den „unterschiedlichsten" Gebieten bewährt hat, dann kann man – sozusagen im Schluß von n auf n+1 – beanspruchen, daß sie für alle denkbaren Gebiete tauglich ist. Der Gegenstand von Mediation ist letztlich ‚der Konflikt' überhaupt.

Die Kennzeichnung der verschiedenen ‚Einsatzgebiete' soll an dieser Stelle nicht interpretiert werden, interessanter ist im vorliegenden Zusammenhang der Ausdruck „einsetzen" selbst. Man kann davon ausgehen, daß es hier um den Bedeutungsstrang im Sinne von ‚zum Einsatz bringen' oder ‚zum Einsatz kommen' geht. In diesem Sinne kann man beispielsweise davon sprechen Panzer einzusetzen, Kompanien, Medikamente, Insektenvertilgungsmittel, Maschinen oder Elefanten. Das sind alles Dinge, die in einem spezifischen Zweckzusammenhang wirken oder wirken sollen. Techniken kann man dann ‚einsetzen', wenn sie als Technologie in bestimmten Apparaten, Maschinen, automatischen Programmen oder Wirkstoffen etc. ‚geronnen' sind. Demgegenüber kann man Techniken im Sinne von Methoden, also solche Techniken, die man beherrschen muß, nur ‚anwenden', ‚verwenden', ‚ausführen' oder ‚durchführen'. Werkzeuge kann man ebenfalls nicht einsetzen, sondern nur ‚verwenden' oder ‚benutzen'. Zu ‚einsetzen' gehört damit – wie zu ‚heranziehen' –, daß das eingesetzte Objekt eine Wirkungsqualität aus sich heraus entfalten können muß. Mediation erscheint damit wiederum als ein quasi selbsttätiges Mittel im Hinblick auf den Zweck der Konfliktlösung. Wie in den vorangegangenen Formulierungen wird Mediation nicht als eine Leistung konzeptionalisiert, die vom Mediator praktisch zu erbringen ist, sondern der Mediator tritt hinter eine ‚Quasi-Technologie' zurück. Auch wenn bei ‚einsetzen' im Unterschied zu ‚heranziehen' stärker die Funktion im Vordergrund steht, geht dieser Ausdruck doch in dieselbe Richtung: ‚Personalisierung' und ‚Technologisierung' sind nur unterschiedliche Varianten derselben Struktur.

> „In dem vorliegenden Buch wird das Vorgehen bei Familienmediation und insbesondere bei Trennungs- und Scheidungsmediation beschrieben;..."

In diesem Satz wird mit „das Vorgehen bei Familienmediation" eine weitere Kennzeichnung gegeben. Die typischen Verwendungskontexte wie ‚das Vorgehen bei der Bearbeitung von Bauanträgen', ‚das Vorgehen beim Bau einer Stahlgerüstkonstruktion' oder ‚das Vorgehen bei Borkenkäfer-Befall' zeigen, daß es um eine Problembearbeitung geht, die *in terms* einer spezifischen Technik definiert ist. Es besteht ein Handlungsproblem, das als solches vordefiniert ist, und es gibt einen klaren Weg der Problembewältigung, mit einer Ablaufstruktur, die hier im Detail dargelegt wird. Der Mediator erscheint damit per Implikation erstmals als Akteur, nämlich als Experte, der ein technisches Problem im Rahmen einer klaren Ablaufstruktur bearbeitet.

Dieser Befund spricht nur scheinbar gegen die bisherige Strukturhypothese, denn daß sich das Selbstverständnis nicht auf eine Verabsolutierung des Verfahrens durch ‚Personalisierung' und ‚Technologisierung' beschränkt, ist angesichts des herausgearbeiteten kontrafaktischen Charakters dieser strukturellen Konzeptionen nicht überraschend. Die Frage, die sich jetzt vor allem stellt, ist die, wie die Grundzüge des Vorgehens und wie die entsprechende Funktion und Leistung des Mediators weiterhin gefaßt werden. Um dies zu eruieren, überspringen wir die restlichen Passagen des Abschnittes zur Geschichte der Mediation[14], die in dieser Hinsicht nicht relevant sind, und wenden uns dem folgenden Abschnitt ‚Was ist Mediation?' zu, der beginnt:

---

[14] Dabei handelt es sich um einen Satz zum Problemhintergrund der Familienmediation und einen Absatz zur Verbreitungsgeschichte der ‚modernen' Familienmediation.

„Mediation ist ein Verfahren, bei dem eine neutrale dritte Person die Beteiligten darin unterstützt, die zwischen ihnen bestehenden Konflikte durch Verhandlungen einvernehmlich zu lösen."

Hier wird in einer knappen Definition zum ersten Mal ausgeführt, was die Mediation als besondere Form der Konfliktbearbeitung kennzeichnet. Zunächst wird sie als ein „Verfahren" gckennzeichnet, d.h. als ein Prozeß, der durch bestimmte Regeln und die Abfolge bestimmter Schritte kontrolliert wird. Von Bedeutung ist dabei eine „dritte Person", die als „neutral" charakterisiert wird, d.h. sie ist nicht bloß rein numerisch eine dritte Person, sondern auch qua Stellung zur dyadischen Struktur. Sie ergreift nicht Partei für eine der beiden Positionen, sie ist nicht einer Position zurechenbar. Die Aufgabe dieses Dritten wird als „Unterstützung" gekennzeichnet. Er soll die „Beteiligten darin unterstützen, die zwischen ihnen bestehenden Konflikte...zu lösen". Diese Kennzeichnung ist wichtig. Was heißt es, jemanden oder etwas zu „unterstützen"? Das Gemeinsame gedankenexperimentell entworfener Verwendungen ist, daß es sich zwar um eine Aktivität handelt (man kann nicht sagen „ich unterstütze den Verein, aber ich tue nichts für ihn"), daß es sich aber um eine Aktivität handelt, die das Unterstützte unangetastet läßt (man kann sagen „ich unterstütze die Arbeit des Vereins, aber ich engagiere mich nicht im Verein"). Das, was unterstützt wird, ist ein unabhängig von der Unterstützung ablaufender Prozeß. Es findet keine Gestaltung des Prozeßes statt, sondern eine Schaffung oder Bereitstellung günstiger Rahmenbedingungen. Für den vorliegenden Zusammenhang heißt das, daß die Konfliktlösung als etwas konzipiert wird, was die Parteien autonom leisten. Es gibt eigentlich gar kein Vermittlungsproblem und der Vermittler beeinflußt nicht den Konfliktlösungsvorgang.

Die Konfliktlösung erfolgt „durch Verhandlungen" und „einvernehmlich". Mit der Rede vom „einvernehmlichen" Lösen von Konflikten ist das für jegliche Form von Vermittlung zentrale Moment des Konsenses angesprochen. Die Lösung wird den Parteien nicht oktroyiert, sondern von ihnen – zumindest formal – in wechselseitiger Übereinkunft getragen. Im vorliegenden Fall sind erreichter Konsens und Konsensorientierung etwas, das den Parteien zugeschrieben wird. Das „durch Verhandlungen" ist etwas verwunderlich. Denn ganz allgemein bedeutet verhandeln ein „Reden über etwas", verbunden mit dem Moment des Ergebnisbezogenen, d.h. es ist impliziert, daß man auch zu einem Punkt kommen will. In diesem Sinne spricht man beispielsweise von „ein Problem verhandeln" oder den „Verhandlungen des 17. Deutschen Juristentages". So verstanden muß man sich fragen, worin der Informationsgehalt von „durch Verhandlungen" besteht. Man fragt sich: Durch was sonst? „Verhandeln" wird hier jedoch im engeren Sinne von „bargaining" oder „aushandeln" zu verstehen sein, im Sinne einer Kompromißfindung auf der Basis von Interessendivergenz. Diese Bedeutung enthält eine Information. Sie impliziert nämlich, daß die Parteien eine innere Distanz zum Konflikt haben, die darin zum Ausdruck kommt, daß die jeweiligen Positionen ‚plastisch' sind, d.h. man beharrt nicht auf einer Position, sondern man kann sich prinzipiell ein Mehr oder Weniger vorstellen. Das impliziert auch, daß die verhandelte Strittigkeit als Frage wechselseitiger Interessenmaximierung verstanden wird. Sie ist nicht an Wertstandpunkte gebunden. Vorstellungen wie ‚ich verlange, was mir zusteht, die andere Position ist unrecht' sind nicht vorgesehen.

Betrachtet man die vorliegende Definition im Zusammenhang, dann erscheint Mediation als eine Veranstaltung, in der Parteien in einem durchgängig konsensorientierten Procedere eine Konfliktlösung finden. Dies ist ein autonom ablaufender Prozeß, für den die Parteien die ‚Gestaltungshoheit' besitzen. Der Mediator ist nur sehr randständig involviert, denn er stellt bloß günstige Rahmenbedingungen bereit. Irgendeine Form der Intervention, der konkreten Gestaltung, Steuerung oder Beeinflußung des Konfliktlösungsprozeßes ist von hier aus nicht vorgesehen.

Diese Konzeption erscheint interpretationsbedürftig, wenn man sich einige Kennzeichen der Vermittlungssituation vergegenwärtigt. Wie können die Parteien so autonom und konsensorientiert sein, wenn sie sich doch an einen Vermittler wenden und damit zum Ausdruck bringen, daß sie der Ansicht sind, sie könnten das Problem der Regelung der Trennungs- bzw. Scheidungsfolgen aus eigener Kraft nicht oder nicht so gut bewältigen? Wie kann der Mediator eine solch randständige Position im Vermittlungsprozeß einnehmen, wenn er doch als jemand in Anspruch genommen wird, der in irgendeiner Weise intervenieren soll? Und schließlich soll die Vermittlung ja im Rahmen einer Berufstätigkeit erfolgen. Der Mediator ist schon von daher kein Förderverein der Konfliktbearbeitung, der womöglich Blumen auf den Tisch stellt, Kaffee kocht oder gar Geldmittel zur Unterstützung bereitstellt. Im Gegenteil: Er bekommt schließlich Geld dafür, daß er irgendetwas tut.

Bevor es mit der Interpretation weitergeht, soll noch einmal auf die in dem „unterstützen" enthaltene ‚Förderverein-Konzeption' eingegangen werden. Hier scheint mir nämlich ein Anhaltspunkt dafür gegeben, daß der Mediator als dritte *Partei* verstanden werden kann, d.h. als ein Dritter mit einem spezifischen Interesse an der Konfliktlösung. Was bedeutet die kontrafaktische Konzeption eines ‚Fördervereins' wörtlich bzw. als ‚Phantasie' ernst genommen? Es bedeutet nicht allein eine Abwesenheit von Gestaltung, Strukturierung oder Intervention. Es bedeutet auch, daß seitens des Mediators eine Wertschätzung vorliegen muß, der praktisch Ausdruck verliehen wird. Diese Wertschätzung betrifft üblicherweise die Sache, für die das unterstützte Unternehmen steht (ein politisches Programm, eine wissenschaftliche oder künstlerische Arbeit o.ä.), oder die unterstützte Person (ich unterstütze beispielsweise den Auslandsaufenthalt meines Neffen, weil ich glaube, daß das für ihn gut ist, und weil er es ist, um den es geht). Eine Bindung an die Person(en) kann im vorliegenden Fall nicht in Frage kommen. Die allein mögliche sachliche Bindung kann im Grunde nur darin bestehen, daß man die gekennzeichnete Art von Auseinandersetzung grundsätzlich für gut hält, und zwar unabhängig vom konkreten Fall. Man tritt für die praktische Realisierung oder Verbreitung einer als irgendwie vernünftig oder sinnvoll vorgestellten Form der Auseinandersetzung ein. Ein weiterer Anhaltspunkt in diese Richtung findet sich im nächsten Satz.

„Die Konfliktpartner treffen sich im Beisein des Mediators,..."

Zunächst kann man sagen, daß sich die Konzeption einer tangentialen Position des Mediators reproduziert. Obwohl die Paare sich in der Praxis typischerweise *zum* Mediator in seine Praxis begeben, wird er als bloß äußerlich räumlich anwesend kategorisiert, so als würden sich die Paare in einem Café treffen und der Mediator ist auch da. Das Entscheidende ist, daß sich die Noch-Gatten „treffen", also die dyadische Beziehung. Sie erweitert sich in diesem räumlichen Bild nicht zu einer Triade.

Auffällig und interpretationsbedürftig ist die Rede von „Konfliktpartnern". Analog der Bedeutung in Verwendungen wie ‚Ehepartner', ‚Vertragspartner', ‚Geschäftspartner' oder ‚Tennispartner' ist mit „Konfliktpartner" unterstellt, daß es der Konflikt selbst ist, der eine Kooperationsbeziehung stiftet. Wenn man sich auch vorstellen kann, daß empirisch im Einzelfall ein Konflikt im Endeffekt zu einer Kooperationsbeziehung im Sinne einer „Partnerschaft" führt, so ist jedoch schwer vorstellbar, inwieweit der Konflikt *als Konflikt* einen solchen vergemeinschaftenden Effekt haben sollte. Man kann sich die hier implizierte Konzeption kaum anders vorstellen, als daß es nicht der Konflikt im engeren Sinne ist, sondern eine vorgestellte geteilte *Verpflichtung zur Konfliktbeendigung*, die die Parteien zu Partnern macht. Ein geteilter Anspruch auf eine vernünftige, rationale Art der Konfliktbearbeitung, etwas im Sinne von ‚wir sind irgendwie in diese Situation gekommen; das müssen wir jetzt vernünftig über die Bühne bringen'. Das ist aber keine Eigenschaft der Konfliktsituation, sondern muß eine Eigenschaft oder eine Haltung der beteiligten Akteure sein. Damit wird der Klientel hier ein ähnliches Moment unterstellt, wie wir es eben in bezug auf den Mediator herausgearbeitet haben: Die Bindung an eine spezifische „Konfliktkultur", die es zu fördern gilt.

„ ... , um die strittigen Punkte zu identifizieren, über diese zu verhandeln und eigenverantwortlich Lösungen zu entwickeln."

Das Idealbild einer rationalen Problemlösung wird weiter ausgemalt. Die Parteien wissen, worum es geht, sie haben klare Positionen, die nur rein kognitiv („identifizieren") bestimmt werden müssen. Dann werden sie einem Bargaining-Prozeß unterworfen. Eine derartige rationale Konfliktlösung ist das Motiv („um...zu"), das dem Treffen zugrunde liegt; sie ist antizipiert. Die Kennzeichnung der „Entwicklung von Lösungen" als „eigenverantwortlich" ist jedoch auffällig. Das Merkwürdige an diesem Ausdruck ist, daß er üblicherweise in Kontexten Verwendung findet, die durch hierarchische Strukturen, durch Weisungsgebundenheit gekennzeichnet sind. In diesen Kontexten markiert er Spielräume des „eigenen" Entscheidens und Handelns. In anderen Kontexten macht er keinen Sinn (Bsp. „Familien planen ihre Urlaubsreisen eigenverantwortlich"). Das ist auch nicht verwunderlich, denn schließlich ist die Zuschreibung von Verantwortlichkeit ein basales Kriterium jeglicher Interaktion, das nur in Sonderfällen partiell außer Kraft gesetzt ist (Kinder und Verrückte auf der einen Seite, hierarchische Strukturen auf der anderen Seite).

Hierarchie paßt nun aber gar nicht zur bisherigen Darstellung der Mediation. Da gibt es nur zwei einander ebenbürtige, interessenmaximierende aber gleichwohl kooperative Parteien – und einen abwesenden Mediator. Gleichwohl wird ein solcher Kontext unterstellt. Wie muß man das interpretieren? Zunächst kann man wohl annehmen, daß hier in der bisherigen Linie der ‚Feier der Parteiautonomie' die Eigentätigkeit der Parteien in den Vordergrund gerückt werden sollte (das Selbst-Machen, die selbständige oder autonome Konfliktlösung). Sie machen alles selbst – und sind deshalb auch für alles verantwortlich. Möglicherweise kam der vorliegende Ausdruck zustande, weil das betont werden sollte. Was jedoch bleibt ist, daß er kategorial schief ist, einen Tenor hineinbringt, in dem die Autonomie als gewährter Spielraum erscheint und nicht als etwas, das man wie selbstverständlich besitzt. Ich vermute, daß hier der Kontrast zum Rechtsverfahren impliziert ist, das in der Mediation allgemein als fremdbestimmt verstanden wird.[15]

Die Betonung der Eigentätigkeit setzt sich auch im folgenden Satz fort:

> „Da in der Mediation die betroffenen Partner selbst eine Lösung entwickeln müssen, stärkt Mediation die Autonomie der Parteien."

Die Parteien *müssen* aber auch in der Mediation selbst die Konfliktbearbeitung betreiben. Auffällig ist, daß dieser Zwang plötzlich etwas unterstellt, was bisher ausgeschlossen war: daß die Parteien das aus irgendeinem Grund nicht wollen oder können. Es hilft aber nichts, sie müssen es trotzdem. Und deshalb ist Mediation gut für ihre „Autonomie". Ich möchte hier nicht weiter auf diesen Autonomiebegriff eingehen. Das scheint mir ein besonderes Problem zu sein. Nur soviel: Hier liegt eine Konzeption vor, nach der Autonomie nicht etwas ist, das den Klienten prinzipiell zukommt und was es in der Intervention zu schützen gilt, sondern vielmehr etwas, was man immer mehr oder weniger hat, was die einen mehr, die anderen weniger haben, etwa entsprechend einer Formulierung „ein kaltes Bad stärkt die Abwehrkräfte".

5. Schlußfolgerungen: Ein paradoxales Professionalisierungsprojekt

Brechen wir die Interpretation an dieser Stelle ab und fassen die wesentlichen Interpretationsergebnisse zusammen. Wir haben hier eine Selbstdeutung auf einem hohen Abstraktionsniveau. Es wird in sehr allgemeiner Weise das Besondere der Mediation bestimmt. Das Strukturelement, das dabei besonders ins Auge sticht, ist das Fehlen einer Funktionsbestimmung des Mediators. Der Mediator erscheint im wesentlichen als ‚Nullstelle', er tritt nicht

---

[15] Es könnte hier auch eine für deutsche Intellektuelle nicht untypische Bevormundungs-Haltung zum Ausdruck kommen – die Autonomie als etwas, das gewährt wird.

als eigenständige, den Vermittlungsprozeß strukturierende Figur in Erscheinung. Für den Vermittlungsprozeß ist er damit quasi ‚unsichtbar'. Stattdessen wird in kontrafaktischer Weise die Eigentätigkeit und Autonomie der Konfliktparteien hervorgestrichen oder die Mediation wie eine eigentätige Technologie eingeführt, hinter die der Mediator zurücktreten kann. Das Gemeinsame dieser Konzezeptionierungs-‚Strategien' ist die Umgehung der Interventionsproblematik, die sich allerdings für jede Vermittlungsleistung prinzipiell stellt. Wozu diese systematische konzeptionelle Schwäche führen kann, sieht man sehr schön an der eine Seite später zu findenden Formulierung:

> „Er [der Mediator] ist der ‚Manager' oder der ‚Regisseur' der Verhandlungen, ist aber nicht für die thematisierten Inhalte und das Ergebnis der Verhandlungen verantwortlich."

„Manager" oder „Regisseur" ist nun ziemlich das Gegenteil der ‚Fördervereinslogik', die im vorhergehenden Satz wieder angesprochen wurde. Die Schwäche der Konzeption wird hier sehr deutlich: sie kann bruchlos von Abwesenheit zu Steuerung pendeln, von der ‚Unsichtbarkeit' zum ‚Macher'. Beides kann zusammengehen, weil ein konzeptioneller Zugriff auf das Interventionsproblem nicht angelegt ist. Nur in irgendeiner Weise verantwortlich will der Mediator grundsätzlich nicht sein. Da erfolgt wiederum die Generalexkulpation:

> „Nicht er, sondern die Konfliktpartner treffen die Entscheidungen."

Natürlich handelt es sich hier um einen sehr kurzen Textausschnitt und auch nur um *ein* Buch zur Mediation, das exemplarisch herangezogen wurde. Bei dem hier vorfindlichen Muster der Vermeidung der Interventionsproblematik handelt es sich jedoch um ein Muster, das in der entsprechenden Literatur dominiert. Oder anders gesagt: Bisher habe ich keine konturierten Alternativkonzeptionen gefunden, die eine ‚positive' Fassung der beruflichen Leistung des Mediators anbieten.[16] Vielmehr wird typischerweise das Problem der Intervention und damit auch die konzeptionelle Bestimmung der spezifischen Leistung des Mediators umgangen oder nur tangential gefaßt, wie etwa mit der Formel der „Unterstützung". Sehr instruktiv ist die Formulierung, die G. Mähler – ein prominenter Familienmediator, Familienrechtsanwalt und Autor – in einer Einleitung zu den Ausbildungsrichtlinien der Bundesarbeitsgemeinschaft für Familienmediation (BAFM) gewählt hat[17]: „Der Mediator hält sich in den inhaltlichen Entscheidungen zurück und gewinnt hierdurch die Kraft, die Konfliktpartner in ihrem Einigungsbemühen durch Stärkung ihrer Dialog-, Verhandlungs- und Gestaltungsfähigkeit zu unterstützen."

Aufgrund ihres kontrafaktischen Charakters ist klar, daß diese ‚Vermeidungsstrategie' dort, wo die Schriften konkrete Probleme der Mediation behandeln, irgendwann an ihre Grenzen stößt. Das wird schon im vorliegenden Textausschnitt deutlich, wenn aus heiterem Himmel ein gar nicht vorgesehenes Problem der Kooperationsrestitution angesprochen wird. Es scheint allerdings so zu sein, daß das vorliegende allgemeine Deutungsmuster eine adäquate Thematisierung konkreter Probleme erschwert, indem es verhindert, daß sie als explizite Probleme mediativer Intervention behandelt werden. Einen entsprechenden Indikator findet man nicht nur auf der Ebene des Schrifttums, sondern vor allem auch auf der Ebene von Interviews mit Mediatoren über ihre berufliche Praxis. Darauf möchte ich zum Schluß noch kurz zu sprechen kommen. Zunächst aber zur sich aufdrängenden Frage, was denn hinter dem Muster des ‚unsichtbaren Mediators' im beruflichen Selbstverständnis der Mediation steht. Warum wird dieses Muster

---

[16] Eine gewisse Ausnahme bildet – zumindest vom Tenor her – ein Text der Arbeitsgruppe Mediation in der Bundesrechtsanwaltskammer mit dem Titel „Empfehlungen der BRAK-Arbeitsgruppe Mediation". Der Text sollte eine Stellungnahme der BRAK-Hauptversammlung 1999 vorbereiten und ist im Internet auf der homepage der BRAK zu finden. Hier wird immerhin klar gesagt: „Der Mediator übernimmt die Verantwortung für das Verfahren". Was das heißt und was daraus folgt, wird allerdings nicht weiter ausgeführt.

[17] Im Internet zu finden auf der Homepage der BAFM.

vertreten, wo es doch offensichtlich an der Realität mediativer Praxis vorbeigeht? Meines Erachtens führt die Dramatisierung der Parteiautonomie, die Darstellungsstrategie, die sich kennzeichnen läßt mit ‚der Mediator ist nichts, die Parteien sind alles' in Richtung einer Erklärung. Diese Betonung des Selbst-Machens und der Autonomie impliziert, daß es anderswo nicht so ist. Und in genau diese Richtung geht auch die Kritik der Mediation an den konkurrierenden Zugriffsweisen, vor allem am Rechtsverfahren: Hier erfolge eine Bevormundung durch hierarchische Strukturen und durch Experten, es werde alles von ‚anderen' vorgegeben, die Konflikte werden von ‚anderen' gelöst. Demgegenüber soll und kann es bei der Mediation von vornherein nicht um so etwas wie Bevormundung gehen. Im Gegenteil: sie erzwingt geradezu Autonomie. Das würde heißen, daß sich paradoxerweise die Mediation als neuer Expertenberuf eine Expertenkritik, an die man offenbar gesellschaftlich anschließen kann, auf die Fahne ihrer eigenen Expertise geschrieben hat. Man könnte geradezu von einer unterschwelligen Strategie ihres Professionalisierungsprojekts sprechen: die eingebaute Expertenkritik ist ein wesentliches Merkmal der Expertise, mit der sie sich im Berufssystem zu etablieren sucht. Wenn das so ist, dann wäre in der Familienmediation trotz deutlicher Professionalisierungstendenzen – der eingangs geschilderten Art – die Expertenkritik, die anfangs in den USA ein expliziter Motor ihrer Entwicklung war, auf eine unauffällige Art noch lebendig.

6. Diskussion

Die Familienmediation ist bislang kaum soziologisch untersucht worden. In den USA und in Großbritannien, wo sie schon länger etabliert ist, gibt es einige Analysen zur Berufspraxis. Man kann die entsprechende Literatur grob in zwei Gruppen unterteilen: Die einen Untersuchungen interessieren sich vor einem rechtssoziologisch-rechtspolitischen Hintergrund primär dafür, was in Mediationssitzungen faktisch geschieht, wie effektiv sie sind und ob wirklich das geschieht, was die Mediation für sich reklamiert (z.B. Donohue/Allen/Burrell 1985; Garcia 1991; Greatbatch/ Dingwall 1997). Die anderen Untersuchungen interessieren sich vor einem geschlechtersoziologisch-feministischen Hintergrund primär dafür, inwieweit in die Art und Weise des mediatorischen Handelns Geschlechterdifferenzierungen einfließen und ob die Mediation im Vergleich zum rechtlichen Verfahren Nachteile für Frauen mit sich bringt oder nicht (z.b. Rifkin 1989; Cobb/Rifkin 1991; Dingwall/Greatbatch/Ruggerone 1998). Der weitaus größere Teil der Forschungen zur Familienmediation sowohl im angelsächsischen wie im deutschen Sprachraum läßt sich zwar als im weiteren Sinne sozialwissenschaftlich kennzeichnen, hat jedoch eine noch deutlichere praktische bzw. rechtspolitische Ausrichtung. Auch dort, wo die Forschung nicht explizit im Dienste der Mediation erfolgt, geht es in mediationsfreundlicher Orientierung primär um die Fragen nach der Effizienz der Familienmediation und den Möglichkeiten ihrer Verbesserung (z.B. Proksch 1998a; Bastine/Weinmann-Lutz 1995; Pelikan 1999).

Eine professionssoziologische Perspektive auf den Gegenstand, wie die hier vorgeschlagene, ist meines Wissens bisher noch gar nicht verfolgt worden. Sie bietet jedoch die Chance einer distanzierteren analytischen Durchdringung des Phänomens ‚Familienmediation', die seiner Evaluation vorgeordnet sein sollte. Insbesondere wird es damit möglich, Fragen des beruflichen Handelns (Mikro-Ebene), Fragen der Prozeße der Verberuflichung und organisationellen Entwicklung (Meso-Ebene), sowie Fragen ihrer sozialstrukturellen Einbettung (Makro-Ebene) wechselseitig aufeinander zu beziehen. Die vorstehenden Überlegungen sollten deutlich machen, daß die Analyse des beruflichen Selbstverständnisses einen wichtigen Teil eines solchen professionssoziologischen Forschungsprogramms bildet. Wie oben dargelegt, ist das Selbstverständnis für die konkrete berufliche Praxis nicht nebensächlich. Für den vorliegenden Fall kann man vermuten, daß das Muster des ‚unsichtbaren Mediators' und die damit verbundene ‚gebremste' Ausweisung der beruflichen Leistung die berufspraktische Auseinandersetzung mit Fragen angemessenen Handelns nicht gerade erleichtert. Anders gesagt: Sie erschwert die Ausbildung einer genuin mediatorischen Fallperspektive, die die Grundlage einer solchen reflexiven Auseinandersetzung mit berufspraktischen Fragen abgeben kann und wird in dieser Hinsicht einen Hemmschuh für eine Professionalisierung auch auf der Ebene des beruflichen Handelns darstellen. Analysen berufsbiographischer Interviews mit Mediatoren zeigen in der Tat – darauf kann an dieser Stelle nur kursorisch verwiesen werden – eine außerordentliche Schwierigkeit der je konkreten Formulierung von Angemessenheitsstandards. Man gewinnt den Eindruck, daß die Mediatoren einerseits bei den sich vor ihnen abspielenden Auseinandersetzungen strukturell außen vor stehen, gleichzeitig aber schon allein über das Vermittlungssetting in das Geschehen involviert sind. Daß eine solche Konstellation zu Unzufriedenheit führen kann, zeigt folgendes Beispiel einer Mediatorin, die im Rahmen der Darstellung eines Fallbeispiels sagt:

> „Äh, da kann ich an ner Trennung klar, sukzessive, die arbeiten auch mit, ja, weil der Konflikt Nähe is, und immense Nähe bei mir im Raum, ja, aber ähm die lassen immer irgend ne Leiche im Keller, ja (I: mhm), und die holen se bei der nächsten Sitzung wieder raus, ja, und torpedieren immer wieder irgendwelche Regelungen, ähm so en <klasenschen> Fall hab ich im Moment, ja, klassischen Fall. Der die die sch die macht mich wahnsinnig, ja? (I: mhm) Und gäb ich was, wenn dies canceln würden..."

Vermutlich hängen die relativ deutlich zutage tretenden burning-out-Phänomene in der Mediation[18] unter anderem mit dieser konzeptionellen Problematik zusammen. Aber um diesen Zusam-

---

[18] So sagt die zitierte Mediatorin an einer anderen Stelle des Interviews: „S is ne anstrengende Arbeit für den Mediator und auch fürs Paar. (I: mhm) In in so nem <...> Konflikt, dann in einem Raum zu sitzen, und ich ich empfind die Arbeit manchmal als strafversetzt, ja? Also, (I: mhm, mhm) nur nur nur könnt ichs nicht machen." Und ein Mediator und Psychotherapeut motiviert sein Interesse an kollegialem Austausch wie folgt: „...wenn Sie das, kann man sich meistens nicht so richtig vorstellen, wenn Sie mal äh drei vier Jahre mit so Paaren, also jeder, der hier reinkommt, setzt sich da hin und is scheiß drauf. Ja?. (I: mhm) Wenn Sie das äh machen ohne Kontakt nach außen, ja?, dann machen Sie das en Jahr und dann sind se ausgebrannt."

menhang zu klären, muß man genauer auf die Handlungsanforderungen der Mediation selbst eingehen, d.h. man muß detaillierte Untersuchungen zur Frage der faktischen Professionalisiertheit einerseits, zur Frage der prinzipiellen Professionalisierungsbedürftigkeit andererseits durchführen.

Zum Abschluß noch eine Bemerkung zum ‚paradoxen Professionalisierungsprojekt' der Familienmediation. In ihrem Versuch, sich im Feld derjenigen Berufe, die sich mit familialen Krisen befassen, unter anderem dadurch zu etablieren, daß sie in ihre Expertise eine Expertenkritik gewissermaßen ‚einbaut', war sie bisher recht erfolgreich. Daraus kann man den Schluß ziehen, daß sie dabei an so etwas wie eine gesamtgesellschaftliche ‚Strömung' oder ein ‚Klima' anknüpfen kann. Vor allem ihre Kritik am Rechtsverfahren, das – überspitzt formuliert – von ihr als rein obrigkeitsstaatliche Zwangsveranstaltung vorgestellt wird, dürfte von Vielen geteilt werden. Daß eine derartige Sicht recht weit verbreitet ist, läßt sich schon daran ablesen, daß sie innerhalb der Rechtsprofessionen selbst eine Rolle spielt. Das betrifft nicht nur die rechtswissenschaftlichen Protagonisten der Mediation, die eine teils partielle (Breidenbach 1995), teils umfassendere (Haft 2000) Rechtskritik vertreten, sondern auch die Rechtspraktiker selbst.[19] Man wird diese Haltung im Kontext einer generellen Expertenkritik sehen müssen, die sich seit Ende der 60er Jahre – verbunden mit Namen wie Laing oder Illich – über die Alternativbewegung der 70er Jahre sukzessive verbreitet und veralltäglicht hat. Möglicherweise haben wir gegenwärtig eine Situation, in der sich neu entstehende Berufe, v.a. solche, deren Hauptfunktion in einer „Beratung" im weiteren Sinn besteht, generell bei

---

[19] Das „Mandanten-Informationsblatt" der AG Mediation im Deutschen Anwaltverein, zu finden auf der Internet-homepage des DAV, stellt ein instruktives Beispiel für eine solche, wie selbstverständlich operierende Rechtskritik im Rechtsbereich selbst dar. Dort wird der geeignete Klient für eine Mediation wie folgt charakterisiert: „Sie sind kein Freund von komplizierten Verfahren, die von anderen vorgegeben werden. Sie bestimmen die Spielregeln gern mit." und „Sie suchen nicht nach der übergeordneten Instanz, die Ihnen Ihr Recht zuteilt. Sie können aber auch mal zurückstecken, wenn Sie am Ende dabei nur gewinnen können." Wer bleibt dann kehrseitig für die ‚Alternative' des rechtlichen Verfahrens übrig? Im Grunde nur noch außengeleitete, obrigkeitsorientierte Naturen.

ihren Professionalisierungsbestrebungen auf diese Expertenkritik einstellen müssen. Allerdings zeigt das Beispiel der Familienmediation, daß eine solche Integration strukturelle Folgeprobleme erzeugen kann.

Dirk Tänzler, Konstanz

Kapitel 8: Politdesign als professionalisierte Performanz. Zur Rolle von *spin doctors* bei der Politikinszenierung.

Politik ist zur Arena von Professionellen geworden. Gemeint sind damit nicht etwa die Berufspolitiker, die gar keine Profession bilden (Oevermann 1996; Tänzler 2000a), sondern die diese beratenden Experten, auch *spin doctors* genannt – eine, wie sich zeigen wird, äußerst treffende Bezeichnung. Auf dem politischen Feld treffen damit zwei Typen sozialen Handelns aufeinander, die strikt zu unterscheiden sind: Politik als Beruf und Politikberatung als Profession, die in einem engen, aber äußerst spannungsreichen Interaktionsverhältnis stehen. Das hier aufscheinende Problem ist aber nicht nur von professionstheoretischem Interesse, sondern von historischer Relevanz, weil sich darin eine grundlegende Veränderung der Kultur ausdrückt. Politiker waren immer von Beratern umgeben: Wer denkt da nicht an den Ältestenrat des Häuptlings oder den Wesir des Kalifen? Aber die Institutionalisierung von Politik als Beruf, dessen Ausübung dem Politiker den Lebensunterhalt sichert, ist eine moderne Errungenschaft – und die Professionalisierung der Berater gar eine aktuelle, wenn man so will: postmoderne Erscheinung, beides also Stadien im historischen Prozeß der funktionalen Ausdifferenzierung sozialer Handlungskompetenzen.

Beruf ist die soziale Organisation von Arbeit als instrumentell-veränderndem Eingriff in die Natur oder die Kultur, Profession dagegen die institutionelle Form einer kommunikativ-rekonstruierenden Intervention in die gestörte Dialektik von Individuum und Gesellschaft. Kurz: Arbeit ist Produktion eines Objekts und Profession Pflege eines Subjekts, die man metaphorisch als ‚Arbeit am Menschen' und seinen symbolischen Ordnungen bezeichnen könnte.[1] Mit der in unserer Gesellschaft beruflich organisierten Arbeit des Politikers beschäftigen wir uns nur mittelbar.[2] Unser Hauptinteresse gilt vielmehr der Leistung professioneller Politikberater. Diese eilfertigen Helfer offerieren einer angeblich für die Mediengesellschaft in ihrem Problemlösungswissen unterausgestatteten und daher notleidenden Spezies ein exklusives Vademekum (lat. *vade mecum*: zu deutsch ‚gehe mit mir'): das Politdesign[3] als professionalisierte Performanz – in Wahrheit ein vorfabrizierter Typus insbesondere inszenatorischer Handlungspraktiken.

Performance als Performanz. Zur historischen Entwicklung einer politischen Medienästhetik

Die Dialektik von Sichtbarkeit und Unsichtbarkeit ist für die Macht konstitutiv. Absolut auf der Hinterbühne verborgene Macht bleibt wirkungs- und damit machtlos. Und gänzlich offenbarte Macht löst sich in nackte Gewalt auf und zerstört ihre Grundlage. Politische Pragmatik ist daher in gesteigerter Form auf Ästhetik, die Darstellung ihrer Leistung verwiesen, die auch immer eine Verstellung der eigenen Absichten mit einschließt. In der Mediengesellschaft sind Politiker darüber hinaus genötigt, sich selbst als Repräsentanten politischer Ideen und Interessen in den Massenmedien, vor allem im audiovisuellen Medium ‚Fernsehen' zu inszenieren, d.h. sich und ihren Körper in instrumentalisierender Weise darzustellen, um sich Gefolgschaft zu sichern und Macht zu erlangen. Dieser „Selbstinszenierungszwang" (Oevermann 1995) ist die grundlegende und entfremdende Strukturbedingung sozialen Handelns im Medium Fernsehen, diesem

---

[1] Wir vertreten damit ein sehr enges Konzept von Profession, das technische Berufe wie Ingenieure ausschließt.

[2] Zur Eigenart des Politischen vgl. Tänzler 2000a

[3] Der Ausdruck ‚Politdesign' verdankt sich konzeptioneller Anleihen bei Hansfried Kellners Theorie der Postmoderne (vgl. Kellner/Heuberger 1988).

modernen „Spiegel des Narziß" (Bourdieu 1998, S. 43). Unter dem Einfluß der *spin doctors* ist nun eine Entwicklung von der Selbstdarstellung des Politikers als ‚natürlichem' Schauspieler des Politischen zur Inszenierung von Politik als Produkt professionalisierten Mediendesigns zu beobachten. Eine Reihe tiefgreifender Folgen zeichnen sich bereits ab: Diese – wie noch zu zeigen sein wird – von praxisfernen Medienexperten aus quasi-szientistischen Wissensbeständen synthetisierten Stereotypen treten in Konkurrenz zu den aus der Erfahrung politischer Akteure erwachsenen Typen theatralen politischen Handelns. Der vor laufenden Kameras ausgetragene Kampf um Inszenierungsdominanz zwischen Politiker und Medien verlagert sich auf die publikumsabgewandte Hinterbühne, wo Berater und ihre Klienten miteinander um Medienkompetenz konkurrieren – mit einschneidenden Folgen auch für die Medien.

Die Performanz oder berufliche Leistung des Politikers ist seine Performance, seine Politikdarstellung oder politische Selbstinszenierung, die – anders als politikwissenschaftliche Theorien vielfach suggerieren – Entscheidungshandeln einschließt (vgl. Soeffner/Tänzler 2002a). Die *spin doctors* machen den Politikern die Kompetenz zur Performance streitig, um sie einem (Lern-)Prozeß zu unterwerfen, der, wenn erfolgreich, zur Professionalisierung ihres Auftretens in den Medien führt. Haben sich diese Experten erst einmal als die eigentlichen Professionellen für diese Aufgabe etabliert und allgemeine Anerkennung gefunden, gelten die Politiker – zumindest was die Darstellung von Politik in den Medien betrifft – erst nach der ihnen von den Experten erteilten und verinnerlichten Lektion als professionell. Professionalisierte Performanz ist also keine Eigenleistung des Politikers, sondern ein ihnen angedientes Produkt von Beratern, die als akademisch geschulte Experten aber, was die Politik betrifft, eigentlich Laien sind. Experten sind sie allein auf dem Gebiet der Medien und der Demoskopie genannten politischen Marktforschung. So beraten die hier in Augenschein genommen Experten auch nicht über politische Fragen im engeren Sinne, also im Hinblick auf politische Entscheidungen (Pragmatik), sondern einzig und allein im Hinblick auf die Publikumswirksamkeit der Politikdarstellung (Ästhetik). Hier tritt also auseinander, was der Sache nach zusammengehört. Politische Ästhetik ist nicht nur schöner Schein. Plessner zufolge ist der Mensch das nackte Tier: ohne natürliches Wesen und daher gezwungen, sich zu *ver*kleiden, ist also an und für sich Schauspieler (Plessner 1982). Der Politiker als Repräsentant einer ausgezeichneten, höheren allgemeinen Wirklichkeit, in welcher der Mensch – zumindest im Denken des Aristoteles – allererst seine Bestimmung als ζῷον πολιτικόν findet, ist, weil auf einer nichtalltäglichen Bühne agierend, zugleich in gesteigerter Form ‚natürlicher Schauspieler' heute im besten Falle gar ein ‚Medienstar'. Diese klassisch-,naturwüchsige' politische Ästhetik soll – auf dieser Annahme beruht die Legitimation der *spin doctors* – nun der Medialisierung durch Film und Fernsehen nicht mehr gerecht werden. Aus der Sicht einer hermeneutischen Wissenssoziologie, die in Anknüpfung an die Phänomenologie Husserls von der Annahme ausgeht, daß Wirklichkeit in Bewußtseinstätigkeiten konstituiert und historische Welten gesellschaftlich konstruiert werden (vgl. Schütz 1960; Berger/Luckmann 1980; Soeffner 1989; Hitzler/Reichertz/Schröer 1999) gilt es daher, den von den *spin doctors* verwendeten Wissenstypus sowie die Autorisierungsstrategien, mit deren Hilfe sie sich gegenüber den Laien – Politiker und Publikum – als mit Sonderwissen ausge-stattete Experten ermächtigen, genauer in den Blick zu nehmen.

Seit den Anfängen von Film und Fernsehen stand der Politiker zunächst allein den Medien gegenüber und reagierte auf die Darstellungsproblematik medienvermittelter Öffentlichkeit mit einer spezifischen politischen Theatralität. In Fallstudien zu Mußolini, Hitler, Roosevelt und den deutschen Bundeskanzlern von Adenauer bis Schröder konnten wir den Politiker in seinen Medienauftritten als seiner Zeit gemäße Verkörperung des Politischen darstellen: Seine Inszenierung erwies sich als Teil der von ihm angestrebten Problemlösung.[4]

---

[4] Vgl. u.a. Basset/Zifonun 2002; Kurt 1999; Raab/Tänzler 1999, 2002; Tänzler 2000b, 2002b; Soeffner/Tänzler 2002a, 2002b.

Mussolini und Hitler waren die ersten Politiker, die sich das audiovisuelle Medium als neues Instrument der Machtausübung und Legitimation zu Nutze machten. Mit Hilfe von Filmleuten und Künstlern wie Leni Riefenstahl wurde der Film propagandistisch für eine Remythologisierung der sozialen Wirklichkeit und eine Ästhetisierung der Politik zur gezielten Manipulation der Massen eingesetzt. Zur gleichen Zeit entwickelte Franklin D. Roosevelt eine neue Form massendemokratischer Herrschaft in den USA. Er transformierte das auf Unterwerfung einer homogenen Gefolgschaft beruhende Charisma, wie es durch Hitler verkörpert wurde, in Charme als Bindung eines anonymen und pluralen Publikums an einen ‚menschlichen' Führer. Ein Monarch oder Diktator ist als Politiker ‚übermenschlich', der demokratische Führer bleibt auch als Politiker Mensch – das ist die Botschaft der politischen Selbstdarstellung Roosevelts. Anders als in den durch objektivierende und kritische Berichterstattung distanzschaffenden Medien Presse und Rundfunk kann sich diese Art der Selbstdarstellung in dem – wie fiktiv auch immer – Nähe herstellenden Medium Film adäquater vermitteln. Der Film ermöglicht ein Mit- und Nacherleben, gibt dem Zuschauer die Chance, Bilder zu sehen und sich daraus selbst ‚ein Bild zu machen'.

Für die politischen Führer der deutschen Nachkriegsgeschichte war in Reaktion auf die Ästhetisierung, Dramatisierung und propagandistische Nutzung medial überhöhter Politik eine nüchterne Staatsrepräsentation und ein distanziertes Verhältnis zu den unabhängigen Medien einer kritischen Öffentlichkeit typisch. Pflegte Konrad Adenauer weiterhin einen der Honoratiorengesellschaft des 19. Jahrhunderts verpflichteten distanzierten Repräsentationsstil, so wurde spätestens mit Ludwig Erhard auch in Deutschland die Idee des ‚einer von uns' als Legitimationsgrund des von Roosevelt kreierten Politikstils prägend.

In bewußter Abkehr von einer im Nationalsozialismus propagandistisch hergestellten ‚Öffentlichkeit' sahen sich die Medien nun als Institution einer kritischen Öffentlichkeit und in der Rolle eines unabhängigen, in seinem Anspruch neutralen Beobachters. In den 60er Jahren stieg das Fernsehen zum neuen ‚Leitmedium' auf – das Verhältnis der Medien zur Politik blieb aber distanziert. Noch fühlte man sich dem dokumentarischen Ideal der Presse verpflichtet, und die Politik inszenierte sich noch nicht im Medium. Selbst der machtbewußte Adenauer mußte sich in seiner Kanzlerschaft einer nüchternen Staatsrepräsentation einpassen – in auffälligem Kontrast zu seinem rheinländischen Naturell und seinem persönlichen Darstellungsstil.

Erhards Kanzlerschaft markiert den Abschied vom Übervatermodell der Adenauer-Ära, das durch erste Anzeichen einer Krise der Wohlstandsgesellschaft in Frage gestellt wurde. Dem starken Staat als organisatorischem Kern der jungen Republik trat eine selbstorganisierte, in unterschiedliche Interessen differenzierte Gesellschaft gegenüber. Das Primat des Politischen, das unter der Regierung Adenauers unhinterfragt Geltung hatte, wurde grundsätzlich problematisiert. Die Politik mußte auf diese Herausforderung reagieren. Als ‚Volkskanzler' wollte Erhard das ‚Volksganze' noch einmal personal verkörpern. Sein Schlagwort von der ‚formierten Gesellschaft' hingegen war bereits eine Konzession an die faktisch gegebene ‚partikularisierte' soziale Wirklichkeit. Obwohl er ein schwacher Kabinettschef war, gelang es ihm in öffentlichen Auftritten Charisma zu entwickeln und so Partei und Publikum an sich zu binden. Im Kontrast zur Distanz betonenden Inszenierung Adenauers, die dieser selbst in Privatszenen beibehielt, versuchte der ‚Volkskanzler' Erhard menschliche Nähe her- und darzustellen. Dieser Inszenierungsstil eröffnete Chancen für eine Allpräsenz des Mediums, hinter dessen dokumentarischem Charakter ein neuer Trend in der politischen Berichterstattung erkennbar wurde. Das Private wurde öffentlich, d.h. das Medium versuchte, hinter dem Politiker den Menschen sichtbar werden zu lassen. Äußerlich der Inszenierungsstrategie Roosevelts ähnlich, aber ohne dessen Machtinstinkt, leistete Erhards Medienstil damit einer Entwicklung Vorschub, die den Politiker im Medienzeitalter extrem verletzbar und angreifbar machen sollte.

Der erste politische Machtwechsel der Bundesrepublik wurde durch die Große Koalition eingeleitet. Diese Grundkonstellation forderte einen hochgradig vermittelnden und kompromißfähigen politischen Repräsentanten, wie ihn Kurt-Georg Kiesinger verkörperte. Der koalitionsbedingte Zwang zur Konzilianz machte die Selbstprofilierung dieses Kanzlers schwierig. Kiesinger stellte sich dem Dilemma, indem er die pure Form der Repräsentation zu seinem politischen Programm in der Großen Koalition erhob, was ihn schließlich an die Rolle des ‚Kanzler*darstellers*' fesselte. In seinen bühnenreifen Aufführungen verschwand der Bruch zwischen der Schauspielerei als Mittel und ihrem eigentlichen, ‚höheren' Zweck, dem Politischen.

Während Kiesingers starkes inszenatorisches Talent zum Ausdruck einer schwachen politischen Pragmatik geriet, gelang dem ‚Ritualspezialisten' Willy Brandt ein erster Schub zur performativen Wende in der politischen Ästhetik, ja die Umsetzung der Medienwirkung in politische Pragmatik. Die damit erreichte Subjektivierung von Politik als Fortsetzung der bei Roosevelt einsetzenden Tendenz zur ‚Vermenschlichung' versuchte der an Weber und Popper geschulte Helmut Schmidt, durch seine Selbstinszenierung als rationaler Verantwortungsethiker nur scheinbar zu konterkarieren. Dessen gekonnt zur Schau gestelltes Pathos der Sachlichkeit wiederum ersetzten Helmut Kohl und Gerhard Schröder, jeder auf seine Weise, durch eine Strategie der inszenatorisch physischen ‚Verkörperung' der Kontrolle. Schröders spielerisch alerte Erscheinung ist so auf Medienwirkung berechnet, daß er immer ‚gut im Bild' ist und zwar als einer, der jeder Situation gewappnet ist. Wohingegen Kohl, mit seiner ‚massig-widerständigen' Körperlichkeit – konservative Grundwerte signalisierend – einem solchen Trend der Gefälligkeit und der medialen ‚Vermarktung' entgegenzuhalten scheint. In dem auf die Bildhaftigkeit des Mediums berechneten Körpereinsatz zeigt sich der zunehmende Einfluß der Bildmedien auf die Selbstdarstellung von Politikern. In gegensätzlicher Weise zeigen die beiden zuletzt genannten Fälle, daß die medial erzwungene Körperkontrolle nicht etwa nur der ‚Verführung' des Publikums dient, sondern vor allem auch als Schutzpanzer gegenüber Medienformaten, die einen erbarmungslosen Zugriff auf den Menschen hinter der Politikerrolle intendieren.

Die Medialisierung politischen Handelns setzte historisch mit einem instrumentellen Zugriff von Politik auf das Medium Film ein – dies in zugespitzter Form in den autoritär-charismatischen Diktaturen: als Propaganda, in der Dokumentation und Manipulation untrennbar vermischt wurden. Nach dem politischen Neuanfang in Deutschland differenzierte sich die mediale Entwicklung in zwei Richtungen aus. Die dem Ideal der Dokumentation verpflichtete politische Berichterstattung verstand sich als unabhängige Beobachterin von Politik und spielte eine zentrale Rolle bei der Herausbildung einer kritischen Öffentlichkeit. Mit zeitlicher Verzögerung nahm dagegen zu Beginn der sechziger Jahre in der politischen Werbung der manipulative Gebrauch der Bildmedien wieder zu. Aus den Wählern wurde zunehmend das Wählerpublikum. Im Zuge der Privatisierung und Kommerzialisierung des Fernsehens der 80er Jahre entstanden neue Formate, welche die bislang strikt getrennt gehaltenen Inszenierungsformen der Dokumentation und Manipulation erneut vermischten. Am Ende der hier skizzierten Entwicklung scheint die Konstellation der 30er Jahre wiederzukehren – allerdings mit einem wesentlichen Unterschied: Mittlerweile ist die Differenzierung und Pluralisierung der Medien so weit fortgeschritten, daß eine vollständige Instrumentalisierung der Medien durch die Politik nicht mehr möglich ist. War in den 30er Jahren das Inszenierungsverhältnis durch die autoritären politischen Strukturen vorgezeichnet, so spielt sich in den modernen Demokratien, in Deutschland seit den 80er Jahren, ein permanenter Kampf zwischen Politik und Medien um Inszenierungsdominanz auf der Bühne des Fernsehens ab. Trotz Medialisierung der Politik und Politisierung des Mediums scheint eine dauerhafte Instrumentalisierung, von welcher Seite auch immer, von vornherein ausgeschlossen.

Aktuell läßt sich der Trend beobachten, daß im institutionellen Umfeld des Politikers verstärkt diverse Expertenstäbe gebildet werden, die medienadäquate Designs politischer Selbstdarstellung kreieren. Mit diesen sogenannten *spin doctors* betritt eine dritte

Instanz die Arena der politischen Darstellung, da diese *spin doctors* nicht mehr nur in der Rolle von Funktionären der Partei- oder Regierungsbürokratie fungieren, sondern sich als eigenständige und unabhängige Dienstleistungsprofession zwischen die Politiker und die Medien schieben. Aus dieser Konstellation lassen sich folgende Hypothesen über nichtintendierte (‚Neben'-)Folgen dieses sozialen Wandlungsprozeßes ableiten:

- Im Rahmen des professionellen ‚Politdesigns' verliert der Politiker – analog zu der von Plessner aufgezeigten Entwicklung vom Theater- zum Filmschauspieler (Plessner 1982) – an dramaturgischer Autonomie.

- Die Macht über die Verkörperungen des Politischen geht zunehmend vom situational agierenden Politiker an praxisferne ‚Politdesigner' über; die politische Ästhetik gerät damit unter den kalkulierend-planerischen Zugriff dieser akademisch geschulten ‚Experten'.

- Die auf bestimmte historische Konstellationen und Problemlösungen hin entworfenen Typen theatralen politischen Handelns wandeln sich zu – außerhalb des politischen Praxisfeldes – vorgefertigten Stereotypisierungen.

- Die *spin doctors* treten zwar als professionell-neutrale Beobachter und Berater in Erscheinung, sind tatsächlich aber Welterklärer und Sinnproduzenten, die den Politikern deren ureigenes Metier streitig machen.

- Die Professionalisierung medialer Selbstdarstellung verschiebt die Inszenierungsdominanz von den Medien zur Politik: Mit Hilfe der Berater holt sich die Politik die Inszenierungsdominanz von den Medien zurück, an die sie diese zwischenzeitlich verloren hatte, muß aber diese zurückgewonnene Macht mit den Professionellen teilen.

- Der Kampf um Inszenierungsdominanz verlagert sich von der öffentlichen Bühne hin zur politikinternen ‚Hinterbühne'; Politiker stehen nicht mehr nur in ‚sichtbarer' Konfrontation mit Medienvertretern (Journalisten, Talkmastern), sondern auch mit Expertenstäben, die sich weder im politischen noch medialen Arkanum bewähren müssen.

Der vorliegende Beitrag zielt auf einen Aspekt des *spin doctoring*, der in der bisherigen Forschung nicht systematisch behandelt wurde. Vorliegende Studien konzentrieren sich eher auf die inhaltliche Seite professionalisierter Politikberatung, wenn etwa Thesen wie die einer Verlagerung der Informationshoheit und des Wissens von den Medien zur Politik oder der Beeinflussung von Medienakteuren durch vorgefertigte Nachrichten aus den Stäben der Partei- und Regierungsorganisationen vertreten werden (vgl. Esser et al. 2000; Jones 1996; Pfetsch 1996). Performanzaspekte, wie sie hier fokussiert werden, werden bestenfalls gestreift.

Der ausgewählte Fall, an dem dieser Performanzaspekt in der Interaktion zwischen Politiker und *spin doctor* dargestellt werden soll, betrifft den Kanzlerkandidaten der SPD von 1998, Gerhard Schröder, und seinen wichtigsten Berater, Bodo Hombach – genauer gesagt: die Repräsentation dieser Beziehung in den Medien, in der die Reaktion der Medien auf die professionalisierte Performanz des Politikers sogleich mit dargestellt ist. Im Folgenden wird auf der Grundlage von kurzen Ausschnitten aus der ARD-Sendung „Bericht aus Bonn" vom Wahlparteitag der SPD 1998 in Leipzig sowohl die Inszenierung der Kanzlerkandidatenkür auf der ‚Vorderbühne' als auch die Inszenierung des *spin doctors* auf der ‚Hinterbühne', wie sie dann nochmals von den Medien ins Bild gesetzt wurden, analysiert. Dabei kommt als interpretatives Verfahren die hermeneutische Sequenzanalyse zur Anwendung, die zunächst als Auslegung von Texten entstand (Oevermann et al. 1979; Soeffner 1979; Garz/Kraimer 1994), gegenwärtig aber verstärkt als Bildhermeneutik weiterentwickelt wird (Bergmann/Soeffner/Luckmann 1993; Loer 1994). Das methodische Grundprinzip ist die intensive Wort-für-Wort- oder Bild-für-Bild-Interpretation einer ausgewählten Sequenz (also nicht des ganzen Materials) in der sequentiellen Abfolge des Textes oder der Bilder, Schnitte etc. ohne Rückgriff auf nicht im Material repräsentiertes Kontextwissen. Ziel ist die systematische Konstruktion von gedankenexperimentell erzeugten Kontexten zur Rekonstruktion einer idealtypischen Fallgesetzlichkeit, welche die Entstehung und Gestalt des sozialen Phänomens sinnhaft verständlich und kausal erklärbar macht.[5]

Professionelle Performanz oder: Die Ohnmacht der Berufspolitiker ist die Macht der Politikberater

Schon bei den ersten Bildern des Berichts fällt dem Betrachter auf, daß den Politikern die Rollen und Kostüme nicht auf den Leib geschnitten sind; insbesondere Schröder erscheint wie eine Kopie des von ihm in einem auf dem Parteitag gezeigten und im Fernsehbericht wiedergegebenen Filmporträts, aber nicht wirklich authentisch.

Bild 1: Schröder als Manager

Bildmaterial: WDR

---

[5] Zur Einführung in die Technik der Objektiven Hermeneutik vgl. Wernet 2000a.

Nicht nur wirken viele Gesten, so zum Beispiel das Winken in den Saal, wie einstudiert und lustlos vorgetragen als seien sie eine Last. Gelegentlich erweckt Schröder sogar den Eindruck von Teilnahmslosigkeit, so etwa nach Ende des im Saal gezeigten und ihn ankündigenden Wahlwerbespot, als alle Blicke und Kameras sich auf ihn richten und er wie in sich versunken der ausklingenden Musik nachzulauschen und das Signal für seinen Auftritt zu verpassen scheint.

Bild 2: Einstudierte Gesten

Bildmaterial: WDR

Beeindruckt sind Delegierte, Fernsehzuschauer und Medien dann auch weniger durch die Leistung der einzelnen Akteure – sowohl Heide Simonis als Conférencier, Franz Müntefering als Regisseur und sogar Schröder als Star wirken eher blaß und vor allem, wie angedeutet, irgendwie entrückt – als vielmehr von dem Gesamtkunstwerk. Und dessen ‚Künstler' heißt Bodo Hombach, dem ein eigener Beitrag in der Sendung „Bericht aus Bonn" gewidmet ist.

Dieser Beitrag beginnt damit, daß Hombach im Hintergrund, in der letzten Reihe der im Saal versammelten Parteitagsdelegierten, steht und klatscht – für einen Moment wie ein Parteigenosse unter anderen.

Bild 3: Hombach als Strippenzieher

Bildmaterial: WDR

Dann schreitet er, synchron mit der sich schwenkenden Kamera, Richtung Bühne auf den redenden Gerhard Schröder zu, der zunehmend ins Blickfeld rückt. Man sieht Hombach dann nur noch von hinten wie einen uneigennützigen Parteiarbeiter oder Parteisoldaten aus der Etappe in der Menge im abgedunkelten Zuschauerraum untergehen und hinter der Präsenz Schröders auf der hell erleuchteten Bühne verschwinden. Es entsteht aber zugleich der Eindruck, als ob Hombach im Kanzlerkandidaten als seinem Produkt wiederauferstehe. Dieser Eindruck wird durch das Wiedererscheinen von Hombachs Silhouette bestärkt, die wie ein Schatten durch das Bild huscht, seine reale, aber verborgene Allgegenwart signalisierend, was die Berichterstattung sogleich ratifiziert durch die musikalische Unterlegung mit dem alten Schlager „The Puppet on the String" und dem Kommentar der Journalistin: „Als Strippenzieher gilt er: Bodo Hombach. Die Fäden fest in der Hand. Schröders Wahlkampfmanager."

In dem TV-Porträt weist Hombach den immer wieder in den Medien erhobenen Vorwurf der Sinnleere der von ihm konzipierten und geleiteten Politikinszenierung zurück. Darüber hinaus nutzt der ehemalige Stahlmanager und das mehrfache Aufsichtsratsmitglied die Gelegenheit, sich im Medium als neuen Intellektuellentypus[6] in Szene zu setzen, der in Zusammenarbeit mit dem Blair-Berater Peter Mendelson den *Dritten Weg* in die *Neue Mitte* als neue Politik der europäischen Sozialdemokratie erfunden hat (vgl. Hombach 1998). In Gestalt eines *spin doctors* verkörpert Hombach die Verwirklichung des alten Traums von der Einheit von Geist und Macht. Dieser moderne „Mephisto" (Tagesspiegel vom 26.08.1998) beherrscht das Geschäft, Ideen und Nachrichten – ob Globalisierung oder Scheidung des Kanzlerkandidaten – den entscheidenden *spin* oder Dreh zu geben, um eine politisch gewünschte mediale Wirkung zu erzielen. Es ist dabei nicht so sehr die Erzeugung der Informationen von zentraler Wichtigkeit, als vielmehr ihre performative Aufbereitung.

Hombach war nicht nur der Drehbuchschreiber der internen Leipziger Inszenierung; diese war auf Medienwirkung durchgestylt und zwar so, daß die Rolle der Medien von vornherein festgelegt war: Nicht nur wurden den Journalisten und Kameramännern ein abgegrenzter Bereich zugewiesen, der sie auf Distanz zur Bühne hielt; selbst die Kamerapositionen wurden strikt vorgeschrieben, so daß nur solche Bilder produziert werden konnten, die vom Wahlkampfmanagement beabsichtigt waren. Eine ‚kritische Berichterstattung' wurde fast unmöglich. Es blieb den Medien fast keine andere Alternative als die einer ironischen Kom-

---

[6] Ein historischer Vorläufer ist sicherlich Walter Rathenau, der sowohl Industriekapitän und Erfinder als auch Politiker und Schöngeist war und in fast idealtypischer Weise jenen Generalisten verkörpert – der Hombach sein möchte – und dem Robert Musil als Gegenspieler zu Ulrich, dem „Mann ohne Eigenschaften", ein literarisches Denkmal gesetzt hat.

mentierung ihrer eigenen subalternen Statistenrolle in dieser von den *spin doctors* vorentworfenen mediengerechten Inszenierung.

Bild 4: Medien als Statisten

Bildmaterial: WDR

Aus dieser Perspektive scheinen beide Mächte, Politik und Medien, selbst an den Fäden einer ihnen überlegenen Macht zu hängen, die in sich vereint, was jene voneinander unterscheidet: politische Entscheidungsmacht und (massen-)mediale Informationsmacht. Der *professionelle Politikdesigner* schloß beide Mächte kurz, machte den Politiker zum Medienstar und die Medien zu unfreiwilligen Erfüllungsgehilfen der Politik – zumindest für die Zeit des Wahlparteitages. *Ex post* wissen wir, daß die Wirkung des von Hombach eingefädelten *Coups* nur von kurzer Dauer war. Erste Anzeichen der Brüchigkeit dieser Fiktion und Vision einer durch Intellektuellenmacht medial geeinten Welt finden sich schon in dem Bilddokument selbst festgehalten: In einer der letzten Einstellungen des Berichts, der Hombach auch als Schröders Redenschreiber porträtiert, spricht Hombach von einer „Rasanz der technologischen Evolution" und suggeriert, Realität und Medienkonstruktion unterlägen der gleichen Zeitlichkeit und zwar als Folge der Vermischung beider Wirklichkeiten. Schröder formuliert diese Passage nicht nur allgemeinverständlicher um, sondern entschärft den kompakten Ausdruck durch Aufspaltung und Umschreibungen: „Die Folgen der Globalisierung, das Tempo der technologischen Veränderungen ...". Im Bericht sollte mit diesem Zitat belegt werden, daß Schröder hier auf niedrigerem intellektuellen Niveau als Sprachrohr seines Beraters Hombach fungiert. Die genauere Analyse zeigt aber, daß Schröder hier mit gekonnt gesetzten Worten sein Mißtrauen gegenüber der Kopfgeburt seines Beraters und der darin zum Ausdruck gebrachten technokratischen Ideologie formuliert. Auch die pauschale Kritik an einem vermeintlichen Verfall politischer Sprache im Zeitalter der durch die Medien ausgelösten neuen Bilderflut erscheint angesichts dieser ‚feinen Unterscheidungen' fragwürdig. Schließlich und endlich wird deutlich, daß der von der Berichterstattung intendierte und inszenierte Sinn – Schröder am Gängelband des Strippenziehers Hombach – durch das von ihr medial produzierte und präsentierte Bildmaterial konterkariert wird.

Damit fällt neues Licht auf durchaus plausible politikwissenschaftliche Thesen: Die fortschreitende Medialisierung der Politik, so wird angenommen, führe dazu, daß die Massenmedien für die Parteien Interessenvermittlungsprobleme übernehmen und dadurch die Bedeutung von Parteiorganisationen tendenziell reduzieren (Rohe 1992, S. 26). An Ausschnitten aus der Schröderschen „Krönungsmesse" konnte dagegen exemplarisch eine Gegentendenz aufgezeigt werden, die diese These zumindest in soweit einschränkt, als hier – allerdings mit Hilfe von *spin doctors* – der Parteiapparat dazu benutzt wird, die Inszenierungsdominanz der Medien zu brechen und die Inszenierungsmacht für den Politiker zumindest teilweise zurückzugewinnen. Dieser Befund relativiert ebenfalls den Streit darüber, ob das ‚Agenda-Setting' stark von medial vermittelten oder inszenierten Pseudoereignissen beeinflußt werde, da die Medien nur mediengerecht inszenierte Ereignisse aufgriffen (Pfetsch/Schmitt-Beck 1994, S. 246), oder vielmehr von einer „Glaubwürdigkeitslücke des Fernsehjournalismus" (Weischenberg 1987) ausgegangen werden muß. Auch das Argument einer jenseits der Medien stattfindenden effektiven Entscheidungspolitik als ‚letztes' Bewährungskriterium (Beyme 1994) erscheint als wenig stichhaltig. Vielmehr zeigt das Ergebnis unserer Analyse, wie mit der Inszenierung der Schröderschen „Krönungsmesse" die Fernsehjournalisten ausgebootet wurden und die Politik versuchte, die Inszenierungsdominanz für sich zurückzugewinnen (Soeffner/Tänzler 2002b).

Dieses Analyseergebnis zwingt dazu, deutlich zwischen der Systemlogik des Mediums einerseits und seinen Akteuren andererseits zu unterscheiden. Die ‚intellektuellen' Kommentatoren als Medienvertreter müssen nicht automatisch Herren der Inszenierung von Politik in den Medien sein. Die gegenwärtige Entwicklung ist wohl eher so einzuschätzen, daß es weder auf Seiten der Medien noch auf Seiten der Politik zu einer dauerhaften Monopolisierung der Inszenierungsdominanz kommt, sondern daß der Kampf selbst auf Dauer gestellt ist. Das analysierte Beispiel stellt möglicherweise eine Etappe und einen Umschlagspunkt in einem Prozeß dar, der durch eine Serie von Wechseln in der Verteilung von Macht und Einfluß gekennzeichnet ist. Sollten sich diese Befunde erhärten, ließe sich daraus ableiten, daß die Medien als die selbsternannte ‚vierte Gewalt' nach einer Phase ihrer Instrumentalisierung durch die Politik in den dreißiger und vierziger Jahren des zwanzigsten Jahrhunderts (in Europa und den USA, vgl. Tänzler 2000b), ihrer darauf folgenden Emanzipation und Geburtshelferfunktion für die Herausbildung einer kritischen Öffentlichkeit insbesondere im Nachkriegsdeutschland, und einer wiederum hieran anschließenden Zeit der Dominanz der Medien (Kurt 1999) nun in die Gewaltenteilung des demokratischen Gemeinwesens integriert und damit (möglicherweise nur vorübergehend) eine Art Gleichgewichtszustand erreicht worden ist.

Schluß

Der Fall Hombach ist insofern ein Spezialfall, als Hombach ja selbst ein machtbewußter Politiker ist. Als Politiker berät Hombach nicht nur im Hinblick auf die Form der Politik(-Darstellung), sondern versucht auch und vor allem die von Schröder verkörperte Politik in ihren Inhalten (mit) zu bestimmen, wenn nicht gar ihm ‚seine Politik' in den Mund zu legen. Das unterscheidet Akteure wie Hombach grundsätzlich vom ‚klassischen' Berater, dessen Leistung als neutraler außen- und außerhalb der Verantwortung stehender Experte eingekauft wird, der über keinen formal legitimierten Einfluß im und über den Parteiapparat verfügt und auch von der Verfolgung eigener politischer Interessen Abstand halten sollte. Allerdings steht der Berater in einem parapolitischen Kampf mit dem Politiker um Deutungs- und Darstellungsmacht, der im Falle des Gespanns Schröder und Hombach überlagert ist von einem genuin politischen Kampf zwischen Angehörigen einer Partei und in dieser nach Macht und Einfluß strebenden Kontrahenten. In dieser Konstellation ist die Beratung aber für den beratenen Politiker noch gefährlicher, weil der politische Führer hier als Marionette am Gängelband eines ‚Strippenziehers' erscheinen kann – und genau so wurde das Verhältnis zwischen Schröder und Hombach dann auch in den Medien kolportiert: Schröder wird als bloßer Vollstrecker einer von Hombach verkörperten, aber im Verborgenen operierenden Entscheidungsmacht dargestellt. Als Ursache dieser Machtverschiebung erscheint die Medialisierung und die in diesem Rahmen unprofessionell wirkende darstellerische Performanz des Politikers. Unsere Analyse zeigte aber, daß das vom Berater als Problemlösung angebotene Politdesign, mit dem sich der Politiker vor den Medien zu schützen versucht, dazu führt, daß der Politiker seine Deutungsmacht und Darstellungskompetenz an den Experten abtritt.

Mit der Gegenüberstellung der Bilder von Hombach und Schröder, die den einen als Strippenzieher und den anderen als Marionette ‚entlarven' sollte, widerlegt jedoch auch hier die öffentlich-rechtliche Kritik sich selbst, indem diesmal der Inhalt die

‚falsche' Form der medialen Darstellung offenbart: Schröders vermeintliches Nachplappern ist in Wahrheit eine Korrektur und Umdeutung. Der ‚Blick hinter die Kulissen', die eigentliche Aufgabe und Stärke der Medien, sollte verlorengegangene Inszenierungsdominanz zurückgeben. Aber das verschwörungstheoretische Erklärungsmodell, das die kritisch-investigativen Fernsehjournalisten ihrer Politikberichterstattung zu Grunde legen, erhellt nicht etwa das falsche Bewußtsein der Zuschauer, indem es Herrschaftsverhältnisse offenlegt, sondern stützt gegen ihre Intention der Volksaufklärung die Autorisierungsstrategien der Berater, hier Hombachs. Wenn die Auftritte der Politiker auf der Bühne vor dem Publikum als Abfolge von Ritualen ‚bloßgelegt' werden, dann erzeugt das Medium mit dieser Inszenierung einen doppelten Mythos, mit dem es die Macht der Politiker zu schwächen versucht, zugleich aber auch die Politikverdrossenheit steigert: Zum einen wird die Vor-Täuschung eines Images vom machtbewußten und kompetenten Politiker in diesen an sich völlig sinnentleerten Handlungen und zum anderen die Verschleierung der auf der Hinterbühne und für das Publikum unsichtbaren strippenziehenden Macht ‚entlarvt'. Politikdarstellung wird im Medium inszeniert als Vollstreckung und Verschleierung des im Verborgenen vollzogenen Entscheidungshandelns als dem vermeintlich harten Kern von Politik. Tatsächlich ist aber gerade die Politikdarstellung – als Legitimationsbeschaffung – Vollzug der Herrschaft über die Beherrschten und Stiftung oder Bestätigung einer Ordnung, in deren Rahmen der Politiker seine Entscheidungen treffen und ausführen kann.

Auftrag des *spin doctors* ist es, dem Politiker dabei zu helfen, die an die Medien verloren gegangene Inszenierungsdominanz zurückzugewinnen. Die Gefahr bei diesem Geschäft ist für den Politiker, durch das fremde und ‚künstliche' Mediendesign, die ihm eigene ‚natürliche' Schauspielkunst einzubüßen, die er selbst in der veränderten Situation nicht mehr für ausreichend erachtet. Unsere Analyse konnte aber zeigen, daß die Schrödersche Performance Zweifel an diesem, die Macht der Berater fundierenden Legitimitätsglauben (Weber 1972) anmeldet und Distanz zum

Politdesign anzeigt. Die Medien dagegen scheinen diesem Glauben nicht nur aufzusitzen, sondern ihn (mit) zu produzieren. Damit stützen sie die Autorisierungsstrategien, mit denen die Berater sich auf Kosten von Politik und Medien zu ermächtigen suchen.

PROFESSIONELLE LEISTUNG ALS LEITTHEMA VON PROFESSIONSFORSCHUNG

Kai Dröge, Frankfurt am Main

Kapitel 9: Wissen – Ethos – Markt. Professionelles Handeln und das Leistungsprinzip[*]

Moderne, westliche Industrienationen beschreiben sich selbst als *Leistungsgesellschaften*. Die historischen Wurzeln dieser Selbstbeschreibung reichen zurück in die Anfänge der bürgerlich-kapitalistischen Gesellschaft. In ihr soll nicht länger die ständische Zugehörigkeit über die sozialen und ökonomischen Chancen des Individuums entscheiden, sondern das Leistungsprinzip als neuer Modus der Statusverteilung installiert werden. Damit geht eine Neubewertung der beruflichen Arbeit einher. Sie wird zu einem zentralen Fundament der bürgerlichen Gesellschaftsordnung erhoben. Als gesellschaftlich anerkennungswürdige Leistungen gelten somit in erster Linie jene Fähigkeiten, Talente und Arbeitsbeiträge, die der Einzelne in eine berufliche Tätigkeit einbringen kann (vgl. Hartfiel 1977, S. 15f.; Bolte 1979, S. 17f.).

Mit den *Professionen* haben sich in der Berufsstruktur moderner Gesellschaften jedoch eine Reihe besonders privilegierter Gruppen etabliert, die wie ein Relikt der ständischen Gesellschaftsordnung erscheinen. Sowohl ökonomisch als auch sozial sind diese Gruppen stark geschlossen. Ihnen ist es gelungen, die Verfügung über bestimmte Marktsegmente und die damit verbundenen Erwerbschancen an die Professionsmitgliedschaft zu binden und so für sich zu monopolisieren. Der Zugang zu dem professionellen, berufsständischen Kollektiv ist dabei streng reguliert

---

[*] Dieser Aufsatz entstand im Kontext eines Projektes zum Thema „‚Leistung' in der Marktgesellschaft:: Erosion eines Deutungsmusters?", das unter Leitung von Sighard Neckel und unter Beteiligung von Irene Somm am Institut für Sozialforschung in Frankfurt am Main durchgeführt wird. (Siehe auch: http//www.ifs.uni-frankfurt.de/forschung/leistung/)

und unterliegt – ebenso wie die professionelle Praxis – weitgehend der Selbstkontrolle durch die Profession (vgl. Daheim 1992, S. 25ff.).

Die starke Expansion der Professionen in den letzten gut 100 Jahren spricht aber dagegen, sie allein als Überbleibsel einer noch nicht vollständig überwundenen ständischen Gesellschaftsordnung zu betrachten. Auch ist die Herausbildung der professionellen Berufe in ihrer heutigen Form konstitutiv an die Entwicklung moderner Institutionen – etwa des Universitätswesens – gebunden (vgl. Parsons 1968, S. 539ff.). Das wirft die Frage auf, wie sich das professionelle Handeln und seine besondere institutionelle Einbettung und Absicherung zu dem Selbstverständnis moderner Gesellschaften als Leistungsgesellschaften verhalten. In welcher Weise läßt sich professionelles Handeln als *Leistung* rekonstruieren und wo liegen die Grenzen einer solchen Rekonstruktion?

Die Antwort der Professionssoziologie auf diese Frage orientiert sich bisher weitgehend an einem rein *funktionalen Leistungsbegriff* (vgl. Davis/Moore 1966). Als professionelle Leistung gelten demnach jene Beiträge, die die Professionen zum Erhalt des funktionalen Gefüges unserer Gesellschaft erbringen. Weil sie hier besonders wichtige Funktionen erfüllen, sind sie auch mit speziellen Privilegien ausgestattet. Gegen dieses Modell wendet sich die sogenannte machttheoretische Professionssoziologie, ohne aber einen anderen Leistungsbegriff zu formulieren. Ihrer Auffassung nach sind die professionellen Privilegien nicht in erster Linie durch Leistungen begründet, sondern erklären sich „eher aus der Machtstellung aufgrund von Expertise und Organisation" (Daheim 1992, S. 23).

Dagegen liegt der nachfolgenden Argumentation ein *anerkennungstheoretisch gefaßter Leistungsbegriff* zugrunde (vgl. Honneth 1992, S. 204ff.; ders. 2001). ‚Leistung' wird dabei als ein Deutungsmuster aufgefaßt, dem im normativen Haushalt der bürgerlichen Gesellschaft eine besondere Bedeutung zukommt. Denn einzig mit Verweis auf individuelle Leistungsdifferenzen sind soziale Statusunterschiede hier noch öffentlich zu rechtfertigen (vgl. ebd. sowie Neckel 2001). Das Leistungsprinzip bildet den primären normativen Deutungsrahmen, in dem moderne Gesellschaften soziale Ungleichheit interpretieren, legitimieren und kritisieren. Die Privilegien der professionellen Berufe sind dabei keine Ausnahme. Ihre öffentliche Rechtfertigung ist darauf angewiesen, daß das professionelle Handeln als Leistung gesellschaftliche Anerkennung finden kann. Rückt man in dieser Weise von einem rein funktionalen Leistungsbegriff ab, so bekommt die Frage nach dem Verhältnis des professionellen Handelns zum Leistungsprinzip eine besondere Relevanz. Denn damit ist zugleich nach jenen *leistungsbezogenen Deutungsressourcen* gefragt, die die Professionen in Anspruch nehmen können, um ihre besonderen Privilegien öffentlich zu legitimieren. Denn „[d]ie Privilegien, die die Professionen genießen, beruhen auf Bewertungen und Prioritäten der Gesamtgesellschaft; ... keine soziale Gruppe, also auch keine Profession, kann sich solche Privilegien einfach herausnehmen" (Goode 1972, S. 159).

Zunächst soll in klassischen professionssoziologischen Modellen nach Anknüpfungspunkten zur Beantwortung dieser Frage gesucht werden. Von zentraler Bedeutung sind dabei die Dimensionen des *professionellen Wissens* und der *professionellen Berufsethik*. Mit dem so entwickelten begrifflichen Instrumentarium werden dann aktuelle Entwicklungstendenzen in den Blick genommen. Dabei geht es primär um diejenigen Konflikte, die im Kontext der zunehmenden *Vermarktlichung* professioneller Tätigkeitsfelder entstehen.

Wissen

Die Zuweisung einer bestimmten Ehre, eines bestimmten Status sowie bestimmter exklusiver Erwerbschancen allein auf Grund der *Zugehörigkeit* zu einem ständischen Kollektiv widerspricht der Grundidee des Leistungsprinzips, materielle und symbolische Ressourcen allein nach Maßgabe *individuell zurechenbarer Leistungsbeiträge* zu verteilen. Die Leistungsgesellschaft sollte ja gerade jene Mobilitätsbarrieren einreißen, die die ständische Ordnung errichtet hatte.

Die soziale Schließung der Professionen steht zu dieser Forderung in einem ambivalenten Verhältnis. Auf der einen Seite monopolisiert sie bestimmte ökonomische und soziale Chancen für die Angehörigen des eigenen Standes und errichtet hohe Zugangshürden. Auf der anderen Seite vollzieht sich die soziale Schließung nach einem Prinzip, das durchaus in Leistungskategorien rekonstruiert werden kann. Denn der Zugang zu einer Profession ist formal nicht an askriptive Merkmale, sondern einzig an den Nachweis bestimmter *Bildungszertifikate* gebunden (vgl. Daheim 1992, S. 23; Parsons 1968, S. 536). Die Akkumulation von sachbezogenem Wissen und Können stellt jedoch in modernen Gesellschaften eine zentrale Leistungskategorie dar, und das Bildungswesen gilt als erste und wichtigste Instanz der Leistungsselektion (vgl. Schelsky 1957, S. 14ff.).

Wissen, institutionalisiert in formalen Ausbildungsgängen und staatlich anerkannten Bildungszertifikaten, vermittelt zwischen der berufsständischen Organisation des professionellen Handelns und den normativen Forderungen des Leistungsprinzips nach Chancengleichheit sowie der Äquivalenz von individueller Leistung und gesellschaftlicher Gegenleistung (vgl. Miller 1999, S. 27ff. u. S. 131ff.). Vor dem Hintergrund der außerordentlichen Bildungsanstrengungen, die zur Aufnahme in die Profession erst berechtigen, können die professionellen Privilegien als adäquate Belohnung im Sinne einer aufgeschobenen Bedürfnisbefriedigung legitimiert werden (vgl. Davis/Moore 1966, S. 47f.). Die Zuteilung exklusiver Erwerbschancen an die Mitglieder der Profession erscheint in diesem Lichte nicht als Begrenzung der Chancengleichheit, sondern gerade als Wahrung derselben. Nur wer die Mühen einer professionellen Ausbildung auf sich genommen hat, soll auch die Früchte ernten dürfen.

Nun kann eingewandt werden, daß es eine ganze Reihe von Expertenberufen gibt, die vom Qualifikationsniveau durchaus mit den Professionen vergleichbar sind, ohne aber deren Privilegien zu genießen (vgl. Hitzler 1994, S. 15; Daheim 1992, S. 26). Allein mit Verweis auf überdurchschnittliche Ausbildungsleistungen läßt sich die Sonderbehandlung der Professionen daher kaum öffentlich rechtfertigen.

Die spezifische Organisationsform der professionellen Berufe wird vielmehr mit dem Verweis auf besondere Charakteristika der professionellen Praxis begründet, die eine Regelung durch den freien Markt oder mittels staatlicher Instanzen weitgehend ausschließen (vgl. Münkler 1994, S. 255). Denn das professionelle Handeln entzieht sich – wie im Folgenden erläutert wird – systematisch einer *externen Beurteilung und Kontrolle*. Damit sind auch der Bewertung professioneller *Leistung* durch die Allgemeinheit enge Grenzen gesetzt.

a) Professionelle Leistung gilt als *Expertise*, d.h. als Anwendung einer hoch spezialisierten, wissenschaftlichen Fachkompetenz. Damit stellt sich ein allgemeines Problem in verschärfter Form: Je qualifizierter und spezialisierter eine Tätigkeit, desto schwieriger ist ihre gesellschaftliche Bewertung. Außerhalb eines engen Fachzirkels fehlt das sachliche Wissen und der Einblick in die spezifischen Bedingungen der Leistungserbringung, um eine angemessene Beurteilung vornehmen zu können (vgl. Offe 1970, S. 21ff.). Daraus resultiert eine für alle Experten charakteristische Paradoxie: „Der Experte ist ein Akteur, dem attestiert wird, daß er über Kompetenzen verfügt, auf die sich andere angewiesen sehen, welche als nicht kompetent gelten, über diese Kompetenzen (adäquat) zu befinden" (Hitzler 1994, S. 27; vgl. auch Goode 1972, S. 159f.).

b) Die *unmittelbar wahrnehmbaren Handlungsäußerungen* professioneller Leistungen bieten dem sach*un*kundigen Beobachter in der Regel wenig Anhaltspunkte für deren Bewertung. Als wissensbasierte und gleichzeitig kommunikativ-kooperative Tätigkeit konstituiert sich professionelle Leistung gerade in jenen Elementen, die der direkten Beobachtung – insbesondere durch Dritte – weitgehend entzogen sind und nur in einem voraussetzungsvollen Prozeß aus den konkreten Handlungsvollzügen deutend rekonstruiert werden können. Das Wesentliche passiert auf der „Hinterbühne" (Goffmann) und bleibt damit einer externen Leistungsbewertung unzugänglich. Diese Diagnose kann an die von Claus Offe (1970, S. 74f.) vorgenommene Sequenzierung dreier Typen industrieller Arbeit – den Umgang mit Sachen (Produktion), mit Symbolen (Verwaltung), sowie mit Menschen (Management) – anknüpfen, in der eine abnehmende „soziale ‚Sichtbarkeit'" (ebd., S. 75) von Leistungen in eben dieser Reihenfolge konstatiert wird. Verallgemeinert man dieses Modell über die industrielle Sphäre hinaus, so sind professionelle Tätigkeiten eindeutig dem letzten Typus – ‚Umgang mit Menschen' – zuzurechnen und haben daher besonders mit einer geringen ‚sozialen Sichtbarkeit' ihrer Leistung zu kämpfen.

c) Die kommunikativ-kooperative Praxis professioneller Leistung ist auch der Grund dafür, daß sie sich nicht ohne weiteres an dem jeweils erzielten *Ergebnis* bewerten läßt. Denn der Erfolg professioneller Bemühungen hängt wesentlich von der Mitarbeit des jeweiligen Klienten ab und kann daher – ebenso wie ein Mißerfolg – dem professionellen Akteur allein nicht zugerechnet werden (vgl. Daheim 1992, S. 32; Oevermann 1996, S. 115ff.; Brunkhorst 1992, S. 54ff.). Darüber hinaus werden typischerweise gerade jene Probleme in die Verantwortung von Professionen übertragen, deren Bearbeitung ein besonderes „Risiko des Mißlingens" (Pfadenhauer 1998, S. 294; vgl. auch Abbott 1981, S. 829) beinhaltet. Schon deshalb wird ein rein ergebnisorientierter Bewertungsmodus den spezifischen Bedingungen professioneller Leistungserbringung nicht gerecht.[1]

Ethos

In der professionssoziologischen Literatur werden die genannten Bewertungsprobleme professioneller Leistung insbesondere im

---

[1] Auf darüber hinausgehende, grundsätzliche Differenzen von Leistungsprinzip und Ergebnisorientierung soll hier nicht weiter eingegangen werden.

Hinblick auf das Verhältnis von Professionellen und Klienten eingehend untersucht. Dabei steht die Frage im Mittelpunkt, wie das für die kooperative Praxis der gemeinsamen Krisenbewältigung unverzichtbare *Vertrauen* des Klienten in die professionelle Leistung erzeugt und aufrechterhalten werden kann, wenn sich die Kontrolle dieser Leistung für den Laien als so schwierig erweist (vgl. Daheim 1992, S. 23, 26ff.). In der Tradition von Parsons gilt die berufsethische Selbstverpflichtung auf Uneigennützigkeit und das Gemeinwohl als Schlüssel zur Beantwortung dieser Frage. „Die in die Rolle des Professionellen ‚eingeschriebene' Uneigennützigkeit evoziert Parsons zufolge das notwendige Vertrauen beim Klienten und erweist sich insofern als funktional für die professionelle Leistungserfüllung" (Pfadenhauer 2000, S. 3).

Dieser Gedanke läßt sich über das unmittelbare Klientenverhältnis hinaus auf die Bewertung professioneller Leistung durch Dritte verallgemeinern. Es ist den geschilderten, grundsätzlichen Problemen einer externen Leistungsbewertung geschuldet, daß den Professionen typischerweise außergewöhnlich große Spielräume kollegialer Selbststeuerung und -kontrolle eingeräumt werden. Ein so weitgehendes *Autonomiezugeständnis* muß sich jedoch stets dem schwer widerlegbaren Verdacht ausgesetzt sehen, ‚Cliquenwirtschaft' und die ungerechtfertigte Anmaßung von Privilegien zu begünstigen. Es bedarf daher der Absicherung dieser Autonomie durch die professionsethische Selbstverpflichtung auf *Uneigennützigkeit* und *Gemeinwohlorientierung*. Die Profession muß glaubhaft machen können, daß sie das außerordentliche Autonomiezugeständnis durch die Gesellschaft nicht zu ihrem eigenen Vorteil, sondern allein im Sinne des ihr übertragenen Mandats verwenden wird. Die fehlende externe Kontrolle soll dabei durch die intrinsische Kontrolle eines in den Habitus übergegangenen, berufsethischen Verhaltenskodex ausgeglichen werden (vgl. Pfadenhauer 2000, S. 10ff.; Fischer 2000, S. 6; Oevermann 1996, S. 70; Hitzler 1994, S. 18; Goode 1972, S. 160).

„[D]as außerordentliche Prestige, das die Gesellschaft den Professionen zuerkennt, [ist] offenbar die Antwort auf deren Selbstbeschränkung: die Experten können zwar im Prinzip ihre günstige

Situation ausbeuten, aber typischerweise tun sie es nicht" (Goode 1972, S. 160).

Sucht man in der Literatur zum Leistungsprinzip nach Analogien zu dieser Konzeption, so wird man in der viel diskutierten Studie von Claus Offe (1970) über „Leistungsprinzip und industrielle Arbeit" fündig. Seiner Ansicht nach verfügen die gesellschaftlichen Instanzen der Leistungsbewertung unter den Bedingungen fortgeschrittener Arbeitsteilung und zunehmender beruflicher Spezialisierung weder über das sachliche Wissen noch über geeignete, übergreifende Maßstäbe, um den Leistungsbeitrag eines Einzelnen noch angemessen beurteilen und mit dem anderer vergleichen zu können. Dies schaffe „angesichts der ideologisch aufrechterhaltenen Fiktion eines funktionierenden Bedingungszusammenhanges von Status und Leistung ein Legitimitätsvakuum" (ebd.: S. 61).[2] Ausgefüllt werde dieses Vakuum mittels einer Substituierung direkter Leistungsbeobachtung und -bewertung durch *Normenkontrolle*. Offes zeitkritische Diagnose mündet in der Feststellung, daß längst nicht mehr Leistung der eigentliche Maßstab der Statusvergabe sei, sondern die Demonstration bestimmter normativer Überzeugungen (etwa Loyalität zu Firma und Vorgesetzten, etc.) durch die Beschäftigten. Bereits rund 15 Jahre zuvor hatte Ralf Dahrendorf (1956) in eine ähnliche Richtung argumentiert und die wachsende Bedeutung sogenannter „extra-funktionaler Fertigkeiten" (ebd.: S. 552) für die Statusschichtung der Industriearbeiterschaft konstatiert. Als „extrafunktional" galten ihm dabei alle karriererelevanten Anforderungen, die sich nicht direkt aus dem technischen Arbeitsvollzug ergeben, darunter auch bestimmte normative Orientierungen wie Verantwortungsbewußtsein etc. (vgl. ebd.). Offe radikalisiert diese Diagnose und stellt fest, daß unter dem Deckmantel einer scheinbar nach Leistung differenzierenden Organisation der Sta-

---

[2] Aus zahlreichen anderen Stellen wird ersichtlich, daß Offe hier nicht etwa – wie man auf den ersten Blick meinen könnte – ‚Status' als unabhängige und ‚Leistung' als abhängige Variable versteht. Um dieses Mißverständnis auszuschließen, hätte er eigentlich umgekehrt formulieren müssen: „... Bedingungszusammenhanges von Leistung und Status ...".

tusverteilung nur mehr normativer Konformismus belohnt und damit der gesellschaftliche status quo stabilisiert werde (vgl. Offe 1970, S. 8f.).

Mit Blick auf das Phänomen ‚professionelle Leistung' ist hier vor allem der Befund Offes interessant, daß die Demonstration bestimmter normativer Orientierungen offenbar eine direkte Leistungsbeobachtung und -bewertung substituieren oder zumindest ergänzen kann, wenn jene nicht (mehr) ohne weiteres möglich ist. Genau dies ist bei den Professionen der Fall.[3]

Auch in anderer Hinsicht kann die Gemeinwohlorientierung der Professionen für eine Interpretation des professionellen Handelns in Leistungskategorien herangezogen werden. Denn was gesellschaftlich überhaupt als ‚Leistung' gilt, wird durch mehr oder weniger verbindliche *Leistungsziele* sozial definiert (vgl. Biermann/Kaufmann 1994, S. 399; Hartfiel 1977, S. 24ff.). In ihnen ist idealiter eine Hierarchie gesellschaftlich wünschenswerter, weil (funktional) wichtiger Tätigkeiten formuliert (vgl. Davis/Moore 1966, S. 47f.).[4] Inwiefern kann professionelles Handeln eine derartige gesellschaftliche ‚Relevanz' für sich in Anspruch nehmen?

Die verschiedenen professionssoziologischen Theorien liefern ganz unterschiedliche Erklärungen, *warum* bestimmte Probleme typischerweise professionalisierten Berufen zur Bearbeitung übertragen werden und nicht etwa der Regelung durch den freien Markt und sein Prinzip von Angebot und Nachfrage über-

---

[3] Am Rande bemerkt: Wenn heute von den Mitarbeitern die persönliche Identifizierung mit der ‚Firmenphilosophie' oder ‚-kultur' gefordert wird und externe Kontrollen zunehmend durch intrinsische Selbststeuerung ersetzt werden sollen, so scheint die gut dreißig Jahre alte Analyse von Offe in diesem Punkt keineswegs antiquiert, sondern vielleicht treffender denn je. Denn was gegenwärtig von den Beschäftigten verlangt wird, ist genau jene Selbstregulierung durch Anpassung der eigenen (normativen) Überzeugungen an die Ziele des Unternehmens, wie sie bereits Offe beschrieben hat.

[4] Es bedarf allerdings der ergänzenden Bemerkung, daß in der historischen Realität die Definitionen dessen, was gesellschaftlich als ‚Leistung' Anerkennung fand und findet, stets höchst selektiv waren und bis heute sind. Als Beispiel sei hier nur die für die Reproduktion der Gesellschaft zweifelsohne überaus wichtige Tätigkeit der innerfamiliären Kinderbetreuung und -erziehung genannt, die gleichwohl lange Zeit als ‚Leistung' überhaupt nicht in den Blick kam (vgl. Honneth 2001, S. 37f.).

lassen bleiben. Im Kontext der hier vorgestellten Überlegungen ist es weitgehend unerheblich, ob dies sozusagen ‚aus der Natur der Sache', d.h. strukturtheoretisch bzw. strukturfunktionalistisch begründbar ist (vgl. Oevermann 1996 bzw. Parsons 1968), oder das Ergebnis einer erfolgreichen Etablierung bestimmter Problemdefinitionen durch die Professionen selbst darstellt (so etwa die Argumentation der sogenannten ‚machttheoretischen' oder ‚machtkritischen' Professionstheorie; vgl. Daheim 1992; sowie von inszenierungstheoretischen Ansätzen; vgl. Pfadenhauer 1998b; Hitzler 1994). Wichtiger ist die weitgehende Übereinstimmung der unterschiedlichen Theorien hinsichtlich eines spezifischen Charakteristikums dieser Probleme bzw. Problemkonstruktionen: Professionelle Berufe bearbeiten typischerweise solche Problemlagen, denen eine über den je konkreten Fall hinausweisende Bedeutung zugeschrieben wird, die also die *Gesellschaft insgesamt* betreffen oder die zumindest – so die Minimalformulierung – gesamtgesellschaftlich als „wesentlich" (Daheim 1992, S. 26) anerkannt sind. Ob es um die Behandlung eines erkrankten Patienten oder die Verteidigung eines Angeklagten vor Gericht geht – immer handelt die oder der Professionelle nicht nur im unmittelbaren Interesse eines je konkreten Klienten, sondern verwirklicht gleichzeitig gesamtgesellschaftlich als bedeutsam erachtete Ziele – sei es der Kampf gegen Krankheit oder die Aufrechterhaltung der geltenden Rechtsordnung. Entsprechend hat die Professionssoziologie in der Institutionalisierung eines gesellschaftlichen *Mandats* den entscheidenden Schritt zur Professionalisierung identifiziert. In dieser Perspektive rechtfertigt sich professionelles Handeln nicht in erster Linie durch die Nachfrage bestimmter Dienstleistungen von Seiten je konkreter Klienten, sondern über einen gesellschaftlichen Auftrag, der an die Profession insgesamt ergangen ist. Mit der Verpflichtung auf ein gesellschaftliches Mandat gewinnt die oder der Professionelle gegenüber den Klienten eine gewisse Autonomie und unterscheidet sich so von anderen Anbietern auf dem Markt personenbezogener Dienstleistungen, die sich stärker dem Prinzip von Angebot und Nachfrage und damit dem Diktum ‚Der Kunde ist König' unterwerfen müssen.⁵ Berufsethisch spiegelt sich die den Einzelfall transzendierende Problembearbeitung in der professionellen Gemeinwohlorientierung (vgl. zusammenfassend Daheim 1992, S. 25f., 31; Pfadenhauer 1998b, S. 298; Dies. 2000, S. 3f., 8). Wenn professionelles Handeln als *konstitutiv auf das Gemeinwohl bezogen* erscheint und sich durch ein gesellschaftliches Mandat legitimieren kann, dann läßt es sich auch als *Leistung* interpretieren, die von ‚Wert' für die Allgemeinheit ist und gesamtgesellschaftlich anerkannte ‚Leistungsziele' verwirklicht (vgl. auch Hartmann 1972, S. 41f.; Goode 1972, S. 159; Rüschemeyer 1972, S. 168ff.). Die Gemeinwohlorientierung wird damit zu einer wichtigen Deutungsressource in der öffentlichen Rekonstruktion und Präsentation professioneller Leistung. Welche zentrale Bedeutung diesem Topos dabei zukommt, hat Michael Meuser (2000b) jüngst am Beispiel der ärztlichen Profession empirisch gezeigt.

Markt

Bis hierhin verfolgten die Ausführungen das Ziel, das Phänomen ‚professionelle Leistung' mit den Kategorien klassischer professionssoziologischer Ansätze zu rekonstruieren. Auf dieser Grundlage sollen nun gegenwärtige Wandlungsprozeße analysiert werden. Die leitende Frage ist auch hier, welche Konsequenzen sich aus diesen Entwicklungen für die öffentliche Wahrnehmung professioneller Leistung und die Rechtfertigung professioneller Privilegien im Deutungshorizont des Leistungsprinzips ergeben.

In allen westlichen Industrienationen hat in den letzten Jahren eine umfassende Deregulierung der wohlfahrtsstaatlichen Institutionen und öffentlichen Dienste eingesetzt. Weite Teile der pro-

---

⁵ Diese Klientenautonomie der Professionellen äußert sich auch darin, daß sie im Zweifelsfall bestimmte Wünsche der Klienten zurückweisen müssen, wenn sie sich als unvereinbar mit dem professionellen Mandat erweisen. Ein aktuelles Beispiel dafür ist die kontroverse Diskussion, ob und wenn ja, wie sich das ärztliche Mandat des ‚Heilens und Helfens' mit dem Patientenwunsch nach aktiver Sterbehilfe vereinbaren läßt.

fessionellen Praxis unterliegen damit einer sukzessiven Vermarktlichung und müssen sich mehr und mehr an ökonomischen Effizienzkriterien messen lassen (vgl. dazu die Beiträge von Julia Evetts und Lennard G. Svennson in diesem Band). Diese Entwicklung vollzieht sich als Teil einer umfassenden „Transformation moderner Sozialordnungen zu Marktgesellschaften" (Neckel 2001), die für die normative Geltung des Leistungsprinzips weitreichende Konsequenzen hat (vgl. ebd.). Hier sollen vor allem jene Auswirkungen näher untersucht werden, die sich daraus für die öffentliche Wahrnehmung professioneller Leistung ergeben. Die Ausführungen folgen dabei erneut der Unterscheidung der beiden Dimensionen Wissen und Ethos.

Die Ökonomisierung des Wissens

Die Idee der *Informations- oder Wissensgesellschaft* hat in den letzten Jahren eine außerordentliche Konjunktur sowohl im wissenschaftlichen als auch im politischen Diskurs erfahren. In ihr verbinden sich deskriptive Elemente, die eine wachsende Bedeutung von Wissen als ökonomische Ressource konstatieren, mit der Hoffnung auf die Segnungen der neuen Informations- und Kommunikationstechnologien, die den westlichen Gesellschaften eine dritte industrielle (oder vielmehr: postindustrielle) Revolution und damit verbunden ein langanhaltendes wirtschaftliches Wachstum, Wohlstand, Arbeitsplätze u.v.m. einbringen sollen (vgl. Kraemer/Bittlingmayer 2001). Als Beispiel sei hier ein Passus aus dem Koalitionsvertrag zwischen SPD und Bündnis 90/Die Grünen aus dem Jahr 1998 zitiert: „Chancen und Potentiale der Wissens- und Kommunikationsgesellschaft müssen für eine international wettbewerbsfähige Wirtschaft, für neue Erwerbsarbeit, für ökologische Nachhaltigkeit, für einen uneingeschränkten Informationszugang, für Wissenserweiterung und für die weltweite Erweiterung der Freiheitsräume der Menschen ausgeschöpft und erschlossen werden" (SPD/Bündnis 90/Die Grünen 1998, S. 22).[6]

Mit der öffentlichen Konjunktur dieser Idee geht eine gesellschaftliche Neubewertung der Ressource Wissen einher. Auf den ersten Blick wäre zu vermuten, daß die Professionellen als klassische ‚Wissensarbeiter' von dieser Entwicklung profitieren müßten. Und tatsächlich konstatieren die Apologeten der Wissensgesellschaft eine wachsende Bedeutung professioneller Expertise: „[G]egenüber Landwirtschaft, industrieller Produktion und (einfachen) Dienstleistungen nehmen wissensbasierte Tätigkeiten zu. Gegenüber Produkten mit hohen Wertanteilen an Arbeit und Material gewinnen Produkte die Überhand, deren Wert vorrangig aus der eingebauten Expertise (‚embedded intelligence') besteht [...]. Während einfache Tätigkeiten und Dienstleistungen von Robotern übernommen werden, steigt der Bedarf an professioneller Expertise in allen Bereichen" (Willke 1998, S. 162f.). Die Rede von „wissensbasierten, professionellen Gütern" mit „eingebauter Expertise" (ebd.), sowie analog von „wissensbasierte[n], ‚intelligente[n]' Organisationen" (ebd., S. 165) suggeriert einen enormen Bedarf an professionellem Wissen weit über die klassischen Tätigkeitsfelder der Professionen hinaus. Dabei ist es an dieser Stelle weitgehend unerheblich, ob solche Diagnosen und Prognosen die Reichweite des sozioökonomischen Wandels, den sie beschreiben, möglicherweise überschätzen. Sie werden hier lediglich als Dokumente eines *kulturellen Wandels* in Anspruch genommen, der zunächst auf eine wachsende soziale Wertschätzung professioneller Expertise hindeutet.

Allerdings ist zu fragen, inwiefern dabei überhaupt von professionellem Wissen die Rede ist und ob es wirklich professionelle Akteure sind, die von der gestiegenen sozialen Wertschätzung des Wissens und der wissensbasierten Tätigkeiten pro-

---

[6] Als extremes Beispiel der gegenwärtigen Diskussion vgl. Miegel 2001, der den Umbruch zur Wissensgesellschaft als „dritte[n] gewaltige[n] Paradigmenwechsel in der Geschichte der Menschheit" (ebd., S. 203) in eine Reihe stellt mit dem Übergang von den Jäger- und Sammler-Gesellschaften zu den Ackerbauern und der industriellen Revolution.

fitieren. In Anlehnung an Kraemer und Bittlingmayer (2001, S. 3ff.) lassen sich die Transformationen im Statusgefüge unserer Gesellschaft, die mit dem Begriff der Wissensgesellschaft bezeichnet sind, durch die drei Merkmale ‚Heterogenisierung', ‚Temporalisierung' und ‚Substituierung' charakterisieren. Mit *Heterogenisierung* ist die paradoxe Entwicklung bezeichnet, daß auf der einen Seite heute mehr denn je ein qualifizierter Bildungsabschluß zur „*unabdingbaren* Minimalvoraussetzung [... für] höher bewertete Berufschancen" (ebd., S. 4, Hervorh. im Orig.) geworden, auf der anderen Seite aber eine „‚Inflation' der formalen Bildungsabschlüsse" (Hradil 1984, S. 170) eingetreten ist und die individuellen Verwertungschancen von Bildungstiteln damit sinken (vgl. auch Handl 1996 sowie bereits Bourdieu 1996 [franz. zuerst 1979], S. 221). Wenn die gesellschaftliche Wertschätzung professioneller Leistung sich – wie oben ausgeführt – wesentlich an vorgängigen Bildungsleistungen und Bildungszertifikaten bemißt, so ist zu vermuten, daß deren inflationäre Entwertung auch die Professionen trifft. In dem Maße in dem universitäre Abschlüsse zum Allgemeingut werden, büßen die Professionen tendenziell ihren Status als exklusive Bildungselite ein.[7]

Temporalisierung bezeichnet die rasche Alterung einmal erworbener Wissensbestände als Kehrseite der beschleunigten Wissensproduktion (vgl. Kraemer/Bittlingmayer 2001, S. 6f.). Diese Problematik ist nicht neu. Gerade das professionelle Wissen war durch seine enge Anbindung an die wissenschaftliche Forschung immer schon einer besonderen Dynamik unterworfen (vgl. Hartmann 1972, S. 45). Allerdings spricht einiges dafür, daß diese Problematik heute stärker in das öffentliche Bewußtsein gerückt ist. Insbesondere die raschen Innovationszyklen der Computertechnologie haben die Dynamik der Wissensproduktion in jüngster Zeit breiten Bevölkerungsgruppen erfahrbar werden lassen. Auch aus gegenwärtigen bildungspolitischen Debatten (Stichwort

---

[7] Ein konkreteres Beispiel dieser Entwertung sind die Niederlassungsbeschränkungen für Ärzte, die für die junge Generation der Professionsangehörigen massiv die Verwertungschancen ihrer erworbenen Bildungstitel beschränkt – sowohl materiellökonomisch, als auch auf der symbolischen Ebene.

,life-long-learning') ist das Thema nicht mehr wegzudenken. Für die öffentliche Wertschätzung professioneller Leistung hat dies weitreichende Konsequenzen. Der Status als professionell kompetenter Akteur läßt sich unter diesen Bedingungen kaum noch dauerhaft dadurch dokumentieren, daß auf einmal erworbene und bei der Aufnahme in die Profession formal nachgewiesene Bildungsqualifikationen verwiesen wird. Mit der Temporalisierung des Wissens droht auch der Professionsstatus temporär zu werden.[8]

Das Stichwort *Substituierung* beschreibt einen Prozeß, im Zuge dessen „körpergebundenes, sozial erlerntes und individuell verfügbares Erfahrungs- und Berufswissen" sukzessive von der „überindividuelle[n] Speicherung von Prozeß- oder Planungswissen ... durch technisch gestützte Netzwerke bzw. Techniksysteme" (Kraemer/Bittlingmayer 2001, S. 7) ersetzt wird. Es ist fraglich, inwieweit dieser Prozeß auch auf professionelle Handlungsfelder übergreift und übergreifen kann. Konstitutiv für Probleme in diesen Handlungsfeldern ist gerade, daß sich ihre Bearbeitung nur begrenzt routinisieren oder standardisieren läßt und zudem zentral auf personale Interaktion und Kommunikation angewiesen ist (vgl. Brunkhorst 1992, S. 52ff.). Es kann jedoch beobachtet werden, daß in der öffentlichen Diskussion gegenwärtig die größten Hoffnungen auf medizinischen Fortschritt beispielsweise nicht in die Heilkunst der ärztlichen Profession gesetzt werden, sondern in die Medizintechnik, die Pharmaforschung und in jüngster Zeit insbesondere die Gentechnik. Als Konsequenz ist zu vermuten, daß sich im öffentlichen Bewußtsein die exklusive Zuständigkeitszuschreibung für Fragen der Krankheitsbekämpfung und -prävention an die ärztliche Profession relativiert.

Insgesamt erscheint es fraglich, ob die Professionen von der gesellschaftlichen Neubewertung der Ressource Wissen tatsächlich profitieren können. Zwar weisen einige Zeitdiagnosen in Richtung einer wachsenden Bedeutung professionellen Wissens in unterschiedlichsten Aufgabenbereichen. Bei näherem Hinsehen

---

[8] vgl. zu den Konsequenzen einer solchen Temporalisierung des professionellen Status Goode 1972, S. 164.

zeigen sich jedoch Differenzen zwischen der professionellen Wissensorganisation und den Entwicklungstendenzen der Wissensgesellschaft. Den klassischen Professionen dürfte es daher nur schwerlich gelingen, sich im öffentlichen Bewußtein unter den neuen Eliten der Wissens- und Informationsgesellschaft zu positionieren.

Die professionelle Berufsethik unter den Bedingungen von Vermarktlichung

Der Professionssoziologie gilt gerade die *nicht* marktförmige Organisation des professionellen Handelns als zentrales Unterscheidungskriterium zu anderen personenbezogenen Dienstleistungs- und Expertenberufen (vgl. etwa Parsons 1968, S. 545; ders. 1964, S. 161f.; Oevermann 1996, S. 70; sowie zusammenfassend Daheim 1992, S. 22). Eine vollständige Vermarktlichung der professionellen Tätigkeitsfelder würde diese Unterscheidung hinfällig werden lassen und damit die Eigenständigkeit der professionellen Berufe in Frage stellen.

Eine solche Auflösung der Professionen im allgemeinen Dienstleistungssektor läßt sich gegenwärtig jedoch (noch) nicht beobachten. Vielmehr wird die professionelle Struktur mit marktförmigen Elementen durchsetzt und ergänzt – eine Entwicklung, die nicht ohne Auswirkungen für die öffentliche Wahrnehmung der professionellen Leistung bleibt.

Oben wurde die professionsethische Selbstverpflichtung auf Uneigennützigkeit und den Dienst am Gemeinwohl als ein zentraler Pfeiler rekonstruiert, auf dem die öffentliche Rechtfertigung professioneller Privilegien im Sinne des Leistungsprinzips ruht. Mit der Vermarktlichung des professionellen Feldes wird hier eine andere Handlungslogik verstärkt etabliert, die zu der Gemeinwohlorientierung in Konflikt gerät. Denn beide Logiken unterscheiden sich in zentralen Punkten: Wo die professionelle Berufsethik Uneigennützigkeit fordert, soll der ökonomisch rational handelnde Akteur Gewinnmaximierung verfolgen. Wo das professionelle Mandat verlangt, gesellschaftliche Interessen im Zweifel auch gegen die Ansprüche einzelner Klienten zu verteidigen, soll der marktgerechte Dienstleister sich dem ‚König Kunde' unterwerfen. Wo das professionelle Selbstverständnis den Dienst an der Sache zum Leitbild erhebt, fordert die ökonomische Rationalität die Orientierung am geldwerten Profit. Die wertrational fundierte professionelle Berufsethik steht dem zweckrationalen Marktkalkül entgegen (vgl. Brunkhorst 1992, S. 51).

Das besondere *Dilemma* der Professionen besteht gegenwärtig darin, daß beide Ansprüche – ökonomische Effizienz und professionsethische Gemeinwohlverpflichtung – gleichzeitig an sie herangetragen werden. Die Widersprüche zwischen diesen beiden Logiken evozieren neben praktischen Handlungskonflikten auch ein *öffentliches Darstellungsproblem professioneller Leistung*. Präsentiert sie sich in Kategorien ökonomischer Effizienz, wird schnell eine Vernachlässigung des gesellschaftlichen Mandats zugunsten individueller Profitinteressen unterstellt. Nimmt sie das Gemeinwohl in Anspruch, erscheint dies in der Öffentlichkeit nicht selten als Versuch der bloßen Besitzstandswahrung.

Besonders gut läßt sich diese Problematik am Beispiel der ärztlichen Profession beobachten. Einerseits mehren sich die Stimmen, die das bundesdeutsche Gesundheitssystem als unwirtschaftlich kritisieren und eine ökonomische Rationalisierung ärztlichen Handelns einfordern. Andererseits sehen sich die Ärzte der öffentlichen Kritik ausgesetzt, sie „hätten schon längst die ökonomische Nutzenmaximierung zur (heimlichen) Maxime ihrer beruflichen Tätigkeit gemacht" (Meuser 2000b, S. 11; vgl. auch Münkler 1994, S. 256). Das daraus resultierende „ernsthafte Akzeptanzproblem" (Meuser 2000b, S. 11) ärztlicher Leistung scheint sich mittlerweile auch im Berufsprestige niederzuschlagen. Zwar führen die Ärzte die Rangliste der Berufe immer noch mit großem Vorsprung an. Allerdings ging der Anteil der Befragten, die dem Arztberuf eine besondere Achtung entgegenbringen, in den letzten sechs Jahren von 81 Prozent (1995) auf 74 Prozent (Mai 2001) deutlich zurück (vgl. Institut für Demoskopie Allensbach 2001).

Zusammenfassend betrachtet zeigt sich, daß die gesellschaftlichen Rahmenbedingungen, unter denen professionelle Leistung öffentlich wahrgenommen und bewertet wird, gegenwärtig einem folgenreichen Wandlungsprozeß unterliegen. In dem Maße, wie Kriterien der ökonomischen Verwertbarkeit, Effizienz und Kontrolle an Bedeutung gewinnen, wird das ohnehin prekäre und ambivalente Verhältnis der Professionen zum leistungsgesellschaftlichen Modell der Statusorganisation zusätzlich unterminiert. Denn die beiden zentralen legitimatorischen Ressourcen, die eine Strategie der leistungsbezogenen Rechtfertigung professioneller Privilegien mobilisieren kann, erfahren durch die Ökonomisierung der gesellschaftlichen Leistungsinterpretationen eine Entwertung. Im Lichte der Idee der Wissensgesellschaft erscheinen die professionellen Bildungsaufwendungen kaum noch als herausragende Leistung. Insbesondere aber legitimieren sie keine dauerhafte Anmaßung besonderer Privilegien. Die professionelle Selbstverpflichtung auf Uneigennützigkeit und das Gemeinwohl schließlich kann öffentlich kaum noch glaubhaft vermittelt werden, wenn der professionelle Akteur sich gleichzeitig als ökonomisch denkender Kostenminimierer präsentieren muß.

Jens Borchert, Göttingen

Kapitel 10: Die professionelle Leistung und ihr Preis:

Leistungsbewertung, Preisgestaltung und die Konstituierung des Verhältnisses zwischen Klienten und Professionellen

> *Whereas the ideal scientific statement denotes exactly something and connotes nothing, the ideal poetic statement denotes exactly nothing and connotes everything. Many statements about professionalization seem in this sense rather poetic. (Beckman 1990, S. 115)*

1. Einleitung[*]

Professionssoziologen, Professionelle und normale Menschen könnten sich sicherlich rasch darauf verständigen, daß die Art der Leistung, die von Angehörigen der professionellen Berufe erbracht wird, ein ganz wesentliches Merkmal dieser Berufe ist. Alle drei Gruppen würden in ihrer Mehrheit wohl auch noch zustimmen, wenn das besondere Ausmaß dieser Leistung und ihre

---

[*] Dieser Beitrag entstand im Rahmen der von der Volkswagen-Stiftung finanzierten Nachwuchsgruppe „Politik als Beruf". Für weiterführende Hinweise und kritische Anmerkungen danke ich Gaia di Luzio, Hanns-Peter Ekardt, Stephan Lessenich, Harald Mieg, Michaela Pfadenhauer und Marion Reiser. Dieser Artikel erscheint parallel in leicht veränderter Form als Kapitel in dem Buch des Verfassers „Die Professionalisierung der Politik" im Campus Verlag, Frankfurt a.M. Der Autor dankt dem Campus Verlag für die Genehmigung zum Zweitabdruck.

Funktionalität für moderne Gesellschaften behauptet werden – selbst wenn die öffentliche Kritik an den Professionen und ihrer Leistung in den letzten Jahrzehnten deutlich zugenommen hat. Deutliche Unterschiede zeigen sich da, wo es um den schnöden Mammon geht: Was für die Masse der Klienten (und natürlich für die Professionellen selbst) durchaus ein Thema ist – die Frage der leistungsgerechten Bezahlung – taucht auf der kognitiven Landkarte der Professionssoziologie merkwürdigerweise nicht auf.

Daß die Preisfrage nicht gestellt wird, ist zwar in einer kapitalistischen Gesellschaft systemfremd, aber aus der Geschichte der Professionssoziologie heraus durchaus verständlich: Weite Teile der Professionssoziologie verstehen sich als Anwalt der Professionen. Das hat mit einem merkwürdigen Schwanken zwischen großen (Aufstiegs-)Hoffnungen und nicht minder großen (Abstiegs-)Ängsten zu tun, die sich für diesen Zweig der Soziologie mit seinem Gegenstand verbinden. Bereits seit ihrer Entdeckung in den 20er und 30er Jahren wurden die Professionen wahlweise als aufstrebende dritte Kraft zwischen Markt und Staat, als ‚neue Klasse' entdeckt (etwa Parsons 1964; Gouldner 1980) oder – und das immer häufiger – als Anachronismus und somit stets in der Gefahr gesehen, dem doppelten Angriff der kapitalistischen und der bürokratischen Rationalisierung nicht stand halten zu können[1]. Gerade angesichts dieser tendenziell zunehmenden Herausforderung das Hohelied der durchweg positiv bewerteten Professionen anzustimmen, darin sehen viele Professionssoziologen immer noch ihre eigentliche Bestimmung (vgl. etwa Freidson 1994, 2001).

Die so entstandene Auslassung der Frage monetärer Entlohnung ist zwar nachvollziehbar, aber auch bedauerlich. Denn – so die These dieses Beitrages – gerade auch durch die Art der Leistungsbewertung und durch die Verbindung zwischen Leistungsbewertung und Bezahlung konstituiert sich das Verhältnis zwi-

---

[1] Diese Interpretation knüpft an Weber an; vgl. dazu Schluchter 1998, S. 178, zur Anwendung auf die Professionen unter den neueren Analysen etwa Krause 1996.

schen Professionellen und ihren Klienten ganz maßgeblich[2]. Insofern verstellt die Neigung, über Geld nicht zu reden, einen wichtigen soziologischen Zugang zum Phänomen der Professionen, vor allem jedoch zu ihrer Binnendifferenzierung. Bevor ich jedoch zu meinem eigentlichen Thema komme, möchte ich zunächst kurz die thematischen Schwerpunkte der verschiedenen Ansätze in der Professionssoziologie darstellen und erläutern, inwiefern sich mein eigener Zugang von diesen unterscheidet.

2. Wechselnde Konjunkturen und konkurrierende Ansätze der Professionssoziologie

Die Professionssoziologie hat in ihrer rund siebzigjährigen Geschichte verschiedene Konjunkturen durchlaufen – sowohl was ihre relative Bedeutung in der Soziologie oder allgemeiner den Sozialwissenschaften betrifft als auch, was die jeweils dominanten Perspektiven auf die Professionen anbelangt. Auf die Entdeckung des Themas (vgl. Carr-Saunders 1928; Carr-Saunders /Wilson 1933) folgte eine Phase, in der die Professionssoziologie einen durchaus zentralen Platz im Denken führender Soziologen einnahm[3] – wie umgekehrt sich auch die Professionssoziologie an den großen makrosoziologischen Fragen orientierte (Rueschemeyer 1983, S. 39). Sowohl für den Funktionalismus von Talcott Parsons (1964 [1939]) als etwa auch für die historisch-institutionalistische Soziologie T.H. Marshalls (1939) war die

---

[2] Natürlich beschränkt es sich nicht darauf und beginnt logischerweise auch nicht mit der Leistungsbewertung, sondern mit der Verständigung über die zu erbringende Leistung.

[3] Dabei konnten sie beispielsweise an die Studien Max Webers zu „Wirtschaftsverbänden", „Ständen und Klassen" (u.a. den „mit bevorzugten Fähigkeiten oder bevorzugter Schulung ausgestatteten ‚freien Berufen' [Anwälten, Ärzten, Künstlern]", S. 178) und „geschlossenen Wirtschaftsbeziehungen" anknüpfen (Weber 1972, S. 38, 177-80, 201-9). Insofern ist es doppelt falsch, wenn Michael Burrage (1990, S. 1) meint, daß die Professionssoziologie innerhalb der Soziologie deshalb stets marginal gewesen sei, weil zwei ihrer Gründerväter (Marx und Weber) „said virtually nothing about the professions. ... Weber ignored them altogether."

Auseinandersetzung mit den Professionen ein wesentlicher Eckpfeiler ihrer Arbeit. Darüber hinaus entwickelte sich die Analyse der Berufe und Professionen ‚in der modernen Industriegesellschaft' – so die damalige Diktion – zu einem eigenständigen Feld der Soziologie als Disziplin, zu einer der vielzitierten Bindestrichsoziologien (vgl. etwa Daheim 1967 sowie die Beiträge in Luckmann/Sprondel 1972).

In den 70er Jahren setzte eine kritische Auseinandersetzung auf der Basis sowohl marxistisch inspirierter Analysen als auch weberianisch-machttheoretischer Zugänge ein. Die doch vorgeblich dem Gemeinwohl dienenden Professionsangehörigen wurden einerseits als Agenten in eigener Sache entlarvt, denen es primär um die Monopolisierung von Wissen und beruflichen Zugangswegen gehe. Gleichzeitig wurden sie jedoch demystifiziert als Opfer der kapitalistischen Rationalisierung, die aus freiberuflich Tätigen zunehmend abhängig Beschäftigte mache. Das sich so ergebende Bild der Professionen war ein deutlich anderes als das, welches Parsons gezeichnet hatte. Im allgemeinen Kontext der Sozialwissenschaften war die Professionssoziologie nach wie vor insofern wichtig, als sich mit ihr einige grundlegende Entwicklungstendenzen kapitalistischer Vergesellschaftung besonders eindrücklich nachzeichnen ließen.

In jüngerer Zeit ist das Bild der Professionen in der Wissenschaft wieder deutlich positiver geworden – allerdings um den Preis der Marginalisierung der Professionssoziologie. Die großen Schlachten scheinen geschlagen. Bezeichnenderweise widmen sich heute die weitaus meisten Studien zu Professionsangehörigen just jenen Berufsfeldern im sozialen und im Bildungsbereich, die den offiziellen Status als Professionen nie erlangen konnten. Mit diesem Wandel des thematischen Fokus geht auch ein disziplinärer einher: In dem Maße, in dem die Zahl originär soziologischer Publikationen zum Thema zurückgeht, nehmen vor allem Pädagogen und Sozialarbeiter ihren Platz ein und reklamieren mehr oder minder gut begründet Professionsstatus nun auch für ihre Berufsfelder. Gleichzeitig gerät die Position der Professionen in der Gesellschaft weiter unter Druck; ein gestiegenes Bildungsniveau und die Hinterfragung professioneller Standards führt unweigerlich zu einem „Rückgang der Klientenautonomie des Professionellen" (Daheim 1992, S. 33).

Hier zeigt sich m.E. ein Grundproblem der Professionssoziologie: Ihr großes Thema ist seit ihrem Bestehen die Bestimmung ihres Gegenstandsbereiches gewesen – die Abgrenzung der Professionen von den Nicht-Professionen unter den Berufen. Dies erforderte die Entwicklung von Kriterien, anhand derer man entscheiden konnte, was denn nun eine ordentliche Profession sei und was nicht. Diese spezifische Perspektive auf ihren Gegenstand hatte für die Entwicklung der Professionssoziologie zwei problematische Implikationen.

Zum einen richtete sich der Blick fast ausschließlich auf die *gemeinsamen* Merkmale von Professionen, während die Unterschiede weitgehend ausgeklammert wurden. Hierzu trug auch die Struktur der Publikationen bei, die sich zumeist mit einer Profession in einem Land beschäftigten und diese dann an den Kriterien von ‚Professionalität' maßen. Zu allem Überfluß war der Standpunkt der Autoren zumeist advokatorisch auf ‚ihre' Profession bezogen. Zum anderen wurden die Kriterien für eine Profession nicht idealtypisch, sondern aus der Analyse einiger weniger raumzeitlich spezifischer Professionen gewonnen. Die amerikanischen Ärzte und Anwälte der 50er bis 70er Jahre wurden so emblematisch für die Professionen schlechthin.

Ist allen professionssoziologischen Ansätzen ein gewisser Hang zur Generalisierung und zur Abgrenzung der Professionen nach außen gemeinsam, so lassen sie sich dennoch deutlich voneinander unterscheiden. Hier wäre eine ganze Reihe von Unterscheidungsmerkmalen möglich. Mir erscheint eine Unterscheidung danach am sinnvollsten, wo jeweils das Spezifische der Professionen gegenüber den Nicht-Professionen verortet wird. Danach lassen sich drei grundsätzlich verschiedene Ansätze unterscheiden, die ich hier nur skizzenhaft aufführen möchte.

Der vor allem von Talcott Parsons (1964) begründete funktionalistische Ansatz sieht das Besondere der Professionen in ihrer strukturell verbürgten und individuell immer wieder neu reproduzierten Gemeinwohlverpflichtung (vgl. dazu auch Pfadenhauer 2000). Selbst inmitten eines Ozeans von Eigennutz bleibt die gemeinwohlorientierte Insel der Professionellen erhalten, weil die professionelle Selbstkontrolle funktioniert und den Experten auf eine benevolente Haltung gegenüber dem ihm ausgelieferten Laien festlegt. Die klare Gemeinwohlverpflichtung ist auch die Grundlage der Stabilität in der asymmetrischen Beziehung von Professionellen und Klienten, da sie bei letzteren den notwendigen Vertrauensvorschuß in das Handeln der ersteren begründet. Insofern schafft sie erst die notwendige Autonomie für professionelles Handeln –„Uneigennützigkeit liegt folglich im Eigeninteresse des Professionellen" (Pfadenhauer 2000, S. 4).

Die im deutschen Sprachraum einflußreiche Entwicklung eines neofunktionalistischen Professionsbegriffes durch Ulrich Oevermann (1996) rekurriert einerseits auf die klassische, am Gemeinwohl orientierte Konzeption von Parsons, ergänzt sie jedoch um das Moment der ‚stellvertretenden Krisenbewältigung', welche die Professionsangehörigen für ihre Klienten leisten. Dabei wird das Universum der möglichen Krisen von vornherein vorgegeben und recht eng umrissen. Demnach sind nur solche (Lebens-)Krisen professionsstiftend, die sich im leiblichen und psychosozialen (Sphäre der Gesundheit), rechtlichen (Gerechtigkeit) oder wissenschaftlichen (Wahrheit) Bereich abspielen (Oevermann 1996, S. 88-95). Die Gemeinwohlorientierung der Professionsangehörigen wird dabei als durch berufliche Sozialisation erworben angesehen. Als Teil der professionellen Habitusformation wird die Gemeinwohlorientierung bei Oevermann zur nicht weiter hinterfragten – oder auch nur hinterfragbaren – ontologischen Konstante der Professionen (vgl. dazu Pfadenhauer 2000, S. 7).

Der organisationstheoretische Ansatz, wie ihn etwa Harold Wilensky (1964) repräsentiert, abstrahiert vom professionellen Handeln selbst und erklärt eine bestimmte Sequenz der Selbstorganisation von Professionen – die als ‚Professionalisierung' bezeichnet wird – zu deren zentralem Charakteristikum. Die Normal-Sequenz der Professionsbildung enthält dabei vier Stufen: die

Einführung einer standardisierten, letztlich fast immer universitären Ausbildung, die Gründung eines Berufsverbandes auf lokaler und nationaler Ebene, die Festlegung staatlicher Kriterien für den Zugang zum Beruf und die Aufstellung eines innerprofessionellen Ethikcodes, der als letzter Schritt der Professionswerdung gesehen wird (was eine ganze Reihe von Nicht-Professionen dazu veranlaßte, sich Ethikcodes zu geben, um so endlich den lang ersehnten Sprung ins Camp der Auserwählten zu schaffen). Der Preis für die organisationszentrierte Perspektive ist, daß mit dem beruflichen Handeln selbst hier auch die Beziehung zwischen Klienten und Professionsangehörigen aus dem Blick gerät.

Der an Marx, vor allem jedoch an Weber anknüpfende machttheoretische Ansatz schließlich, wie er von Terence Johnson (1972) und Magali Sarfatti Larson (1977) entwickelt worden ist, sieht die Besonderheit der Professionen im Gegensatz zu Parsons' Konzeption gerade darin, daß sie es geschafft haben, ihre Wissensbestände zu monopolisieren und so Kontrolle über ihre jeweiligen (Wissens-)Märkte zu erlangen sowie den Zugang zum Beruf selbst – und zwar mit staatlicher Sanktionierung – zu regulieren. Die Macht der Professionsangehörigen ist hier zwar auch eine Macht über ihre Klienten, primärer Fokus ist aber die Macht gegenüber anderen Berufen (Konkurrenz), gegenüber denjenigen, die in die Profession streben (Zugang), und gegenüber dem Staat (Regulierung). Gleichzeitig hat die Einbindung der Professionsangehörigen in bürokratische und/oder kapitalistische Großorganisationen diese selbst der Logik dieser Organisationen unterworfen. Für die Beziehung zu den Klienten heißt das, daß professionelles Handeln, welches die Organisationslogik nicht unterminieren will, zu einer entweder manipulativen, indifferenten oder gar feindseligen Haltung ihnen gegenüber neigen wird (Larson 1977, S. 188-9).

In der von Andrew Abbott (1988) in die Debatte eingeführten wissenssoziologischen Weiterentwicklung des machttheoretischen Ansatzes grenzen sich die Professionen gegenüber anderen Berufen einerseits durch den abstrakten, gleichwohl jedoch handlungsorientierten Charakter des in ihren Berufen verwendeten

Wissens ab. Die innere Rangordnung innerhalb der einzelnen Professionen begünstigt dabei jene Angehörigen, die das abstrakte Wissen in seiner ‚reinen' Form formulieren und anwenden, in der Regel also etwa die Wissenschaftler, gegenüber jenen, die durch allzu enge Klientenkontakte quasi ‚kontaminiert' sind (Abbott 1988, S. 118-21). Andererseits sind alle Professionen Teil eines „Systems von Professionen", das durch bestimmte unangefochtene Zuständigkeiten gekennzeichnet ist. Kommt es zu einem Wettbewerb verschiedener Berufsgruppen um eine Zuständigkeit, wird es über kurz oder lang Gewinner und Verlierer geben (Abbott 1988, S. 28-30, 69-79). Die Professionen sind die historischen Gewinner dieser Wettbewerbssituationen und konstituieren daher gemeinsam so etwas wie den Olymp der Berufe. Die Beziehung zwischen Professionsangehörigen und Klienten ist bei Abbott – wie bei Parsons – eine auf der Basis ungleichen Wissens asymmetrische, ohne daß freilich eine Gemeinwohlorientierung der Professionsangehörigen von vornherein sichergestellt ist. Vielmehr müssen die Professionellen nach Distanzierung von den Klienten und deren banalen Anliegen streben, um ihren intraprofessionellen Status zu verbessern oder zu erhalten.

Inwieweit können nun diese Ansätze etwas zur Beantwortung unserer Frage beitragen? Funktionalismus wie Neo-Funktionalismus setzen eben das voraus, was es zu untersuchen gilt: eine Beziehung zwischen Professionsangehörigen und Klienten, bei der erstere zum Wohle letzterer agieren. Die organisationstheoretische Richtung wiederum nimmt die offensichtlichen Unterschiede zwischen den Tätigkeitsfeldern der verschiedenen Professionen zum Anlaß, die gesuchten Gemeinsamkeiten in der Organisationsentwicklung der Berufsverbände und wissenschaftlichen Disziplinen zu verorten. Dies führt m.E. zu weit weg von der beruflichen Praxis der Professionen. Ähnliches läßt sich zum Teil auch über die machttheoretischen Ansätze sagen, nämlich dort, wo es ihnen eher um die Stellung der Professionsangehörigen in der Gesellschaft und jene der Berufsverbände im Staat geht.

Einen Fortschritt bietet hier der Ansatz von Abbott, der – im Gegensatz zu Organisations- und anderen Machttheoretikern – die beruflichen Handlungsfelder und Wissensbestände thematisiert, ohne – im Gegensatz zu den Funktionalisten alter und neuer Prägung – einen bestimmten Charakter der Beziehung zwischen Professionellen und Klienten zu unterstellen. Gleichzeitig bleibt jedoch dieser Bereich professionellen Handelns selbst bei ihm unterbelichtet. Dabei erscheint mir dies – neben den Fragen der intra- und der inter-professionellen Beziehungen – der zentrale Gegenstand für eine Soziologie der Professionen zu sein.

Der funktionalistische Rekurs auf das Gemeinwohl jedenfalls kann diese Analyse nicht ersetzen: Michaela Pfadenhauer gelingt es in ihrer Analyse der Gemeinwohlproblematik in der Professionssoziologie sehr überzeugend zu zeigen, daß Gemeinwohlorientierung „nicht als Lösung für ein Problem, sondern selbst als Problem zu begreifen [ist], für das Professionelle eine Lösung bereit halten" (Pfadenhauer 2000, S. 17). So verstanden hat der Gemeinwohlrekurs – und zwar unabhängig von seiner Angemessenheit im Einzelfall – immer einen legitimatorischen Charakter, der von einer Analyse des realen Verhältnisses zwischen Professionellen und ihren Klienten nicht entbinden kann.

Einen möglichen – und m.E. erfolgversprechenden – Ansatzpunkt bietet hier der Blick auf die Kriterien der Leistungsbewertung und die Honorierung professioneller Leistungen durch die Klienten (und andere relevante Akteure). Daher möchte ich im folgenden versuchen, ausgehend von einer Perspektive, die explizit an Abbott anschließt, die verwendeten Leistungskriterien für professionelle Arbeit und die Formen und Grundlagen der Leistungshonorierung zu systematisieren[4].

---

[4] Wo nicht ausdrücklich ein anderer räumlicher Bezug hergestellt wird, geht es im folgenden um die deutsche Realität professionellen Handelns.

3. Qualitätskriterien und Leistungsbewertung professioneller Arbeit

Abweichend von der traditionellen Vermutung, daß „der Laie ... nicht oder nur unscharf zwischen guter und schlechter Arbeit unterscheiden" kann (Rüschemeyer 1973, S. 250), die Leistung von Professionsangehörigen[5] sich also dadurch auszeichnet, daß sie der Kontrolle und Leistungsbewertung durch die Klienten weitgehend entzogen ist, muß man mindestens für die Gegenwart das genaue Gegenteil attestieren: Die Klienten trauen sich in aller Regel zu, die Qualität professioneller Arbeit – als Produkt wie als Prozeß – bewerten zu können. Dieser Mut zur Leistungsbewertung ist ganz sicher nicht in jedem Fall, aber sehr häufig auch durch entsprechende Kenntnisse und Kriterien unterfüttert.

Gerade da, wo Professionelle noch im klassischen Sinne als einzeln Handelnde ihren Klienten gegenübertreten, ist ihre Leistung in weitaus stärkerem Maße einer sehr kritischen Bewertung zugänglich und auch tatsächlich ausgesetzt, als dies in den meisten anderen Berufen der Fall ist. Der Grund ist einfach der, daß der direkte Kontakt zwischen ‚Dienstleister' und Kunden insgesamt eher selten geworden ist, während er bei den Professionen immer noch die Regel darstellt. Der Arzt kann seine Arbeit – es sei denn, er arbeitet nur im Labor – ebenso wenig unter Ausschluß seines ‚Auftraggebers' ausführen wie der Anwalt, Architekt, Ingenieur oder Politiker[6], um die Professionen zu nennen, auf die ich mich im folgenden konzentrieren will. Treten Professionelle ihren Klienten im Kontext von Großorganisationen nur noch als gesichts- und namenloser Apparat gegenüber, so demen-

---

[5] Zur Problematik und Vieldeutigkeit des Leistungsbegriffes vgl. Mieg 2001b: S. 64-8. Der dem Leistungsprinzip eigene Gerechtigkeitsbegriff wird mindestens andeutungsweise bei Neckel (2001) thematisiert.

[6] Der Professionsstatus der Politiker ist in höchstem Maße umstritten. Vgl. für eine skeptische Position etwa Wiesendahl 2001, S. 154-9. Allerdings würde ich demgegenüber betonen, daß es zum einen keine trennscharfe und allgemein anerkannte Definition der Professionen gibt und zum anderen die Kategorien der Professionssoziologie sehr gewinnbringend auf Politiker gewendet werden können. Vgl. explizit und ausführlicher als im vorliegenden Text dazu Borchert 2003. Zur historischen Entstehung des Berufspolitikertums nach wie vor grundlegend: Weber 1992.

tieren sie damit faktisch den Anspruch der Professionen, besondere Berufe zu sein.

Die zweite Besonderheit der Professionen hinsichtlich der Bewertung ihrer Leistung betrifft deren Honorierung. Der Preis für professionelle Leistungen stellt sich in der Regel eben nicht marktförmig – und somit quasi naturwüchsig – her, sondern wird mehr oder minder willkürlich festgesetzt. Wird nun die Leistung der Professionen zunehmend kritisch bewertet, gerät automatisch auch der erkennbar künstlich festgelegte Preis für ihre Tätigkeit unter Druck, wird begründungspflichtig. Neben diesem generellen Zusammenhang zwischen Leistungsbewertung und Leistungshonorierung begründen die Art der Ermittlung des Preises für professionelle Leistungen wie auch die Art seiner Begleichung je (professions-)spezifische soziale Beziehungen zwischen Professionsangehörigen und ihren Klienten. Dies wird Gegenstand der Überlegungen im nächsten Teil dieses Aufsatzes sein. Hinzuweisen ist jedoch schon an dieser Stelle darauf, daß beides – die Kriterien der Leistungsbewertung wie die Art der Preisermittlung – geeignet ist, die Unterschiede zwischen verschiedenen Berufen bzw. Professionen systematisch herauszuarbeiten, weniger jedoch, die Professionen insgesamt als soziale Entität zu charakterisieren. Das hat zum einen sicher mit der stärker auf Differenzierung zielenden Intention dieses Artikels zu tun, zum anderen womöglich aber auch damit, daß die Professionen als klar abgrenzbare soziale Formation immer eher ein professionssoziologisches Artefakt denn eine soziale Realität gewesen sind.

Worin besteht nun also die Leistung der verschiedenen Professionen? Diese Frage läßt sich in drei Aspekte unterteilen:

1. Welche Leistungen erbringen Professionelle?
2. Wer bewertet professionelle Leistungen, und nach welchen Kriterien werden sie bewertet?
3. Welche Sanktionsmöglichkeiten verbinden sich mit der Leistungsbewertung?

1. Die Leistung der Professionellen

Die Frage, welche Leistung Professionsangehörige denn nun erbringen, mutet ebenso grundsätzlich wie banal an. Dennoch ist sie nicht ganz einfach und schon gar nicht eindeutig zu beantworten. So ließe sich etwa dem Arzt die professionelle Leistung ‚Heilung' zuweisen. Nur beschreibt dies weder die Tätigkeit des einzelnen Arztes noch jene der Profession insgesamt angemessen. Wie Abbott (1988, S. 40-52) sehr eindrücklich darlegt, besteht die professionelle Leistung – bei allen Professionen – abstrakt gesehen aus drei Schritten: Diagnose, Inferenz und Therapie[7]. Da erscheint ‚Heilung' doch als eine unzulässige Zusammenfassung dieser verschiedenen Komponenten, zumal sie eher auf ein – möglicherweise durch professionelles Handeln im Einzelfall kaum zu beeinflussendes oder schlicht nicht zu erzielendes – Ergebnis abhebt. Die am medizinischen Beispiel entwickelten Schritte Diagnose, Inferenz und Therapie beinhalten jeder für sich die Möglichkeit professioneller Leistung wie auch professionellen Versagens. Zudem ist mindestens ein Teil der ärztlichen Profession ebenso sehr mit der Forschung beschäftigt wie mit der Behandlung von Patienten. Hier gelten dann offensichtlich andere Leistungskriterien – Zahl der Publikationen, Qualität der Zeitschriften, Summe der akquirierten Forschungsgelder. Die medizinische Aufklärung und Prävention ist in diesem Beispiel ein weiteres Feld, das offenkundig nach anderen Leistungskriterien bewertet werden muß: Schließlich mindert, wer Erkrankungen durch Prävention verhindert, möglicherweise seine Chance, diese Krankheiten später zu heilen.

Eine weitere Schwierigkeit der Konzeptionalisierung professioneller Leistungen zeigt sich – klarer noch als bei Ärzten – bei Anwälten im latenten Konflikt zwischen Systembezug und Fallbezug: Besteht ihre Leistung in der Interessenvertretung oder in

---

[7] Allerdings hat mich Hanns-Peter Ekardt zu Recht darauf hingewiesen, daß Abbott zu sehr von den medizinischen Professionen ausgeht, bei denen das zu diagnostizierende Problem schon vorab gegeben ist. Bei anderen Professionen wird dieses Problem sehr viel stärker erst im Dialog zwischen Klienten und Professionellen konstituiert.

der Rechtspflege, d.h. letztlich in der Reproduktion der bestehenden Rechtsordnung? Je nach Beantwortung dieser Frage ergibt sich ein radikal unterschiedliches Ideal des Anwaltsberufes. Diese unterschiedlichen Idealtypen finden teilweise ihre Entsprechung in der amerikanischen bzw. deutschen Praxis.

Das Ethos des amerikanischen Anwalts definiert seine Aufgabe als Vertretung seiner Partei ‚no matter what.' Die Inszenierung nicht nur der anwaltlichen Auseinandersetzung in Zivilprozeßen, sondern auch des Ringens zwischen Staatsanwalt und Verteidigung in Strafverfahren als Duell mit prinzipieller Gleichheit der Waffen und vorgegebenem Ziel macht den Gerichtssaal in der modernen amerikanischen Mythologie zum legitimen Nachfahren des OK Corral. Die professionelle Leistung *kann* in diesem Kontext nur im Sieg über den Kontrahenten bestehen; anders als im Western eröffnet die Praxis des ‚plea bargaining' allerdings immerhin die Möglichkeit des gepflegten Remis.

Der deutsche Anwalt ist dagegen nicht primär Partei – das ist er allerdings immer auch –, sondern ‚Organ der Rechtspflege'. Das impliziert eine gewisse Distanz nicht nur zum Klienten, sondern auch zu dessen Anliegen als Teil von Professionalität. Daß Erfolgshonorare im Gegensatz zur amerikanischen Praxis verboten sind, ist nur die Kodifizierung dieser ganz anderen normativen Ausrichtung. Die professionelle Leistung des Anwaltes besteht unter diesen Bedingungen eben nicht notwendigerweise im Erfolg, sondern in seinem Beitrag zum Zustandekommen eines unter den Gesichtspunkten von Rechtssicherheit und Rechtsfrieden akzeptablen Ergebnisses. Zur Heroisierung taugt eine solche Definition professioneller Leistung allerdings weniger (vgl. zu den deutsch-amerikanischen Unterschieden auch Rüschemeyer 1976, S. 125-8).

Was am Beispiel des Anwaltes besonders deutlich wird, ist, daß Professionsangehörige in der Regel ihre Leistung nicht nur auf verschiedenen Stufen professionellen Handelns (Diagnose, Inferenz, Therapie) und nicht nur in verschiedenen Tätigkeitsbereichen erbringen, sondern es neben einem konkreten Fall als Bezugspunkt meistens auch einen abstrakten, systemischen gibt.

Diese Ambivalenz ließe sich – wenn auch weniger pointiert – auch am Verhältnis der ‚Leistungen' Heilen und Gesundheit nachzeichnen[8]. Der deutsch-amerikanische Anwaltsvergleich zeigt, daß das Verhältnis zwischen beiden Aspekten historisch wie räumlich variabel ist.

2. Evaluatoren und Bewertungskriterien

Ohne auf diesen Punkt hier weiter eingehen zu wollen, ließe sich sicherlich argumentieren, daß eben der systemische Aspekt professioneller Leistung das Besondere der Professionen gegenüber anderen Berufen ausmacht. Die behauptete Gemeinwohlorientierung wäre dann nur die ideologische Rationalisierung einer durchaus realen Besonderheit. Ein weiteres Charakteristikum der Professionen insgesamt ergibt sich aus der Heterogenität verschiedener Adressatenkreise professioneller Leistungen. Wenn wir uns fragen, wer professionelle Leistungen bewertet, stoßen wir neben den Klienten immer auch auf die Professionskollegen und auf die Öffentlichkeit, wobei letzterer gerade aufgrund des gesamtgesellschaftlichen Meliorisierungsanspruchs der Professionen ein Urteilsrecht zufällt[9].

Klienten, Kollegen und Öffentlichkeit bewerten professionelle Leistungen allerdings nach unterschiedlichen und minde-

---

[8] Auf den ersten Blick mögen beide Ziele kongruent erscheinen. Gerade im Kontext der medizinischen Forschung entstehen jedoch durchaus Zielkonflikte. So läßt sich problemlos begründen, warum die Gesundheit der Bevölkerung insgesamt auf valide medizinische Forschungsergebnisse gerade für schwere und seltene Krankheiten angewiesen ist. Die zu diesem Zweck aus gutem Grund präferierte Methode der multizentrischen, randomisierten Protokollstudien impliziert jedoch, daß die Heilung des einzelnen Kranken nicht mehr die primäre professionelle Leistung ist, sondern die Einhaltung der Protokoll-Parameter, da nur so valide Forschungsergebnisse zu erzielen sind.

[9] Als Regulierungsinstanz und Großklient fällt dem Staat schließlich die Rolle einer weiteren Bewertungsinstanz für die Qualität professioneller Arbeit zu. Allerdings beschränkt sich diese Bewertung auf Fälle, in denen entweder staatliche Institutionen direkt betroffen sind und von daher eigene Interessen verfolgen oder der Staat in seiner Regulierungsfunktion gefordert ist. Eine generelle Bewertung professioneller Leistungen durch den Staat findet nicht statt.

stens potentiell konträren Kriterien[10]. Für die hier angesprochenen Professionen lassen sich – sehr schematisch – jeweils die Leistungskriterien ausmachen, wie sie in der Tabelle auf der folgenden Seite dargestellt sind.

Im Vergleich der von Klienten und Professionskollegen angelegten Kriterien fällt auf, daß es darunter solche gibt, die jeweils nur für eine Gruppe von Belang sind. So ist die Beratungsqualität für andere Professionsangehörige nachrangig, während sie für die Klienten ein wichtiges Moment darstellt. Auf der anderen Seite gibt es inner-professionelle Kriterien der Leistungsbewertung professioneller Arbeit, die für die Klienten eine untergeordnete Rolle spielen. Ob ein Arzt auch ein guter Forscher ist, ein Anwalt ein standesbewußtes Organ der Rechtspflege, ein Politiker ein Experte in einem Politikfeld – das sind Qualitäten, welche die Klienten allenfalls am Rande interessieren. Daraus ergibt sich, daß wir unterschiedliche Rationalitäten professionellen Handelns erwarten dürfen, je nachdem, welche Zielgruppe ein Professionsangehöriger primär überzeugen will – die eigenen Kollegen oder seine Klienten.

Ebenso interessant ist die unterschiedliche Rolle der Öffentlichkeit bei der Bewertung professioneller Leistungen. Während es für jede Profession ein – durchaus nicht unwichtiges – öffentliches Image gibt, ist die öffentliche Bewertung einzelner professioneller Leistungen bei den einzelfallorientierten Professionen – also etwa bei Ärzten und Anwälten – kaum möglich. Abgesehen von einigen Medienstars sind die Professionsangehörigen in diesem Bereich ebenso unbekannt wie ihre Leistungen. Nur offensichtliches Fehlverhalten – eine Serie ärztlicher Kunstfehler oder das grob standeswidrige Verhalten eines Anwaltes – führt zu einer öffentlichen Bewertung der in diesen Fällen dann stets unprofessionell zu nennenden Leistung. Allenfalls in lokalen Öffentlichkeiten wird durch die direkte Kommunikation von und mit Klienten ein Verständnis darüber hergestellt, wer ein guter Anwalt

---

[10] Auf den wichtigen Gesichtspunkt, daß dies auf Seiten der Professionsangehörigen auch diversifizierte Strategien der Selbstdarstellung erforderlich macht, verweist Michaela Pfadenhauer in ihrem Beitrag für diesen Band.

Tabelle 1: Kriterien zur Beurteilung einzelner Professionsangehöriger nach Evaluatoren

Professionen / Evaluatoren	Ärzte	Anwälte	Architekten und Ingenieure	Politiker
Klienten	Heilung, Beratung	Interessenvertretung, Beratung	Auftragserfüllung, Beratung, Preis	Repräsentation, Deliberation, Entscheidung, Policy-Outcome, Verwaltungskontrolle
Kollegen	Forschungsleistung, diagnostische und/oder therapeutische Fähigkeiten	Rechtspflege, ökonomischer Erfolg	technische Qualität des Produktes	Wahlerfolg, Policy-Expertise, Durchsetzungskraft
Öffentlichkeit	kaum Bewertung einzelner Professioneller [Profession insgesamt: Qualität des Gesundheitssystems]	kaum Bewertung einzelner Professioneller [Profession insgesamt: Rechtsschutz]	technische und ästhetische Qualität des Produktes	kaum Bewertung möglich; bei Spitzenpolitikern: Medienkompetenz; [Profession insgesamt: pol. Prozeß, Politikinhalte, -ergebnisse]

oder eine gute Ärztin ist und wen man tunlichst meiden sollte. Hierbei sind die Kriterien der öffentlichen Bewertung jedoch logischerweise identisch mit denjenigen der Klienten.

Demgegenüber sind Ingenieure durch die in der Regel massenhafte Nutzung oder zumindest Anschauung ihrer Produkte – Gebäude, Brücken, Gärten, Straßen – einer unmittelbaren öffentlichen Bewertung ihrer Leistungen ausgesetzt. Unterhalb der Dysfunktionalität des jeweiligen Ingenieurwerks – also etwa des Zusammenbruchs der Brücke – dürften hier vor allem ästhetische Kriterien die Bewertung bestimmen. Diese spielen zwar auch bei den Professionsangehörigen eine Rolle, sind dort jedoch – außer bei Architekten – technischen Kriterien untergeordnet.

Man könnte meinen, daß Politiker in noch stärkerem Maße der öffentlichen Bewertung ihrer Leistungen ausgesetzt sind. Das ist allerdings nicht der Fall. Politische Ergebnisse wie politische Prozeße sind in der Regel nicht individuell zurechenbar und können somit nicht Grundlage der Leistungsbewertung des einzelnen Politikers sein. Eine Ausnahme bilden hier lediglich einige wenige Spitzenpolitiker. Bei ihnen wiederum wird die Medienkompetenz, also die Fähigkeit, sich und ihre professionelle Leistung in den Massenmedien angemessen zu inszenieren, zur wichtigsten professionellen Leistung überhaupt.

Politiker werden – abgesehen von diesen Spitzenpolitikern – weniger individuell als vielmehr kollektiv bewertet. Dies hat auch mit der Sonderstellung der ‚Klienten' in der Politik zu tun. Klienten sind grundsätzlich alle Bürger, das heisst, anders als bei allen anderen Professionen bedarf es keiner besonderen Entscheidung oder Willenskundgebung, um Klient zu werden. Damit aber gibt es in den meisten Fällen keine besondere Beziehung zwischen Klienten und Professionellen, ja, die meisten Bürger kennen etwa den Abgeordneten ihres Wahlkreises nicht einmal. Entsprechend wenig individualisiert ist daher die Bewertung von Berufspolitikern durch ihre Klienten.

Ebenso deutlich wie in Fragen der öffentlichen Bewertung unterscheiden sich die Professionen auch in dem konkreten, stärker klientenbezogenen Aspekt ihrer Leistungen. Hier lassen sich drei Gruppen von Professionen unterscheiden. Die am Ziel der Krisenlösung oder Heilung gemessenen *medizinisch-sozialen Professionen* werden aufgrund ihres Erfolgs mit Klienten bzw. Patienten bewertet. Das Leistungskriterium rekurriert also klar auf eine personenbezogene, mit einer spezifischen Person untrennbar verbundene Leistung.

Die *technischen Professionen* werden auf der Basis der Auftragserfüllung gegenüber ihrem Auftraggeber evaluiert. D.h., die Leistungsbewertung hat zum einen eine stark sachbezogene Komponente – das Werk des Ingenieurs –, ist aber zumal dann, wenn es eine reale Person als Auftraggeber gibt, auch personenbezogen, da die Bereitschaft, auf die speziellen Wünsche des Auftraggebers einzugehen und diese in technisch machbare Lösungen zu überführen, ein wichtiges Evaluationskriterium ist. Allerdings ist die Leistung in aller Regel auch übertrag- und weiterverwendbar.

Die *juristisch-politischen* Professionen zeichnen sich dadurch aus, daß sie von ihren Klienten maßgeblich nach ihrem Erfolg gegenüber anderen Angehörigen ihrer Profession bewertet werden. Der gute Anwalt ist aus Klientensicht der, der gegenüber dem gegnerischen Anwalt das eigene Anliegen durchsetzt. Analog ist der gute Politiker derjenige, der nicht nur die Interessen seiner Wähler vertritt, sondern dafür auch Mehrheiten beschafft, also seine Berufskollegen aus anderen Parteien (oder anderen Regionen) besonders effektiv in ihre Schranken weist.

Diese Besonderheit der juristisch-politischen Professionen erklärt auch, warum hier die Leistungskriterien zwischen Klienten und anderen Professionsangehörigen besonders deutlich auseinanderklaffen: Schließlich kann die Profession schon aus Selbsterhaltungsinteresse nicht den Erfolg einzelner Mitglieder auf Kosten anderer Mitglieder positiv sanktionieren. Wenn wie bei Politikern der relative Wahlerfolg zum anerkannten Erfolgs- und Leistungsmaßstab des einzelnen Professionsangehörigen bei seinen Parteifreunden (und neidvoll auch bei den Gegnern) wird, bleibt doch sichergestellt, daß dieser Erfolg kein Nullsummenspiel ist. Die hohe Erststimmenzahl von deutschen Bundestagsabgeordneten, die ein wichtiges Kriterium der Beurteilung durch Berufskollegen ist, beinhaltet eben keine Existenzgefährdung des Gegenkandidaten[11], da der Vergleichsmaßstab nicht dessen Stimmenzahl ist, sondern der Zweitstimmenanteil der eigenen Partei. Der Gegner ist so ein virtueller, der den Schmerz der ‚Niederlage' nicht recht empfinden will.

3. Sanktionsmöglichkeiten bei Leistungsdefiziten

Bleibt die Frage nach den Sanktionsmöglichkeiten, wenn professionelle Leistungen zu wünschen übrig lassen. Auf Seiten der Berufskollegen sind dies in der Regel Statuseinbußen – wer sich ‚unprofessionell' verhält, verliert unweigerlich an Ansehen innerhalb der Profession. Die damit verbundene Exklusionsdrohung ist primär eine soziale; nur bei offensichtlichen Verstößen gegen professionelle Standesregeln ist ein formeller Ausschluß aus professionellen Organisationen möglich, der dann allerdings einem Berufsverbot gleichkommen kann. Unterhalb dieser formalen Sanktionierung ist durchaus eine Situation vorstellbar, in der ein Professionsangehöriger bei seinen Kollegen ein niedriges Ansehen hat, bei den Klienten aber durchaus beliebt und erfolgreich ist.

Gegenüber den Klienten wird die Sanktionierung bis zu einem gewissen Grade – aber eben nur soweit – dem Markt überlassen: „Vor allem die freie Wahl des Experten durch den Abnehmer ... gibt der Klientel einen leicht unterschätzten Einfluß; und das obwohl voll ausgebildete professionelle Selbstregulierung diesen Einfluß meist durch Vorschriften über Werbung, Wettbewerb und Überweisungen zwischen Kollegen einzuschränken sucht" (Rüschemeyer 1973, S. 254). In der Tat gibt es ja zumeist die Möglichkeit, professionelle Leistungen dort nachzufragen, wo man in der Vergangenheit gute Erfahrungen gemacht hat oder aber wo man aufgrund von guten Erfahrungen anderer gute Lei-

---

[11] Zudem gibt es andere Kriterien, die einen solchen relativen Wahlerfolg bzw. sein Ausbleiben kompensieren können.

stungen erwarten kann. Umgekehrt kann bei Unzufriedenheit mit den Leistungen eines Professionsangehörigen beim nächsten Bedarfsfall eine Kollegin oder ein Kollege ausgewählt werden.

Diese marktförmigen Sanktionsmöglichkeiten, die im Idealfall mittelfristig zur Eliminierung derjenigen Professionsangehörigen führen müßten, deren Leistungen von einer größeren Zahl an Klienten als unzureichend beurteilt werden, sind jedoch nur teilweise wirksam. Die von Rüschemeyer angesprochenen Wettbewerbsbeschränkungen bei Professionellen erhöhen die Informationskosten für prospektive Klienten selbst dann, wenn diese prinzipiell eine freie Auswahl haben. Die Tatsache, daß der Klientenstamm eines sich in den Ruhestand verabschiedenden Professionsangehörigen dessen größtes Kapital ist – und umgekehrt Berufseinsteiger, welche nicht in eine bestehende professionelle Praxis eintreten können, diejenigen sind, die am stärksten in ihrer professionellen Existenz gefährdet sind –, deutet auf eine beschränkte Mobilität der Klienten hin. Typischerweise muß die Entscheidung, einen bestimmten Professionsangehörigen zu konsultieren, unter Bedingungen höchst unvollständiger Information getroffen werden, da Informationen über die Qualität professioneller Leistungen zum einen nur schwer objektivierbar, zum anderen überhaupt nur sehr schwer zugänglich sind. Aber selbst bei einer gewissen Unzufriedenheit mit den vergangenen Leistungen eines Professionellen kann ein Wechsel aus Sicht des Klienten einen zu großen Verlust an Organisationswissen bedeuten. So sind auch die leistungsschwächeren Professionsangehörigen recht wirksam vor der Sanktionierung durch Klienten geschützt.

Die Schutzmechanismen der Professionen funktionieren in aller Regel so gut, daß ein einmal etablierter Professionsangehöriger kaum aufgrund in den Augen der Klienten mangelhafter Leistungen aus der Profession entfernt werden kann. Dies gilt selbst für Angehörige der politischen Profession, die sich trotz des latent bedrohlichen Zwanges, sich einer (Wieder-)Wahl stellen zu müssen, genügend wirksame Schutzvorkehrungen[12] und Auffangme-

---

[12] Etwa das starre Listensystem, das den Einfluß der Bürger auf die Zusammensetzung der Parlamente in engen Grenzen hält.

chanismen[13] geschaffen haben, um in ihrem professionellen Überleben in der Regel nicht gefährdet zu sein. Deutlich anfälliger als die alten Professionen wie Ärzte oder Anwälte sind die Ingenieure, die als Angestellte wie als Selbständige ungleich stärker wirtschaftlichen Konjunkturen ausgeliefert sind. Hier funktionieren Markt und Wettbewerb wesentlich unregulierter als bei den klassischen Professionen (oder auch den Politikern, die den Vorteil der Selbstregulierung genießen; vgl. dazu ausführlicher unten). Dies bewirkt u.a., daß es Ingenieure nicht dabei belassen können, ihre Klienten durch die Qualität ihrer professionellen Arbeit zufriedenzustellen, sondern häufig genug auch gezwungen sind, in einen Preiskampf mit ihren Professionskollegen einzutreten (vgl. den Beitrag von Ekardt in diesem Band sowie Ekardt 2000b, S. 60-1)[14]. Selbst Regulierungsmechanismen wie die HOAI (Honorarordnung für Architekten und Ingenieure) sind offensichtlich nicht mehr ausreichend, um hier effektiven Schutz zu gewähren.

4. Leistung hat ihren Preis – aber welchen?

Damit sind wir auch schon beim Zusammenhang zwischen der professionellen Leistung und ihrer Honorierung. Der Zusammenhang ist ein mehrfacher und wechselseitiger. Zum einen entspricht es unserem Gerechtigkeitsempfinden, daß bessere Leis-tungen auch besser bezahlt werden sollten, d.h., wir unterstellen einen linearen Zusammenhang zwischen Qualität der Leistung und Honorierung. Umgekehrt gilt aber auch, daß bessere Bezah-lung in der Regel ein höheres Prestige mit sich bringt, u.a., weil der Rückschluß gezogen wird, daß der hohe Verdienst auch ‚verdient'

---

[13] Damit sind solche politische Positionen gemeint, die sich dem Zugriff der Wähler entziehen.

[14] Interessanterweise sind es typischerweise ebenfalls Professionsangehörige – nämlich Ingenieure im öffentlichen Dienst –, die als Vertreter staatlicher Auftraggeber den Wettbewerb organisieren und über den Preis entscheiden.

wurde (vgl. dazu auch Daheim 1967, S. 199). Dieser wechselseitige Zusammenhang muß jedoch nicht zwangsläufig bestehen. So weist Daheim (1967, S. 202) darauf hin, daß eine hohe materielle Entlohnung auch als Entschädigung für eine unattraktive Tätigkeit gesehen werden kann, was im Umkehr- schluß bedeutet, daß eine interessante, mit hoher Autonomie ausgestattete Tätigkeit weniger hoch entlohnt werden muß, um noch attraktiv zu sein. Im Selbstbild und in der Ethik der Professionen korrespondiert dieser Gedanke mit der Ablehnung des Profitstrebens.

Diese Sichtweise setzt jedoch eine ‚unsichtbare Hand' voraus, deren sie steuerndes Kleinhirn weiß, wie groß die materielle Kompensation einer Profession sein muß, um ein Mindestmaß an qualifizierten Ausübenden anzuziehen. Das ist jedoch eine gewagte Unterstellung. Zum einen ist von den Professionsangehörigen gerade in diesem Punkt keine Selbstbescheidung zu erwarten. Historiker haben immer wieder nachgezeichnet, wie sehr sich die verschiedenen Professionen gerade in der Frage der Einkommenshöhe in Relation zu anderen Professionen verorteten und je nach gegebener Lage ihre relative materielle Besserstellung oder Gleichstellung forderten (vgl. etwa Rottleuthner 1988, S. 154, 158). So hat sich die Fähigkeit der jeweiligen Professionen, höhere Einkommen durchzusetzen, immer maßgeblich nach der Macht ihrer Organisationen bemessen, die Einkommen selber mit zu regulieren oder aber auf Angebot und Nachfrage einzuwirken. Zum anderen hat Collins (1990, S. 36) auf die Koinzidenz von professioneller Autonomie, hohem Sozialprestige und hohen Einkommen bei den klassischen Professionen Arzt und Anwalt hingewiesen und daraus den Schluß gezogen, daß professionelle Autonomie keineswegs als Ausgleich für materielle Schlechterstellung fungiert, sondern im Gegenteil wie die gute Bezahlung auf den hohen beruflichen Status zurückzuführen ist, den die Professionen genießen.

Die wesentlichen Fragen, die sich in bezug auf Preis und Bezahlung professioneller Leistungen und ihre Rückwirkungen auf das Verhältnis zwischen Professionsangehörigen und Klienten stellen, sind demnach die folgenden:

1. Wonach bemißt sich der Preis für professionelle Leistungen?
2. Wer setzt die Berechnungsgrundlagen fest?
3. Wie wird der Preis bezahlt?
4. Wie werden die Einnahmen unter den Professionsangehörigen verteilt?

1. Die Bemessungsgrundlage für professionelle Preisgestaltung

Prinzipiell sind vier verschiedene Bemessungsgrundlagen für die Honorierung professioneller Leistungen denkbar (für eine ähnliche Unterscheidung von Entlohnungen vgl. bereits Weber 1972, S. 120):

- Professionsangehörige können für die *Zeit* bezahlt werden, die sie für das Anliegen eines bestimmten Klienten aufwenden. In diesem Fall, der der Entlohnung von Arbeitern vom Prinzip her am nächsten kommt, wird der Preis für die Arbeitsstunde eines Professionellen in einem bestimmten Feld festgelegt. Der Preis der professionellen Leistung ergibt sich aus der Multiplikation der tatsächlich geleisteten Arbeitsstunden mit diesem Stundensatz.

- Professionsangehörige können aber auch unabhängig von ihrem Zeitaufwand für bestimmte *Teilleistungen* honoriert werden. Diese in einem Leistungskatalog festgelegten Preise für die jeweils erbrachten Teilleistungen ergeben in ihrer Summe dann den Preis der professionellen Leistung.

- Drittens können Professionelle auch nach dem *Wert des Einzelfalles* bezahlt werden. D.h., daß das Honorar sich weder auf der Basis der eingesetzten Zeit noch nach den erbrachten Teilleistungen ermitteln läßt, sondern nach einem a priori festgesetzten (also auch in einem Katalog fixierten) Richtwert. Der Preis ergibt sich also aus bestimmten Eigenschaften des Falles, die – so die Prämisse – ein bestimmtes Leistungsniveau erfordern, und wird unabhängig von den tatsächlichen Anstrengungen des Professionsangehörigen erbracht.

- Viertens kann die Honorierung der Professionsangehörigen in Form einer Pauschale erfolgen, mit der sie regelmäßig aus dem Staatshaushalt für die *Bereithaltung* ihrer Leistungen entschädigt werden. Diese an die Praxis von Beamten angelehnte Form der monatlichen Besoldung abstrahiert von Arbeitszeit, konkreten Leistungen und Merkmalen der behandelten Einzelfälle und postuliert die Notwendigkeit einer ständigen Verfügbarkeit über die so bezahlten Professionsangehörigen.

Es läßt sich unschwer erkennen, daß der Abstraktionsgrad der Entlohnung von der erbrachten Leistung im ersten Fall am geringsten und im vierten am höchsten ist. In Abbotts Terminologie können wir im ersten Fall (Zeit) von einer rein therapieorientierten Berechnungsgrundlage sprechen, bei einer Berechnung nach Teilleistungen von einer Mischung aus therapie- und diagnosebasierter Honorarberechnung und bei Honoraren, die von den Charakteristika des Falles abhängig sind, von einer rein diagnosebasierten Bemessungsgrundlage[15]. Hierbei wird der Professionsangehörige unabhängig davon entlohnt, was er *tut*, sondern eben dafür, daß er erkennt, um was für einen Fall es sich handelt, und diesen entsprechend seiner professionellen Kriterien und Kenntnisse behandelt. *Daß* die richtige Diagnose auch eine angemessene Therapie nach sich zieht, wird in diesem Fall allein schon durch die Form der Honorarberechnung vorausgesetzt. Die abstraktere Bemessungsgrundlage beinhaltet auch ein höheres Maß an institutionalisiertem Vertrauen in den *professional* und eine größere Autonomie für seine Tätigkeit.

Wenn wir der Frage nachgehen, wonach Angehörige verschiedener Professionen in Deutschland bezahlt werden, so zeigt sich, daß die Bezahlung nach geleisteter Arbeitszeit im Grunde ein Indiz für das Scheitern einer Professionalisierungsstrategie ist. Nach Zeit werden in der Regel nur solche Berufsgruppen bezahlt, denen es eben nicht unumstritten gelungen ist, Professionsstatus zu erlangen.

---

[15] Vgl. oben genauer zu den hier verwendeten Kategorien.

Eine gewisse Ausnahme sind die Ingenieure, bei denen bestimmte Teilleistungen nach Zeit, andere nach Honorarklassen und anrechenbaren Baukosten (also bezogen auf das Auftragsvolumen) bezahlt werden. Hierin drückt sich möglicherweise auch ein soziales Gefälle zwischen den verschiedenen Ingenieurberufen aus: Die älteren und etablierteren haben es tendenziell eher geschafft, sich dem Diktat des Stundenlohns zu entziehen – das nicht zuletzt ja Einkommensmöglichkeiten auf unschöne Weise an die Endlichkeit der (Arbeits-)Zeit koppelt. Die Honorartafeln der HOAI geben jeweils eine gewisse Bandbreite für das anzusetzende Honorar vor. Der Konstruktion nach ist die Honorarordnung der Architekten und Ingenieure also eine Mischform zwischen den drei ersten der oben genannten Prinzipien (Zeit, Teilleistungen, Auftragsvolumen)

Die Honorarberechnung auf der Basis eines Kataloges von Teilleistungen ist die Praxis der Mediziner[16]. Professionelle Leistungen sind bei ihnen in eine große Zahl einzelner Schritte zerlegt, die auch einzeln in Rechnung gestellt werden. Zwar wird zumindest bei den Kassenpatienten peinlich genau darauf geachtet, daß die eigentlich bei dieser Art der Rechnungstellung gegebene Transparenz in der Praxis nicht zum Tragen kommt. Dennoch führt dieser Berechnungsmodus zu ständigen Konflikten innerhalb der Profession über die Bewertung einzelner Teilleistungen, die immer begünstigende oder belastende Wirkungen für bestimmte Gruppen von Professionsangehörigen haben muß.

Insofern kann das Eintreten der Ärzteverbände für eine Beschränkung der kassenärztlichen Leistungen und eine Ausweitung der privaten Krankenversicherung auch als Versuch verstanden werden, den Schritt zu einer stärker – wenn auch nicht ausschließlich – diagnose- und fallorientierten Leistungsbemessung zu vollziehen. Denn heute schon ist mit der Unterscheidung zwi-

---

[16] Die Leistungsbemessung auf der Basis von verschiedenen Schwierigkeitsgraden, wie wir sie bei den Ingenieuren in den Honorarklassen der HOAI finden, folgt dem gleichen Prinzip, nur daß die Einstufung de facto sehr flexibel ist und im innerprofessionellen Wettbewerb als Instrument der Preissenkung (ganz im Gegensatz zur medizinischen Profession) genutzt und somit ausgehöhlt wird (persönliche Kommunikation, Hanns-Peter Ekardt).

schen Kassenpatienten und Privatversicherten das reine Prinzip der sachorientierten Berechnung nach Teilleistungen durchbrochen. Die gleiche Leistung beim Privatversicherten ist ‚teurer' – faktisch ist sie das natürlich nicht – und somit für den Arzt einträglicher. Andere Berechnungsgrundlagen für ärztliche Tätigkeiten, die etwa pauschale Elemente wie Garantiesummen für die Bereithaltung der ärztlichen Dienstleistung, die Bezahlung nach Zahl der Patienten (fallorientiert) und die Unterscheidung nach Schwere des Falles verbinden, würden die intra-professionale Konflikthaftigkeit des Verfahrens entschärfen und zugleich die schwer zu rechtfertigende Ungleichheit der Bezahlung gleicher Leistungen weniger durchsichtig machen.

Eine Berechnung des ‚Wertes' professioneller Leistungen auf der Basis des Falles haben wir etwa bei Anwälten, Architekten und einem Teil der Ingenieure (oder genauer: bei einem Teil der Ingenieur*leistungen*). Hier ist im Regelfall der Streitwert – also die reale oder angenommene Summe, um die es in dem jeweiligen Verfahren geht – bzw. das Auftragsvolumen die Bemessungsgrundlage, an der Anwälte und Architekten prozentual beteiligt werden. Diese Bemessungsgrundlage abstrahiert von der professionellen Leistung, da der Geldwert eines Falles in keinem notwendigen Zusammenhang mit seiner ‚Schwere' oder dem geforderten Aufwand steht. Ein Prozeß mit hohem Streitwert kann einfacher und unaufwendiger zu führen sein als ein nach dem zugrundegelegten Streitwert banales Verfahren vor einem Verwaltungsgericht. In gewisser Weise sorgt also auch diese Art der Leistungsberechnung für Ungerechtigkeiten innerhalb der Profession. Dies wird allerdings dadurch begrenzt, daß die Berechnungsgrundlagen von vornherein bekannt und damit kalkulierbar sind. Auf diese Weise wird eine lukrative Spezialisierung ebenso möglich wie eine Mischkalkulation.

In jedem Fall suggeriert diese Art der Leistungsbemessung, daß sich professionelle Leistungen jeder äußeren Rationalität – und damit jeder Kontrolle – entziehen. Die Künstlichkeit der Leistungsbemessung wird zu ihrem konstitutiven Bestandteil, zum Teil der professionellen Selbstinszenierung. Andererseits trägt diese Form der Honorierung auch Elemente einer generalisierten Entlohnung für die Bereithaltung der professionellen Leistung in sich. Die Verteilung des ‚professionellen Gesamtproduktes' wird dann der Profession selbst überlassen. Ein spezifisches Legitimationsproblem entsteht dabei für die Architekten und Ingenieure dadurch, daß sie von einer nachträglichen Verteuerung der Bausumme proportional profitieren. Diese Regelung in der HOAI durchbricht das Prinzip der diagnosebasierten Honorierung und schafft eine mindestens aus Sicht der Klienten problematische Anreizstruktur, die zur öffentlichen Vertrauenskrise des Architektenberufes entscheidend beigetragen hat. Daher wurde die Kopplung des Honorars an die Baukosten in der letzten HOAI-Novelle gelockert und eine Strukturreform mit dem Ziel der Änderung dieses zweifelhaften Prinzips initiiert.

Der vierte Fall der pauschalisierten staatlichen Besoldung trifft empirisch für die politische Profession zu, deren Kern sich über die Wahrnehmung parlamentarischer Mandate auf den verschiedenen Ebenen des politischen Systems finanziert, während gleichzeitig die ‚Betriebs- und Werbungskosten' der Profession ebenso pauschal über die staatliche Parteien- und Wahlkampffinanzierung getragen werden. Dieser Kern der Profession ist nicht nur in seiner Größe durch die Zahl verfügbarer Mandate fixiert, er erhält auch ein festes, fall- und leistungsunabhängiges Einkommen, das zudem unabhängig von Diagnose und Therapie ist. Diese Besonderheit der politischen Profession könnte – neben den fehlenden formellen Ausbildungsgängen und -abschlüssen für Politiker – zu dem Trugschluß führen, Politiker seien gar keine Profession. Tatsächlich zeigt unsere Typologie mit ihrem Kontinuum, das auf der Abstraktion der Honorierung von der zugrundeliegenden Leistung basiert, aber nur, daß Politiker besonders erfolgreich in dem allen Professionen eigenen Bemühen gewesen sind, sich einer allzu transparenten Leistungsbewertung zu entziehen. Der Politiker als Parlamentarier wird völlig unabhängig von seiner Leistung und ebenso unabhängig von einzelnen Fällen (Gesetzgebungsverfahren, Debatten, Untersuchungsausschüssen etc.) bezahlt.

Die allgemeinen Betriebskosten der politischen Profession werden den Parteien auf der Basis ihres jeweiligen Erfolges bei den Klienten – Einnahmen aus Mitgliedsbeiträgen bzw. Anteil an Wählerstimmen – erstattet. Dabei ist zum einen bemerkenswert, daß diese Kostenerstattung unabhängig von den tatsächlich angefallenen Kosten erfolgt. Zum anderen fällt auf, daß zwar die einzelnen Parteien nach ihrer ‚Leistung' – hier: ihrer gesellschaftlichen Integrationsleistung – belohnt werden, dies jedoch nur den Verteilungsschlüssel betrifft, während zumindest bei der Wahlkampfkostenerstattung die *insgesamt* der Profession zustehenden Mittel völlig leistungsunabhängig ermittelt werden.

2. *Die Frage der Regulierung*

Typischerweise werden die Berechnungsgrundlagen für die Entlohnung professioneller Leistungen in Deutschland staatlich oder zumindest unter staatlicher Aufsicht festgesetzt – ein wesentlicher Unterschied zwischen Professionen und anderen Berufen hierzulande. Diesem Zweck dienen die verschiedenen Honorarordnungen. Die starke Einbeziehung des Staates in die Regulierung professioneller Honorare unterscheidet die Bundesrepublik (und andere kontinentaleuropäische Länder) sicher deutlich von der anglo-amerikanischen Praxis, in welcher der Vertragsfreiheit eine größere Bedeutung zukommt.

Innerhalb des staatlich regulierten Modells lassen sich die Professionen danach unterscheiden, welche Rolle sie selbst bei der Festsetzung der Bemessungsgrundlagen für die Honorare spielen. Idealtypisch kann man von drei Möglichkeiten ausgehen:

- Selbstregulierung: Der Staat sanktioniert lediglich Regelungen, über welche die jeweilige Profession de facto autonom entscheidet.

- Mitregulierung: Die betroffene Profession wirkt bei der Festsetzung von Honorarsätzen mit, ohne diese jedoch allein bestimmen zu können, d.h., es muß Rücksicht auf andere involvierte Akteure genommen werden.

- Fremdregulierung: Die Profession ist von dem Entscheidungsprozeß weitgehend ausgeschlossen und muß sich dem Votum anderer beugen.

Es bedarf keiner großen theoretischen Anstrengungen, um zu erkennen, daß diese Typologie eine Hierarchie professioneller (Regulierungs-)Macht beinhaltet und in der Folge auch eine klare Präferenzfolge aus Sicht der Professionen: Jede Profession wird danach streben, so viel Macht als möglich über die Regulierung der eigenen Einkünfte zu erlangen. Seine Grenzen findet dieses Autonomiestreben lediglich dort, wo durch öffentlich sicht- und erfahrbare Selbstregulierung die gesellschaftliche Legitimation einer Profession langfristig untergraben zu werden droht.

Wie sieht nun die Praxis der hier betrachteten Professionen (im deutschen Kontext) aus? Eine reine Fremdregulierung finden wir in der Realität nicht. Möglicherweise haben wir damit – quasi en passant – eines jener Merkmale identifiziert, die Professionen empirisch von anderen Berufen unterscheiden: Nur Berufe, die es schaffen, eine mindestens partielle Kontrolle über die Festsetzung der Bezahlung für ihre Leistungen zu erlangen, könnten demnach Professionen genannt werden. Diese Erkenntnis paßt zu Eliot Freidsons (1970b, S. 137) Diktum von der professionellen Selbstregulierung als ultimativem Test der Autonomie[17] ebenso wie zu Randall Collins' Kategorie der erfolgreichen „market closure" als Kriterium für Professionen: „Occupations attempt to control market conditions. Some occupations are relatively successful at this, others less so. Those which are especially successful are the ones which we have come to call ‚the professions'." (Collins 1990, S. 25). Klas Åmark (1990, S. 94-99) hat allerdings zu Recht darauf hingewiesen, daß dem ja prinzipiell offenen Zugang zu den Professionen durch die Kategorie des ‚offenen Kartells' besser Rechnung getragen wird als durch jene der ‚Marktschließung'.

Das klassische Muster der Einkommensregulierung ist die Mitregulierung. Eine Mitwirkung der jeweiligen Profession an der

---

[17] Freidson bezieht sich interessanterweise allerdings gerade nicht auf die Regulierung der Einkommen, die völlig ausgeklammert bleibt.

für sie gültigen Honorarordnung finden wir bei Ärzten, Anwälten, Architekten und Ingenieuren. Bei Anwälten regelt die Bundesrechtsanwaltsgebührenordnung (BRAGO) die Höhe der Honorare, bei den Ärzten die Gebührenordnung für Ärzte (GOÄ) und bei Architekten und Ingenieuren die Honorarordnung für Architekten und Ingenieure (HOAI). Die Mechanismen bei der Novellierung dieser Ordnungen, die Gesetzescharakter haben und somit von Bundestag und Bundesrat beschlossen werden müssen, sind trotz dieser oberflächlichen Ähnlichkeiten jedoch durchaus unterschiedlich.

Federführend für die Novellierung der BRAGO ist innerhalb der Bundesregierung das naturgemäß fast ausschließlich mit Juristen besetzte Bundesjustizministerium. Im Bundestag ist der Rechtsausschuß mit der Frage befaßt – in dem die ohnehin vorhandene Überrepräsentation von Anwälten im Parlament noch einmal deutlich übertroffen wird. Seitens der Anwaltschaft spielen vor allem die Bundesrechtsanwaltskammer mit eigenen Vorschlägen und einem verbrieften Beteiligungsrecht, aber auch die verschiedenen Berufsverbände als Lobby-Organisationen eine wichtige Rolle. Damit spielt sich die periodische Neuregelung der BRAGO zum einen faktisch unter Ausschluß von Nicht-Juristen ab – eine Tatsache, welche die relative Position der Anwälte im Vergleich zu anderen Professionen deutlich verbessert. Zum anderen gibt es keine organisierte Gegenmacht, die den Anwaltsinteressen entgegensteht. Das erreichte Maß an Autonomie sollte daher hier merklich höher als in anderen Fällen sein, was die juristische Mitregulierung bereits in die Nähe einer Selbstregulierung rückt.

Architekten und Ingenieure werden ebenfalls durch ihre Kammern (Bundesingenieurkammer bzw. Bundesarchitektenkammer) sowie durch ihre verschiedenen Berufsverbände repräsentiert und üben bereits seit den 20er Jahren Einfluß auf die Festsetzung der Honorarordnung aus. Gegenwärtig geschieht dies über den AHO, den „Ausschuß der Ingenieurverbände und Ingenieurkammern für die Honorarordnung e.V.". Ihnen fehlt jedoch jene unmittelbare Vertretung im federführenden Bundeswirtschaftsministerium, mit der die Anwälte in ihrem Bereich aufwarten können. Andererseits gibt es jedoch auch bei ihnen keine organisierten Gegeninteressen, die an einer Beschränkung der Honorarhöhe interessiert wären. Allerdings hat der Staat als Bauherr natürlich ein starkes Interesse an einer Kostendämpfung.

Das ist bei Ärzten anders. Zwar werden auch sie standespolitisch durch die Ärztekammern und durch die verschiedenen Berufsverbände durchaus effektiv vertreten. Allerdings sind an der Festsetzung der Honorarhöhe für bestimmte ärztliche Leistungen auch die Krankenkassen als kollektiver Nachfrager maßgeblich beteiligt, womit eine starke Gegenmacht institutionalisiert ist. Ebenfalls beteiligt ist der Staat als dritter Akteur in diesem tripartistischen Arrangement, da die Krankenversicherung für Arbeitnehmer unterhalb bestimmter Einkommensgrenzen eine Pflichtversicherung und somit die Höhe der Krankenkassenbeiträge ein Politikum ist. Durch die hälftige Beteiligung der Arbeitgeber an den Krankenkassenbeiträgen haben auch diese ein starkes Interesse an einer Kostendämpfung und damit an einer Begrenzung der ärztlichen Honorare – ein Interesse, das sich auch im politischen Prozeß niederschlägt. Insgesamt haben die Ärzte also unter den drei diskutierten Professionen die relativ schwächste Position bei der Mitregulierung ihres Einkommens, was sich auf eine aus der Vetomacht anderer Akteure resultierende begrenzte Autonomie zurückführen läßt.

Die Politiker genießen als einzige Profession das Privileg der Selbstregulierung ihres Honorars. Da es, wie wir gesehen haben, kaum einen objektivierbaren Bezugspunkt für Politikerleistungen gibt, müssen sie pauschal entgolten werden. Gleichzeitig kann die Höhe der Bezahlung nicht einmalig festgelegt werden – etwa in der Verfassung –, da der Geldwert starken Schwankungen unterworfen ist. Es muß also entweder über die Höhe der Einkünfte regelmäßig neu entscheiden werden, oder sie müssen an die Einkommen anderer Berufsgruppen (oder an die Inflationsrate) gekoppelt werden. Versuche der Kopplung – etwa an die Besoldung von Richtern an Bundesgerichten –, die den Zwang zur Entscheidung in eigener Sache durch einen Automatismus ersetzen wollten, sind in der Bundesrepublik wiederholt gescheitert.

3. Die Form der Bezahlung

Die dritte Frage, die sich im Zusammenhang mit der Entlohnung professioneller Leistungen stellt, ist jene nach der Art der Bezahlung. Erneut lassen sich drei verschiedene Formen unterscheiden (für eine ähnliche Einteilung vgl. Burrage et al. 1990, S. 212-5):

- die direkte Bezahlung durch den Klienten (mit oder ohne spätere Erstattung durch Dritte),
- die Bezahlung durch Dritte (in der Regel Versicherungen) oder
- die Bezahlung durch den Staat aus Steuergeldern.

Dabei ist die Frage, welche Form der Entlohnung für die Professionellen die wünschenswerte ist, durchaus umstritten. So meinen Burrage, Jarausch und Siegrist (1990, S. 213): „From the practitioner point of view, therefore, the individual fee-for-service client is the ideal user of their services." Begründet wird dies mit der vergleichsweise größten Machtasymmetrie zwischen Klienten und Professionellen, die sich aus dieser Konstellation ergibt (so auch Åmark 1990, S. 107). Versicherungen oder der Staat sind sicherlich ernstzunehmendere Kontrahenten als der einzelne Klient oder Patient.

Dennoch greift diese Perspektive m.E. zu kurz, da sie die oben behandelte Frage der Regulierung von Berechnungsgrundlagen mit der Form der Bezahlung vermengt. Das Problem organisierter Gegenmacht stellt sich wohl eher bei der Regulierung der Einkommen als bei der tatsächlichen Bezahlung von Leistungen. Bei letzterer sind aus Sicht der Professionellen generalisierte Abrechnungsformen wegen ihrer größeren Verläßlichkeit und wegen der geringeren Überprüfbarkeit des Preis-Leistungs-Verhältnisses – hierzu würde man mindestens die Unterstützung des Klienten benötigen – zu bevorzugen. In beiden Punkten ist innerhalb der beiden ‚third payer'-Optionen die Bezahlung aus

Steuergeldern die vorteilhaftere, da sie die maximale Distanz zwischen Leistungserbringung und Rechnungsbegleichung schafft. Die beste aller Welten ist insofern eine, in der man die Höhe der Bezahlung selbst reguliert und die Bezahlung dann aus dem Staatshaushalt erfolgt.

Diesen ‚paradiesischen' Zustand haben allerdings nur die Politiker erreicht. Zwar wird Politik nicht rein staatlich finanziert, doch unterliegen gerade solche privaten Zahlungen, die direkt erbrachte oder zu erbringende Leistungen honorieren, dem Stigma des Korruptionsvorwurfs. Ursache hierfür ist das demokratische Postulat gleicher Zugangschancen zur Politik – professionelle Leistungen sollen in dieser Sphäre eben gerade nicht individuell käuflich sein. Zwar spielen ähnliche Ideale auch in den Bereichen der Medizin und der Justiz eine gewisse Rolle – Armut soll weder die medizinische Versorgung noch die Gewährung von Rechtsschutz beeinflussen –, doch sind diese Normen offenkundig weniger strikt als im Bereich der Politik.

Für die Politik ergibt sich daraus zwangsläufig die Forderung nach einer staatlichen Finanzierung, die in den meisten westlichen Demokratien auch recht konsequent umgesetzt worden ist. Aus Steuermitteln werden zu einem großen Teil die Aktivitäten der Parteien einschließlich der Wahlkampfkosten wie auch die Alimentierung der Abgeordneten auf den unterschiedlichen Ebenen bestritten. In dem hohen Grad an Sichtbarkeit der politischen Sphäre liegt jedoch auch die Problematik und die Grenze des paradiesischen Politikerlebens: Der Vorwurf der Selbstbedienung ist so alt wie die parlamentarischen Diäten als älteste Form der staatlichen Politikfinanzierung. Gerade die Verbindung von Selbstregulierung und staatlicher Finanzierung ist es, die der öffentlichen Kritik stete Nahrung gibt und diese umgekehrt zum effektivsten – aber auch einzigen – Kontrollmechanismus zur Begrenzung der ausgezahlten Summen macht.

An den durchaus ambivalenten Erfahrungen, die Politiker mit der staatlichen Finanzierung ihrer Leistungen machen müssen, zeigt sich, daß die klassische direkte Bezahlung von professionellen Leistungen auch ihre Vorteile hat: Sie schafft Nähe und Unmittelbarkeit dort, wo staatliche Alimentierung mit der fehlenden Kontrolle auch Mißtrauen generiert. Insofern muß man hier einen ‚trade-off' zwischen den Vorteilen einer vergesellschafteten Form der Leistungsbegleichung für die Professionellen und der tendenziell größeren Legitimität direkter Bezahlung konstatieren. Allerdings steht und fällt diese Legitimität mit der Anerkennung der Angemessenheit der Entlohnung durch die Klienten.

Ärztliche Leistungen werden für die breite Mehrheit der gesetzlich Krankenversicherten von deren Krankenkassen übernommen. Das heißt, daß der einzelne Patient mit der Begleichung seiner Rechnung nichts zu tun hat – mehr noch, er bekommt die Rechnung nicht einmal zu sehen. Dieses generalisierte System der Bezahlung macht eine Rechnungsprüfung im eigentlichen Sinne unmöglich, eine Regelung, die häufig mit dem Verweis auf das schützenswerte besondere Vertrauensverhältnis zwischen Arzt und Patient – also einem der ideologischen Eckpfeiler des Professionalismus – begründet wird. Auf der anderen Seite führen einzelne Fälle aufgedeckter Korruption zu einem nagenden Mißtrauen auch gegenüber jenen Ärzten, deren Abrechnungspraxis sich in der Tat an professionellen ethischen Maßstäben orientiert. Staatliche Interventionen in die Leistungsabrechnung wie etwa die Budgetierung sorgen zudem dafür, daß der Zusammenhang zwischen erbrachter Leistung und Entlohnung auch für die Ärzte zunehmend lockerer wird. Trotz dieser Einschränkungen erfüllt das System seinen Zweck immer noch überraschend gut. Durch die Entkopplung von ärztlicher Leistung und Bezahlung wird das Verhältnis von Arzt und Patient von monetären Kontroversen entlastet.

Die Leistungen von Anwälten wie von Architekten und Ingenieuren werden den Klienten direkt in Rechnung gestellt und in aller Regel auch von diesen selbst beglichen. Eine Ausnahme bilden hier lediglich die durch eine Rechtsschutzversicherung bei ihren juristischen Auseinandersetzungen abgesicherten Mitbürger. Für sie stellt sich die Lage ähnlich dar wie für privat Krankenversicherte: Zwar muß die Rechnung erst beglichen werden, aber deren Höhe belastet nicht den eigenen Etat und damit im allgemeinen auch nicht das Verhältnis zum Professionellen – es sei denn, es liegt ein Abrechnungsfehler oder ein offenkundiges Mißverhältnis zwischen Leistung und Entlohnung vor. Für alle anderen Anwälte gilt wie für Architekten und Ingenieure zunächst einmal, daß sie die Unmittelbarkeit des Klienten-Professionellen-Verhältnisses mit einer erhöhten Preisempfindlichkeit auf Seiten der Klienten bezahlen. Dabei zeigt sich im Vergleich zwischen Anwälten und Architekten/Ingenieuren, daß die korporative Stärke einer Profession sich u.a. darin ausdrückt, inwieweit sie sich preissenkenden Mechanismen wie Konkurrenzdruck und Rabattforderungen entziehen kann. Anwälte sind hier ausnehmend erfolgreich gewesen, während Architekten und Ingenieure sich immer wieder genötigt sehen, von den kodifizierten Berechnungsgrundlagen abzuweichen und ihre professionellen Leistungen billiger anzubieten. Hier erweist sich die von Åmark (1990, S. 104-5) postulierte Bedeutung professioneller Kartelle für die Entlohnung der Professionsangehörigen. Paradoxerweise wirkt sich diese – erzwungene – Nachgiebigkeit auf den sozialen Status einer Profession eher negativ aus, so sehr sie im Einzelfall vom Klienten auch begrüßt werden mag.

4. Die Verteilung der Einnahmen unter den Professionsangehörigen

Die vierte Frage im Zusammenhang mit der Bezahlung professioneller Leistungen schließlich bezieht sich auf die Verteilung der Einkünfte aus professionellen Leistungen auf die Professionellen. Unterstellt man das traditionelle Bild des Professionellen in freier Praxis, so wäre die Frage schnell und abschließend beantwortet: Eine (Um-)Verteilung fände nicht statt. Diese Vorstellung entspricht allerdings seit langem in der Mehrzahl der Fälle nicht mehr der Realität professioneller Arbeit. Lediglich für Rechtsanwälte und Ingenieure, die allein in eigener Praxis bzw. eigenem Büro tätig sind, schlägt sich die Zahlung des Klienten unmittelbar in Einkommen des Professionellen nieder, dessen Einkünfte somit unmittelbar vom Markterfolg abhängig sind.

Häufigere Formen der professionellen Distribution von Einkünften sind Umverteilungsmechanismen innerhalb der gleichgestellten, freiberuflich tätigen Professionellen und Verteilung durch Zahlung von Gehältern. Ersteres spielt vor allem bei niedergelassenen Ärzten und in größeren Anwaltskanzleien und Ingenieurbüros mit mehreren Partnern eine Rolle. Bei den Medizinern übernehmen Krankenkassen und Kassenärztliche Vereinigungen die Verteilung der erwirtschafteten professionellen Einkünfte auf die einzelnen Ärzte. Nutznießer der zugrundegelegten Berechnungsgrundlagen sind bislang vor allem Fachärzte und alteingeführte Praxen. Innerhalb von Anwaltskanzleien und Ingenieurbüros werden die Einnahmen zwischen den Partnern in der Regel nach anderen Kriterien als dem Ertrag der jeweils bearbeiteten Fälle verteilt; Status und Seniorität (Seniorpartner versus Juniorpartner) als Gradmesser für die „Akquisitionspotenz"[18] sind hierfür entscheidende Merkmale: D.h., nicht der Partner, der das lukrativste Feld beackert, erhält den größten Anteil der Einkünfte, sondern der nach Status ranghöchste. Gleichzeitig trägt jedoch natürlich die Erwirtschaftung hoher Einnahmen mittelfristig entscheidend dazu bei, die eigene Position innerhalb der Kanzlei oder des Büros zu verbessern.

Alle professionellen Einkünfte, die in größeren Betriebseinheiten erzielt werden, unterliegen einer mindestens teilweisen Verteilung über Gehaltszahlungen auch an Professionelle. Diese Form der Verteilung läßt sich noch einmal danach unterscheiden, ob an der Spitze des Betriebes ebenfalls Angehörige der gleichen Profession stehen oder ob Professionelle eingebunden sind in größere Organisationsstrukturen, in denen die Entscheidungen über die Höhe von Gehältern nicht durch Professionsangehörige und damit auch nicht nach professionellen Maßstäben gefällt werden (vgl. zu dieser Unterscheidung Abbott 1988, S. 125). Ingenieure etwa sind häufig in Unternehmen beschäftigt, deren Zweck nicht oder jedenfalls nicht allein oder überwiegend die Erbringung professioneller Ingenieursleistungen ist. Hier ist somit

---

[18] Hanns-Peter Ekardt, persönliche Kommunikation.

auch nicht davon auszugehen, daß die Gründe für die Stratifizierung der Einkommen ausschließlich in professionell faßbaren Leistungsunterschieden liegen. Zussmans (1985) Charakterisierung der Ingenieure als „mechanics of the middle class" verweist auf genau diesen Verlust professioneller Autonomie gerade bei angestellten Ingenieuren und darauf, daß der Bezugspunkt für die Einkommenshöhe eher die Wahrung der Distanz zu den Arbeitern als die Angleichung an andere Professionen gewesen ist (Zussman 1985, S. 128).

Berufspolitiker unterliegen als Parlamentsabgeordnete, die sie zumeist sind, egalitären Verteilungsmechanismen, die andere Professionen nicht kennen. Obwohl immer wieder gefordert worden ist, Abgeordnetendiäten doch an den zuvor erzielten Einkommen zu orientieren (so etwa Zöller 2000), erzwingt die Logik der politischen Profession eine radikale Einkommensgleichheit. Ausgenommen hiervon sind nur bestimmte herausgehobene Funktionen – Parlamentspräsident und Stellvertreter, Inhaber von Regierungsämtern und Fraktionsvorsitzende –, die zusätzlich entlohnt werden. Aber auch hierbei ist die Verteilung völlig unabhängig von der erbrachten Leistung. Die einzige in Abgeordnetendiäten integrierbare Form von Leistungskontrollen sind Abzüge bei Nichtanwesenheit, womit im Umkehrschluß die physische Anwesenheit – im bereits angesprochenen Sinne also die Bereithaltung der professionellen Leistung – zur Leistung an sich wird.

Ein entscheidender Unterschied zu anderen Professionen liegt hier in der Art der Verteilung: Ergibt sich der Anteil des einzelnen Professionsangehörigen normalerweise in Relation zum insgesamt Erwirtschafteten, so ist bei Politikern der Anteil des Einzelnen fix, während die Gesamteinnahmen die abhängige Variable sind. Damit wird die sonst vorherrschende Logik innerprofessioneller Verteilungskonflikte außer Kraft gesetzt. Politik ist bezogen auf das Einkommen der Professionsangehörigen kein Nullsummenspiel – erzielte Einnahmesteigerungen wirken sich für jeden Professionsangehörigen unmittelbar positiv aus. Daß dies zu einer wesentlich größeren inneren Kohärenz der Berufspolitiker als im

Falle von starken innerprofessionellen Differenzierungen beiträgt, ist unmittelbar einleuchtend.

Insgesamt unterscheiden sich die Professionen in puncto Umverteilungsmechanismen sehr deutlich. Dominieren bei den Politikern egalitäre Strukturen und kollektive Versuche, die Einkünfte zu verbessern, so sind die anderen Professionen gerade durch ihre Binnenstratifizierung gekennzeichnet. Diese Stratifizierung ist zunehmend weniger durch Markterfolg bedingt, sondern vielmehr das Ergebnis einerseits von professionsinterner Vermachtung und andererseits von systematischer Begünstigung bestimmter Professionsangehöriger durch die staatlich regulierten Redistributionskriterien.

5. Leistungskontrolle und Preisgestaltung: Versuch einer Zusammenfassung

Unser Durchgang durch die verschiedenen Dimensionen der Bewertung und Entlohnung professioneller Leistungen hat eine Fülle von einzelnen Erkenntnissen erbracht, die es nun zu systematisieren gilt. Dabei stellen sich verschiedene Fragen:

- Welche Profession ist denn nun am ehesten in der Lage, sich ihre Leistung auch gemäß der eigenen Einschätzung über deren Wert entlohnen zu lassen?
- Welcher Zusammenhang besteht zwischen Leistungsbewertung und -honorierung?
- Wie wirken die verschiedenen Einzelelemente zusammen und welches Verhältnis zwischen Professionellen und Klienten konstituieren sie?

Die Tabelle auf der folgenden Seite gibt zunächst einen zusammenfassenden Überblick über unsere bisherigen Ergebnisse zur Entlohnung der Professionen (zur Leistungsbewertung vgl. Tabelle 1).

Tabelle 2 : Die Entlohnung professioneller Leistungen

Professionen Dimensionen	Ärzte	Anwälte	Architekten und Ingenieure	Politiker
Bemessungsgrundlage	Teilleistungen	Wert des Falles	Zeit bzw Auftragsvolumen	Bereithaltung der Leistung
Regulierung	Mitregulierung; starke Vetogruppen	Mitregulierung; schwache Vetogruppen	Mitregulierung; schwache Vetogruppen	Selbstregulierung; öff. Kontrolle
Bezahlung	*private third payer* (Krankenkassen aus Beiträgen)	direkt	direkt	Staatshaushalt (Steuern)
(Um)Verteilung	niedergelassene Ärzte: interne Umverteilung; Krankenhäuser: Gehalt	Freiberufler: keine; Partnerschaften: interne Umverteilung; Großkanzleien/Unternehmen: Gehalt	Freiberufler: keine; Angestellte: Gehalt	Diäten: egalitär, Zulagen für Funktionsträger; Parteien: nach Wahlerfolg, Beiträgen, Spenden
Ergebnis	starke Binnenstratifizierung; unklare Kriterien; prekäre Leistungsabhängigkeit	starke Binnenstratifizierung; leistungsunabhängige Bezahlung	Binnenstratifizierung; prekäre Position gegenüber Klienten	egalitäre Struktur; starke Leistungsunabhängigkeit; begrenzte Einkommenshöhe

Deutlich wird hier bereits, daß es das professionelle Paradies – jedenfalls auf deutschem Boden – nicht gibt. Vielmehr haben die verschiedenen Professionen mit jeweils spezifischen Problemen zu kämpfen, wenn es um die auch pekuniäre Anerkennung ihres beruflichen Tuns geht. So müssen *Ärzte* einerseits ihr Regulierungsproblem überwinden, das sich aus dem Zusammentreffen von starker Regulierung und der Existenz mächtiger Gegenspieler – vor allem der Krankenkassen, aber auch von Arbeitgeberverbänden und Staat – ergibt. Zum anderen sind die Ärzte in hohem Maße durch zahlreiche Spaltungslinien in verschiedene Interessen zersplittert (vgl. zur Bedeutung solcher interner Spaltungslinien Brante 1990, S. 86-9): niedergelassene Ärzte gegen Krankenhausärzte, Allgemeinmediziner gegen Fachärzte, Angestellte gegen Selbständige (oder auch quer dazu: Therapie versus Prävention). Das Ausmaß der staatlichen Honorarregulierung führt zu einem höchst prekären Zusammenhang zwischen Leistung und Entlohnung. Die Honorierung professioneller Leistungen ist so offensichtlich politisiert, daß permanente Verteilungskonflikte vorprogrammiert sind. Dabei ist das Wachstum des zu verteilenden Kuchens durch die Vetospieler begrenzt, was den Kampf um so härter macht.

Eine relativ günstige Position haben Ärzte dagegen im Verhältnis zu ihren Patienten. Da deren Leistungsbewertung recht weitgehend von Fragen der Entlohnung professioneller Leistungen abgekoppelt ist, gibt es keine effektive Klientenkontrolle. Eine wichtige Rolle spielt hierbei auch die Möglichkeit, die Zahl der niedergelassenen Kassenärzte lokal effektiv zu begrenzen und so durch Beschränkung des Marktzugangs den Kartellmitgliedern Patienten und Einkommen zu sichern. Der soziale Status von Ärzten ist nach wie vor hoch, ebenso wie das Vertrauen in ihren professionellen Ethos und ihre Gemeinwohlorientierung immer noch deutlich höher ist als bei anderen Professionen. Diese Faktoren – Abkopplung der Bezahlung von der Leistungsbewertung, hoher Status, großes Vertrauen – bedingen eine immer noch große Autonomie der Ärzte gegenüber ihren Patienten. Gleichzeitig muß jedoch auch festgestellt werden, daß selbst diese Autonomie tendenziell abnimmt. Zudem sorgen die genannten Vetospieler und professionsinternen Verteilungskämpfe dafür, daß a) die Steigerung der Einkommen begrenzt wird, b) die Einkommen professionsintern sehr ungleich verteilt sind und c) die Kriterien der Leistungsbewertung und -honorierung stets prekär, weil professionsintern umkämpft bleiben.

Gänzlich anders stellt sich die Situation der *Anwälte* dar. Ihre Kontrolle über die Regulierung der eigenen Profession ist sehr viel weitgehender, effektive Vetogruppen gibt es nicht. Zudem ist die Bezahlung nahezu vollständig von der erbrachten Leistung abgekoppelt. (Streit-)Wert des Falles und Arbeitsaufkommen korrelieren eben nur höchst indirekt. Drittens fallen bei Anwälten auch die von Klienten angelegten Kriterien der Leistungsbewertung und die für den innerprofessionellen Status entscheidenden Leistungskriterien der übrigen Professionsangehörigen völlig auseinander. Das Ergebnis dieser Faktoren ist eine Autonomie und Distanz der Anwälte gegenüber ihren Klienten, die jene der Ärzte klar übersteigt.

Wenn diese Einschätzung richtig ist, stellt sich allerdings die Frage, warum das Durchschnittseinkommen von Anwälten deutlich niedriger liegt als jenes von Ärzten. Die Antwort liegt in der Regulierung des Zugangs: Anwälte haben keinen Mechanismus, um die Zahl der Professionsangehörigen in einer gegebenen Region effektiv begrenzen zu können. Da der Bedarf an Rechtsberatung zwar steigerbar ist, aber doch an klare Grenzen stößt, sorgt diese Situation automatisch für einen verschärften Wettbewerb unter den Professionsangehörigen, dessen Ergebnis weitgehend dem Markt überlassen bleibt[19]. Daraus ergibt sich eine starke Binnenstratifizierung der Anwälte nach ihrem Markterfolg.

Ein weiteres Hindernis für eine erfolgreichere Formulierung und Durchsetzung von anwaltlichen Professionsinteressen ist deren Heterogenität. Eine besondere Rolle spielt dabei der Unterschied zwischen niedergelassenen und angestellten Anwälten in

---

[19] Vgl. zur Bedeutung von Angebot und Nachfrage professioneller Leistungen für das Verhältnis zwischen Professionsangehörigen und Klienten auch Rueschemeyer 1983: 45-6.

Kanzleien einerseits und den in Großunternehmen beschäftigten Advokaten andererseits. Letztere sind Angestellte ihrer Klienten, was dem Gebot professioneller Autonomie fundamental zuwiderläuft; gleichzeitig genießen sie jedoch nicht zuletzt aufgrund der erzielten Einkommen ein außerordentlich hohes Sozialprestige auch innerhalb der Profession. Zwar wirken auch bei Ärzten hohe Einkommen statussteigernd, jedoch existiert hier die Leitfigur des forschenden, lehrenden und heilenden Medizinprofessors, der zudem den Typus des Gehaltsempfängers und jenen des frei praktizierenden Professionellen in seiner Person vereinigt.

Obwohl das System der Entlohnung bei *Architekten und Ingenieuren* in vielen Punkten jenem der Anwälte ähnelt, sind die Vertreter technischer Professionen doch in einer unvergleichlich schwächeren Position. Zwar ist das Ausmaß professioneller Selbstregulierung ähnlich groß, und auch die Abhängigkeit des Honorars von der Baukostenhöhe ist in der HOAI verankert. Zwei andere Faktoren sorgen jedoch für die relative Schwäche der Ingenieure gegenüber den Klienten: Erstens haben sie es nicht geschafft, eine abstrakte Berechnungsgrundlage zum allgemein und diskussionslos anerkannten Modell zu machen. Damit sind die durch die HOAI vorgegebenen Tarife verhandelbar und der intraprofessionelle Wettbewerb für Ingenieurleistungen schlägt auf die Honorare durch. Zum anderen fehlt aufgrund der enormen Heterogenität des Berufsfeldes der Ingenieure, die in dieser Hinsicht die Ärzte noch in den Schatten stellen, eine kritische Masse von frei praktizierenden Professionellen. Dadurch wird das Bild des Ingenieurs (dies gilt weniger für Architekten) eher durch Angestellte in Großunternehmen und öffentlichen Verwaltungen geprägt als durch Freiberufler. Die angestellten Ingenieure treten dabei häufig als sachkundige, aber weisungsgebundene Nachfrager und Kontrolleure professioneller Leistungen auf, eine Situation, die nicht geeignet erscheint, die Autonomie der Profession zu erhöhen.

Die Profession der *Politiker* wiederum zeichnet sich durch die Kombination von Egalitarismus (wenigstens beim Professionskern der Parlamentarier), autonomer Selbstregulierung und völliger Leistungsunabhängigkeit der Bezahlung aus. Das ließe erwarten, daß Berufspolitiker die mit Abstand bestbezahlte Profession sind: Schließlich haben wir bei den anderen Professionen gesehen, daß das Vorhandensein von Vetospielern, eine enge Verbindung von Leistung und Honorar sowie die Heterogenität einer Profession sich kontraproduktiv auf die Honorierung auswirken. Faktisch ist jedoch die Entlohnung von Politikern keineswegs herausragend. Vielmehr bedarf es schon des Aufstiegs in eine der wenigen dem Prinzip egalitärer Bezahlung enthobenen Positionen, um auch im Vergleich zu anderen Professionen hohe Einkommen zu erzielen. Woran liegt das?

Trotz aller Bemühungen, Diätenerhöhungen möglichst unauffällig und geräuschlos vorzunehmen, werden diese Einkommenserhöhungen dennoch regelmäßig von den Medien aufgegriffen und kritisch thematisiert, um nicht zu sagen: skandalisiert. Gleichzeitig ist die Sensibilisierung der Öffentlichkeit für dieses Thema seit jeher außerordentlich groß. Verbunden mit dem Wahlmechanismus als Nadelöhr für Zugang und Verbleib in der Profession sorgt dieser öffentliche Druck dafür, daß der Segen der autonomen Selbstregulierung in Fragen des Einkommens (wie auch der Arbeitsbedingungen) mitunter zum Fluch wird. Nicht immer gelingt es, auch nur die Inflationsrate auszugleichen.

Das zentrale Problem der politischen Profession, das die sonstigen institutionalisierten Vorteile konterkariert, ist ihre über den Wahlmechanismus festgeschriebene Legitimationsverpflichtung gegenüber ihren Klienten, den Wählern. Bei allen individuell durchaus erfolgreichen Versuchen, sich dem Verdikt der Wähler erfolgreich zu entziehen, unterliegt die Profession als ganze eben doch einer unaufhebbaren Legitimationsverpflichtung auch hinsichtlich der Honorierung ihrer Leistungen, wie sie andere Professionen in dieser Form nicht kennen. Eben gerade, *weil* Politiker ihre Einkommen öffentlich und damit offensichtlich selbst festlegen, werden sie auch für deren Höhe haftbar gemacht. Angesichts der perfekten Entkopplung von Leistung und Honorierung fällt es umgekehrt keiner Profession so schwer wie gerade den Politikern, die Leistungen zu benennen, die ein entsprechend hohes Honorar rechtfertigen würden.

So gesehen tragen formale Selbstregulierung der Einkünfte und deren Loslösung vom Leistungsprinzip zwar zunächst zu einer Autonomisierung der politischen Profession bei, deren Ausmaß weitaus höher ist als bei jeder anderen Profession. In einem zweiten Schritt schlägt beides jedoch auf die Professionsangehörigen zurück, denen die auch formale Selbstregulierung verübelt und die Leistungsbehauptung nicht geglaubt wird. Autonomie – so lernen wir aus dem traurigen Schicksal der Berufspolitiker, die bei relativ begrenzten Verdienstmöglichkeiten dennoch als übermäßig gierig verschrien sind – produziert mitunter ihre eigenen Grenzen gleich mit.

Die professionelle Leistung und ihre Honorierung sind im Selbstbild der Professionen wie in seiner wissenschaftlichen Reflexion lange als Äquivalententausch angelegt gewesen, dessen Gerechtigkeit so weit außer Frage stand, daß schon ihre Thematisierung einem Sakrileg gleichkam. Von einem derart unhinterfragten, quasi-natürlichen Glauben an die Leistungsgerechtigkeit der Honorierung kann nicht mehr die Rede sein. Das hat ganz maßgeblich auch damit zu tun, daß die Mechanismen professioneller Selbstregulierung – wenn nicht in ihren Einzelheiten, so doch als Prinzip – zu deutlich geworden sind. Der Preis für die professionelle Leistung ist ein deutlich erkennbar unter Beteiligung der Profession gesetzter.

Nicht nur die konstitutive Asymmetrie im Verhältnis Professionelle – Klienten wird so als Ausdruck einer vermachteten Beziehung erkennbar, die durchaus auch zum eigenen materiellen Vorteil eingesetzt wird. Auch die Organisationen der Professionsangehörigen erscheinen zunehmend als Interessenverbände unter anderen, die eher Partikularinteressen repräsentieren als Instrumente der professionellen Selbstkontrolle im Sinne des Gemeinwohls sind. In dieser Situation beruht der ökonomische Erfolg einzelner Professionen weniger darauf, daß sie die Verfolgung von Eigeninteressen im Namen des Gemeinwohls dementieren, sondern daß sie ihre eigenen Interessen relativ gefahr- weil sanktionslos verfolgen können. Das wiederum ist, wie wir gesehen haben, abhängig von Faktoren wie

- der Existenz von Vetospielern,
- der inneren Homogenität und Geschlossenheit einer Profession,
- der Marktmacht gegenüber den Klienten und
- der Begrenzung des Zugangs wie der intraprofessionellen Konkurrenz.

Insofern haben sich die Professionen zwar ihren Sonderstatus unter den Berufen bewahren können, was für viele Professionsangehörige auch durchaus immer noch angenehme materielle Nebeneffekte mit sich bringt. Mit dem besonderen Status der Profession korrespondiert in vielen Fällen auch durchaus noch ein Selbstbild, in dem die Gemeinwohlorientierung professionellen Handelns eine wichtige Rolle spielt. Aber selbst unter günstigen Bedingungen ist eine allgemein anerkannte Leistungsbewertung nach rein innerprofessionellen Kriterien nicht mehr denkbar. Reduzierte sich die Leistungsbewertung durch die Klienten früher einmal auf die einfache Frage, ob die Leistung erbracht sei oder nicht, so steht heute eher die Frage, *wie viel* Leistung erbracht wurde, also die Frage nach der *Leistungsqualität* im Mittelpunkt der Bewertung. Die professionelle Leistung unterliegt – bei enormen Unterschieden zwischen den einzelnen Professionen – einer zunehmend kritischen Bewertung durch die Klienten, ebenso wie die Frage, was denn ein angemessenes, ein *gerechtes* Honorar für eine bestimmte Leistung sei, nicht mehr den Professionen selbst überlassen wird.

Die Frage der Legitimation des professionellen Anspruchs, besondere Berufe zu sein, die deshalb auch besondere Rechte für sich beanspruchen können – unter anderem das Recht, die Bewertung professioneller Leistungen selbst vornehmen und über deren Honorierung weitgehend autonom entscheiden zu können –, diese Frage ist jenseits der Tugendhaftigkeit und Gemeinwohlorientierung des einzelnen Professionellen aufgeworfen, und nach allen Erfahrungen mit und in modernen Gesellschaften wird sie nicht wieder verschwinden. Der dauerhafte Erfolg einzelner Professionen wird entscheidend mit davon abhängen, als wie befriedigend ihre Antworten auf diese Frage in der Öffentlichkeit wahrgenommen werden. Die Preisfrage – was ist die professionelle Leistung, und was ist ihr gerechter Preis? – wird jedenfalls auf der Tagesordnung bleiben. So unterschiedlich die Ausgangsposition der verschiedenen Professionen hier sind, so sehr eint sie doch die im historischen Vergleich ausgesprochen defensive Position, in der sie sich befinden. Insofern endet unser Ausflug in die Welt der Professionen – Beckmans einleitend zitiertem Diktum zum Trotz – mit einem eher prosaischen denn poetischen Ergebnis.

Lennart G. Svensson, Goteborg

Kapitel 11: Market, Management and Professionalism.

Professional work and changing organisational contexts

Introduction

For almost three decades professionalism in Western countries as occupational control has been challenged by both the logic of the free market and that of rational management. Consumerism and managerialism have been put to the fore, to the disadvantage of professionalism as three major logics and methods for control and for governing and providing complex public service. Although these changes have been associated with decentralization, deregulation, and the introduction of forms more or less resembling the free market, they have also resulted in new forms of organiszation, management and audit, again bringing to life the old controversy of markets against politics and giving new reasons for updating the arguments in these three logics and their relations to each other. The changes give great opportunities to study professionals and possible new differentiation between and within professional occupations in terms of e.g. gender, age, position and employment sector.

The objective of the paper is firstly, to give a review of the three logics, and secondly, to illustrate reactions and opinions among professionals to these alterations using evidence with data from other studies, one particular survey, and general statistics – mainly for the case of Sweden. Results from the organizational changes will deal in the first place with professional work and differentiation of professionals and only touch upon the quality of the services in relation to clients. The primary issue to be discussed is if and in what way professionals are related to their own logic of professionalism against the challenges from advocates of free market and rational management. The paper takes an organizational approach to professionalism, and places emphasis on professionals in the public sector.

The analysis draws partly on revised theories of the service class and mainly on the logic of professionalism contrasting the logic of free market and rational management, respectively. Special attention is devoted to the construction of contexts for professionalism by so-called complete or fully-fledged organizations from public service as agents and arenas. This construction process covers identity, hierarchy, and rationality. The analysis reveals differentiation between and within occupations in terms of legitimacy, trust and certain assets.

Part I Concepts

Legitimacy, trust and assets

In the legacy of Max Weber the notion of legitimacy is of fundamental importance for the stability and authority of social organizations in general (Weber 1978, part III). The maintenance of legitimacy is in major parts of social science regarded as the most efficient way of reproducing social order and social cohesion. Legitimacy is defined as the process by which a social system is justified by its members, i.e. the rulers are given the power to rule by the ruled. There is unity between the rulers and the ruled members of the social system. The concept is mainly connected to political power and governance, and in relation to citizens. This is in distinction to rational choice of individual customers on the market, where decisions and relations are supposed to be legitimized by the free choice in an economic transaction, and where the decision to change the provider is called exit (Hirschmann 1970). However, it is also applied to less political and economic transactions and exchanges as the execution of knowledge and expertise.

In the continental tradition of professions and their close relation to the nation-state authorities, professionals to the major extent are employees in central or local state government organizations. In these positions and in the professional practice the mixture of resources and relations for legitimacy may be more prevalent than in the Anglo-Saxon tradition with more liberal professional associations and positions as self-employed practitioners. The following analytical types of legitimacy of decision-making in governing and public administration have been discerned (Rothstein 1991, pp. 42–84).

- The (Weberian) legal-bureaucratic type, comprising central, unanimous and precise rules, which should be executed universally in hierarchic organizations, objectively, impartially and equally.

- The professional-collegial type, comprising contextual assessments about individual clients from scientific knowledge and certain occupational affiliation, often ensured by credentials or license.

- The political type, where politicians not only make decisions about objectives and rules but actually participate directly in decision on cases as members of juries and lay assessors.

- The corporate type, where representatives in interest groups e.g. client organisations are elected to participate in the process of decision-making.

- The user type, where citizens or clients directly affected by decisions are given possibilities for influence in forms of direct democracy. The corporate and the user types give voices to the general public (Hirschmann 1970).

- The chance type, where representatives are sampled randomly have been used sometimes in political history. It has, however, no relevance for the further discussion here.

The legal-bureaucratic, the professional-collegial, the corporate, and the user types are of certain interest in this context as they make up the three parties: state, professions and clients (mediated or direct). These types of legitimacy will be used as a background to the three logics and for the analyses of the changes, which have taken place in many Western societies since the 1970s.

Legitimacy is closely connected to the concepts of trust, confidence and social capital (Luhmann 1979; Ostrom 1990; Coleman 1990; Putnam 1993; Misztal 1996). They have been reviving as central concepts in social science for some time, and there are relevant reasons to re-use them also in analyses of professions and recent alterations of the organizations and production of professional services. Empirical applications occur primarily in political-scientific studies of media and opinion (Elliot 1997) and in organizational studies oriented toward business economics (Kramer / Tyler 1996; Nigsch 2000). Evaluations, audits and accounting have expanded tremendously as various ways to produce and reproduce legitimacy for reforms and decisions in organizations, for professional occupations and for professional performance (Aaberg 1997; Power 1997). Audits and various other ways of checking are complementary to trust, which is one general aspect of any form of legitimacy.

Trust in others has been given many meanings – for instance an expectation of others' devotion, reliability and probity (Giddens 1990, p. 33). At the systemic level, trust may involve an expectation that, as a citizen, one can have one's interests satisfied without needing to control the fact, and that those in power do not abuse their positions, all of which has most to do with legitimacy (Elliot 1997, p. 41; Misztal 1996, p. 245ff.). Social capital is then a systemic property, based on norms for confidence, trust and networks between members in the system.

Trust in institutions is often based upon attributes that are ascribed to them by rumor or indirect sources, without personal experience from an interaction or exchange process at, for example, access points to abstract systems (Kramer / Tyler 1996, p. 18; Giddens 1990, p. 83). Answers to questions about trust partly reflect the trust of the individual in these actors and the importance he or she attaches to them, and are partly a collective expression of the actors' status in society. Trust presupposes some knowledge of the actor as a basis for assumptions about its future function. At the same time, however, trust expresses one's lack of full knowledge about what can be expected – a lack that is, so to speak, compensated for by trust (Elliot 1997, p. 42).

Trust in abstract systems and media comprises partly a dimension of competence, as regards the individual's perception and approval of expert knowledge, and partly a dimension of reliability as regards his or her confidence in the intentions and probity of the actors belonging to a system (ibid, p. 7). People's ideas about these dimensions rest on at least three foundations: personal experience when utilizing certain services, for example at access points; ideas indirectly obtained from others, notably media that convey particular opinions; and conclusions or inferences which people themselves reach from those two foundations (ibid, p. 1).

Surveys on opinions of trust in social institutions have shown a slight decline of trust on the whole since the 1970s – particularly in political institutions since the 1980s, which may have been caused by the economic and fiscal crisis and some other changes (Svallfors / Taylor-Gooby 1999; Holmberg / Weibull 2001). Professional occupations and their corresponding social institutions are usually trusted by citizens – especially so for institutions frequently demanded by people as education, health and media (except journalists). This social capital is challenged when professional work organizations are re-organized by marketization and when customers as well as managerialization and critical managers are put forward, which leaves even more responsibility to professionals to reproduce and maintain trust (Rothstein / Kumlin 2001; Freidson 2001).

Assets, finally, are different kinds of resources as skills (e.g. expertise, professional skills or organisational skills), and organisational positions, power, income and various kinds of other privileges. Professionals are assumed to have their legitimacy in the professional or cultural assets derived from formal education and practical experience of specialist knowledge, contrasting managers and their organizational assets derived from experience in specific organizational hierarchies and regulations not immediately transferable to other organizations (Savage et al 1992; Exworthy / Halford 1999). To what extent these differences in assets between professionals and managers still are valid represents a third way of analyzing the results and the effects of the system changes beyond those more closely linked concepts of legitimacy and trust.

Three formal logics

Since the 1970s many attempts have been made to discern a new educated middle class as a foundation for collective interests and political actions. Professionals have usually been regarded as a faction in this middle class. One of these attempts was termed the service class, which was considered as a mainly conservative faction of the middle class (Goldthorpe 1980; 1982; 1995). The properties of this service class were close and benign relations to the employers, security of employment and prospects for advancement, code of service, and being trusted rather than controlled by the managers and the decision-makers (Goldthorpe 1982, p. 168ff). Hanlon has taken this theory as his primary point of departure for a critical analysis of the development of new kinds of professionalism (Hanlon 1998, p. 44; 1999).

Hanlon (1998, p. 45ff) depicts two main groups of theories analyzing divisions in the service class: 1) the public-private divide (Perkin 1989), and 2) differing resources and positions (Giddens 1973; Roemer 1982; Bourdieu 1984; Wright 1985) as well as dependence of the employing organization and its management

(Savage 1992). He then constructs two professional traditions: the *social service professionalism* with the ethos of providing universal services on the basis of need rather than particular ability to pay, and *commercialized professionalism* based on managerial and entrepreneurial skills rather than technical professional skills. Recent development of the latter is connected to more pronounced profitability and client control as well as less technical demands (Hanlon 1998: p. 50). This can be compared with social trustee professionalism and expert service professionalism (Brint 1994). Commercialization is partly reached by introducing different forms of quasi-markets, which seem to be followed by growing managerial and organizational dependence. These changes tend to place emphasis on the division of the service class with professionals and managers into new factions whereby a very unclear and messy fragmentation could be observed (Hanlon 1998, p. 57; cf Exworthy / Halford 1999: p. 14). This polarization is systematically outlined in three different analytical models, in the most recent book by Elliot Freidson, which will be the main theoretical departure for this paper.

Freidson presents the formal and ideal-typical model of professionalism, trying to bestow it the same status as the logics of the market and the firm (2001, p. 4). His intentions are to analyze the status of professions in advanced industrial society, where competition and efficiency have, respectively, been strongly emphasized instead of freedom of judgement or discretion and occupational control of work, indeed intrinsic to professionalism, and not an aberration only to markets or management, but a logic of its own. This third logic is showed „to be a set of interconnected institutions providing the economic support and social organization that sustains the occupational control of work" (ibid, p. 2). „Professionalism may be said to exist when an organized occupation gains the power to determine who is qualified to perform a defined set of tasks, to prevent all others from performing that work, and to control the criteria by which to evaluate performance." (ibid, p. 12). The occupational control of work is the essence of professionalism.

Neo-marxist and neo-weberian class analyses have frequently contrasted knowledge and skill assets to economic and organizational assets, depicting professionals, capitalists and bureaucrats respectively as different classes. Knowledge and skill is also often contrasted to political and economic power or to the generic resources of persuasion, authority and exchange respectively, as three different mechanisms for control (Freidson 2001, p. 105; cf Etzioni 1975; Lindblom 1977). Professionalism can be compared as well to politics, markets, bureaucracy and corporatism as different forms of legitimating decisions (Rothstein 1991). The logic of politics, concerning allocation of limited resources according to compromised objectives and evaluated by citizens and voters, is more proximate to professionals on the Continent and in Scandinavia than in the Anglo-American societies as the majority are employed in work organizations governed by politicians. This is a primary limitation in the analytical theory formulated by Freidson. (The relationships between politics and professionalism will, however, not be dealt with very much in this paper.) The dominance and relations between different logics are shifting in history. The withdrawal and more clear division of politics from other logics are what mainly characterize the last two decades (Östergren / Sahlin-Andersson 1998, ch. 8).

Concerning division of labor and according to Freidson's models the following differences are assumed to be essential (Freidson 2001, p. 56). Under conditions of perfectly free market competition, consumers are sovereign to make their choices and to decide from whom and what kind of services to demand at which price. The division of labor is shaped by competition among enterprises and producers trying to satisfy the demands of consumers. In the bureaucratic model, on the other hand, the division of labor is managed by authorities within the organizations, and what kind of work should be done and how it should be divided. In the occupational model specializations are defined and referred to certain occupations whose members have the exclusive privilege to perform the tasks and to determine what qualifications are required. The criteria for licensing and „credentializing" procedures enforced by state agencies, are decided on the occupational level. Related occupations negotiate about more or less clear boundaries and jurisdictions. Authority of leading occupations over subordinate occupations is based on the content of the tasks and the functional relationship between the occupations at stake rather than on economic or administrative conditions. In the occupational model the permanence of occupations is high, the degree of differentiation is of medium type, and specialization is based on discretion.[1]

Concerning labor markets and careers the following differences between the models are among the most essential (ibid, p. 63ff). The labor market in the free market model is (in the rare cases of non-organized market) open, and the requirements (low or diffuse) for entry are set by the demands of the consumers. There are no typical career-lines, and little investment in specialized training before entering jobs would be expected. Regulation of the labor market is instead constructed by bureaucratic organizations. Their personnel offices and staff members, responsible to the state or the industrial management rather than producers or consumers, are handling applications and entries by formal descriptions of jobs according to positions. Career-lines are regular and vertical as well as internal within organizations. On the national level there are planned labor markets with the division of labor and specified salaries for established worker categories. Potential applicants are expected to invest in training according to requirements before applying for work. Longer training is required for higher rank positions. Downsizing, outsourcing and team-based production e.g. has, however, extensively changed the division of labor and the relation between layers and the career-lines within organizations. The essence of professionalism and occupationally controlled labor market, on the other hand, is again the determination of the requirements for particular tasks,

---

[1] Compared to ready-made commodities with price-setting in symmetric exchange in consumerism, professionalism is characterized by unique service in asymmetric relations to individual clients – a problem discussed at length in Franzmann 2001.

whereby the job is defined by the members and representatives of the occupations itself outside the work organizations.

> „This worker-controlled labor market is by definition one in which organized occupational groups have the exclusive right to determine the qualifications for particular jobs and the nature of the tasks to be performed by individuals in those jobs. Their jurisdiction is established by the outcome of direct negotiations or struggles with other occupational groups that may claim to be able to perform the same or contiguous and perhaps overlapping tasks in a division of labor. Alternatively, jurisdiction can be unilaterally established by the state, no doubt informed by consultation with the interested parties. But since work takes place within a market from which a living is gained, there must also be negotiation with the consumers of labor – with individual clients, the general public, or employers in firms" (ibid, p. 73)

The obligation to employ only qualified applicants is made mandatory by law, which is supposed to prevent the employment of those lacking the qualifications determined by the occupation. The model holds also that the occupation should control its own numbers, which is however rarely practiced, according to Freidson. But an internal market is constructed by minimum fees and rules against competitive bidding (Åmark 1990). Career-lines are well defined and specialized training and credentials are required for employment, which in its turn makes up the jobs and the division of labor within organizations. Ideal-typical professional career-lines are horizontal across organizations rather than vertical within them and based on achieved reputation and prestige rather than authority and promotion. In actual professional work organizations we usually find an administrative-bureaucratic career system parallel to a professional occupationally controlled one.

> „The occupations exclusive jurisdiction represents a double monopoly: over the performance of a particular set of tasks and over the information required by the consumer who must choose someone to perform those tasks. That information

comes in the form of an occupationally approved credential" (Freidson 2001, p. 79)

Concerning education and training the ideal-typical professionalism is characterized by having full control through the occupation. Training takes place as a form of standardization of labor before work and outside the work organizations and to an extensive degree at particular schools without much on the job training, though there are considerable variations between countries and between occupations according to certain disciplinary cultures (Becher 1989). It is controlled and performed by members of the occupation, who are full-time teachers not expected to work in the occupational practice, but obliged to participate in the development of knowledge and skill. The extensive higher education produces strong occupational community and strong commitment and identification with the occupation and to colleagues.

Concerning ideology, and phrased in single terms, professionalism is referring to knowledge assets and persuasion, while consumerism refers to economic exchange and market control, and managerialism to organizational assets and bureaucratic control (ibid, 105ff). Freidson is here returning to the classic notion of calling as ethically determined work performance contrasted to the values of work as means to gain a living in consumerism and managerialism.

Claiming discretionary specialization is the ideological core of professionalism. The specialization is supposed to give substantive productivity in contrast to instrumental economic efficiency. Professional specialization is always challenged – and particularly so during the last decades – by two forms of generalism. Populist generalism is the assumed capability of ordinary people to be able to interpret information on what is in their own best interest to make economic and political decisions respectively. This is strongly connected to liberal democracy, where the people are always right, and to neo-liberal economics, where the customer is always right, and where the specialist, in the rhetoric opposing technocracy, should serve rather than command. The ideology of professionalism meets the challenge of populist generalism arguing that scientific knowledge is esoteric and complex and needs long and special education to be suitable for solving problems.

Elite generalism on the other hand is the ideology of managerialism claiming a superior general but more diffuse kind of knowledge adapted to rational management and efficiency. Essential for the new managerialism is the assumed generic management skills, less organization specific and applicable in any kind of organization and derived both from formal credentials and from individual qualities and competencies. This new managerialism is also frequently less bureaucratic and more flexible, innovative, creative and empowering. This way a new kind of cultural asset among managers would approach the cultural assets of professionals. Simultaneously, the professionals may be more or less forced to acquire managerial and organizational skills, which would make these two groups less distinct in terms of assets (Exworthy / Halford 1999, pp. 7, 14, 133). Administrative competence has certainly been included in demands of qualifications among professionals in various areas.

The variation in forms of managerial assets is, however, very wide. Assets created by social heritage and very special schooling and liberal education have been called symbolic or cultural capital (Bourdieu 1984). Literature on management and more practical leadership is much devoted to general abilities connected to personality and character, and management in-service education expanded to big business in the 1980s. Professionalism asserts against elite generalism as well, that expert knowledge is more complex and esoteric and cannot be managed by persons with only general knowledge. The advanced higher professional education is assumed to go beyond specialization and to be suitable „to serve in managerial positions where they can establish policy as well as organize and control their own work and the work of their colleagues independently of both managers and consumers" (Freidson 2001, p. 121).

The essence of professionalism summarized is, thus, the occupational control of work, and criteria for licensing, enforced by state authorities, and decided on the occupational level.

- The determination of the requirements for particular tasks is defined by members of the occupation itself.
- The obligation to employ only qualified applicants is mandatory by law.
- Internal markets are constructed by minimum fees and rules against competitive bidding.
- Information required by potential clients comes in the form of an occupationally approved credential.
- Training takes place as a standardization of labor before and outside of work.
- Claiming discretionary specialization is the ideological core of professionalism against both populist and elite generalism.

Part II Data and illustrations

Brief review of contemporary changes

A macro review of recent system changes could be given according to Michel Albert and how Neo-American capitalism in the forms of Thacherism and Reaganomics started to invade the Continental, Alpine or Rhine model of capitalism in the 1980s. After one century of capitalism disciplined by the state, the state was now no longer seen as a protector and organizer but as a parasite and a straitjacket on the development of the economy (Albert 1991, p. 253). The power of the state, thus, had to be reduced by cutting taxes and social insurance and by deregulating business and industry. Market forces were proposed to substitute state regulations, whereby national social capital and solidarity would start to erode. These changes may be particular for professionals as they have one foot in the market and the other one in general ethics based on solidarity and citizenship – and according to the Continental tradition backed up by state regulation. Albert dates e.g. the definite step by American lawyers from free professionals to sellers of services in the market, to the event when the Supreme Court in 1977 authorized them to advertise in television.

A more detailed picture of the same alterations from social service professionalism to commercialized professionalism is brought from Hanlon (1999; cf Pollitt / Bouckaert 2000). Professions occupied to a great extent the space that was left after the nation-state governments restricted the freedom of the market in the 1950s. In recent years this importance of the professions has been questioned and „a real battle is being fought to determine who controls professions and professionals, how they are assessed, what their function is, how their services are to be delivered and paid for, and so on" (Hanlon 1999, p. 1).

Fordism with mass production of goods for a mass market and with regulation by trade unionism, full employment, collective bargaining, and the creation of a welfare state, represented a post-war regime negotiating contradictions between labor and capital. (In its most corporate form it was sometimes called the Swedish or the Scandinavian model.) Equality before the law and freedom to vote were the major elements of civil and political citizenship respectively (Marshall 1950). Social citizenship as the third stage of development were means for creating equality of worth, and became the base for the welfare state, which was supposed to produce, "better health care, better education, better access to justice, better housing, better social services and so on to all members of the society" (Hanlon 1999, p. 7). The tremendous growth of these services took place, however, mostly outside the private market, and social citizenship became a potential threat to capitalism. At least these services were to a great extent withdrawn from or created outside the private market. Many professional groups developed and expanded in the welfare state more or less by coercion and professionalization from above, as their traditional conservatism was opposing the development of such social citizenship (Macdonald 1995). Eventually, they controlled growing resources and demanded even more on behalf of public interests and disadvantaged individuals and groups as well as their own interests. Opportunities for services expanded and appeared to have no limit or saturation point, since they concern human needs, difficult to assess and define as these are. Social service professionalism and serving social citizens regardless of their ability to pay had thereby replaced most of the earlier ideology of professional individualism (Hanlon 1999, p. 13f). The lobby for continued growth of the public sector was, however, not strong enough to oppose the new forces at hand in the era of post-Fordism since the 1970s in the British case and since the 1980s in most Continental and Scandinavian countries, often labelled the New Right or Neo-Liberalism and exploiting the so-called New Public Management (Blomquist / Rothstein 2000; Lane 2000; Pollitt / Bouckaert 2000).

The fiscal crisis striking many Western countries was thus due partly to the rising costs in the welfare states, and partly to the end of the national economies and the decline of global Fordism. Simultaneously, the New Right formulated an alternative ideology and set the agenda for much of the public discussion. This policy has been summarized into four points. (1) The state had grown too large, encompassing too many areas of the life of individuals and families. It should be smaller but stronger (Hanlon 1999, p. 25). (2) Competition, free trade and markets became key concepts, which were supposed to give greater efficiency, greater profitability and thus greater prosperity. Market forces were regarded as the public interest replacing any sectional interest in the name of the national economy. (3) The corollary to this view was the attack on the non-market, public sector for being inefficient, parasitic and sectionalist (ibid, p. 27). (4) Contrasting with social citizenship, the individual should be responsible for his or her actions and welfare – a shift from collective organizational level to individual level and an empowerment of the consumer-citizens (White / Harris 1999, p. 56).

Actions were taken and measures were implemented according to this ideology in many Western countries. Among them were: cut-backs on funding the public sector and especially large areas such as education, health and social welfare and local governments; downsizing, starting on lower layers and continuing on management levels; flexible labor market strategies such as part-time work, externalizing or outsourcing; changing certain public service provisions into private enterprises; divisions into purchasers and providers of services; introducing quasi-markets, accountability, and quality measurements (Power 1999). In a study comparing ten OECD countries strategies for public management reforms affecting the relations between the political system, the public administration and the market economy were condensed into the following four labels (Pollitt / Bouckaert 2000, ch. 8). To maintain is a strategy affecting all three actors by ways to tighten up and squeeze the system of administration and law. To modernize is to bring in new and more flexible means for budgeting, managing, accounting and delivering services, which can include a top down deregulation as well as a bottom up mobilization of citizens and users. To marketize is to implement market-like mechanisms and to let the administrative system be penetrated by the culture and values and practices of the market system. To minimize is to hand over tasks from the administrative system to the market by privatization and contracting, often called hollowing out the state.

In short the state is engaged in trying to redefine professionalism so that it becomes more commercially aware, budget-focused, managerial, entrepreneurial and so forth (Hanlon 1999, p. 121).

Internationalization of production, marketing and financing is giving new opportunities for professions in the private sector. The division between welfare state professionals and private capital professionals is growing wider. This development reinforced the division between the female social service professionals and the male commercialized professionals, which we find as well on the level of neo-liberal opinions among professionals.

The service class has been regarded as a fairly homogeneous group according to its trust relations with the employers, its code of service, its relative security of employment, and prospects of material and its status advancement (Hanlon 1998, p. 44, 1999, ch. 5; Goldthorpe 1982, p. 168ff). Due to these prospects it was assumed to be a conservative middle class in its political views. Some factions of the service class became part of the construction of the welfare state and the ideology of social service professionalism or social trustee professionalism in the Fordist era (Brint 1994, p. 36ff). The ideology contained service to the whole of society and based upon the needs of individuals regardless of their ability to pay, as long as the state reimbursed the professions adequately.

This earlier ideology has been challenged since the 1980s by the competing ideology of commercialized professionalism, which beyond technical ability stresses managerial as well as entrepreneurial skills (Hanlon 1998, p. 50). These changes have been most pronounced in the private sectors of accountancy, law and engineering. Personal professional success is assessed more often in terms of profitability. Certain individual clients tend to be empowered and to demand tailored services rather than general solutions. Technical ability tends to be downgraded compared to managerial and entrepreneurial skills.

> The key thrust of these reforms has been to make professionals accountable and to enforce financial and managerial discipline upon them. That is to commercialize them by introducing quasi-markets. The reason for this is that a social service professional ethos is perceived as a luxury which the state can no longer afford as it shifts its priorities from a Keynesian welfare state to one where the state's primary function is to ensure international competitiveness rather than welfare based on citizenship. (Hanlon 1998, p. 52)

These changes have provided opportunities unevenly among professional occupations and professionals, causing new divisions, which cut across earlier ones and in particular the public sector – private sector divide (Exworthy / Halford 1999).

Another study compared advocates or solicitors and pharmacists in Germany and Great Britain (Lane 2001). It was concluded that adaptations to marketization and commercialization could better be regarded as reconstitution in a new form rather than deprofessionalization. Professions could no longer take for granted authority as professional expertise, and political scrutiny made their jurisdiction to be more continually justified. This reconstitution was more developed in Britain than in Germany, where these professions had been able to reproduce their traditional guild-like structure comparatively more.

The new public management

The basic tasks in the public sector are the provision and allocation of services, income maintenance and regulation and monitoring (Lane 2000, p. 4ff). Funding services could be made by taxation or by fees. Provision of services could be produced by government bureau and public enterprises or be bought from private operators. Methods for acquiring services from public or private operators could be either regulation by administrative laws and licensing or competition by tendering and bidding. Ownership and property rights could be public or private or some combination. The new public management is a comprehensive label for reforms in recent decades, which have changed most of these tasks and relations by the introduction of the distinctive roles of purchasers and providers and contractualism as the main approach to public sector governance. Hereby, consumerism as well as managerialism has been enforced considerably.

The new public management has served well the interests and the politics of „the new right or neo-conservatism in the 1980s and the resurgence of neo-liberalism in a globalized world economy in the 1990s" (ibid, p. 3). It became, however even more successful when social democratic governments began to practice some of the main principles. Contractualism presumes firstly chief executives assigned by governments as agents and purchasers, secondly arrangements for tendering, and thirdly a certain supply of entrepreneurs and other organizations as bidders and providers. A most intricate and strategic issue is thus created, and has to do with hunting and selecting those chief executives who will be most effective in accomplishing government assignments and objectives and especially in producing reliable contracts (ibid, p. 217). According to contractualism the providers with the lowest bid should receive the contract, all other things being equal. The contract or the private law agreement also entails rules for employment as well as rules for performance.

Marketization, managerialism and professionalism, respectively, will be dealt with in the following parts of the paper in order to demonstrate support or not for, and reactions to the changes of the three corresponding forms of logics.

1. Marketization and consumerism

Market-like forms or quasi-markets of control in public professional service have been implemented in many countries. Privatization of service production to various degrees; division between politicians and executives as purchasers and professionals as providers of services; competition, bidding, contracting and marketing; payment by results to smaller units; internal markets; accounting (often only in economic terms); and freedom of choice for clients or rather customers are the most prevalent forms of market directions, creating new relationships between the government, the public and the professionals. Welfare state and social service professionalism is, hereby, more or less changed into commercialized professionalism. Customer-like relations with clients, though, have long been far from unusual in many professions – such as accounting, law, architecture and psychology, especially in private practice. The combination between implementation of quasi-markets and quality measurement has been observed most carefully in health (Saltman / von Otter 1992; Harrison / Pollitt 1994; various contributions in Johnson / Larkin / Saks 1995; Hellberg / Saks / Benoit 1999; Dent / O'Neill / Bagley 1999; Exworthy / Halford 1999; Blomqvist / Rothstein 2000).

Thus, the market closure and occupational control tends to erode, and professionals are confronted with the logic of the market threatening to un-make the professions in several ways (Fournier 1999). Firstly, the independent fields of autonomous professional knowledge are questioned by the discourse of the market, emphasizing complexity and interdependency of social problems. Secondly, internal criteria for practice and performance are replaced by external criteria such as customer satisfaction and financial success and the competition for public funding and customers seeking „value for money" (ibid, p. 80). Thirdly, the „sovereign consumerism" shops around for alternatives, questioning the authority of professions and dependence of clients and makes their own choices and appropriation of services. Professional knowledge is de-monopolized and diffused to customers, e.g. by the proliferation of „do it yourself" manuals and media programs, according to populist generalism.

Opinions on markets

We have found indications for support for a commercialized professionalism in opinions among professionals in our survey on Swedish members of the confederation of professional associations, and the following results will be demonstrated.

In 1990, one year before the change of governments from social democracy to a coalition of centre-right parties, the peak occurred for supporting reduction of public service (Nilsson 2000). Only two years later and from then on there has been a majority opposing such a reduction. The higher educated are on the whole more in favor of cutting taxes and reducing the public sector and deregulate and marketizeing various kinds of professional services than the general public and in particular the working class. Members of the Swedish professional confederation are e.g. far more positive toward leaving a greater share of elderly and medical care to private companies. (This is in accordance to the thesis by Goldthorpe that the upper middle and middle classes have more right wing political attitudes. In this respect Great Britain was an exception among European countries in the ISSP survey 1996 with a middle class favoring public service.) In particular, Swedish professionals are much more positive than the general population toward increasing the number of independent schools.

The development of the opinions towards privatization shows similar patterns among the Swedish general public as opinions concerning reduction of the public sector – strong opposition since 1992 e.g. to privatize health. An index for privatization was constructed from a number of proposals in the survey on professionals.[2] Among the fourteen occupational groups included in the survey a rank order was found mostly identical to the individual indicator for reducing the public sector, with advocates, economists and dentists at the top and social workers, psychologists and priests at the bottom. These differences between occupational groups are largely explained by the background variable or factor of gender (women = 2.74, men = 3.16) and by the factor of sector (public employees = 2.8, private employees = 3.38). There is some interaction between gender and sector, so that female, public employees have still lower values, while male private employees and self-employed have still higher values.

During the 1990s a few members shifted from public to private sector, either by themselves or on account of privatization of their working organization. This group agreed to a significantly higher extent to the proposition on privatization at the same time as they were more market-oriented on the item about selling

---

[2] Index on the variables: Reducing the public sector, Keeping nuclear power even after year 2010, Decreasing the finance market's influence in politics, Transferring state businesses, e.g. Telia, to private management, Allowing private companies to handle elderly care, Increasing the number of independent schools, Running more medical care under private management, Raising taxes rather than reducing public service
In a non-rotated factor analysis they constitute the first factor with loadings above +0,6.

services. This would support the thesis by Hanlon, that there is a movement towards market-direction, influenced by actual experience of privatization. This experience is, however, almost evenly distributed across occupations, and is, thus, not connected to any particular collective. Experience of privatization seems to enforce market direction, and the quasi-market forms introduced in the public sector could be expected to narrow the divide from the private sector, and to splinter occupations into a social service part and a more commercialized part.

To be directed towards universal social service for the public or the population in general is the essence in what Hanlon analyses as social service professionalism contrary to be directed towards the market and to produce particular service according to the demand at the market as commercialized professionalism. This market direction is favored by similar changes in the system of professional education itself, and creates further splintering of work conditions and attitudes within many different occupations (Brint 1994; Slaughter / Leslie 1997). Items trying to cover these polarized distinctions were phrased as: „How strongly is your occupation *actually* directed towards a) serving people without regarding their economy b) selling qualified service at the best price ?", „How strongly, do you think your occupation *should be* directed towards a) serving people without regard for their financial status b) selling qualified service at the best price?" Serving people seems to be a very strong ethical code among professionals, the average being 4,2 (on a 5-point scale) compared to 3,1 for selling services. But serving people as well as selling services should be or ought to be even higher, according to the members of the professional confederation.

Almost 60 percent of the total sample states that their occupation should serve people without regarding their economic capacity. Most strongly in favor of this item were social workers, schoolteachers, clergy, physicians and psychologists, so-called living professions, and least in favor were economists and engineers, so-called technical professions. One third of the total sample states that their occupation should very strongly be directed towards selling services. Architects, advocates, engineers and dentists make up the top group in contrast to priests at the other end. (Priests and military officers are the two groups to which the item is not as relevant, of course.) A considerable division between service directed and market directed occupations is thus demonstrated, which could be interpreted as altruism against utility (Hellberg 1999, p. 32). The defenders of altruism are strongly challenged by marketization. Managers as well as decision-makers are also considerably more directed towards marketization than non-promoted professionals, indicating the organizational drift towards the market and opposed to rank and file professionals. People in the private sector as a whole are strongly in favor to the same extent as self-employed. Men support the view of selling services more than women. The inclination to define your work as serving people increases with age, which could be interpreted as an indication for a loss of defining your work as a calling among younger professionals (concomitant with only small age differences on gender and sector, and younger members in client-oriented occupations).

Among the publicly employed there was a considerable division in opinions, and a remarkable internal division could be discerned for social workers, schoolteachers, physicians, psychologists, university teachers and general lawyers (but not advocates). Almost all social workers, schoolteachers, physicians and university teachers are employed in the public sector. This is one kind of evidence for the internal splintering of professional occupations into social service and commerce respectively (Castro 1999). These findings point at a redefinition of the relationship between professionals and the public or the potential users of the services from one defined as a professional-client relation to one defined as provider-consumer or vendor-customer.

An altruistic attitude towards work is, however, surprisingly not more extensive among professionals than compared to the reference group of manual workers in another study (Berglund

2001, p. 182ff).[3] In six countries there was a non-significant trend for professionals holding a more altruistic view only in Sweden. In Norway, Germany, France, US, and UK the trend was instead less altruistic. Instrumental attitudes were, on the contrary, significantly less prevalent among professionals in all countries except for US, and among managers except for UK.

2. Rationalization and managerialism

Deregulation and decentralization has affected professional control of education as well as work organizations and management. Reforms and regulations of higher education in European countries do not at all demonstrate a comprehensive pattern, though. In Sweden higher education was one of the public institutions which merged into a comprehensive organization (1977) in a political reform very much affected by the ideological values in the Swedish model – planning and efficiency, democratic participation, and equality for social citizens, according to a modern Fordist society (Hanlon 1999). The professional study programs were national, and the professional federations could participate in stipulating requirements and restricted intakes and in planning the education, while the performance of the education was left to the faculties and the departments with considerable discretion.

The decentralization and deregulation of higher education in the 1990s according to the neo-liberal ideology left, on the contrary, more discretion with the curricula to the local faculties and the departments (Bauer et al. 1999). However, there are still na-

---

[3] Data from the International social survey program 1997/98. Altruistic attitude was composed by:
„How important is a job that allows someone to help other people?"
„How important is a job that is useful to society?", and an instrumental attitude by:
„A job is just a way of earning money - no more."
„I would enjoy having a paid job even if I did not need the money" (reversed). Response choices were:
Strongly agree, agree, Neither agree nor disagree, disagree, strongly disagree.

tional regulations for various occupational and professional degrees, but the central assignments are a lot less regulated, which allows room for local profiling (Furåker 2001). Thus, the national professional associations have lost some of their influence to the faculties. They had to find new partners for negotiations and lobbying, as the central government and the importance of its commission work diminished extensively, and when corporate participation was no longer possible to the same degree (Svensson 1994).

In the process of deregulation, professional associations lost the central and local organizations for co-ordinating further professional education. Segregation between different geographical areas, and integration between different professional sectors, has left less room and resources for local professional organizing of education and peer integration. This is considered a threat to the development of professional competence.

Deregulation also means that there are more options of private or self-employment when service can be produced to a larger extent in non-public organizations, such as private schools and private nursing for children and old people, which also gives some new opportunities to screen and select clients. Legislation in health, social work and education has been deregulated by less detailed laws and governing by objectives, which empower lower levels with more discretion and thus will be termed decentralization. Much of national regulation has, however, been replaced by various types of audit and accounting.

Decentralization concomitant with deregulation of public administration allow more discretion in local politics, which in turn seems to take various directions according to local conditions. In some countries and in some service areas, e.g. in health care, politicians have been strong and skilled enough to set the agenda and objectives to the disadvantage of the professionals (Harrison 1999; Blomqvist / Rothstein 2000. See also contributions in Johnson / Larkin / Saks 1995; Hellberg / Saks / Benoit 1999, part II). Systems for differentiating the political role of setting goals from the professional role of execution and performance has been implemented in many places, according to the organisation of separating politics (purchasers) from performance (providers) and trying to use the market as the means of steering (Pollitt 1990/93; Taylor-Gooby / Lawson 1993; Cutler / Waine 1994; Walsh 1995; Blomquist 1996; Lane 2000). In other countries and other areas, e.g. in schooling in Sweden, more discretion has been left to the personnel in the schools according to variations in skill and power of local politicians (Svensson 1998; Blomqvist / Rothstein 2000). Audit is being developed, however, whereby local politicians will gain more say. National audit expanded in the 1990s, but can be used merely as recommendations to local politicians.

The importance of administrative management in contrast to professional discretion has firmly been emphasized in many areas and countries (Enteman 1993; Randle 1996; Pollitt / Bouckaert 2000). Thus, the role of managers and supervisors has been regarded as much more significant to the disadvantage of trust in the professionals, whereby the strong tradition of recruiting managers in professional organizations from the occupational careers has been broken. This closure of careers has been opened up, which means that the control of professional production is taken over by others. The bonds between the professional group and the employment organization in those cases will be different, and the collegial relationships between different layers in the organization are replaced by more formal bureaucratic relationships.

New relations between management and professionalism are also determined firstly, by the extent managers claim generic managing skills, or what Freidson labels elite generalism, adaptable to different professional areas, and secondly, by the extent professionals themselves include managing tasks in their own work. The variations concerning those two respects seem to be very wide among service areas and countries (Exworthy / Halford 1999).

The management control models of audit and accounting have been replacing models of trust between managers and professionals. It has been regarded as an institutionalized distrust in the capacity of teachers, social workers, and university lecturers to self-regulate the quality of their services (Power 1997; Jary 1999). What has been labelled hard managerialism has displaced trust with various criteria of performance and indicators for review and accounting. The issue of trust is transferred from professionals to the auditors. In what ways this transfer affects the relations of trust between professionals and their clients is partly due to what will be publicly known and discussed about results of the audit and the relations between the auditors and the audited. If the audited professionals are distrusted, trust in the expertise of the auditor is invoked.

> As the lay citizen/professional boundary becomes more permeable, professional expertise is increasingly regarded as situational and has to be justified by the demonstrable effectiveness of outcomes, with any claims made for it to be continually renewed (White / Harris 1999, p. 60).

Professional work organizations

Professional work organizations, by a narrow definition, are administrations or companies having a great proportion of managers and employees who are organized in professional trade associations – such as schools, hospitals, and architects' or lawyers' offices. By a wider definition, they are units in working life that have a great proportion of people possessing higher education who work in comparative independence, in relation to clients or customers, with strong collegial control, and with claims of professionalism. Making claims of professionalism (being professional) is a matter of referring to one's own competence – more or less formal – as distinct from demands of customers determined on the market and from rules and routines governed by management. Belonging to such organizations is regulated and supported by the educational standardization which is required for recruitment, and by socialization into the organization's culture, values and goals – as well as by a continuous reproduction of social solidarity, for example through working groups and through leisure-like activities linked to the place of work (Alvesson / Berg 1992). Creation of company philosophies, company spirit, and organizational cultures has characterized much of the organizing of companies since the 1970s, especially in the service sectors where the relation to clients and customers is notably important and, at the same time, both demands and receives great independence in the professional's practice with respect to the organization's management (Ahrne 1994). Competence requirements and further education are thus often partial means to secure membership and the inclination of employees to return and remain in the organization.

Construction of professional organizations

Professional organizations in the public sector have been lacking many aspects of identity, hierarchy and rationality, characterizing complete organizations as proper actors usually found among private companies, which are the prototype used in the theories of organizations, and most prevalent in the changes affecting professional work and organizations in recent decades. An actor would be an entity with independence, autonomy and self-interested goals with rational means, commanding independent resources within clear boundaries (Brunsson / Sahlin-Andersson 2000, p. 731). Public administration involves agents fulfilling given tasks and often several inconsistent objectives and following given rules, leaving little space for their own intentions and rationality. An entity is incomplete as an organization, when members are recruited, guided and controlled according to external rules, values, norms, standards and interests instead of an internal policy. Hospital, universities and schools e.g. may be described as arenas, where the members have considerable autonomy to local managers and instead are controlled by external parties as professional associations and state authorities.

> For an arena to become a more complete organization, it therefore needs clear organizational boundaries, local hierarchical control over recruitment and over the activities of its members, a clear idea of its own special mission and characteristics relative to other organizations. In particular those with similar tasks, goals for the organization as such rather than general external objectives, and local management responsible for achieving organizational results (ibid, p. 735).

The major societal changes enumerated above have been interpreted in the context of constructing more complete organizations and thereby establish identity, hierarchy and rationality according to the models in the theories of organization. Incentives for this construction process could be explained in different ways: as an intentional policy and strategy aimed at constructing complete organizations; as a side-effect of introducing markets instead of politics, customers instead of clients, auditing instead of rules and managers; and expertise instead of orders and binding rules. All these factors can be both causes and effects in a dialectic relation – reinforcing the idea of constructing organizations and being reinforced by it. Many of these reforms met very little resistance in most parts of the Western world and were introduced at great speed by central and local governments of various political orientations. In Sweden it was called a system shift as a policy, labeled by the right wing party and executed by a centre-right coalition in the early 1990s and by social democratic governments before and after that period.

The construction process covers identity aspects as autonomy, resources, boundaries and profiles; hierarchy aspects as coordination and control, management and leadership; and rationality aspects as setting objectives, measuring results and allocating responsibility.

Identity:

Seeing something as an organization means endowing it with identity. This, in turn, means emphasizing its autonomy, and defining its boundaries and collective resources. Organizational identity also involves the idea of being special, of possessing special characteristics, at the same time as being part of a highly general category, the organization. Many reforms represent an attempt to install or reinforce such features of identity in the public services (ibid, p. 723).

Local autonomy has been increased in the public services e.g. at schools in many countries. Deregulation of rules and decentralization of the decision-making has taken place. Staff are employed by the local school, and the division of labor among professionals are determined locally by managers rather than by central or professional regulations. Schools have become economic entities with budgeting and resource allocation and local accounting and auditing, and head-teachers and headmasters have become managers. Boundaries to the environment have been constructed in policy documents, defining assets, members and results as external or internal. Providers of services have been separated from purchasers and customers. Recruiting managers is also more based on the new complete organization concept, where general managing qualification is rated as more accrediting than experience from the actual professional field. Public services and schools have been more or less forced to formulate special profiles emphasizing the differences to other similar service providers for their own marketing and in auditing.

Hierarchy:

Organizations co-ordinate objectives and activities, and co-ordination is achieved by an authoritative center in a hierarchy, directing the actions of the members. Various reforms have tried to enforce the co-ordination by e.g. creating local internal working teams, which should be guided by organizational policies and values rather than central rules or professional norms. Achievements should be attributed to the unit as a whole rather than any individual professional. The new managerialism has defined the executives as managers with freedom to manage rather than civil servants following and implementing central directives (ibid, p. 727). Leadership and management training has been the first priority for further education of the personnel, which is conspicuously evident in allocation of resources for competence development.

Rationality:

Complete organizations are thirdly assumed to be rational, i.e. goals, preferences, alternatives and consequences should systematically be forecast and evaluated. Management-by-objectives has replaced much of the rules and directives. Various and inconsistent objectives have been subjected to attempts to simplify them and to make up hierarchies of goals. Another strategy has been to break down the service provider into smaller units in order to create more clear objective; e.g. into inspection and service-supplying units or purchasing and providing units.

Organizations are also expected to account for their actions, and to be efficient. Evaluations, accounting system and quality measurements have been implemented, and we have seen the creation of the audit society (Power 1997). A focus on results passes on responsibility to the local managers, and managers free to choose the means are also responsible for the results of the choices made. Accountable managers and professionals are identified, which further construct the idea of the rational organisation. Accounts are eventually presented to higher levels in the hierarchy, or to external parties with legitimate interests. These reforms tend to be presented and to be implemented as packages with several aspects at the same time, or as strings, where one aspect is followed by another (Brunsson / Sahlin-Andersson 2000, p. 729).

> For example, when Swedish pupils were given more opportunity to choose their own school and each school's revenue was made contingent on its pupil numbers, the pupils and their parents began to take an interest in the special qualities offered by the individual schools and, in turn each school began to invent and emphasize its own profile. There was to be more co-operation across professional borders within each school, but there was less co-operation with other professionals outside it; other schools came to be seen as competitors

rather than as parts of the same local authority, while teachers and certain kinds of resources became clearly associated with specific schools (ibid, p. 729).

Survey data on managerialism

Unfortunately, we have less direct indicators on opinions among professionals concerning the new managerialization. Deregulation has affected only a fraction of the professionals and especially architects, while decentralization was more common and especially among schoolteachers. One third of the total sample has experienced a transition into management by objectives, especially military officers and schoolteachers. Cutbacks were, however, the most common experience, which strongly affected almost 60 percent of all, with military officers, schoolteachers and dentists at the top. Managers and executives estimated more experiences in these respects and were in general also more positive to these alterations as well as to the changes directed to marketization.

To be independent of organizational resources and the bureaucratic management is an important professional property, and in our survey there are some items possibly indicating that. Self-control at work is estimated very high as response to what governs work. More than 90 percent stated to be governed at work by their own skills and experiences to a high degree, compared to less than 75 percent by ethical rules, laws and decrees, as well as economy. Ethical rules tended to be strongest among living occupations as advocates, dentists, physicians, priest and psychologists, as well as among public employees, and lowest among engineers. There is also a fair correlation between „to be ruled by ethics" and „to serve people disregarding their ability to pay", which above was demonstrated as one reaction towards developing commercialized professionalism. Self-control in terms of deciding the performance of your own work is estimated as high by almost 90 percent. Physicians are an exception here with lower self-control than other occupations. Still, the results demonstrate on the whole very strong estimated professional discretion.

Self-control is also high as a response to the item, which governs work. In the total sample again more than 90 percent estimated self-management to a high degree, compared to less than 35 percent governed to a high degree by board, executive or managers. This latter bureaucratic-hierarchic management tended to be highest among military officers and in the public sector, and considerably lower among veterinarians, architects and dentists. To be governed by a board is more typical for priests, social workers, and university teachers than for military officers and advocates. The self-employed advocates again stick out as those exceptions they tend to be. Self-employed are on the whole more governed by ethics, laws, economy, vocational skills, clients and by themselves, and less by routines, boards and superior managers. They have greater influence of course on scheduling and outlining their work. There is no correlation, however, between the governing actor and to serve people or to sell services, which would indicate possible connections between forms of management and professional ideology.

3. Professionalism and reactions towards changes

Professionalism as the third logic will here be dealt with firstly, as a contradiction to the other two logics and mainly as actual reactions towards implementation of consumerism and managerialism, respectively, seen in evidences from our own surveys as well as certain other studies, and secondly and briefly, interpreted in the principle terms of the logic of professionalism.

Concerning opinions towards marketization in terms of reducing the public sector and to privatize certain service production, it was demonstrated above that the more highly educated and professionals in Sweden are more in favor than the general public – in spite of the majority being publicly employed. However, there is remarkable differentiation between occupations. Social workers, psychologists and priests and other so-called living occupations are strongly opposed, while advocates, economists, and engineers and other technical occupations are more in favor. Publicly employed women in living occupations make up one strong opposing faction against privately employed and self-employed men in technical occupations, thus splintering the professional aggregate. Managers are also more in favor of marketization than employees. Experience of privatization seems to enforce market direction, and the quasi-market forms introduced in the public sector could be expected to narrow the divide from the private sector, and to splinter occupations into a social service part and a more commercialized part. This was also indicated by the attitude of serving people regardless of their ability to pay against the attitude of selling services at the best price. These items also indicate an internal division between a social service faction and a commercialized faction in some occupations, e.g. social workers, schoolteachers, physicians, psychologists and university teachers.

Only schoolteachers assess the freedom of choice for clients more highly than the average among the professional occupations, according to new laws for private schools in the early 1990s in Sweden. Almost half of all professionals assess no change in the quality of the services received by clients, and the other half is divided into equal parts of improvement and deterioration, illustrating ample ambivalence towards the results of the changes. Schoolteachers and physicians stick out as exceptions, when they assess deterioration more than other occupations. Schools and health-care are two main public areas suffering from considerable financial cut backs.

The results of competitive bidding between various economic units and divisions for comprehensive occupational control is, unfortunately, not studied. However, an increasing marketing and information activity directed at potential clients can be observed especially in education and health-care in urban areas. Simultaneously, many occupations have demonstrated great difficulties maintaining organizations and funding for further education and in-service training.

A survey of numerous studies on the effects of marketization in the two areas of education and health internationally and in Sweden from the perspective of democracy and equal provision of public service was recently made (Blomqvist / Rothstein 2000). The study has two main departures. Firstly, according to the Swedish constitution public services continue to be publicly regulated also when they are provided by private producers. Secondly, increases of freedom of choice have to be organized without erosion of equality of civil rights (e.g. creaming clients, segregation, and different fees). The following evidence should be noted here. Marketization in these two sectors demonstrates very differing effects, and that it has to be studied sector by sector. There is a great increase in both sectors of the demand for free choices, which has to be met by professionals and the providing organizations. Still, the change of the supply has been fairly stiff, and the variation between producers is limited, not showing the alleged dynamics of the market. Segregation is, however, increasing in education, and quality is threatening to deteriorate in health-care. Only in the latter is this met by explicit referrals to professional ethical norms on medical praxis, which seems to create less variation in the quality of the services between different producers. Concerning effects by marketization for professionals the primary result of this study is the renewed need for professional ethics to control the quality of the performance of professional work, which brings us to managerialism.

Concerning opinions towards managerialism professionals estimate very strong self-control at work in terms of what as well as who governs work. Ethical ruling is also strong, especially among client-oriented occupations, and it tends to increase by age. Enforced management in the 1990s in education, health and social work as the three main public arenas involved in development into more explicit and fully-fledged organizations, is not indicated by the assessment by professionals of being ruled by boards and management, which is fairly low. However, great divisions between managers and employed professionals are demonstrated in opinions on marketization and management, which is an important source for tensions and conflicts. Audit and accounting are other means for enforcing management, which grew tremendously in the 1990s. Decisive for the relationships between management and profession is who will decide the forms and content of the evaluations. In some professional organizations as e.g. at universities the professionals themselves seem to be in charge of the auditing (Bauer et. al. 1999, p. 96ff).

The affinity of the professionals to their work organizations is also low in education, health services and social services, in distinction to the identification of e.g. advocates and architects to their respective organizations. Identification with colleagues and the small work unit is much higher than to the work organization at large, and solidarity with colleagues and clients is a lot stronger than to the next manager. This is especially the case in the soft or human service areas, where marketization and contracting is supposed to be less suitable. Provision of services in these sectors is heavily dependent on professional collegiality and governmental support through bureaucracies. Trust between governments and professionals on the one side and between professionals and the general public or the potential clients on the other side is of major importance for human services, and trust cannot be created and maintained in short-term contracts. Education, health and social services are not the kind of activities where competition and contracting is very efficient (Lane 2000, pp. 202, 223). They have to operate in long-term perspective with organizational survival and integrity (Lane 2000, p. 221). Only certain parts and pieces of those bureaucratic professional organizations as universities, schools, hospitals, courts and social service agencies could use competition and tendering to get things done.

Returning to the principles in the logic of professionalism including occupational control of work, educational standardization and specialization, the effects of the marketization and managerialization could be summarized as follows.

There are still national regulations of many professions in terms of certain national educational and credential requirements for licensing. However, deregulation has taken place concerning education as well as the administrative and organizational frames for professional work giving more leeway for local actors – either politicians, managers or professionals. The nation-state is not to the same extent any longer the taken-for-granted unit related to professions in Continental and Scandinavian countries. Licensing, however, is still a national affair (based on more varied, local credentials though), and there have been no changes in legal obligations to employ only qualified applicants. The practice may be changing though according to the labor market and the demands of service, as e.g. non-qualified schoolteachers.

Local politicians have during the 1990s demonstrated ambivalence towards the discretion of and trust in professionals. Frequently, local politicians are defined as purchasers of services provided by professionals, who are controlled by various types of evaluations. In the early 1990s there was a challenge of professionals and their institutions and a growing distrust of professions – often with a concomitant increase of distrust in local politicians by the populace. Cut backs in funding public services caused in the latter half of the 1990s some decrease of trust in the institutions for education, health and social work among the Swedish general public (Holmberg / Weibull 2001, p. 30). (To what extent this was mixed with opinions against marketization is, however, impossible to tell.) There was, however, a considerable increase in public trust from year 1995 to 2000 for some professional occupations e.g. economists, psychologists and social workers, and conversely no loss for any other group. Schoolteachers and physicians were given higher trust than their corresponding institutions. There seems to be no correlation to market or non-market directed institutions and occupations. The best explanation for high rates of trust is (as usual) instead closeness or actual use of the services.

Managers in professional work organizations have to lesser extent their origin in the professional occupation and education in question, and they demonstrate considerable deviations in opinions on marketization compared to professional employees. This is one source of possible distrust in the relations between managers and professionals. Another source of distrust is the implementation and practicing of various types of audit and accounting, which may spill over to clients and people in general. However, we have no evidence on differences in trust in our selection of professional occupations included in the survey between managers and non-promoted professional employees.

The typical types of control emphasize legal-rationality and economic objectives and outcomes more than professional expertise (Power 1997). Participation in the planning and performance of audit by the audited is a fundamental issue for legitimacy of the auditors and their audit. Control before performance of professional work by education and socialization, thus, has to a considerable extent been replaced by forms of control of the outcome. Control of the actual performance of work has mainly remained an internal professional concern, however. Still, the discourse connected to planning, budgeting and accounting has strongly turned into economics.

As in service provisions in general it is in encounters between professionals and clients, trust is produced and reproduced – in moments of truth and emotions (Normann 1983; Fineman ed. 1993; Malin 2000, partV). Organisational changes as de-regulation, privatization, management of accounting and quasi-markets, all comprised in the New Public Management, create new conditions for trust in professionals. Entrepreneurial forms individualize work relations, make rules and regulations less determining and informal networks, personal qualities and negotiating skills more important (Webb 1999, p. 756).

Clients have traditionally had a subordinate relation to the professionals and been subjected to the expert authority frequently in combination with legal authority. Legislation e.g. in education, health and social work has progressively emphasized the rights of the social citizens and the obligations of the professionals to involve the clients in a dialogue for planning and performing the work. Clients are to some extent dependent on their personal networks to get information about professionals. Evaluations of education and health indicate a growing demand of services and possibilities to freely choose providers. However, the development of the supply in health is strongly limited by financial and technical reasons, and the supply in education by tradition.

By establishing quasi-markets and payment by results, relationships between clients and professionals have in many areas turned into customer relations, which are strongly shaped by the experiences of the customer in using the organization. A customer is more of an outsider of the professional work organization than a client (Ahrne 1994). The networks are of greater importance to the customers to get information and to evaluate the quality of different competing providers compared to trust according to the professional credentials. The production, publication and diffusion of quality measurements are, thereby, crucial matters to turn welfare services into a market. The relationships between consumers and professional producers are shaped by the interest of the consumers in the product or the service provided. The service in itself is strongly focused and has to be compared to equivalent products provided by other producers. Consumer organizations are of great importance in testing and evaluating products and informing actual and potential consumers (Castro 2000).

Conclusions

The process of deregulating higher education has created less comprehensive professional education programs and less comprehensive credentials as bases for licensing. There has, however, been no formal-legal de-professionalization in Sweden in terms of credentials before licensing and in local obligations or demands to employ only qualified and credentialed applicants.

The process of marketization seems so far to have had following consequences for professionals and their work and organizations – conclusions drawn directly from our Swedish survey and sometimes backed up indirectly by studies on other Western countries. Payment by results in more narrow units and divisions has strongly economized the discourse at work, which is enforced also by extensive accounting and auditing, and which moves the legitimacy from credentials to results and possibly from professionals to managers. The effects of marketization have large variations between service areas, and it seems in general to be less suitable with contracting and markets in human service, where the „products" are less commodified. There has been a growing demand for free choices of service in schooling and health in Sweden. Still, the change of the supply in Sweden as elsewhere has been fairly slow caused by technical and financial limits in health and by traditions and lack of experimenting in schooling.

Almost half of all Swedish professionals assess no change in the quality of the services received by clients, and the other half is divided into equal parts of improvement and deterioration. Schoolteachers and physicians stick out as exceptions, when they estimate deterioration more than other occupations. School and health are two main public areas suffering from considerable financial cutbacks in many countries. Increased marketing and information activity directed to potential clients can be observed, especially in education and health in urban areas. Simultaneously, many occupations have demonstrated great difficulties maintaining organizations and funding for further education and in-service training.

Some effects from the process of managerialism, strongly demonstrated by the Swedish survey, are as follows. There are great divisions between managers and employed professionals in opinions on marketization and management, which is an important source for tensions and conflicts. Audit and accounting has been growing tremendously during the 1990s, which are means for enforcing management. Hereby, economic objectives and legal-rationality are emphasized more than professional expertise. It is an interesting issue if this holds for other comparable countries as well.

The responses from professional individuals and associations to these new conditions seem to be ambivalent and there are few instances of more collective reactions and actions taken. The most conspicuous responses are reports on deteriorated work conditions at single units and organizations. There are a number of reasons to the lack of articulated collective responses from the logic of professionalism in Sweden:

on marketisation:

- support for these alterations among professionals on the whole
- strong differentiation in the opinions on the changes between occupations (market directed in favor and non-market directed opposing), gender (males in favor and females opposing), sector (private in favor and public opposing) and positions at work (managers in favor and non-promoted opposing) and in the corresponding effects of the changes
- increasing possibilities on the private market in terms of work conditions and income

on managerialization:

- still strong dependence on state bureaucracy for licensing and funding and bureaucratic professional organizations and management
- division into administrative and professional careers and governing
- division in attitudes toward the changes between managers and professionals

Professionals still assess their self-control as very high in what they are performing and who is governing the daily work. Almost 75 percent of all professionals in our survey assessed themselves as being governed by ethical rules as high or very high – this is especially the case among living occupations, where the demand for ethics has been increasing by cut backs and contracting. In the health service referrals to ethics have been more pronounced than anywhere else. The need for a renewal of ethics to control the quality of professional performance is strongly put forward in many studies, not least by Freidson, who tends to be very firm on this matter. „It should also be considered unethical to invest capital in professional services with the aim of maximizing returns of profit" (Freidson 2001, p. 218). Competitive bidding for comprehensive and collegial professions can mean the loss of collective control of knowledge, and secrecy and knowledge as private property is the most important violation of the logic of professionalism (Freidson 2001, p. 218f).

Actual responses and reactions towards marketization are mainly based on professional ethics concerning the quality and the equality of services. Hereby, the professionals tend to argue either from the point of view of the demands originating from esoteric professional knowledge or from the point of view of the needs among clients. The problem seems to be that professionals tend to argue in terms of practice ethics concerning performance instead of institutional ethics merely concerning, „the moral legitimacy of the policies and institutions that constrain the possibility to practice in a way that benefits others and serves the transcendent value of a discipline" (Freidson 2001, p. 216; cf Koehn 1994; Franzmann 2001). And it is the institutional ethics of professionalism, which is most seriously undermined by the attack on professionalism with marketization and managerialism and which has to be re-examined and forcefully asserted. Peer reviewing and continuing professional education are essential means to reclaim professionalism, and professional associations in collaboration with providers of the professional education programs should be important actors (Evetts 2001). Hereby, institutional professional ethics could be enriched and enforced.

Reactions towards new forms of management from the point of view of professionalism are less explicit for various reasons. Firstly, these new forms frequently are separated from traditional more bureaucratic management and favoring decentralization and empowering professionals. Secondly, they are often embedded in and concomitant with marketization and not always easily discernible. Thirdly, management is to a growing extent involved in professional work and tasks, and managerial skills and assets are becoming more important for professionals themselves. This will cause new careers and new differentiation and fragmentation among professionals.

> The freedom to judge and choose the ends of work is what animates the institutions of the third logic. It expresses the very soul of professionalism (Freidson 2001, p. 217)

Marketization and managerialization of professional work have thus created new conditions for trust and legitimacy. We have been witnessing a swing from voice of politics to choice of markets, and a swing from professional legitimacy to new forms of legal rationality. We have a new mix of determinations of trust and legitimacy, and challenges of trust in professionals from people, managers and politicians.

Literatur

Åberg, Jan-Olof (1997): The Rational and the Legitimate. Study of theory and practice of evaluations. (Diss. in Swedish) Monograph no 64, Dept of Sociology, Goteborg University.

Abbott, Andrew (1981): Status and Status Strain in the Professions. In: American Journal of Sociology, 86 (4): 819-835.

Abbott, Andrew (1983): Professional Ethics. In: American Journal of Sociology, 88 (5): 855-885.

Abbott, Andrew (1988): The System of Professions: An Essay on the Division of Expert Labour. Chicago: University of Chicago Press.

Abbott, Andrew (1991a): The order of professionalization: an empirical analysis. Work and Occupations 18 (4): 355-384.

Abbott, Andrew (1991b): The future of professions. Research in the Sociology of Organizations 8: 17-42.

Abel, Jörg (1997): Von der Vision zum Serienzug, Technikgenese im schienengebundenen Hochgeschwindigkeitsverkehr. Berlin: Sigma.

Acham, Karl (1984): Über einige Rationalitätskonzeptionen in den Sozialwissenschaften. In: Schnädelbach, Herbert (Hg.) (1984): Rationalität. Philosophische Beiträge. Frankfurt, S. 32-69.

Ackermann, Friedhelm / Dieter Seeck (1999): Der steinige Weg zur Fachlichkeit. Hildesheim/Zürich/New York: Olms.

AHO Ausschuss der Ingenieurverbände und Ingenieurkammern für die Honorarordnung e.V. (1996): Ergebnis einer Umfrage über die Auswirkungen des Preiswettbewerbs in Großbritannien. AHO-Informationen 1/96. Bonn.

Ahrne, Göran (1994): Social Organizations. Interaction inside, outside and between organizations. London: Sage.

Albert, Michel (1991/93): Capitalism against capitalism. London: Whurr Publishers.

Allsop, J. (2000): Rationality versus subjectivity: competing discourses about UK medical regulation. Paper presented at ESA Professions Network Conference, Jesi, Italy, May 4-6.

Alvesson, Mats / Per Olof Berg (1992): Corporate Culture and Organizational Symbolism. Berlin: Walter de Gruyter.

Åmark, Klas (1990): Open cartels and social closures: professional strategies in Sweden, 1860–1950. In: Michael Burrage / Rolf Torstendahl (Eds.)

(1990): Professions in theory and History. Rethinking the study of the professions. London: Sage, pp. 94–115.

Arkell, Julian (1999): International Engineering Practice: Adapting to Multiple Jurisdictions. International Review of Sociology 9: 101-115.

Arnold, Michael / Berndt Schirmer (1990): Gesundheit für ein Deutschland. Köln: Deutscher Ärzte-Verlag.

Asmus, Hans-Joachim (1988): Der Staatsanwalt - Ein bürokratischer Faktor in der Verbrechenskontrolle? Zeitschrift für Soziologie 17: 117-131.

Aufenanger, Stefan / Detlef Garz / Klaus Kraimer (1994): Pädagogisches Handeln und moralische Atmosphäre. Eine objektiv-hermeneutische Dokumentenanalyse im Kontext schulischer Interaktion. In: Detlef Garz / Klaus Kraimer (Hg.): Die Welt als Text. Theorie, Kritik und Praxis der objektiven Hermeneutik. Frankfurt a.M.: Suhrkamp.

Baecker, Dirk (1994): Soziale Hilfe als Funktionssystem der Gesellschaft. Zeitschrift für Soziologie 23: 93-100.

Baer, William C. (1986): Expertise and professional standards. Work and Occupations 13: 532-552.

Baker, Wayne E. / Robert R. Faulkner / G. A. Fisher (1998): Hazards of the market: the continuity and dissolution of interorganizational market relationships. American Sociological Review 63: 147-77.

Banse, Gehrhard / Käthe Friedrich (Hg.) (2000): Konstruieren zwischen Kunst und Wissenschaft. Berlin: Sigma.

Barber, Bernard (1963): Some Problems in the Sociology of the Professions. In: K.S. Lynn (Ed.): The Professions in America. Boston.

Basset, Sandra / Dariu Zifonun (2002): Grenzübertritte: Zur rituellen Entgrenzung des Politischen bei den Bundeskanzlern Kurt Georg Kiesinger und Willy Brandt. In: Erika Fischer-Lichte / Christian Horn / Sandra Umathum / Matthias Warstat (Hg.): Ritualität und Grenze. Tübingen/Basel: Francke. (Im Erscheinen)

Bastine, Reiner / Birgit Weinmann-Lutz (1995): Familien-Mediation in Baden-Württemberg: Neue Wege in der Scheidungsvermittlung und bei anderen Familienkonflikten. Stuttgart: Ministerium für Familie, Frauen, Weiterbildung und Kunst.

Bauer, Marianne / Berit Askling / Susan Marton (Eds.) (1999): Transforming Universities. Changing patterns of governance, structure and learning in Swedish higher education. London: Jessica Kingsley Publ.

Becher, Tony (1989): Academic Tribes and Territories: intellectual enquiry and the cultures of disciplines. Milton Keynes: Society for Research into Higher Education

Beck, Stefan (1997): Umgang mit Technik. Kulturelle Praxen und kulturwissenschaftliche Forschungskonzepte. Berlin: Akademie Verlag.

Becker, Gary Stanley (1993, 3rd ed.): Human Capital. Chicago: The University of Chicago Press.

Becker, Howard S., / Blanche Geer / Everett C. Hughes / Anselm L. Strauss (1961): Boys in White. Student Culture in Medical School. Chicago/London: University of Chicago Press.

Beckman, Svante (1990): Professionalization: Borderline Authority and Autonomy in Work. In: Michael Burrage / Rolf Torstendahl (Hg.): Professions in Theory and History. London: Sage, pp. 115-138.

Belwe, Katharina (1990): Entwicklung der Intelligenz innerhalb der Sozialstruktur der DDR in den Jahren 1978 bis 1989 – eine Literaturanalyse. (Analysen und Berichte. 1). Bonn: Gesamtdeutsches Institut, Bundesanstalt für Gesamtdeutsche Aufgaben.

Berger, Peter L. (1979^2): Einladung zur Soziologie. Eine humanistische Perspektive. München: dtv.

Berger, Peter L. / Luckmann, Thomas (1969): Die gesellschaftliche Konstruktion der Wirklichkeit. Eine Theorie der Wissenssoziologie. Frankfurt a.M.: Fischer.

Berger, Peter L. / Brigitte Berger / Hansfried Kellner (1975): Das Unbehagen in der Modernität. Frankfurt a.M./New York: Campus.

Berglund, Tomas (2001) Attitudes toward Work in Western Europe and the United States – theoretical perspectives and empirical analyses of data from six countries (Diss. in Swedish). Goteborg studies in Sociology no 2, Dept of Sociology, Goteborg University.

Bergmann, J. / Hans-Georg Soeffner / Luckmann, T. (1993): Erscheinungsformen von Charisma – Zwei Päpste. In: Winfried Gebhardt / Arnold Zingerle / Michael N. Ebertz (Hg.): Charisma. Theorie-Religion-Politik, Berlin: de Gruyter, S. 121-155.

Berscheid, Gérard / Christiane Kirschbaum (1991): Freie Berufe in der EG: Berufsausübung in einem anderen Mitgliedstaat, Anerkennung von Berufsabschlüssen. (Unternehmenspraxis in der EG, Bd. 9) Bonn: Economica.

Bertilsson, M. (1990): The welfare state, the professions and citizens. In: Michael Burrage / Rolf Torstendahl (Eds.): Professions in theory and History. Rethinking the study of the professions. London: Sage Publ.

Beyme, Klaus von (1994): Die Massenmedien und die politische Agenda des parlamentarischen Systems. In: Neidhardt, Friedhelm (Hg.): Öffentlichkeit, öffentliche Meinung, soziale Bewegungen. Kölner Zeitschrift für Soziologie und Sozialpsychologie, Sonderheft 34: 320-336.

Biermann, Benno / Franz Xaver Kaufmann (1994): Stichwort „Leistungsprinzip". In: Werner Fuchs-Heinritz / Rüdiger Lautmann (Hg.): Lexikon zur Soziologie. (3. Aufl.) Opladen: Westdeutscher Verlag.

Bierwisch, Manfred (1990): Wissenschaft im realen Sozialismus. Kursbuch (Abriß der DDR), 101: 112-123.

Bittner, Egon (1972): Polizisten im Skid-Row-Quartier. In: Thomas Luckmann / Walter M. Sprondel (Hg.): Berufssoziologie. Köln: Kiepenheuer & Witsch, S. 106-24.

Blomqvist, Christina (1996): In Name of the Market (Diss. in Swedish). Stockholm: Nerenius & Santérus.

Blomqvist, Paula / Bo Rothstein (2000): The New Face of the Welfare State (in Swedish). Stockholm: Agora.

BMV Bundesministerium für Verkehr (1994): Schäden an Brücken und anderen Ingenieurbauwerken. Ursachen und Erkenntnisse. Dokumentation. Dortmund.

Bögenhold, Dieter (2000): Die Freien Berufe an der Schwelle des 21. Jahrhunderts. In: Der Freie Beruf, 28 (4): 14-19.

Bollinger, Heinrich / Joachim Hohl (1981): Auf dem Weg von der Profession zum Beruf. Zur Deprofessionalisierung des Ärzte-Standes. Soziale Welt, 32: 440-464.

Bolte, Karl Martin (1979): Leistung und Leistungsprinzip. Zur Konzeption, Wirklichkeit und Möglichkeit eines gesellschaftlichen Gestaltungsprinzips, ein Beitrag zur Sozialkunde der Bundesrepublik Deutschland. Opladen: Leske + Budrich.

Borchert, Jens (2003): Die Professionalisierung der Politik. Frankfurt a.M.: Campus.

Bourdieu, Pierre (1980): Le sens pratique. Paris: Editions de minuit.

Bourdieu, Pierre (1984): Distinction. A social critique of the judgement of taste. London: Routledge & Kegan.

Bourdieu, Pierre (1985): Hit-Parade der französischen Intellektuellen oder: Wer richtet über die Legitimität der Richter. Neue Sammlung, 25: 403-416.

Bourdieu, Pierre (1991): Die Intellektuellen und die Macht. Hamburg: VSA-Verlag.

Bourdieu, Pierre (1996): Die feinen Unterschiede. Kritik der gesellschaftlichen Urteilskraft. Frankfurt a.M.: Suhrkamp.

Bourdieu, Pierre (1998): Über das Fernsehen. Frankfurt a.M.: Suhrkamp.

Brandeis, Louis Dembitz (1914): Business – a Profession. Boston: Small, Meynard & Co.

Brante, Thomas (1990): Professional Types as a Strategy of Analysis. In: Michael Burrage / Rolf Torstendahl (Hg.): Professions in Theory and History. London: Sage, S. 75-93.

Braun, Rudolf, 1985: Zur Professionalisierung des Ärztestandes in der Schweiz. In: Conze, Werner / Jürgen Kocka (Hg.): Bildungsbürgertum im 19. Jahrhundert. Teil 1: Bildungssystem und Professionalisierung in internationalen Vergleichen. Stuttgart: Klett-Cotta.

Breidenbach, Stephan (1995): Mediation: Struktur, Chancen und Risiken von Vermittlung im Konflikt. Köln: Schmidt.

Breidenbach, Stephan / Martin Henssler (Hg.) (1997): Mediation für Juristen – Konfliktbehandlung ohne gerichtliche Entscheidung. Köln: Schmidt.

Breunung, Leonie / Thomas Roethe (1989): „....die reine Wahrheit und nichts als die Wahrheit" – Die Zeugenbelehrung im Gesetzestext und im richterlichen Handeln. In: Zeitschrift für Rechtssoziologie 10, 131-147.

Brint, Steve (1994): In an Age of Experts. The Changing Role of Professionals in Politics and Public Life. New Jersey: Princeton University Press.

Brunkhorst, Hauke (1992): Professionalität, Kollektivitätsorientierung und formale Wertrationalität. Zum Strukturproblem professionellen Handelns aus kommunikationstheoretischer Perspektive. In: Bernd Dewe / Wilfried Ferchhoff (Hg.): Erziehen als Profession. Opladen: Leske + Budrich, S. 49-69.

Brunsson, Nils / Kerstin Sahlin-Andersson (2000): Constructing Organizations: the example of public sector reform. Organization Studies 21 (4): 721–746.

Buchanan, Bruce G. / Edward H. Shortliffe (ed.) (1984): Rule-based expert systems. Reading: Addison-Wesley.

Budde, Gunilla-Friederike (1997): Paradefrauen. Akademikerinnen in Ost- und Westdeutschland. In: Gunilla-Friederike Budde (Hg.): Frauen arbeiten. Weibliche Erwerbstätigkeit in Ost- und Westdeutschland nach 1945. Göttingen: Vandenhoeck & Ruprecht, S. 183-211.

Buhr, Manfred / Günter Kröber (1985): Ein stets vitaler geistreicher Dialektiker. Spectrum, 16 (12): 22-23.

Bultmann, Antje / Friedemann Schmithals (Hg.) (1994): Käufliche Wissenschaft. München: Knaur.

Bundesverband der Freien Berufe (1999): Bundesverband der Freien Berufe, 1999, http://www.freie-berufe.de/fakten.html

Bürklin, Wilhelm / Hilke Rebenstorf u.a. (1997): Eliten in Deutschland. Opladen: Leske + Budrich

Burrage, Michael (1988): Unternehmer, Beamte und freie Berufe. Schlüsselgruppen der bürgerlichen Mittelschichten in England, Frankreich und den Vereinigten Staaten. In: Hannes Siegrist (Hg.): Bürgerliche Berufe. Zur Sozialgeschichte der freien und akademischen Berufe im internationalen Vergleich. Göttingen: Vandenhoeck & Ruprecht, S. 51-83.

Burrage, Michael (1990): Introduction: The Professions in Sociology and History. In: Michael Burrage / Rolf Torstendahl (Hg.): Professions in Theory and History. London: Sage, pp. 1-23.

Burrage, Michael (1992): Mrs Thatcher against deep structures: ideology, impact and ironies of her eleven year confrontation with the professions. Working Paper 92-11. Institute of Governmental Studies: University of California at Berkeley.

Burrage, Michael / Konrad Jarausch / Hannes Siegrist (1990): An Actor-Based Framework for the Study of Professions. In: Michael Burrage / Rolf Torstendahl (Eds.): Professions in Theory and History. London: Sage, S. 203-225.

Burrage, Michael / Torstendahl Rolf (Eds.) (1990): Professions in Theory and History: Rethinking the Study of the Professions. London: Sage.

Butler, Tim / Mike Savage (Eds.) (1995): Social Change and the Middle Classes. London: University College Press.

Caesar-Wolf, Beatrice (1986): Der deutsche Richter am ‚Kreuzweg' zwischen Professionalisierung und Deprofessionalisierung. In: Stefan Breuer / Hubert Treiber (Hg.): Zur Rechtssoziologie Max Webers. Opladen.

Caesar-Wolf, Beatrice (1987): Die anwaltliche Scheidungsberatung als stellvertretende Konsensrestitution. In: Zeitschrift für Rechtssoziologie 8, 167-192.

Caplow, Theodore (1964): The Sociology of Work. New York: McGraw Hill.

Carr-Saunders, Alexander Morris (1928): Professions: Their Organization and Place in Society. Oxford: Clarendon.

Carr-Saunders, Alexander Morris / Wilson, P. A. (1933/1964): The professions. Oxford: Clarendon Press / London: Frank Cass.

Castro, Freddy (1999): After the Wave: The welfare state professionals in Sweden. In: Inga Hellberg / Mike Saks / Cecilia Benoit (Eds.): Professional Identities in Transition. Cross-cultural dimensions. Södertälje: Almqvist & Wiksell.

Castro, Freddy (2000): Audited physicians and empowered patients: new events in the field of professions. Paper to the ESA-conference in Jesi, Italy.

Cerny, Jochen et al. (Hg.) (1992): Wer war wer – DDR. Ein biographisches Lexikon. Berlin: Links.

Chi, Michelene T.H. / Robert Glaser / Marshall J. Farr (Hg.) (1988): The nature of expertise. Hillsdale, NJ: Erlbaum.

Cobb, Sara / Janet Rifkin (1991): Practice and Paradox: Deconstructing Neutrality in Mediation. In: Law & Social Inquiry 16: 35-62.

Cogan, M. L. (1953): Towards a definition of profession. Harvard Educational Review XXIII: 33-50.

Cohen, Jean L. / Andrew Arato (1992): Civil Society and Political Theory. Cambridge, MA/London.

Coleman, James S. (1990): Foundations of social theory. Cambridge, MA: Harvard University Press.

Collins, Randall (1990): Market Closure and the Conflict Theory of Professions. In: Michael Burrage / Rolf Torstendahl (Hg.): Professions in Theory and History. London: Sage, pp. 24-43.

Combe, Arno / Werner Helsper (Hg.) (1999, 3. Aufl.): Pädagogische Professionalität. Untersuchungen zum Typus pädagogischen Handelns. Frankfurt a.M.: Suhrkamp.

Crozier, Michel (1963): Le phénomène bureaucratique. Paris: Seuil.

Crozier, Michel / Erhard Friedberg (1993): Die Zwänge kollektiven Handelns. Über Macht und Organisation. Frankfurt a.M.: Hain.

Cutler, Tony / Barbara Waine (1994): Managing the Welfare State. The politics of the public sector management. Oxford: Berg.

Literatur

Daheim, Hansjürgen (1967): Der Beruf in der modernen Gesellschaft. Köln: Kiepenheuer & Witsch.

Daheim, Hansjürgen (1992): Zum Stand der Professionssoziologie. Rekonstruktion machttheoretischer Modelle der Profession. In: Bernd Dewe / Wilfried Ferchhoff / Frank-Olaf Radtke (Hg.): Erziehen als Profession. Opladen: Leske + Budrich, S. 21-35.

Daheim, Hansjürgen / Günther Schönbauer (1993): Soziologie der Arbeitsgesellschaft: Grundzüge und Wandlungstendenzen der Erwerbsarbeit. Weinheim: Juventa.

Dahrendorf, Ralf (1956): Industrielle Fertigkeiten und soziale Schichtung. In: Kölner Zeitschrift für Soziologie und Sozialpsychologie, 8: 540-568.

Dahrendorf, Ralf (1965): Gesellschaft und Demokratie in Deutschland. München: Piper.

Dahrendorf, Ralf (1975): Eine neue deutsche Oberschicht. In: Röhrich, Wilfried (Hg.): ,Demokratische' Elitenherrschaft. Darmstadt: Wissenschaftliche Buchgesellschaft, S. 309-334.

Davies, C. (1996): The sociology of professions and the profession of gender. Sociology 30 (4): 661-78.

Davis, Kingsley / Wilbert E. Moore (1966): Some Principles of Stratification. In: Reinhard Bendix / Seymour Martin Lipset (Hg.): Class, Status, and Power. Social Stratification in Comparative Perspective (Second Edition). New York: The Free Press (Macmillan), pp. 47-53.

Deneke, J. F.Volrad (1956): Die freien Berufe. Stuttgart: Vorwerk.

Dent, Mike / Maggie O'Neill / Carl Bagley (Eds.) (1998): Professions, New Public Management and the European Welfare State. Staffordshire: Univ. Press.

Dern, Harald (1996): Erfahrungen mit der Objektiven Hermeneutik innerhalb der Anwendung qualifizierter kriminalistischer Auswertungsverfahren. In: Jo Reichertz / Norbert Schröer (Hg.): Qualitäten polizeilichen Handelns: Studien zu einer verstehenden Polizeiforschung. Opladen: Westdeutscher Verlag.

Detzer, Kurt (1995): Wer verantwortet den industriellen Fortschritt? Berlin: Springer.

Dewe, Bernd / Hans-Uwe Otto (1996): Zugänge zur Sozialpädagogik. Weinheim/München: Juventa.

Dezalay, Yves / Garth, Bryant (1996): Dealing in Virtue: International Commercial Arbitration and the Construction of a Transnational Legal Order. Chicago: University of Chicago Press.

DIN, NA Bau, Ausschuss ‚Sicherheit von Bauwerken' (Hg.) (1981): GRUSI BAU, Grundlagen zur Festlegung von Sicherheitsanforderungen für bauliche Anlagen. Berlin.

Dingwall, Robert (1996): Professions and social order in a global society. Plenary presentation at ISA Working Group 02 Conference, Nottingham, 11-13 September.

Dingwall, Robert (1999): Professions and social order in a global society. International Review of Sociology, 9: 131-140.

Dingwall, Robert / Philip Lewis (Eds.) (1983): The Sociology of the Professions: Lawyers, Doctors and Others. London: Macmillan Press.

Dingwall, Robert / Paul Fenn (1987): A respectable profession? Sociological and economic perspectives on the regulation of professional services. International Review of Law and Economics 7: 51-64.

Dingwall, Robert / David Greatbatch / Lucia Ruggerone (1998): Gender and Interaction in Divorce Mediation. In: Mediation Quarterly 15: 277-287.

Donohue, WilliamA. / Michael Allen / Nancy Burrell (1985): Communication Strategies in Mediation. In: Mediation Quarterly 10: 75-89.

Dreitzel, Hans Peter (1962): Elitebegriff und Sozialstruktur. Stuttgart: Enke.

Duddeck, Heinz (Hg.) (2001): Technik im Wertekonflikt. Opladen: Leske + Budrich.

Duffy, Karen Grover (1991): Introduction to Community Mediation Programs: Past, Present, and Future. In: Karen G. Duffy / James W. Grosch / Paul V. Olczak (Eds.): Community Mediation: A Handbook for Practitioners and Researchers. New York: Guilford.

Durkheim, Emile (1930): Le suicide. Étude de sociologie. Paris: Presses Universitaires de France.

Durkheim, Emile. (1992): Professional Ethics and Civic Morals. London: Routledge.

Duss-von Werdt, Josef / Hans-Georg Mähler / Gisela Mähler (Hrsg.) (1995): Mediation: Die andere Scheidung. Ein Überblick. Stuttgart: Klett-Cotta.

Eidmann, Dorothee (1994): Schlichtung: Zur Logik außergerichtlicher Konfliktregelung. Baden-Baden: Nomos.

Ekardt, Hanns-Peter (1978): Entwurfsarbeit. Organisations- und handlungstheoretische Ansätze zur soziologischen Analyse der Arbeit von Bauingenieuren im Tragwerksentwurfsbereich. Diss. Darmstadt.

Ekardt, Hanns-Peter (1993): Unter-Gestell. Die bautechnischen Fundamente Großer technischer Systeme. Schriftenreihe der Forschungsgruppe

‚Große technische Systeme' am Wissenschaftszentrum Berlin für Sozialforschung. FS II 93-503.

Ekardt, Hanns-Peter (1995): Ingenieurverantwortung in der Infrastrukturentwicklung – neu beleuchtet im Lichte des Civil Society-Diskurses. In: Ernst-H. Hoff / Lothar Lappe (Hg.): Verantwortung im Arbeitsleben. Heidelberg: Asanger, S. 144-161.

Ekardt, Hanns-Peter (1998): Die Stauseebrücke Zeulenroda. Ein Schadensfall und seine Lehren für die Idee der Ingenieurverantwortung. In: Stahlbau 1998: 735-749.

Ekardt, Hanns-Peter (2000a): Risiko in Ingenieurwissenschaft und Ingenieurpraxis. In: Braunschweigische Wissenschaftliche Gesellschaft: Jahrbuch 1999. Braunschweig, S. 25-45.

Ekardt, Hanns-Peter (2000b): Sicherheit in der Ingenieurpraxis. Zwischen Ingenieurwissenschaft und Ingenieurverantwortung. In: Baukammer Berlin (Hg.): Mitteilungsblatt 2: 55-62.

Ekardt, Hanns-Peter / Daniela Manger (2000): Rechtliche Risikosteuerung. Sicherheitsgewährleistung in der Entstehung von Infrastrukturanlagen. Baden-Baden: Nomos.

Ekman, Paul (1989): Weshalb Lügen kurze Beine haben. Berlin/New York: de Gruyter.

Elliot, Maria (1997): Trust in Media (Diss. in Swedish). Goteborg: Dept for Journalism and Media, Goteborg University.

Enteman, Willard F. (1993): Managerialism. The emergence of a new ideology. Madison: The University of Wisconsin Press.

Ernst, Anna-Sabine (1996): Von der bürgerlichen zur sozialistischen Profession? Ärzte in der DDR, 1945-1961. In: Richard Bessel / Ralph Jessen (Hg.): Die Grenzen der Diktatur. Staat und Gesellschaft in der DDR. Göttingen: Vandenhoeck & Ruprecht, S. 25-48.

Ernst, Anna-Sabine (1997): Die beste Prophylaxe ist der Sozialismus. Ärzte und medizinische Hochschullehrer in der SBZ/DDR 1945-1961. (Internationale Hochschulschriften. 210). Münster/New York/München/Berlin: Waxmann.

Ernst, Anna-Sabine (1999): Hochschullehrer der Medizin in der DDR. BIOS, 12 (1): 50-57.

Esser, Frank / Carsten Reinemann / D. Fan (2000): Spin Doctoring in British and German Election Campaigns. How the Press is Being Confronted with a New Quality of Political PR. European Journal of Communication 15 (2): 209-239.

Esser, Hartmut (1993): Soziologie. Frankfurt: Campus.

Etzioni, Amitai (Ed.) (1969): The Semi-Professions and their Organization. Teachers, Nurses, Social Workers. New York: The Free Press.

Etzioni, Amitai (1975): A Comparative Analysis of Complex Organizations. New York: Free Press.

Evetts, Julia (1994): The internationalization of professional regulation: engineering in Europe and beyond. Paper given at Conference: Regulation Expertise: professionalism in comparative perspective, Paris, 14-15 April.

Evetts, Julia (1998): Analysing the projects of professional associations: national and international dimensions. Unpublished paper presented at ISA Congress, Montreal 26 July - 1 August.

Evetts, Julia (1999): Professions: Changes and Continuities. International Review of Sociology 9: 75-85.

Evetts, Julia (2001): Professionalization and professionalism: explaining professional performance initiatives. Paper to conference: Professional performance, ETH Zürich.

Evetts, Julia / Robert Dingwall (2000): Internationalization of Professional Regulation: legitimation and governmentality. Paper presented at SASE 12th Annual Meeting on Socio-Economics, London School of Economics, 7-10 July.

Exworthy, Mark / Susan Halford (1999): Professionals and the New Managerialism in the Public Sector. Buckingham: Open University Press.

Färber, Christine (1995): Wo bleiben die Professorinnen der Medizin? Karrierehemmnisse für Frauen im ärztlichen Beruf. Jahrbuch für kritische Medizin, 24: 14-27.

Ferguson, Eugene S. (1993): Das innere Auge. Von der Kunst des Ingenieurs. Basel: Birkhäuser.

Feuchtwanger, Sigbert (1922): Freie Berufe. München/Leipzig: Duncker & Humblot.

Fineman, Stephen (1993): Emotion in Organizations. London: Sage.

Fischer, Karsten (2000): Das Gemeinwohlideal im professionellen Handeln. Zur Inszenierung und Funktionalität normativer Orientierung. In: Michael Meuser / Michaela Pfadenhauer (Hg.): Im Dienste der Menschheit? Gemeinwohlorientierung als Maxime professionellen Handelns (Dokumentation des 5. Workshops des Arbeitskreises ‚Professionelles Handeln' am 18. und 19. November 1999 in Witten). Dortmund: Universitätsdruck.

Flexner, Abraham (1915): Is social work a profession? In: Studies in Social Work (4). New York: New York School of Philanthropy.

Fligstein, N. (1996): Markets as politics: a political-cultural approach to market institutions. American Sociological Review, 61: 656-73.

Fluder, Robert / Jürgen Stremlow (1999): Armut und Bedürftigkeit. Herausforderungen für das kommunale Sozialwesen. Bern/Stuttgart/Wien: Haupt.

FOGIB DFG-Forschergruppe (1997): Ingenieurbauten – Wege zu einer ganzheitlichen Betrachtung. Stuttgart: UNI Stuttgart, Institut für Konstruktion und Entwurf 2.

Folberg, J. / A. Taylor (1984): Mediation: A Comprehensive Guide to Resolving Conflicts without Litigation. San Francisco: Jossey-Bass.

Fournier, Valerie (1999): Boundary work and the (un)making of the professions. In: Nigel Malin (Ed.) (2000): Professionalism, Boundaries and the Workplace. London: Routledge.

Franzmann, Andreas (2001): Beyond ‚Äquivalententausch'. The noncommodity character of professional services and the structural problem of compensation and alimentation of professional services. Paper to conference: Professional performance, ETH Zürich.

Freidson, Eliot (1970a): Professional Dominance: The Social Structure of Medical Care. New York: Atherton Press.

Freidson, Eliot (1970b): Profession of Medicine. New York: Dodd, Mead.

Freidson, Eliot (1975): Dominanz der Experten. Zur sozialen Struktur medizinischer Versorgung. (Medizin und Sozialwissenschaften. 3). München/Berlin/Wien: Urban & Schwarzenberg.

Freidson, Eliot (1979): Der Ärztestand. Berufs- und wissenschaftssoziologische Durchleuchtung einer Profession. Stuttgart: Enke.

Freidson, Eliot (1983): The Theory of Professions: State of the Art. In: Robert Dingwall / Philip Lewis (Eds.): The Sociology of the Professions: Lawyers, Doctors and Others. London: Macmillan Press, S. 19-37.

Freidson, Eliot (1986): Professional Powers: A Study of the Institutionalization of Formal Knowledge. Chicago: University of Chicago Press.

Freidson, Eliot (1994): Professionalism Reborn: Theory, Prophecy and Policy. Chicago: University of Chicago Press.

Freidson, Eliot, (2001): Professionalism: The Third Logic. Chicago/Cambridge: Polity Press.

Fuchs, Peter (1992): Die Erreichbarkeit der Gesellschaft. Zur Konstruktion und Imagination gesellschaftlicher Einheit. Frankfurt a.M.:Suhrkamp.

Furåker, Bengt (2000): Estimated experiences of work among publicly and privately employed (in Swedish). Arbetsmarknad & arbetsliv, 6 (1).

Furåker, Carina (2001): Governing and Visions – education for nurses at change (Diss. in Swedish). Goteborg Studies in Educational Sciences no 158, Goteborg University.

Galuske, Michael (1998): Methoden der Sozialen Arbeit. Weinheim/München: Juventa.

Gans, Herbert J. (1992): Über die positiven Funktionen der unwürdigen Armen. Zur Bedeutung der ‚underclass' in den USA. Kölner Zeitschrift für Soziologie und Sozialpsychologie 44: 48-62.

Garcia, Angela (1991): Dispute Resolution without Disputing: How the Interactional Organisation of Mediation Hearings Minimizes Argument. In: American Sociological Review 56: 818-835.

Garz, Detlef / Klaus Kraimer (Hg.) (1994): Die Welt als Text. Theorie, Kritik und Praxis der objektiven Hermeneutik. Frankfurt a.M.: Suhrkamp.

Gehlen, Arnold (1956): Das Ende der Persönlichkeit? In: Merkur, 10: 1149-1158.

Giddens, Anthony (1973): The Class Structure of the Advanced Societies. London: Hutchinson.

Giddens, Anthony (1990): The Consequences of Modernity. Cambridge: Polity Press.

Gildemeister, Regine (1992): Neuere Aspekte der Professionalisierungsdebatte. Soziale Arbeit zwischen immanenten Kunstlehren des Fallverstehens und kollektiven Strategien der Statusverbesserung. Neue Praxis 22: 207-219.

Glenewinkel, Werner, (1999): Mediation als außergerichtliches Konfliktlösungsmodell: am Beispiel der Trennungs- undScheidungsmediation in der Bundesrepublik Deutschland. Stuttgart: Ibidem.

Globus (1991), 46. Jg., Zb-9126, 02.09.

Goffman, Erving (1959): The Presentation of Self in everyday Life. Harmondsworth: Penguin Books.

Goffman, Erving (1994): Interaktion und Geschlecht. Frankfurt a.M.: Campus.

Goldthorpe, John H. (1980): Social Mobility and Class Structure in Modern Britain. Oxford: Clarendon Press.

Goldthorpe, John H. (1982): On the service class, its formation and future. In: Anthony Giddens / Gavin MacKenzie (Eds.): Classes and the Division of Labour: Essays in Honour of Ilya Neustadt. Cambridge: Cambridge University Press.

Goldthorpe, John H (1995): The service class revisited. In: Tim Butler / Mike Savage (Eds.) (1995): Social Change and the Middle Classes. London: University College Press, pp. 313–330.

Goode, William J. (1957): Community within the Community: The Professions. In: American Sociological Review 22: 194-200.

Goode, William J. (1969): The theoretical limits of professionalization. In: Amitai Etzioni (Hg.): The semi-professions and their organization. New York: Free Press, S. 266-313.

Goode, William J. (1972): Professionen und die Gesellschaft. Die Struktur ihrer Beziehungen. In: Thomas Luckmann / Michael Sprondel (Hg.): Berufssoziologie. Köln: Kiepenheuer & Witsch, S. 157-168.

Gouldner, Alvin W. (1980): Die Intelligenz als neue Klasse. Sechzehn Thesen zur Zukunft der Intellektuellen und technischen Intelligenz. Frankfurt a.M./New York: Campus (US-Ausgabe: The Future of Intellectuals and the Rise of the New Class. A Frame of Reference, Theses, Conjectures, Arguments, and an Historical Perspective on the Role of Intellectuals and Intelligentsia in the International Class Contest of Modern Era.)

Greatbatch, David / Robert Dingwall (1997): Argumentative Talk in Divorce Mediation Sessions. American Sociological Review, 62: 151-170.

Greenwood, E. (1957): Attributes of a profession. Social Work 2 (3): 45-55.

Gretz, Winfried (1997): Politische Eliten im internationalen Vergleich. Aachen: Shaker.

Gruber, Hans / Albert Ziegler (1996): Expertiseforschung. Wiesbaden: Westdeutscher Verlag.

Gugerli, David (1999): Soziotechnische Evidenzen. Der ‚Pictorial Turn' als Chance für die Geschichtswissenschaft. Traverse. Zeitschrift für Geschichte, 6: 131-158.

Habermas, Jürgen (1968): Technik und Wissenschaft als ‚Ideologie'. Frankfurt a.M.: Suhrkamp.

Habermas, Jürgen (1977) Aspekte der Handlungsrationalität. In: Jürgen Habermas (1984): Vorstudien und Ergänzungen zur Theorie des kommunikativen Handelns. Frankfurt a.M.:Suhrkamp, S. 441-472.

Haft, Fritjof (2000): Verhandeln und Mediation. München: Beck.

Hall, Richard H. (1968): Professionalization and bureaucratization. American Sociological Review, 33: 92-104.

Halliday, T.C. (1987): Beyond Monopoly: Lawyers, State Crises and Professional Empowerment. Chicago: University of Chicago Press.

Handl, Johann (1996): Hat sich die berufliche Wertigkeit der Bildungsabschlüsse in den achtziger Jahren verringert? Eine Analyse der abhängig erwerbstätigen, deutschen Berufsanfänger auf der Basis von Mikrozensusergebnissen. In: Kölner Zeitschrift für Soziologie und Sozialpsychologie, 48 (2): 249-273.

Hanlon, Gerard (1994): The Commercialisation of Accountancy. Basingstoke: Macmillan.

Hanlon, Gerard (1998): Professionalism as Enterprise: Service Class Politics and the Redefinition of Professionalism. Sociology, 32 (1): 43–63.

Hanlon, Gerard (1999): Lawyers, the State and the Market: Professionalism Revisited. Basingstoke: Macmillan.

Hansbauer, Peter (1996): Mikrorationalitäten im Verwaltungsalltag. Soziale Welt, 47: 68-91.

Hansen, Friedrich (1974): Konstruktionswissenschaft. München/Wien.

Harrach, Eva Marie von / Thomas Loer / Oliver Schmidtke (Hg.) (2000): Verwaltung des Sozialen. Formen der subjektiven Bewältigung eines Strukturkonflikts. Konstanz: Universitätsverlag Konstanz.

Harrison, Stephen / Christopher Pollitt (1994): Controlling Health Professionals: the future of work and organization in the NHS. Buckingham: Open Univ. Press.

Hartfiel, Günter (1977): Einleitung. In: Ders. (Hg.): Das Leistungsprinzip. Merkmale – Bedingungen – Probleme. Opladen: Leske + Budrich, S. 7-48.

Hartmann, Heinz (1972): Arbeit, Beruf, Profession. In: Thomas Luckmann / Michael Sprondel (Hg.): Berufssoziologie. Köln: Kiepenheuer & Witsch, S. 36-52.

Hartmann, Michael (2002): Der Mythos von den Leistungseliten. Spitzenkarrieren und soziale Herkunft in Wirtschaft, Politik, Justiz und Wissenschaft. Frankfurt a.M./New York: Campus.

Hartog, Jennifer (1996): Das genetische Beratungsgespräch. Institutionalisierte Kommunikation zwischen Experten und Nicht-Experten. Tübingen: Narr.

Hasenfeld, Yeheskel (1992): The Nature of Human Service Organizations. In: Yeheskel Hasenfeld (Ed.): Human Services as Complex Organizations. Newbury Park: Sage, pp. 3-23.

Haynes, John M. / Reiner Bastine / Gabriele Link / Axel Mecke (1993): Scheidung ohne Verlierer. Ein neues Verfahren, sich einvernehmlich zu trennen. Mediation in der Praxis. München: Kösel.

Hellberg, Inga (1999): Altruism and utility: Two logics of professional action. In: Hellberg, Inga et al. (Eds.): Professional Identities in Transition. Cross-cultural dimensions. Södertälje: Almqvist & Wiksell.

Hellberg, Inga / Mike Saks / Cecilia Benoit (Eds.) (1999): Professional Identities in Transition. Cross-cultural dimensions. Södertälje: Almqvist & Wiksell.

Henssler, Martin / L. Koch (Hg.) (2000): Mediation in der Anwaltspraxis. Bonn: Deutscher Anwaltverlag.

Herbst, Andreas / Winfried Ranke / Jürgen Winkler (1994): So funktionierte die DDR. Bd. 2: Lexikon der Organisationen und Institutionen. Mach-mit-Bewegung - Zollverwaltung der DDR. (Handbuch. 6349). Reinbek: Rowohlt.

Herrmann, Harald, 1989: Recht Freier Berufe – Systematischer Überblick und rechtsvergleichende Aspekte. In: Heinz Sahner et al.: Zur Lage der Freien Berufe 1989, Teil I: Empirischer Überblick; soziologische, wirtschaftswissenschaftliche und rechtswissenschaftliche Betrachtung. Lüneburg: Forschungsinstitut Freie Berufe, Universität Lüneburg.

Herrmann, Harald / Jürgen Backhaus (1998): Staatlich gebundene Freiberufe im Wandel: Rechtliche und ökonomische Aspekte aus Wissenschaft und Praxis. (Schriften des Forschungsinstituts Freie Berufe; Bd. 9) Baden-Baden: Nomos.

Hess, Volker (1997): Die Normierung der Eigenwärme. Fiebermessen als kulturelle Praktik. In: Ders. (Hg.): Normierung der Gesundheit. Messende Verfahren der Medizin als kulturelle Praktik um 1900. Husum: Matthiesen, S. 169-188.

Hesse, Hans Albrecht (1967): Berufe im Wandel. Ein Beitrag zum Problem der Professionalisierung. Stuttgart: Enke.

Heuss, Ernst (1988): Gebühren oder freie Honorarbemessung als Aktionsparameter der Freien Berufe. In: Niedersächsisches Institut für Wirtschaftsforschung e.V.: Freie Berufe: Beschäftigungsmöglichkeiten und Wettbewerb in der Disskussion. NIW-Workshop 1987. Hannover.

Hirschman, Albert (1970): Exit, Voice and Loyalty. Responses to decline in firms, organizations, and states. Cambridge, MA.: Harvard University Press.

Hitzler, Ronald (1991): Der Machtmensch. Zur Dramatologie des Politikers. In: Merkur, 45 (3): 201-210.

Hitzler, Ronald (1992): Die mediale Selbstinszenierung von Politikern. Eine personalisierte Form der ‚Staatsrepräsentation'. In: Jörg-Dieter Gauger, J.-D. / Justin Stagl (Hg.): Staatsrepräsentation. Berlin: Reimer, S. 205-222.

Hitzler, Ronald (1994): Wissen und Wesen des Experten. In: Ronald Hitzler / Anne Honer / Christoph Maeder (Hg.): Expertenwissen. Opladen: Westdeutscher Verlag, S. 13-30.

Hitzler, Ronald / Anne Honer / Christoph Maeder (Hg.) (1994): Expertenwissen. Opladen: Westdeutscher Verlag.

Hitzler, Ronald / Jo Reichertz / Norbert Schröer (Hg.) (1999): Hermeneutische Wissenssoziologie. Standpunkte zur Theorie der Interpretation. Konstanz: Universitätsverlag Konstanz.

Hodson, Randy / Teresa A. Sullivan (1990): The social organization of work. Belmont: Wadsworth.

Hoerning, Erika M. (1998): Intelligenz, Profession und Loyalität. In: Achim Brosziewski / Christoph Maeder (Hg.): Organisation und Profession. Dokumentation des 2. Workshops des Arbeitskreises ‚Professionelles Handeln', 24./25. Oktober 1997, veranstaltet von der HFS Ostschweiz in Kooperation mit dem Soziologischen Seminar der Universität St. Gallen. Rorschach/St. Gallen: Universitäts-Druck, S. 34-47.

Hoff, Peter (1990): ‚Vertrauensmann des Volkes'. Das Berufsbild des ‚sozialistischen Journalisten' und die ‚Kaderanforderungen' des Fernsehens der DDR – Anmerkungen zum politischen und professionellen Selbstverständnis von ‚Medienarbeitern' während der Honecker-Zeit. Rundfunk und Fernsehen, 38 (3): 385-399.

Hoff, Peter (1995): Berufslaufbahnen im Deutschen Fernsehfunk. In: Wolfram Fischer-Rosenthal / Peter Alheit / Erika M. Hoerning (Hg.): Biographien in Deutschland. Soziologische Rekonstruktionen gelebter Gesellschaftsgeschichte. Opladen: Westdeutscher Verlag, S. 189-202.

Hoffmann-Lange, Ursula (1992): Eliten, Macht und Konflikt in der Bundesrepublik. Opladen: Leske + Budrich.

Holmberg, Sören / Lennart Weibull (Eds.) (2001a): Blessed Country (In Swedish). Goteborg University, The SOM-Institute, report 26.

Holmberg, Sören / Lennart Weibull (2001b): Fall of Trust. In: Sören Holmberg / Lennart Weibull (Eds.) (2001): Blessed Country (In Swedish). Goteborg University, The SOM-Institute, report 26, pp. 27–49.

Hombach, B. (1998): Aufbruch. Die Politik der Neuen Mitte, München/Düsseldorf: Econ.

Honer, Anne (1993): Lebensweltliche Ethnographie. Wiesbaden: DUV.

Honneth, Axel (1980): Arbeit und instrumentelles Handeln. In: Axel Honneth / Urs Jaeggi (Hg.): Arbeit, Handlung, Normativität. Frankfurt a.M.: Suhrkamp, S. 185-233.

Honneth, Axel (1992): Kampf um Anerkennung. Zur moralischen Grammatik sozialer Konflikte. Frankfurt a.M.: Suhrkamp.

Honneth, Axel (2001): Umverteilung als Anerkennung. In: Nancy Fraser / Axel Honneth: Anerkennung oder Umverteilung? Eine politisch-philosophische Kontroverse. Frankfurt a.M.: Suhrkamp.

Höpflinger, François / Kurt Wyss (1994): Am Rande des Sozialstaates: Formen und Funktionen öffentlicher Sozialhilfe im Vergleich. Bern: Haupt.

Hradil, Stefan (1984): Soziale Ungleichheit in der Bundesrepublik Deutschland. Opladen: Leske + Budrich.

Huerkamp, Claudia (1980): Ärzte und Professionalisierung in Deutschland. Überlegungen zum Wandel des Arztberufs im 19. Jahrhundert. Geschichte und Gesellschaft. Zeitschrift für Historische Sozialwissenschaft, 6: 349-382.

Hughes, Everett C. (1958a): Men and Their Work. New York: Free Press.

Hughes, Everett C. (1958b): Licence and Mandate. In: Ders.: Men and Their Work. Glencoe: Free Press, S. 78-87.

Hughes, Everett C. (1965): Professions. In: Kenneth S. Lynn (Ed.): The professions in America. Boston: Houghton Mifflin; pp. 1-14.

Hughes, Everett C. (1994). On Work, Race, and the Sociological Imagination. Chicago/London: University of Chicago Press.

Ichheiser, Gustav (1930): Kritik des Erfolgs. Leipzig: C.L. Hirschfeld.

Illich, Ivan (1981): Die Nemesis der Medizin. Von den Grenzen des Gesundheitswesens. Reinbek bei Hamburg: Rowohlt.

Institut für Demoskopie Allensbach (2001): Ärzte und Pfarrer weiterhin vorn. Großer Prestigezuwachs für Grundschullehrer. Das Berufsansehen von Studienräten und Ingenieuren wird immer schlechter. Die Allensbacher Berufsprestige-Skala 2001. Allensbach: Eigendruck.

Irwin, John. (1985). The Jail. Managing the Underclass in American Society. Berkeley/Los Angeles/London: University of California Press.

Jaeggi, Urs (1960): Die gesellschaftliche Elite. Bern/Stuttgart: Haupt.

Jarausch, Konrad (1988): Die unfreien Professionen. Überlegungen zu den Wandlungsprozessen im deutschen Bildungsbürgertum 1900-1955. In: Jürgen Kocka (Hg.): Bürgertum im 19. Jahrhundert. Deutschland im internationalen Vergleich. Bd. 3. München: dtv, S. 124-146.

Jarausch, Konrad H. (1990): The Unfree Professions. German Lawyers, Teachers, and Engineers, 1900-1950. New York/Oxford: Oxford University Press.

Jary, David (1999): The implications of the audit society? The case of higher education. In: Mike Dent / M. O'Neill / C. Bagley (Eds.): Professions, New Public Management and the European Welfare State. Stoke-on-Trent: Staffordshire University Press.

Jessen, Ralph (1996): Vom Ordinarius zum sozialistischen Professor. Die Neukonstruktion des Hochschullehrerberufs in der SBZ/DDR 1945-1969. In: Richard Bessel / Ralph Jessen (Hg.): Die Grenzen der Diktatur. Staat und Gesellschaft in der DDR. Göttingen: Vandenhoeck & Ruprecht, S. 76-107.

Jessen, Ralph (1999): Akademische Elite und kommunistische Diktatur. Die ostdeutsche Hochschullehrerschaft in der Ulbricht-Ära. (Kritische Studien zur Geschichtswissenschaft. 135). Göttingen: Vandenhoeck & Ruprecht.

Joas, Hans (1996): Die Kreativität des Handelns. Frankfurt a.M.: Suhrkamp.

Johnson, Terence (1967/1972) Professions and Power. Basingstoke/London: Macmillan.

Johnson, Terence (1977): The professions in the class structure. In: Richard Scase (Ed.): Industrial society. London: George Allen & Unwin, pp. 93-108.

Johnson, Terry / Gerry Larkin / Mike Saks (Eds.) (1995): Health Professions and the State in Europe. London: Routledge.

Jones, Nicholas (1996): Soundbites and Spin Doctors. How Politicians Manipulate the Media – and Vice Versa. London: Indigo.

Kellner, Hansfried / Frank Heuberger (1988): Zur Rationalität der ‚Postmoderne' und ihrer Träger. In: Hans-Georg Soeffner (Hg.): Kultur und Alltag. Soziale Welt, Sonderband 6, S. 325-337.

Klare, Hermann (1986): Erleben, Erfahren, Erkennen. Ordentliches Akademiemitglied Hermann Klare gibt zu Protokoll. Spectrum, 17 (9): 12-15.

Kleßmann, Christoph (1994): Relikte des Bildungsbürgertums in der DDR. In: Hartmut Kaelble / Jürgen Kocka / Hartmut Zwahr (Hg.): Sozialgeschichte der DDR. Stuttgart: Klett-Cotta, S. 254 -270.

Kleve, Heiko (2000): Die Sozialarbeit ohne Eigenschaften. Fragmente einer postmodernen Professions- und Wissenschaftstheorie Sozialer Arbeit. Freiburg i. Br.: Lambertus.

Klüsche, Wilhelm (1990): Professionelle Helfer. Anforderungen und Selbstdeutungen. Achen: Dr. Heinz Kersting Verlag.

Kocka, Jürgen (1989): Bildungsbürgertum – Gesellschaftliche Formation oder Historikerkonstrukt? In: Jürgen Kocka (Hg.): Bildungsbürgertum im 19. Jahrhundert, Teil IV: Politischer Einfluß und gesellschaftliche Formation. (Industrielle Welt. 48). Stuttgart: Klett-Cotta, S. 9-20.

Kocka, Jürgen (1990): ‚Bürgertum' and professions in the nineteenth century: two alternative approaches. In: Michael Burrage / Rolf Torstendahl (Eds.): Professions in Theory and History: Rethinking the Study of the Professions. London: Sage.

Koehn, Daryl (1994): The Ground of Professional Ethics. London: Routledge.

Köhler, Helmut / Thomas Rochow / Edeltraud Schulze (2001): Bildungsstatistische Ergebnisse der Volkszählungen der DDR 1950 bis 1981. Dokumentation der Auswertungstabellen und Analysen zur Bildungsentwicklung. (Studien und Berichte. 69). Berlin: Max-Planck-Institut für Bildungsforschung.

Komarowsky, Mirra (1940/1973): The Unemployed Man and His Family (Erstausgabe 1940). New York: Octagon Books.

Kraemer, Klaus / Uwe H. Bittlingmayer (2001): Soziale Polarisierung durch Wissen. Zum Wandel der Arbeitsmarktchancen in der Wissensgesellschaft. In: Peter A. Berger / Dirk Konietzka (Hg.): Neue Ungleichheiten der Erwerbsgesellschaft. Opladen: Leske + Budrich.

Krais, Beate (1987): Soziales Feld, Macht und kulturelle Praxis. Die Untersuchungen Bourdieus über die verschiedenen Funktionen der ‚herrschenden Klasse' in Frankreich. In: Klaus Eder (Hg.): Klassenlage, Lebensstil und kulturelle Praxis. Frankfurt a.M.: Suhrkamp, S. 47-70.

Kramer, Roderick. M. / Tom R. Tyler (Eds.) (1996): Trust in Organizations. Frontiers of theory and research. London: Sage.

Krause, Elliott A. (1996): Death of the Guilds: Professions, States and the Advance of Capitalism, 1930 to the Present. London/New Haven, CT: Yale University Press.

Krohn, Wolfgang / Georg Krücken (1993): Risiko als Konstruktion und Wirklichkeit. In: Wolfgang Krohn / Georg Krücken (Hg.): Riskante Technologien, Reflexion und Regulation. Frankfurt: Suhrkamp, S. 9-44.

Kurt, R. (1999): Der Kampf um Inszenierungsdominanz. In: Herbert Willems (Hg.): Inszenierungsgesellschaft. Ein Handbuch. Opladen: Westdeutscher Verlag, S. 565-582.

Kurtz, Thomas (1997): Professionalisierung im Kontext sozialer Systeme. Der Beruf des deutschen Gewerbelehrers. Opladen: Westdeutscher Verlag.

Kurtz, Thomas (1998): Professionen und professionelles Handeln. Soziologische Überlegungen zur Klärung einer Differenz. In: Sibylle Peters (Hg.): Professionalität und betriebliche Handlungslogik. Pädagogische Professionalisierung in der betrieblichen Weiterbildung als Motor der Organisationsentwicklung. Bielefeld: Bertelsmann, S. 105-121.

Kurtz, Thomas (2000a): Professionelles Handeln in Interaktionssystemen. Zur Rolle der Sozialwissenschaften im Berufsschulunterricht. In: Bernd Dewe / Thomas Kurtz (Hg.): Reflexionsbedarf und Forschungsperspektiven moderner Pädagogik. Fallstudien zur Relation zwischen Disziplin und Profession. Opladen: Leske + Budrich, S. 133-152.

Kurtz, Thomas (2000b): Moderne Professionen und Gesellschaftliche Kommunikation. Soziale Systeme, Zeitschrift für soziologische Theorie, 6 (1): 169-194.

Kurtz, Thomas (2001a): Zur Multidimensionalität der Sozialen Arbeit. MS Bielefeld.

Kurtz, Thomas (2001b): Form, strukturelle Kopplung und Gesellschaft. Systemtheoretische Anmerkungen zu einer Soziologie des Berufs. Zeitschrift für Soziologie 30 (2): 135-156.

Lamnek, Siegfried (1988): Qualitative Sozialforschung. Bd. 1: Methodologie. München/Weinheim: PsychologieVerlagsUnion.

Lane, Christel (2001): The professions transformed: Deprofessionalization or reprofessionalization? A comparative study of transformation processes in Britain and Germany. Paper to the ESA-conference in Helsinki.

Lane, Jan-Erik (2000): New Public Management. London: Routledge & Kegan.

Lange, Elmar / Niklas Luhmann (1974): Juristen – Berufswahl und Karrieren. In: Verwaltungsarchiv, 65: 113-162.

Larson, Magali Sarfatti. (1977): The Rise of Professionalism. Berkeley: University of California Press.

Legler, Harald (1988): Freie Berufe: Wirtschaftspolitische Ansatzpunkte zur Beseitigung von Entwicklungsengpässen. (Forschungsberichte des NIW, 12) Hannover: Niedersächsisches Institut für Wirtschaftsforschung e.V.

Lenhardt, Gero / Manfred Stock (2000): Hochschulentwicklung und Bürgerrechte in der BRD und der DDR. Kölner Zeitschrift für Soziologie und Sozialpsychologie, 52 (3): 520-540.

Lenk, Hans (1991): Ethikkodizes – zwischen schönem Schein und ‚harter' Alltagsrealität. In: Hans Lenk / Matthias Maring (Hg.): Technikverantwortung. Güterabwägung – Risikobewertung – Verhaltenskodizes. Frankfurt a.M.: Campus, S. 327-345.

Lenzen, Dieter (1991): Krankheit als Erfindung. Medizinische Eingriffe in die Kultur. Frankfurt a.M.: Fischer.

Lepsius, Rainer M. (1992): Das Bildungsbürgertum als ständische Vergesellschaftung. In: Rainer M. Lepsius (Hg.): Bildungsbürgertum im 19. Jahrhundert. Bd. III: Lebensführung und ständische Vergesellschaftung. (Industrielle Welt. 47). Stuttgart: Klett-Cotta, S. 9-18.

Lindblom, Charles (1977): Politics and Markets: The world's political economic systems. New York: Basic Books.

Lipsky, Michael (1980): Street-Level Bureaucracies. Dilemmas of the Individual in Public Services. New York: Russel Sage.

Loer, Thomas (1994): Werkgestalt und Erfahrungskonstitution. Exemplarische Analyse von Paul Cézannes >Montaigne Sainte-Victoire< (1904/06) unter Anwendung der Methode der objektiven Hermeneutik. In: Detlef Garz / Klaus Kraimer (Hg.): Die Welt als Text. Theorie, Kritik und Praxis der objektiven Hermeneutik. Frankfurt a.M.: Suhrkamp, S. 341-382.

Luckmann, Thomas / Walter M. Sprondel (Hg.) (1972): Berufssoziologie. Köln: Kiepenheuer & Witsch.

Luhmann, Niklas (1969): Legitimation durch Verfahren. Darmstadt/Neuwied: Luchterhand.

Luhmann, Niklas (1973, 2. Aufl.): Vertrauen. Ein Mechanismus der Reduktion sozialer Komplexität. Stuttgart: Enke.

Luhmann, Niklas (1977): Funktion der Religion. Frankfurt a.M.: Suhrkamp.

Luhmann, Niklas (1979): Trust and Power. Chichester: Wiley.

Luhmann, Niklas (1981): Die Profession der Juristen: Kommentare zur Situation in der Bundesrepublik Deutschland. In: Ders.: Ausdifferenzierung des Rechts. Frankfurt a.M.: Suhrkamp, S. 173-190.

Luhmann, Niklas (1984): Soziale Systeme. Frankfurt a.m.: Suhrkamp.

Luhmann, Niklas (1996): Das Erziehungssystem und die Systeme seiner Umwelt. In: Ders. / Karl-Eberhard Schorr (Hg.): Zwischen System und Umwelt. Fragen an die Pädagogik. Frankfurt a.m.: Suhrkamp, S. 14-52.

Luhmann, Niklas (1997): Die Gesellschaft der Gesellschaft. Frankfurt a.M.: Surkamp.

Lundgreen, Peter (1988): Wissen und Bürgertum. Skizze eines historischen Vergleichs zwischen Preußen/Deutschland, Frankreich, England und den USA, 18.-20. Jahrhundert. In: Hannes Siegrist (Hg.): Bürgerliche Berufe. Zur Sozialgeschichte der freien und akademischen Berufe im internationalen Vergleich. Göttingen: Vandenhoeck & Ruprecht, S. 106-124.

Lüssi, Peter (1995): Systemische Sozialarbeit. Praktisches Lehrbuch der Sozialberatung. Bern: Haupt.

MacDonald, Keith M. (1995): The Sociology of the Professions. London: Sage.

Maeder, Christoph. (1997): ‚Schwachi und schwierigi Lüüt.' Inoffizielle Insassenkategorien im offenen Strafvollzug. In: Stefan Hirschauer / Klaus Amann (Hg.): Die Befremdung der eigenen Kultur – Beiträge zur Erneuerung soziologischer Empirie. Frankfurt a.M.: Suhrkamp, S. 218-239.

Maeder, Christoph (2000): Brauchbare Artefakte. Statistiksoftware für das Pflege-Management im Spital als das Produkt ethnographischer Arbeit. In: Schweizerische Zeitschrift für Soziologie 26 (3): 685-703.

Maiwald, Kai-Olaf (1997): Die Herstellung von Recht. Eine exemplarische Untersuchung zur Professionalisierungsgeschichte der Rechtsprechung am Beispiel Preußens im Ausgang des 18. Jahrhunderts. Berlin: Duncker & Humblot.

Maiwald, Kai-Olaf (1999): Regel, Fallstruktur und Selbstbild: Zur ‚subjektiven Perspektive' in der Objektiven Hermeneutik. In: H. Schwengel (Hg.), Grenzenlose Gesellschaft? 29. Kongress der Deutschen Gesellschaft für Soziologie (...) Freiburg im Breisgau 1998, Band II. Pfaffenweiler: Centaurus, 1999.

Malin, Nigel (Ed.) (2000): Professionalism, Boundaries and the Workplace. London: Routledge.

Markovits, Inga (1993): Die Abwicklung. Ein Tagebuch zum Ende der DDR-Justiz. München: Beck.

Marshall, Thomas H. (1939): The Recent History of Professionalism in Relation to Social Structure and Social Policy. Canadian Journal of Economics and Political Science 5 (3): 325-340.

Marshall, Thomas H. (1950): Citizenship and Social Class and Other Essays. Cambridge: Cambridge University Press.

McGillis, Daniel (1983): The American Dispute Resolution Movement. In: American Bar Association (Ed.): Mediation in the Justice System. Dispute Resolution Paper Series no 2, Dec. 1983.

Merten, Roland / Thomas Olk (1996): Sozialpädagogik als Profession. Historische Entwicklung und künftige Perspektiven. In: Werner Helsper / Arno Combe (Hg.): Pädagogische Professionalität. Untersuchungen zum Typus pädagogischen Handelns Frankfurt a.M.: Suhrkamp, S. 570-613.

Merten, Roland / Peter Sommerfeld / Thomas Kortendiek (Hg.) (1996): Sozialarbeitswissenschaft – Kontroversen und Perspektiven. Neuwied: Luchterhand.

Meuser, Michael (2000a): Gemeinwohlrhetorik und Akzeptanz. Zur Standespolitik einer Elite-Profession. Vortrag auf dem 30. Kongreß der Deutschen Gesellschaft für Soziologie (DGS) in Köln.

Meuser, Michael (2000b): Zwischen Gemeinwohlorientierung und Gruppeninteressen. Der Gemeinwohl-Topos im Streit um die Gesundheitsreform. In: Michael Meuser / Michaela Pfadenhauer (Hg.): Im Dienste der Menschheit? Gemeinwohlorientierung als Maxime professionellen Handelns (Dokumentation des 5. Workshops des Arbeitskreises ‚Professionelles Handeln' am 18. und 19. November 1999 in Witten). Dortmund: Universitätsdruck.

Meuser, Michael / Ronald Hitzler (1999): Der Gemeinwohl-Topos im Streit um die Gesundheitsreform. Eine Dokumentenanalyse der diskursiven Positionen ärztlicher Berufsverbände. Köln/Dortmund: unveröff. Manuskript.

Michalski, Lutz (1989): Der Begriff des freien Berufs im Standes- und im Steuerrecht. Köln: Deutscher Ärzteverlag.

Michels, Robert (1957): Zur Soziologie des Parteiwesens in der modernen Demokratie. Stuttgart: Kröner.

Mieg, Harald A. (1994): Verantwortung: Moralische Motivation und die Bewältigung sozialer Komplexität. Opladen: Westdeutscher Verlag.

Mieg, Harald A. (1998): Professionspolitik ohne Professionen? In: Michael Corsten (Hg.): Professionspolitik. Berlin: Max-Planck-Institut für Bildungsforschung, S. 35-44.

Mieg, Harald A. (1999): Wissensmanagement durch Professionen. Daten vom Schweizer Umweltmarkt zur Differenz von (Berufs-)Ausbildung und Berufsarbeit. In: Hanja Hansen et al. (Hg.): Bildung und Arbeit: Das Ende einer Differenz? Aarau: Sauerländer, S. 257-266.

Mieg, Harald A. (2000): Gesundheit – Gerechtigkeit – Natur: Brauchen neue Professionen neue gesellschaftliche Zentralwerte? In: Michael Meuser / Michaela Pfadenhauer (Hg.): Im Dienste der Menschheit? Gemeinwohlorientierung als Maxime professionellen Handelns. Universität Dortmund, Lehrstuhl für Allgemeine Soziologie.

Mieg, Harald A. (2001a): Professionalization and professional activities in the Swiss market for environmental services. In: Walter Leal Filho (Ed.): Environmental careers, environmental employment and environmental training. Frankfurt a.M.: Lang, pp. 133-160.

Mieg, Harald A. (2001b): The social psychology of expertise. Mahwah, NJ: Lawrence Erlbaum.

Mieg, Harald A. (2001c): Umwelt und Profession. Gaia, 10 (3): 182-189.

Mieg, Harald A. (2001d): Vom ziemlichen Unvermögen der Psychologie, das Tun der Experten zu begreifen: Ein Plädoyer für Professionalisierung als psychologische Kategorie und einen interaktionsorientierten Expertenbegriff. In: Rainer K. Silbereisen / M. Reitzle (Hg.): Bericht über den 42. Kongress der Deutschen Gesellschaft für Psychologie 2000. Lengerich: Pabst, S. 635-648.

Mieg, Harald A. (2002a): Die berufliche Identität von Umweltdienstleistern: Altes, neues oder ohne Berufsbild? ARBEIT, 11(3): 185-198.

Mieg, Harald A. (2002b): Professionalisierung – ein Forschungsfeld der Wirtschaftspsychologie. In: Erich H. Witte (Hg.): Sozialpsychologie wirtschaftlicher Prozeße. Lengerich: Pabst, S. 125-144.

Mieg, Harald A. (2002c): The use of abstract knowledge in professional competition: A study on the Swiss market for professional environmental services. Schweizerische Zeitschrift für Soziologie / Swiss Journal of Sociology, 28 (1): 27-45.

Miegel, Meinhard (1992): Nachdenken über Eliten. In: Thomas Leif / Hans-Josef Legrand / Ansgar Klein (Hg.): Die politische Klasse in Deutschland. Eliten auf dem Prüfstand. Bonn/Berlin: Bouvier, S. 66-82.

Miegel, Meinhard (2001): Von der Arbeitskraft zum Wissen. Merkmale einer gesellschaftlichen Revolution. In: Merkur 55 (3): 203-210.

Miller, David (1999): Principles of Social Justice. Cambridge: Harvard University Press.

Millerson, G. (1964): The Qualifying Associations: A Study in Professionalization. London: Routledge & Kegan Paul.

Mills, C. Wright (1951): White Collar: The American Middle Classes. New York: Oxford University Press.

Mills, C. Wright (1955): Menschen im Büro. Ein Beitrag zur Soziologie der Angestellten. Köln: Bund.

Mills, C. Wright (1962): Die amerikanische Elite. Hamburg: Holsten.

Misztal, Barbara (1996): Trust in Modern Societies. Cambridge: Polity Press.

Mixa, Elisabeth (1995): Die gläserne Decke. Arbeitsbedingungen und Karrierebarrieren für Ärztinnen. Jahrbuch für kritische Medizin, 24: 28-47.

Möding, Nori (1995): Menschliches, allzu Menschliches. Vom Zusammenleben von NS-Verfolgten und Ex-NS-Begeisterten in den Medien nach 1945. In: Wolfram Fischer-Rosenthal / Peter Alheit (Hg.) unter Mitarbeit von Erika M. Hoerning: Biographien in Deutschland. Soziologische Rekonstruktionen gelebter Gesellschaftsgeschichte. Opladen: Westdeutscher Verlag, S. 202-212.

Möding, Nori / Alexander von Plato (1989): Nachkriegspublizisten: Eine erfahrungsgeschichtliche Untersuchung. In: Peter Alheit / Erika M. Hoerning (Hg.): Biographisches Wissen. Beiträge zu einer Theorie lebensgeschichtlicher Erfahrung. Frankfurt a.M./New York: Campus, S. 38-69.

Mosca, Gaetano (1950): Die herrschende Klasse. Bern: Francke.

Mühlschwein, Wolfgang (1979): Tragwerke als Arbeitsgegenstände von Bauingenieuren. Diss. TH Darmstadt.

Müller, Klaus-Dieter (1994): Zwischen Hippokrates und Lenin. Gespräche mit ost- und westdeutschen Ärzten über ihre Zeit in der SBZ und DDR. (Arzt und Politik in SBZ und DDR). Köln: Deutscher Ärzte-Verlag.

Münch, Richard (1982): Theorie des Handelns. Zur Rekonstruktion der Beiträge von Talcott Parsons, Emile Durkheim und Max Weber. Frankfurt a.M.: Suhrkamp.

Münch, Richard (1994): Zahlung und Achtung. Die Interpenetration von Ökonomie und Moral. Zeitschrift für Soziologie 23: 388-411.

Münkler, Herfried (1994): Profis ohne Professionalität. Die Gesetze des Marktes und das Ethos des Berufs. In: Mitteilungen der deutschen Patentanwälte 85: 254-256.

Murphy, R. (1990): Proletarianization or bureaucratization: the fall of the professional? In: Rolf Torstendahl / Michael Burrage (Eds.) (1990): The

Formation of Professions: Knowledge, State and Strategy. London: Sage.

Nagel, Ulrike (1997): Engagierte Rollendistanz. Professionalität in biographischer Perspektive. Rekonstruktive Theoriebildung am Beispiel der Statuspassage in den sozialen Berufen. (Biographie & Gesellschaft). Opladen: Leske + Budrich.

Neale, Pauline (Ed.) (1996): Facing the European Challenge: The Role of the Professions in a Wider Europe. University of Leeds: Departement of Continuing Education.

Neckel, Sighard (2000): Leistung versus Erfolg. Der Zufall von Reichtum und Ruhm – Zur symbolischen Ordnung der Marktgesellschaft. In: Frankfurter Rundschau, 7. Oktober 2000, 21.

Neckel, Sighard (2001): ‚Leistung' und ‚Erfolg'. Die symbolische Ordnung der Marktgesellschaft. In: Eva Barlösius / Hans-Peter Müller / Steffen Sigmund (Hg.): Gesellschaftsbilder im Umbruch. Soziologische Perspektiven in Deutschland. Opladen: Leske + Budrich, 245-265.

Nigsch, Otto (2000): Vertrauen: eine zeitgemäße Kategorie. Österreichische Zeitschrift für Soziologie 25 (1): 109–114.

Nilsson, Lennart (2000): Unbalanced welfare. In: Sören Holmberg / Lennart Weibull (Eds.) The New Society (in Swedish). Goteborg University, SOM-Institute, report 24.

Norman, Richard (1983): Service management (in Swedish). Malmö: Liber.

OECD (1996): Measuring What People Know: Human Capital Accounting for the Knowledge Economy. Paris.

OECD (1999). Bekämpfung sozialer Ausgrenzung. Sozialhilfe in Kanada und der Schweiz. Bern: Bundesamt für Sozialversicherung.

Oevermann, Ulrich (1983): Hermeneutische Sinnrekonstruktion. In: Detlef Garz / Klaus Kraimer (Hg.): Brauchen wir andere Forschungsmethoden? Frankfurt a.M.: Scriptor Verlag, S. 113-155.

Oevermann, Ulrich (1993): Struktureigenschaften supervisorischer Praxis: Exemplarische Sequenzanalyse des Sitzungsprotokolls der Supervision eines psychoanalytisch orientierten Therapie-Teams im Methodenmodell der objektiven Hermeneutik. In: Benjamin Bardé / Dankwart Mattke (Hg.): Therapeutische Teams. Göttingen/Zürich: Vandenhoek & Ruprecht.

Oevermann, Ulrich (1995): Der Strukturwandel der Öffentlichkeit durch die Selbstinszenierungslogik des Fernsehens. In: Claudia Honegger et al.

(Hg.): Gesellschaften im Umbau. Identitäten, Konflikte, Differenzen. Zürich: Seismo, S. 197-228.

Oevermann, Ulrich (1996/1997a, 2.Aufl./1999, 3.Aufl.): Theoretische Skizze einer revidierten Theorie professionalisierten Handelns. In: Arno Combe / Werner Helsper (Hg.): Pädagogische Professionalität: Untersuchungen zum Typus pädagogischen Handelns. Frankfurt a.M.: Suhrkamp, S. 70-182.

Oevermann, Ulrich (1997b) Die Architektonik einer revidierten Professionalisierungstheorie und die Professionalisierung rechtspflegerischen Handelns. Vorwort in: Andreas Wernet (Hg.): Professioneller Habitus im Recht. Berlin: Stigma, S. 9-19.

Oevermann, Ulrich (1999): Der professionalisierungstheoretische Ansatz des Teilprojekts ‚Struktur und Genese professionalisierter Praxis als Ort der stellvertretenden Krisenbewältigung', seine Stellung im Rahmenthema des Forschungskollegs und sein Verhältnis zur historischen Forschung über die Entstehung der Professionen im 19. und 20. Jahrhundert. Frankfurt a.M. (unveröff. Ms.).

Oevermann, Ulrich (2000a): Die Methode der Fallrekonstruktion in der Grundlagenforschung sowie der klinischen und pädagogischen Praxis. In: Klaus Kraimer (Hg.): Die Fallrekonstruktion. Sinnverstehen in der sozialwissenschaftlichen Forschung. Frankfurt a.M.: Suhrkamp.

Oevermann, Ulrich (2000b): Dienstleistungen der Sozialbürokratie aus professionalisierungstheoretischer Sicht. In: Eva-Marie von Harrach / Thomas Loer / Oliver Schmidtke (Hg.): Verwaltung des Sozialen. Formen der subjektiven Bewältigung eines Strukturkonflikts. Konstanz: Universitätsverlag Konstanz, S. 57-77.

Oevermann, Ulrich (2001): A Revised Theoretical Model of Professionalisation. Frankfurt a.M. (unveröff. Ms.).

Oevermann, Ulrich / Tilmann Allert / Elisabeth Konau / Jürgen Krambeck (1979): Die Methodologie einer ‚objektiven Hermeneutik' und ihre allgemeine forschungslogische Bedeutung in den Sozialwissenschaften. In: Hans-Georg Soeffner (Hg.): Interpretative Verfahren in den Sozial- und Textwissenschaften. Stuttgart: Metzler, S. 352-434.

Oevermann, Ulrich / L. Schuster / A. Simm (1985): Zum Problem der Perseveranz in Delikttyp und modus operandi. Spurentext-Auslegung, Tätertyp-Rekonstruktion, Strukturlogik kriminologischer Ermittlung. Wiesbaden: BKA.

Offe, Claus (1970): Leistungsprinzip und industrielle Arbeit. Mechanismen der Statusverteilung in Arbeitsorganisationen der industriellen ‚Leistungsgesellschaft'. Frankfurt a.M.: Europäische Verlagsanstalt.

Offe, Claus (1989): Bindung, Fessel, Bremse. Die Unübersichtlichkeit von Selbst-beschränkungsformeln. In: Axel Honneth et al. (Hg.): Zwischenbetrachtungen. Im Prozeß der Aufklärung. Frankfurt: Suhrkamp, S. 739-744.

Olk, Thomas (1986): Abschied vom Experten. Sozialarbeit auf dem Weg zu einer alternativen Professionalisierung. Weinheim/München: Juventa.

Östergren, Katarina / Sahlin-Andersson (1998): To Deal with Different Worlds. Medical management in encounters of profession, politics and administration (in Swedish). Stockholm: Landstingsförbundet.

Ostrom, Elenor (1990): Governing Commons: The evolution of institutions for collective action. Cambridge: Cambridge University Press.

Pahl, Gehrhard / Wolfgang Beitz (1977): Konstruktionslehre. Berlin: Springer.

Pareto, Vilfredo (1955): Allgemeine Soziologie. Tübingen: Mohr/Siebeck.

Parsons, Talcott (1939): The Professions and Social Structure. Social Forces 17: 457-467.

Parsons, Talcott (1951): The Social System. New York: Free Press.

Parsons, Talcott (1964 [1939]): Die akademischen Berufe und die Sozialstruktur. In: Ders.: Beiträge zur soziologischen Theorie. Neuwied/Berlin: Luchterhand, S. 160-179.

Parsons, Talcott (1968): Stichwort ‚Professions'. In: David Lawrence Sills (Ed.): International Encyclopedia of the Social Sciences, Vol 12, pp. 536-547.

Parsons, Talcott (1978): Research with Human Subjects and the ‚Professional Complex'. In: Ders.: Action Theory and the Human Condition. New York: Free Press, S. 35-65

Parsons, Talcott / Gerald M. Platt (1990): Die amerikanische Universität. Ein Beitrag zur Soziologie der Erkenntnis. Frankfurt a.M.: Suhrkamp.

Pelikan, Christa (1999): Die Mühen der Ebene: Aus der empirischen Forschung zur Familienmediation und zur Mediation in Strafrechtsangelegenheiten. In: Dies. (Hg.): Mediationsverfahren: Horizonte, Grenzen, Innensichten. (Jahrbuch für Rechts- und Kriminalsoziologie) Baden-Baden: Nomos.

Perkin, Harold (1989) The Rise of Professional Society. England since 1880. London: Routledge.

Pfadenhauer, Michaela (1998a): Innenpolitik und/oder Außenpolitik. Professionelles Territorialverhalten am Beispiel der Humangenetik. In: Michael Corsten (Hg.): Professionspolitik. Dokumentation des 3. Workshops des Arbeitskreises ‚Professionelles Handeln' vom 5.-6.6.1998 in Berlin (MPI für Bildungsforschung). Berlin: Eigendruck, S. 19-30.

Pfadenhauer, Michaela (1998b): Das Problem zur Lösung. Inszenierung von Professionalität. In: Herbert Willems / Martin Jurga (Hg.): Inszenierungsgesellschaft. Opladen/Wiesbaden: Westdeutscher Verlag, S. 291-304.

Pfadenhauer, Michaela (1999): Rollenkompetenz. Träger, Spieler und Professionelle als Akteure für die hermeneutische Wissenssoziologie. In: Ronald Hitzler / Jo Reichertz / Norbert Schröer (Hg.): Hermeneutische Wissenssoziologie. Standpunkte zur Theorie der Interpretation. Konstanz: DUV, S. 267-285.

Pfadenhauer, Michaela (2000): Gemeinwohlorientierung als Maxime professionellen Handelns? Ein inszenierungstheoretischer Klärungsversuch. In: Michael Meuser / Michaela Pfadenhauer (Hg.): Im Dienste der Menschheit? Gemeinwohlorientierung als Maxime professionellen Handelns. Dokumentation des 5. Workshops des Arbeitskreises ‚Professionelles Handeln' am 18. und 19. November 1999 in Witten. http://www.hitzler-soziologie.de/vernetzung.html#profhandeln

Pfetsch, Barbara (1996): Politik im Fernsehen: Strukturen und Bedingungen politischer Kommunikation. Zeitschrift für Politikwissenschaft, 6 (2): 331-347.

Pfetsch, Barbara / R. Schmitt-Beck (1994): Amerikanisierung von Wahlkämpfen? Kommunikationsstrategien und Massenmedien im politischen Mobilisierungsprozeß. In: Michael Jäckel / Peter Winterhoff-Spurk (Hg.): Politik und Medien. Analysen zur Entwicklung der politischen Kommunikation. Berlin: Vistas, S. 231-252.

Pforringer, Wolfgang (1990): Polikliniken sind sozialistische Mißgeburten. Neue Ärztliche, 13. Dezember.

Plessner, Helmuth (1955): Über Elite und Elitenbildung. In: Ders.: Gesammelte Schriften. Band X. Frankfurt a.M.: Suhrkamp, S. 138-146.

Plessner, Helmuth (1982): Zur Anthropologie des Schauspielers. In: Ders.: Gesammelte Schriften Bd. VII, Ausdruck und menschliche Natur. Frankfurt a.M.: Suhrkamp, S. 399-418.

Pokol, Béla (1990): Professionelle Institutionensysteme oder Teilsysteme der Gesellschaft? Reformulierungsvorschläge zu Niklas Luhmanns Systemtypologie. Zeitschrift für Soziologie 19 (5): 329-344.

Pollitt, Christopher (1990/93): Managerialism and the Public Services: The Anglo-American Experience. Oxford: Blackwell.

Pollitt, Christopher / Geert Bouckaert (2000): Public Management Reform. A comparative analysis. Oxford: Oxford University Press.

Pötzl, Michael (1996): Robuste Tragwerke – Vorschläge zu Entwurf und Konstruktion. In: Bauingenieur 1996: 481-488.

Power, Michael (1997) The Audit Society: The rituals of verification. Oxford: Oxford University Press.

Prokop, Siegfried (1984): Zur politischen und sozialen Entwicklung der Intelligenz der DDR (1955 bis 1961). In: Rolf Badstübner / Jochen Cerny / Gerhard Keiderling (Hg.): Jahrbuch für Geschichte, Bd. 31. Studien zur Geschichte der Deutschen Demokratischen Republik. Berlin: Akademie-Verlag, S. 153-186.

Proksch, Roland (1998a): Kooperative Vermittlung (Mediation) in streitigen Familiensachen: Praxiseinführung und Evaluation von kooperativer Vermittlung zur Förderung einvernehmlicher Sorge- und Umgangsregelung und zur Entlastung der Familiengerichtsbarkeit. Stuttgart etc.: Kohlhammer.

Proksch, Roland (1998b): Mediation in Deutschland – Stand und Perspektiven außergerichtlicher Konfliktregelung durch Mediation. In: Konsens 1.

Putnam, Robert D. (1993): Making Democracy Work. Civic traditions in modern Italy. New Jersey: Princeton University Press.

Raab, Jürgen / Dirk Tänzler (1999): Charisma der Macht und charismatische Herrschaft. Zur medialen Präsentation von Mußolini und Hitler. In: Anne Honer / Ronald Kurt / Jo Reichertz (Hg): Diesseitsreligion. Zur Deutung der Bedeutung moderner Kultur. Konstanz: Universitätsverlag Konstanz, S. 59-77.

Raab, Jürgen / Dirk Tänzler (2002): Politik im/als Clip. Zur soziostrukturellen Funktion politischer Werbespots. In: Herbert Willems (Hg.): Die Gesellschaft der Werbung. Opladen: Westdeutscher Verlag.

Randle, Keith (1996): Professionalism and managerialism in the UK further education sector: A case study. Paper presented at ISA WG 02 conference ‚Occupations and Professions: Changing Patterns, Definitions and Classifications', September, University of Nottingham.

Reith, Manuela (1988): Qualitätssicherung in Freien Berufen. In: Niedersächsisches Institut für Wirtschaftsforschung e.V.: Freie Berufe: Beschäftigungsmöglichkeiten und Wettbewerb in der Disskussion. NIW-Workshop 1987. Hannover.

Rifkin, Jeremy (1989): Mediation in the Justice System: A Paradox for Women. In: Women and Criminal Justice 1.

Roemer, John E. (1982): A General Theory of Exploitation and Class. Cambridge, MA: Harvard University Press.

Roethe, Thomas (1994): Strukturprinzipien professionalisierten anwaltlichen Handelns: Eine hermeneutische Rekonstruktion anwaltlicher Scheidungsberatung. Baden-Baden: Nomos.

Rohe, Karl (1992): Wahlen und Wählertraditionen in Deutschland, Frankfurt a.M.: Suhrkamp

Ropohl, Günter (1996): Ethik und Technikbewertung. Frankfurt a.M.:Suhrkamp.

Rothstein, Bo (1991): Demokrati, förvaltning och legitimitet. In: Bo Rothstein (Red.): Politik som organisation. Förvaltningspolitikens grundproblem. Stockholm: SNS.

Rothstein, Bo (1994) What the State Ought to Do? On the moral and political logic of the welfare state (in Swedish). Stockholm: SNS.

Rothstein, Bo / Staffan Kumlin (2001): Democracy, social capital and trust. In: Sören Holmberg / Lennart Weibull (Eds.) (2001): Blessed Country (in Swedish). Goteborg University, The SOM-Institute, report 26, pp. 49–63.

Rottleuthner, Hubert (1988): Die gebrochene Bürgerlichkeit einer Scheinprofession. Zur Situation der deutschen Richterschaft zu Beginn des 20. Jahrhunderts. In: Hannes Siegrist (Hg.): Bürgerliche Berufe. Göttingen: Vandenhoeck & Ruprecht, S. 145-173.

Rueschemeyer, Dietrich (1964): Doctors and Lawyers: A Comment on the Theory of the Professions. In: Canadian Review of Sociology and Anthropology.

Rüschemeyer, Dietrich (1972): Ärzte und Anwälte. Bemerkungen zur Theorie der Professionen. In: Thomas Luckmann / Michael Sprondel (Hg.): Berufssoziologie. Köln: Kiepenheuer & Witsch, S. 169-181.

Rüschemeyer, Dietrich (1973): Professions. Historisch und kulturell vergleichende Überlegungen. In: Günter Albrecht / Hansjürgen Daheim / Fritz Sack (Hg.): Soziologie. Sprache, Bezug zur Praxis, Verhältnis zu anderen Wissenschaften. Opladen: Westdeutscher Verlag, S. 250-260.

Rüschemeyer, Dietrich (1976): Juristen in Deutschland und in den USA. Stuttgart: Enke.

Rueschemeyer, Dietrich (1983): Professional Autonomy and the Social Control of Expertise. In: Robert Dingwall / Philip Lewis (Eds.): The Sociology of the Professions. London: Macmillan, pp. 38-58.

Rueschemeyer, Dietrich (1986): Power and the division of labour. Cambridge, UK: Polity.

Sahner, Heinz (1989): Zur Situation der Freien Berufe. In: Heinz Sahner et al.: Zur Lage der Freien Berufe 1989, Teil I: Empirischer Überblick; soziologische, wirtschaftswissenschaftliche und rechtswissenschaftliche Betrachtung. Lüneburg: Forschungsinstitut Freie Berufe, Universität Lüneburg.

Saks, M. (1995): Professions and the Public Interest: Medical Power, Altruism and Alternative Medicine. London: Routledge.

Saltman, Richard B. / C. von Otter (1992): Planned Markets and Public Competition: Strategic reforms in Northern European health systems. Buckingham: Open Univ. Press.

Savage, Mike / J. Barlow / P. Dickens / A. J. Fielding (1992): Property, Bureaucracy and Culture: Middle-class Formation in Contemporary Britain. London: Routledge.

Schagen, Udo (1996): Frauen im ärztlichen Studium und Beruf: Quantitative Entwicklung und politische Vorgaben in DDR und BRD. In: Christoph Meinel / Monika Renneberg (Hg.): Geschlechterverhältnisse in Medizin, Naturwissenschaft und Technik. Bassum/Stuttgart: Verlag für Geschichte der Naturwissenschaften und der Technik, S. 325-334.

Scheler, Max (1926): Die Wissensformen und die Gesellschaft. Leipzig: Neue-Geist Verlag.

Schelsky, Helmut (1957): Schule und Erziehung in der industriellen Gesellschaft. Würzburg: Werkbund-Verlag.

Schluchter, Wolfgang (1963): Der Elitebegriff als soziologische Kategorie. In: Kölner Zeitschrift für Soziologie, 15 (2): 233-256.

Schluchter, Wolfgang (1998): Die Entstehung des modernen Rationalismus. Eine Analyse von Max Webers Entwicklungsgeschichte des Okzidents. Frankfurt a.M.: Suhrkamp.

Schmutzer, Manfred E.A. (1994): Ingenium und Individuum. Eine sozialwissenschaftliche Theorie von Wissenschaft und Technik. Wien/New York: Springer.

Schön, Donald A. (1991): The reflective practitioner. Aldershot Hants, GB: Avebury.

Literatur

Schütz, Alfred (1960): Der sinnhafte Aufbau der sozialen Welt. Eine Einleitung in die verstehende Soziologie. Wien: Springer.

Schütze, Fritz. (1992): Sozialarbeit als ‚bescheidene' Profession. In: Bernd Dewe / Wilfried Ferchhoff / Frank Olaf-Radtke (Hg.): Erziehen als Profession. Zur Logik professionellen Handelns in pädagogischen Feldern. Opladen: Leske + Budrich, S. 133-170.

Schütze, Fritz (1996): Organisationszwänge und hoheitsstaatliche Rahmenbedingungen im Sozialwesen: Ihre Auswirkungen auf die Paradoxien des professionellen Handelns. In: Werner Helsper / Arno Combe (Hg.) (2. Aufl.): Pädagogische Professionalität. Untersuchungen zum Typus pädagogischen Handelns. Frankfurt a.M.: Suhrkamp, S. 183-275.

Schütze, Fritz (2000): Schwierigkeiten bei der Arbeit und Paradoxien des professionellen Handelns. Ein grundlagentheoretischer Aufriß. In: Zeitschrift für qualitative Bildungs-, Beratungs- und Sozialforschung, 1: 49-96.

Schwarz, Heinz (1983): Methodische Voraussetzungen für die Rationalität und Rationalisierung der Arbeit von Bauingenieuren – Das Beispiel der Entwurfstheorie. In: Hanns-Peter Ekardt (Hg.): Bauingenieure und Rationalisierung. Kassel: Stauda, S. 61-82.

Schwengel, Hermann (1999): Globalisierung mit europäischem Gesicht. Der Kampf um die politische Form der Zukunft. Berlin: Aufbau-Verlag.

Shailor, Jonathan G. (1994): Empowerment in Dispute Mediation: A Critical Analysis of Communication. Westport: Praeger.

Shanteau, James (1992a): Competence in experts: The role of task characteristics. Organizational Behavior and Human Decision Processes, 53: 252-266.

Shanteau, James (1992b): The psychology of experts. In: George Wright / Fergus Bolger (Eds.): Expertise and decision support. New York: Plenum, pp. 11-23.

Siegrist, Hannes (1985): Gebremste Professionalisierung – Das Beispiel der Schweizer Rechtsanwaltschaft im Vergleich zu Frankreich und Deutschland im 19. und frühen 20. Jahrhundert. In: Werner Conze / Jürgen Kocka (Hg.): Bildungsbürgertum im 19. Jahrhundert. Teil 1: Bildungssystem und Professionalisierung in internationalen Vergleichen. Stuttgart: Klett-Cotta.

Siegrist, Hannes (Hg.) (1988a): Bürgerliche Berufe: Zur Sozialgeschichte der freien und akademischen Berufe im internationalen Vergleich. (Kritische Studien zur Geschichtswissenschaft, Bd. 80) Göttingen: Vandenhoeck & Ruprecht.

Siegrist, Hannes (1988b): Bürgerliche Berufe. Die Professionen und das Bürgertum. In: Ders. (Hg.): Bürgerliche Berufe: Zur Sozialgeschichte der freien und akademischen Berufe im internationalen Vergleich. Göttingen: Vandenhoeck & Ruprecht, S. 11-48.

Siegrist, Hannes (1990): Professionalization as a process: patterns, progression and discontinuity. In: Michael Burrage / Rolf Torstendahl (Eds.): Professions in Theory and History: Rethinking the Study of the Professions. London: Sage.

Siegrist, J. (1998): Adverse health effects of effort-reward imbalance at work: Theory, empirical support, and implications for prevention. In: Cary Lynn Cooper (Ed.): Theories of organizational stress. Oxford: Oxford University Press, pp. 190-204.

Simmel, Georg (1989): Philosophie des Geldes. Gesamtausgabe Band 6. Frankfurt a.M.: Suhrkamp.

Simon, Herbert A. (1957): Models of man. New York: Wiley.

Slaughter, Sheila / Larry Leslie (1997): Academic Capitalism. Politics, Policies and the Entrepreneurial University. Baltimore: The John Hopkins University Press.

Soeffner, Hans-Georg (Hg.) (1979): Interpretative Verfahren in den Sozial- und Textwissenschaften. Stuttgart: Metzler.

Soeffner, Hans-Georg (1989): Auslegung des Alltags – Der Alltag der Auslegung. Zur wissenssoziologischen Konzeption einer sozialwissenschaftlichen Hermeneutik. Frankfurt: Suhrkamp.

Soeffner, Hans-Georg / Dirk Tänzler (2002a): Figurative Politik. Prolegomena zu einer Kultursoziologie politischen Handelns. In: Dies.: Figurative Politik. Zur Performanz der Macht in der modernen Gesellschaft. Opladen: Leske + Budrich.

Soeffner, Hans-Georg / Dirk Tänzler (2002b): Medienwahlkämpfe. Hochzeiten rituelle Politikinszenierung. In: Andreas Dörner / Ludgera Vogt (Hg.): Wahl-Kämpfe. Betrachtungen über ein demokratisches Ritual. Frankfurt a.M.: Suhrkamp, S. 92-115.

Sorensen, James T. / Thomas L. Sorensen (1974): The conflict of professionals in bureaucratic organizations. Administrative Science Quarterly, 19: 98-106.

SPD / Bündnis 90/Die Grünen (1998): Aufbruch und Erneuerung – Deutschlands Weg ins 21. Jahrhundert. Koalitionsvereinbarung zwischen der Sozialdemokratischen Partei Deutschlands und Bündnis 90/Die Grünen. Bonn.

Spencer, Herbert (1897/1966): The Principles of Sociology, Vol. III, Nachdruck der Ausgabe von 1897, Osnabrück: Otto Zeller.

Stammer, Otto (1951): Das Elitenproblem in der Demokratie. In: Schmollers Jahrbuch LXXI (5): 1-28.

Stammer, Otto (1972): Elite und Elitenbildung. In: Wörterbuch der Soziologie. Band 1. Frankfurt a.M.: Fischer, S. 180-182.

Statistics Sweden (1999): The work environment. Stockholm: SCB.

Statistisches Bundesamt (2001): Zeitreihe 00023001 und 00023008, http://www.arbeitsamt.de/hst/services/statistik/detail/index.html vom 29.07.

Statistisches Jahrbuch der Deutschen Demokratischen Republik (1990). Berlin: Haufe.

Stehr, Nico (1994): Arbeit, Eigentum und Wissen. Zur Theorie von Wissensgesellschaften. Frankfurt a.M.: Suhrkamp.

Stehr, Nico / Reiner Grundmann (2001): Die Arbeitswelt in der Wissensgesellschaft. In: Thomas Kurtz (Hg.): Aspekte des Berufs in der Moderne. Opladen: Leske + Budrich, S. 315-336.

Stein, Rosemarie (1992): Die Charité. 1945-1992. Ein Mythos von innen. Berlin: Argon.

Stichweh, Rudolf (1992a): Professionen in Deutschland im 19. und 20. Jahrhundert. Ius Commune XIX: 279-288.

Stichweh, Rudolf (1992b): Professionalisierung, Ausdifferenzierung von Funktionssystemen, Inklusion. Betrachtungen aus systemtheoretischer Sicht. In: Bernd Dewe / Wilfried Ferchhoff / Frank-Olaf Radtke (Hg.): Erziehen als Profession. Zur Logik professionellen Handelns in pädagogischen Feldern. Opladen: Leske + Budrich, S. 36-48.

Stichweh, Rudolf (1994a): Wissenschaft, Universität, Professionen: Soziologische Analysen. Frankfurt a.M.: Suhrkamp.

Stichweh, Rudolf (1994b): Professionen und Disziplinen: Formen der Differenzierung zweier Systeme beruflichen Handelns in modernen Gesellschaften. In: Ders.: Wissenschaft, Universität, Professionen. Frankfurt a.M.: Suhrkamp, S. 278-336.

Stichweh, Rudolf (1996): Professionen in einer funktional differenzierten Gesellschaft. In: Arno Combe / Werner Helsper (Hg.): Pädagogische Professionalität. Untersuchungen zum Typus pädagogischen Handelns. Frankfurt a. M.: Suhrkamp, S. 49-69.

Stichweh, Rudolf (1997): Professions in Modern Society. International Review of Sociology, 7: 95-102.

Stojanov, Christo (1991): Das ‚Immunsystem' des ‚real existierenden Sozialismus'. Aus Politik und Zeitgeschichte (Beilage zur Wochenzeitung ‚Das Parlament'), B 19/91: 36-46.

Stollberg, Gunnar (1997): Haben messende Verfahren die Lebenswelt der Patienten kolonisiert? Überlegungen auf der Basis von Autobiographien. In: Volker Hess (Hg.): Normierung der Gesundheit. Messende Verfahren der Medizin als kulturelle Praktik um 1900. Husum: Matthiesen, S. 125-135.

Strauss, Anselm / Leonard Schatzman / Rue Bucher / Danuta Ehrlich / Melvin Sabshin (1963): The Hospital and its negotiated order. In: Eliot Freidson (Ed.): The Hospital in Modern Sociaty. London: Collier-Macmillan, pp. 147-169.

Strauss, Anselm / Leonard Schatzman / Rue Bucher / Danuta Ehrlich / Melvin Sabshin (1975): Negotiated Order and the Co-ordination of Work. In: Anselm Strauss (Ed.): Professions, Work and Careers. New Brunswick, NJ: Transaction Books, pp. 175-202.

Strauss, Anselm / Shizuko Fagerhaugh / Barbara Suczek / Carolyn Wiener (1997): Social Organization of Medical Work. New Brunswick/London: Transaction Publishers.

Streckeisen, Ursula (2001): Die Medizin und der Tod. Über berufliche Strategien zwischen Klinik und Pathologie. Opladen: Leske + Budrich.

Svallfors, Stefan / Peter Taylor-Gooby (Eds.) (1999): The End of the Welfare State? Responses to state retrenchment. ESA studies in European Society. London: Routledge.

Svensson, Lennart, G (1994): Governmental control and professional education in Sweden. In: Tony Becher (Ed.): Governments and Professional Education. Open University Press, pp 123–140.

Svensson, Lennart G. (1998): Professionalism and Political Decentralisation (in Swedish). Research report no 122, Dept. of Sociology. Goteborg University.

Svensson, Lennart G. (1999): Professionals as a new middle class: The Swedish case. In: Ingá Hellberg / Mike Saks / Cecilia Benoit (Eds.) (1999): Professional Identities in Transition. Cross-cultural dimensions. Södertälje: Almqvist & Wiksell, pp 83–107.

Svensson, Lennart G. (2000): Professions, states, markets and trust. New conditions for the sociology of professions. Paper presented at ESA Professions Network Conference, Jesi, Italy, May 4-6.

Tänzler, Dirk (2000a): Wem sind Politiker verpflichtet? Versuch über eine Soziologie der Politik. In: Michael Meuser / Michaela Pfadenhauer (Hg.): Im Dienste der Menschheit? Gemeinwohlorientierung als Maxime professionellen Handelns. Dokumentation des 5. Workshops des Arbeitskreises ‚Professionelles Handeln' am 18. und 19. November 1999 in Witten. http://www.hitzler-soziologie.de/vernetzung.html #profhandeln

Tänzler, Dirk (2000b): Das ungewohnte Medium. Hitler und Roosevelt im Film. Sozialer Sinn 1/2000: 93-120.

Tänzler, Dirk (2002): Der Charme der Macht. Zur Inszenierung politischer Eliten am Beispiel Franklin D. Roosevelts. In: Ronald Hitzler / Stefan Hornbostel (Hg.): Elitenmacht. Opladen: Leske+Budrich 2002.

Tawney, Richard Henry (1921): The Acquisitive Society. New York: Harcourt Bruce.

Taylor-Gooby, Peter / Robin Lawson (Eds.) (1993): Markets and Managers. New issues in the delivery of welfare. Milton Keynes: Open University Press.

Thole, Werner / Ernst-Uwe Küster-Schapfl (1997): Sozialpädagogische Profis. Beruflicher Habitus, Wissen und Können von PädagogiInnen in der außerschulischen Kinder- und Jugendarbeit. Opladen: Leske + Budrich.

Thomas, Hans-Joachim (1990): Nein zum Fortbestand der Polikliniken nach 1995. Ärzte-Zeitung, 13. Dezember.

Tommissen, Piet (1976): Vilfredo Pareto. In: Dirk Käsler (Hg.): Klassiker des soziologischen Denkens. München: Beck, S. 201-231.

Toren, Nina (1972): Social Work: The Case of a Semi-Profession. Beverly Hills: Sage.

Torstendahl, Rolf / Michael Burrage (Eds.) (1990): The Formation of Professions: Knowledge, State and Strategy. London: SAGE Publications.

Trautwein, Hans-Michael (1989): Die Stellung der Freien Berufe in einer marktwirtschaftlichen Ordnung. In: Heinz Sahner et al.: Zur Lage der Freien Berufe 1989, Teil I: Empirischer Überblick; soziologische, wirtschaftswissenschaftliche und rechtswissenschaftliche Betrachtung. Lüneburg: Forschungsinstitut Freie Berufe, Universität Lüneburg.

Tykwer, J. / Ulrich Oevermann (1996): Sinnrekonstruktive Auswertung von Spurentexten. ‚Mehrfacher Einbruch ins Bootsheimer Schloß' – eine Fallanalyse von Tatortbeschreibungen und kriminalistischem Ermittlungshandeln. In: Jo Reichertz / Norbert Schröer (Hg.): Qualitäten polizeilichen Handelns: Studien zu einer verstehenden Polizeiforschung. Opladen: Westdeutscher Verlag.

Vaillant, George E. (2000): Psychoanalytische Überlegungen zur biographischen Sozialisation. In: Erika M. Hoerning (Hg.): Biographische Sozialisation. (Der Mensch als soziales und personales Wesen, Bd. 17). Stuttgart: Lucius & Lucius, S. 87-100.

VDI Hauptgruppe (1991): Technikbewertung – Begriffe und Grundlagen. Erläuterungen und Hinweise zur VDI-Richtlinie 3780. (VDI-Report 15) Düsseldorf.

Waddington, Ivan (1978): Power and Control in the Doctor-Patient Relationship: A Developmental Analysis. University of Leicester.

Wahrhaftig, Paul (1986): Non-Professional Conflict Resolution. In: Joseph E. Palenski / Harold M. Launer (Eds.): Mediation: Contexts and Challenges. Springfield: Thomas.

Walsh, Kieron (1995): Public Services and Market Mechanisms. Competition, Contracting and the New Public Management. London: Macmillan.

Wasem, Jürgen (1992): Von der ‚Poliklinik' in die Kassenarztpraxis. Versuch einer Rekonstruktion der Entscheidungssituation ambulant tätiger Ärzte in Ostdeutschland. (Discussion Paper. 92/5). Köln: Max-Planck-Institut für Gesellschaftsordnung.

Wasilewski, Rainer et al. (1997): Neue freiberufliche Dienstleistungen: Potentiale und Marktchancen. Ergebnisse einer Untersuchung des Instituts für Freie Berufe an der Friedrich-Alexander-Universität Erlangen-Nürnberg. Köln: Deutscher Ärzte-Verlag.

Webb, Janette (1999): Work and the new public service class? Sociology, 33 (4): 747–766.

Weber, Max (1920/1978): Economy and society: an outline of interpretative sociology. (ed. by Guenther Roth / Claus Wittich). Berkeley, CA: University of California Press.

Weber, Max (1947/64): Social and economic organization (ed. by T. Parsons). New York: Free Press.

Weber, Max (1962/1972): Wirtschaft und Gesellschaft. Grundriss einer verstehenden Soziologie. Tübingen: Mohr.

Weber, Max (1984): Die protestantische Ethik I. Eine Aufsatzsammlung (hg. von Johannes Winckelmann). Gütersloh: GTB.

Weber, Max (1992): Politik als Beruf. MWG I/17, Tübingen: Mohr, S. 157-252.

Wehler, Hans-Ulrich (1995): Deutsche Gesellschaftsgeschichte. Dritter Band: Von der ,Deutschen Doppelrevolution' bis zum Beginn des Ersten Weltkrieges 1849-1914. München: Beck.

Weischenberg, Siegfried (1987): Die Glaubwürdigkeitslücke des Fernsehjournalismus. Anmerkungen zum Zusammenhang zwischen der Politikmündigkeit der Bevölkerung und der aktuellen politischen Berichterstattung. Media-Perspektiven, 11/1987: 711-717.

Weiß, Johannes (1998): Handeln und handeln lassen. Über Stellvertretung. Opladen/Wiesbaden: Westdeutscher Verlag.

Wernet, Andreas (Hg.) (1997): Professioneller Habitus im Recht: Untersuchungen zur Professionalisierungsbedürftigkeit der Strafrechtspflege und zum Professionshabitus von Strafverteidigern. Berlin: Sigma.

Wernet, Andreas (2000a): Einführung in die Interpretationstechnik der Objektiven Hermeneutik. Opladen: Leske + Budrich.

Wernet, Andreas (2000b): „Wann geben Sie uns die Klassenarbeiten wieder?" Zur Bedeutung der Fallrekonstruktion für die Lehrerausbildung. In: Klaus Kraimer (Hg.): Die Fallrekonstruktion. Sinnverstehen in der sozialwissenschaftlichen Forschung. Frankfurt a.M.: Suhrkamp.

Weyer, Johannes (1997): Konturen einer netzwerktheoretischen Techniksoziologie. In: Johannes Weyer / Ulrich Kirchner / Lars Riedl / Johannes F. K. Schmidt (Hg.): Technik, die Gesellschaft schafft. Berlin: Sigma, S. 23-52.

White, Vicky / John Harris (1999): Professional boundaries re-defined. Three discourses on the users of welfare. In: Mike Dent / Maggie O'Neill / Carl Bagley (Eds.): Professions, New Public Management and the European Welfare State. Stoke-on-Trent: Staffordshire University Press, pp 53–69.

Wiesendahl, Elmar (2001): Berufspolitiker zwischen Professionalismus und Karrierismus. In: Hans Herbert von Arnim (Hg.): Politische Klasse und Verfassung. Berlin: Duncker & Humblot, S. 145-166.

Wilensky, Harold L. (1964): The professionalization of everyone? American Journal of Sociology, 70 (2): 137-58.

Willke, Helmut (1998): Organisierte Wissensarbeit. Zeitschrift für Soziologie, 27 (3): 161-177.

Witz, Anne (1992): Professions and Patriarchy. London: Routledge.

Wright, Eric Olin (1985): Classes. London: Verso.

Zilleßen, Horst (Hg.) (1998): Mediation. Opladen: Westdeutscher Verlag.

Zöller, Michael (2000): Vom Parteienkartell zur Repolitisierung der Politik. In: Frankfurter Allgemeine Zeitung vom 27.3.2000: 15.

Zussman, Robert (1985): Mechanics of the Middle Class. Work and Politics Among American Engineers. Berkeley: University of California Press.

Autorinnen und Autoren

Dr. Jens Borchert — Universität Göttingen, Zentrum für Europa- und Nordamerika-Studien
jborche@gwdg.de

Kai Dröge, M.A. — Institut für Sozialforschung an der Johann-Wolfgang-Goethe-Universität Frankfurt a.M.
k.droege@em.uni-frankfurt.de

Prof. Dr. Hanns-Peter Ekardt — Universität Kassel
ekardt@uni-kassel.de

Prof. Dr. Julia Evetts — University of Nottingham, School of Sociology and Social Policy
julia.evetts@nottingham.ac.uk

PD. Dr. Erika M. Hoerning — Max-Planck-Institut für Bildungsforschung, Berlin
hoerning@mpib-berlin.mpg.de

Dr. Thomas Kurtz — Universität Bielefeld, Fakultät für Soziologie
thomas.kurtz@uni-bielefeld.de

Prof. Dr. Christoph Maeder — FHS St. Gallen, Institut für soziale Arbeit
Christoph.Maeder@fhsg.ch

Dr. Kai-Olaf Maiwald — Universität Tübingen, Institut für Soziologie
kai-olaf.maiwald@uni-tuebingen.de

Autorinnen und Autoren

Prof. Dr. Harald A. Mieg	ETH Zürich, Institut für Mensch-Umwelt Beziehungen mieg@uns.umnw.ethz.ch
Prof. Dr. Eva Nadai	FachhochschuleSolothurn Nordwestschweiz eva.nadai@fhso.ch
Dr. Michaela Pfadenhauer	Universität St. Gallen, Seminar für Soziologie pfadenhauer@professionssoziologie.de
Assoc. Prof. Dr. Lennart G. Svensson	Goteborg University, Department of Sociology lennart.svensson@sociology.se
Dr. Dirk Tänzler	Universität Konstanz, Fachbereich Geschichte und Soziologie Dirk.Taenzler@uni-konstanz.de

Index

Allgemeinmedizin 124, 128, 130, 136, 306
Altersstruktur 129
Angestellte 29, 116, 154, 156, 287, 305, 306, 308
Anwalt 16, 19, 27, 41, 95, 107, 168, 173, 192, 268 ff.
Anwältin 22
Anwaltspraxis 372
Anwendung 15, 28, 33, 35, 44, 45, 72, 106, 158, 162, 188, 203, 236, 253, 268
Arbeitsorganisation 111, 139, 173
Arbeitsprozess 170, 171
Arbeitsteilung 29, 77, 114, 256
Architekt 12, 20, 30, 41, 173, 177, 184, 276, 282, 283, 287, 291, 292, 293, 296, 300, 305, 308
Arzt 12, 20, 25, 27, 30, 34, 37, 41, 91, 94, 95, 97, 101, 104, 105, 107, 111 ff., 262, 265, 271 ff.
Arzthelfer 115
Ärztin 34, 37, 111, 122, 123, 127, 128, 130, 132, 135, 283
Aushandlung 119, 158

Bemessungsgrundlage 289, 290, 292
Berufsethik 251, 264
Berufsgruppen 11, 14, 15, 16, 18, 19, 22, 28, 36, 37, 40, 43, 46, 91, 95-98, 101, 104-107, 114, 129, 142, 143, 157, 158, 172, 193, 274, 290, 297
Berufspolitiker 227, 237, 283, 303, 309, 310
Berufsstand 116
Berufsverband 16, 22, 36, 43, 45, 274, 296, 297
Beschäftigte 122, 123, 256, 257, 270
Besoldung 290, 293, 297
Bezahlung 41, 114, 268, 288, 290, 292, 295, 297, 298-301, 305-307, 309
Bildungsbürgertum 45, 111, 112
Bildungswissen 79, 111, 112
Bürokratie 149
Darstellung 11, 35, 40, 81-84, 86, 165, 169, 177, 203, 205, 207, 212, 218, 224, 228, 229, 235, 245
DDR 37, 111-145,
Definitionsmacht 12
Deprofessionalisierung 127

Dequalifizierung 114
Differenz 19, 204
Differenzierung 19, 25, 33, 38, 71, 93, 96, 97, 204, 234, 277
Einsatz 187, 212
Einstellung 138, 139, 191, 241
Einzelvertrag 119, 120
Elite 71, 72, 75, 78-80, 145, 264, 324
Entprofessionalisierung 37, 114, 143
Entscheidung 28, 40, 73, 101, 116, 123, 125, 155, 169, 170, 190, 221, 229, 245, 282, 283, 286, 302
Ethik 138, 288
Ethnomethodologie 43, 44, 149, 152
Experten 21, 28, 29, 37, 40, 77, 78, 84, 90, 104-106, 113, 114, 118, 144, 170, 173, 174, 196, 213, 222, 227, 229, 230, 235, 244, 253, 255, 272, 281, 285
Expertenkritik 196, 222, 225
Expertise 39, 91, 170, 173, 177, 180, 187, 201, 222, 225, 250, 253, 261
Familienmediation 39, 85, 195, 196, 197, 199, 200, 202, 203, 206, 213, 221-223, 225
Feminisierung 127

Funktion 12, 30, 33, 34, 36, 71, 76, 99, 102, 153, 172, 173, 176, 213
Funktionalismus 21, 29-31, 269, 274
Funktionalität 79, 268
Funktionen 24, 75, 76, 94, 132, 153, 191, 197, 250, 303
Funktionssystem 5, 33, 37, 89, 96, 102
Gemeinwohl 31, 172, 255, 259, 264-266, 270, 272, 275, 310
Gemeinwohlorientierung 16, 26, 30, 31, 255, 257, 259, 264, 272, 274, 275, 280, 306, 311
Gesellschaft 12, 30, 32- 34, 37, 38, 71, 73, 74-79, 89, 90, 92-98, 101, 102, 105, 107, 112-114, 143, 152, 162, 227, 232, 249, 250, 255, 257, 258, 262, 268, 270, 274
Gesundheitssystem 30, 104, 114, 116, 118, 120, 122-124, 144, 265, 282
Gewerkschaft 73, 116
Gewerkschaftsbund 116
Habitus 111, 113, 125, 133, 255
Honorar 26, 289, 291, 309-311
Honorarordnung 287, 291, 296

Humanismus 38, 143
Ingenieur 14, 20, 27, 30, 38, 41, 43, 91, 94, 106, 119, 173-177, 184, 187, 189, 190, 228, 276, 282-284, 287, 291-293, 296, 301, 302, 305, 308
Ingenieurpraxis 167, 169, 170-175, 177, 180, 181, 184, 185, 187, 193
Ingenieurrationalität 174, 175, 180-182, 184, 189, 193
Inklusion 92, 392
Innovation 207
Inszenierung 22, 35, 36, 40, 84, 229, 230, 232, 236, 240, 243, 245, 279
Intelligenz 111-113, 117-119, 121, 127, 128, 130, 137
Interaktion 21, 29, 32, 99, 101, 177, 180, 205, 218, 236, 263
Klient 9, 18, 22, 27, 32, 35, 36, 41, 42, 84, 85, 90, 91, 93, 98, 99, 100, 101, 104-107, 114, 118, 148, 149, 151, 153-156, 159-161, 163-166, 219, 225, 229, 254, 255, 258, 259, 265, 267-269, 272-289, 293, 294, 298, 300, 301, 304, 305, 307-311
Klientin 148, 149, 154-156, 160, 161, 163, 164, 166
Kollektiv 249, 251
Kommunikation 92, 99-101, 105, 263, 281, 291, 302
Kommunikationsmedium 99
Konkurrenz 74, 75, 120, 201, 229, 273, 311
Kontext 24, 33, 84, 91, 92, 95-97, 101, 103, 105, 148-150, 168, 177, 181, 188, 195, 200, 201, 203-206, 211, 218, 225, 236, 249, 251, 258, 270, 276, 279, 280, 295, 316, 341
Krise 168, 171, 191, 200, 225, 232, 272
Krisenkonstitution 171
Leistung 9, 21, 23-28, 32, 35-37, 39-41, 71, 76, 78-86, 89-91, 93, 101, 102, 107, 147, 149, 165, 195, 202, 212, 213, 221, 223, 228, 229, 238, 244, 249, 250-257, 259, 260, 262-267, 269, 276-281, 283, 284, 287, 289, 290, 292-294, 300, 301, 303-307, 309-312
Leistungsbewertung 9, 21, 26, 36, 41, 254-256, 267-269, 275-277, 281, 283, 284, 293, 304, 306, 307, 311
Leistungsgesellschaft 40, 251

Leistungsprinzip 40, 78, 79, 249-252, 254, 256, 259, 260, 264, 276, 310
Leistungswissen 79, 112
Logik 13, 34, 74, 158, 173, 175, 190, 193, 273, 303
Logik der Praxis 193
Macht 12, 31, 36, 71, 72, 73, 75-77, 79, 99, 104, 210, 228, 235, 237, 240, 241, 243-245, 273, 288, 295
Machtelite 73, 74
Machtposition 35
Markt 13, 22, 27, 28, 40, 41, 65, 76, 82, 114, 173, 192, 249, 253, 257, 259, 268, 273, 285, 287, 307, 313, 325, 327
Mediation 39, 40, 195- 225
Medien 99, 103, 105, 171, 175, 229-231, 234-236, 238, 240-245, 309
Medienästhetik 228
Medikalisierung 118, 144
Mediziner 37, 104, 105, 115-117, 120, 121, 123, 127, 129, 130, 137, 143, 291
Medizinerinnen 117, 127, 139, 145
Normativität 171, 190, 374
Normen 83, 125, 156, 161, 171, 175, 186, 187, 190, 299
Objektive Hermeneutik 44

Organisation 12, 16, 29, 32, 33, 74, 75, 103, 105, 116, 129, 148, 152, 154, 156, 164, 191, 227, 250, 252, 256, 261, 264, 273, 285, 288, 310
Orientierung 33, 169, 171, 172, 183, 188, 209, 223, 256, 257, 265
Parteiärzteschaft 37, 117, 143
Performance 228, 229, 245
Performanz 23, 40, 227, 228, 229, 236, 237, 244
Person 23, 37, 82, 89, 92, 95, 102, 105, 135, 140, 145, 157, 163, 175, 211, 214, 216, 284, 308
Politdesign 40, 227, 228, 244, 246
Politikberatung 6, 227, 236
Politiker 40, 92, 106, 227-245, 276, 281-284, 293, 297, 299, 305, 308, 309
Politikinszenierung 40, 227, 240
Praktiker 84, 85, 98, 104, 127, 168, 171, 175, 180, 185, 186, 190, 191, 193, 198
Preisbildung 41, 267, 289, 304
Professionalisierbarkeit 168
Professionalisierung 22, 37, 40, 45, 46, 97, 118, 144, 153, 196, 198, 200, 224,

227, 229, 235, 258, 267, 272, 360-362
Professionalität 18, 22, 26, 33, 36, 38, 41, 49, 55, 57, 58, 106, 145, 147, 151, 163, 167, 168, 172, 173, 175, 180, 182, 184, 186, 187, 191, 271, 279, 319, 320, 324, 345
Professioneller Habitus 111, 113, 125, 133, 156, 199, 255, 272
Professionelle Leistung 23, 89, 149, 253, 291
Professionelles Handeln 9, 21, 40, 100, 156, 249
Professionelles Wissen 156
Professionssoziologie 9-15, 18, 21, 23, 29, 31, 32, 35, 36, 42, 43, 45, 46, 71, 77, 156, 167, 197, 250, 258, 264, 268-271, 275, 276
Qualitätskriterien 276
Rationalität 167, 171-175, 180-184, 187, 188, 190, 191, 193, 265, 281, 292
Regulierung 144, 191, 208, 273, 280, 294, 295, 298, 305-307
Risiko 168, 185, 254
Selbstachtung 171, 175, 184, 189
Selbsterhaltung 171, 175, 184, 189
Selbstverständnis, berufliches 201

Sequenzanalyse 44, 202-204, 236
Sicherheit 30, 39, 46, 98, 168, 171-173, 175, 185-187, 190, 192
Sicherheitsaussage 171, 184-187, 189
Sozialarbeit 38, 85, 106, 126, 147, 148, 150-153, 155, 157, 159, 161, 162, 164, 165, 270
Sozialhilfe 38, 147, 149-154, 156, 164
Sozialstaat 149
Spin Doctor 40, 227 ff.
Staat 19, 28, 40, 42, 76, 103, 112-114, 118, 173, 232, 268, 273, 274, 280, 294, 297, 298, 306
Status 14, 15, 37, 38, 114, 147, 173, 251, 256, 262, 263, 270, 274, 288, 301, 302, 306, 307, 311
Subjektivität 193
Systemtheorie 33
Therapie 76, 100, 144, 145, 278, 279, 290, 293, 306
Unvertrautheit 189
Urteilsfähigkeit 172, 190
Verantwortung 25, 30, 129, 131, 171, 190, 192, 221, 244, 254
Verband 17, 19, 124, 134
Vermarktlichung 251, 260, 264
Vermarktung 233

Versorgung 120, 121, 123, 133, 144, 145, 299
Vertrauen 27, 36, 63, 76, 90, 91, 173, 255, 290, 306, 316, 317, 348
Verwissenschaftlichung 126, 144

Voraussetzungen, nichttheoretische 187
Wende 93, 128, 144, 233
Werte 30, 90, 112, 181, 190
Wertfrage 190
Wissenssoziologie 230

Weiterlesen

Robert Castel
Die Metamorphosen der sozialen Frage
Eine Chronik der Lohnarbeit
2. Auflage
2008, 416 Seiten, broschiert
ISBN 978-3-86764-067-1

In einem historischen Panorama entfaltet Robert Castel eine tausendjährige europäische Geschichte der Lohnarbeit. Das heute spürbare Prekärwerden der Arbeit bringt unser Modell gesellschaftlichen Zusammenhalts, die Lohnarbeitsgesellschaft, ins Wanken und wirft die gebannt geglaubten sozialen Fragen erneut auf.

Robert Castel erhielt für sein Buch den Genfer »Prix Jean-Jacques Rousseau« und den »European Award for Social Sciences« (»Amalfi-Preis«).

»Pflichtlektüre für die Gegenwart«
(FAZ zur Erstauflage)

Klicken + Blättern

Leseprobe und Inhaltsverzeichnis unter

Erhältlich auch in Ihrer Buchhandlung.   UVK Verlagsgesellschaft mbH

Weiterlesen

Pierre Bourdieu (Hg.)
Lohn der Angst
Flexibilisierung und Kriminalisierung
in der »neuen Arbeitsgesellschaft«
2., unveränderte Auflage des
Liber-Jahrbuchs 1999/2000
2007, 194 Seiten, broschiert
ISBN 978-3-86764-026-8

Pierre-Michel Menger
Kunst und Brot
Die Metamorphosen des Arbeitnehmers
Aus dem Französischen von
Michael Tillmann
2006, 98 Seiten, broschiert
ISBN 978-3-89669-664-9

Stéphane Beaud, Michel Pialoux
Die verlorene Zukunft der Arbeiter
Die Peugeot-Werke von Sochaux-
Montbéliard. Aus dem Französischen
von Martina Wörner und Axel Eberhardt
2004, 364 Seiten, broschiert
ISBN 978-3-89669-798-1

Pascale Gazareth, Anne Juhasz,
Chantal Magnin (Hg.)
**Neue soziale Ungleichheit
in der Arbeitswelt**
2007, 252 Seiten, broschiert
ISBN 978-3-89669-637-3

Cornelia Koppetsch
Das Ethos der Kreativen
Eine Studie zum Wandel von Arbeit und
Identität am Beispiel der Werbeberufe
2006, 224 Seiten, broschiert
ISBN 978-3-89669-608-3

Christiane Bender, Hans Graßl
**Arbeiten und Leben in der
Dienstleistungsgesellschaft**
2004, 172 Seiten, broschiert
ISBN 978-3-89669-723-3

Klicken + Blättern

Leseprobe und Inhaltsverzeichnis unter

www.uvk.de

Erhältlich auch in Ihrer Buchhandlung.

UVK Verlagsgesellschaft mbH